Wie geht Mensch?!

Coach yourself, sonst coacht dich keiner!

Prof. Dr. Daniela Voigt

DANKSAGUNGEN

Herzlichen Dank an Rainer Stahl und Ulrike Völk für ihre Haltung und Expertise, Christel und Nina für ihr Wesen und Angela Teichert für ihren unerschütterlichen Glauben an die Menschen.
Ebenso danke ich den Soroptimisten für ihr unermüdliches Wirken und Gerald Hüther als wertvollem Sparringspartner.

Auch ein Dank an die Akademie für Potentialentfaltung für zahlreiche neue Perspektiven.

INHALT

EINLEITUNG

Wie können Sie das meiste aus diesem Buch herausholen: Eine einfache Antwort. Die geheime Formel für Ihren Erfolg:

Der Tipp, der alle anderen in den Schatten stellt? Gut, ich verrate es Ihnen. Nein, es ist kein geheimer Zaubertrank, keine komplizierte Technik und kein teurer Lebensberater. Die Antwort ist so simpel, dass sie beinahe übersehen wird – Ihr innerer Antrieb und Ihre Entschlossenheit.

Es ist das Gleiche wie bei einem großen Rätsel: Sie können noch so viele Hinweise haben, doch wenn Sie nicht das tiefe Verlangen und den festen Willen besitzen, die Lösung zu finden, werden Sie im Dunkeln tappen. Hier steckt der wahre Schlüssel zum Erfolg.

Der Treibstoff? Ganz einfach: ein tiefes, großes Verlangen zu lernen, eine wilde Entschlossenheit, alle Sorgen zu bekämpfen und leben zu wollen.

Warum sollten Sie dieses Buch auf jeden Fall lesen? Nun, es gibt mindestens neun überzeugende Gründe:

1. Starker Wille und tiefes Verlangen: Es ist großartig, dass Sie eine starke Motivation verspüren, Ihr Leben zu verbessern und weiterzuentwickeln. Mit Wie geht Mensch erhalten Sie wirksame Tipps und den Methodenkoffer dazu.

2. Lesen Sie jedes Kapitel des Buches zunächst durch: Jedes Kapitel ist es wert und bringt Sie weiter auf Ihrem Weg.

3. Nachdenken und Anwenden: Der Schlüssel zu einem glücklicheren Leben, wirken lassen und machen.

4. Notieren und Markieren: Nehmen Sie einen Stift und markieren Sie, was Sie brauchen.

5. Kontinuierliche Wiederholung: Veränderung ist ein Prozess, Übung macht die Meisterschaft.

6. Anwendung im Alltag: Veränderung in Gedanken ist simpel, die Anwendung im Alltag verhilft zu mehr Glück.
7. Belohnen und Bestrafen: Der Weg ist mit Arbeit verbunden, damit Sie Erfolg haben, vereinbaren Sie milde Sanktionen und motivierende Belohnungen.
8. Sicherheitschef in eigener Sache - Üben, Üben, Üben: Wenn Sie die Tipps anwenden, wird es Ihnen schnell besser gehen.
9. Führen Sie ein Tagebuch: Ihr Erfolgstagebuch wird zu Ihrem treuen Vertrauten auf dem Weg.
10. Kontinuierliche Übung: Je mehr und öfter Sie das Wissen anwenden, desto sicherer werden Sie.

Wenn Sie also wirklich Verbesserung in Ihrem Leben wünschen und die Idee, sich selbst weiterzuentwickeln, für absolut notwendig halten, dann ist dieses Buch definitiv für Sie.

Ein kurioses Kapitel der Wissenschaft enthüllt eine ungewöhnliche Methode der Wissensübertragung: Der Forscher Dr. James McConnell trainierte Plattwürmer, indem er sie auf Lichtreize konditionierte. Nachdem er die trainierten Würmer ihren Artgenossen serviert hatte, zeigte sich, dass die mit verspeisten Würmern gefütterten Würmer schneller lernten. Die Schlussfolgerung: Wissen ist anscheinend essbar – zumindest für Plattwürmer. Diese kuriose Entdeckung wurde vor einem staunenden Forum in San Francisco als "Übertragung von Gedächtnisinhalten durch Kannibalismus bei Planarien" präsentiert, und sie erinnert daran, dass Wissenschaft manchmal unkonventionelle Wege geht. Guten Appetit und möge Ihr Mahl der Erkenntnis genauso schmackhaft sein wie das der Plattwürmer! Allerdings gelten die Ergebnisse wohl leider nicht für soziales Verhalten. Essen Sie also lieber einfach die Wissenshappen von *Wie geht Mensch*.

Und es kommt noch dicker, der erste Schritt: **Ein Vertrag mit sich selbst:** Abschreiben und Unterschreiben ist angesagt. Lassen Sie den Vertrag sichtbar in Ihrer Nähe, vielleicht wäre die Kühlschranktür ein guter Platz?

SELBSTVERTRAG

AB HEUTE, beginnend mit der ersten Seite dieses Buches, verpflichte ich mich feierlich, die folgenden Handlungen zu unterlassen:

- Ich werde mir selbst nicht mehr schaden, sei es körperlich oder seelisch. Ich werde auf meine Gesundheit und mein Wohlbefinden achten.
- Ich werde achtsam sein und im gegenwärtigen Moment leben. Ich werde nicht ständig in Gedanken in der Vergangenheit oder Zukunft verweilen, sondern bewusst das Hier und Jetzt genießen.
- Ich werde mich auf angenehme Dinge konzentrieren und die positiven Aspekte des Lebens wertschätzen. Negativität und Selbstzweifel haben in meinem Leben keinen Platz mehr.
- Ich werde mir selbst vergeben und nicht länger an vergangenen Fehlern und Enttäuschungen festhalten. Stattdessen werde ich daraus lernen und mich weiterentwickeln.
- Ich werde mich von selbstzerstörerischen Gewohnheiten und Gedankenmustern befreien. Mein innerer Kritiker hat keine Macht mehr über mich.
- Ich werde auf meine Bedürfnisse und Grenzen achten und mich selbst respektieren. Niemand sollte meine Selbstachtung mindern.
- Ich werde nicht zulassen, dass Stress und Ängste mein Leben beherrschen. Ich werde lernen, mit ihnen umzugehen und Ruhe zu finden.
- Ich werde mich nicht von anderen Menschen oder äußeren Erwartungen kontrollieren lassen. Mein Leben gehört mir, und ich werde es nach meinen eigenen Vorstellungen gestalten.

Mit diesem Vertrag verpflichte ich mich, die oben genannten Handlungen zu meinem Alltag zu machen und ein Leben mit mehr Glück zu führen. Ich werde mich von Selbstsabotage befreien und mein Leben in vollen Zügen genießen.

Unterschrift: ________________________ Datum: ______

FAHRPLAN

Für diejenigen, die ständig nach Wissen dürsten, die das Ergebnis bereits erahnen, bevor sie ihren Weg beginnen, die die Geheimnisse des Lebens enthüllen und die Wahrheit ans Licht zerren wollen, haben wir eine Anleitung. Sie ist geschrieben in einem Stil voller glänzender Worte, ein Leitfaden, der Ihre Forschungsfähigkeiten auf die Spitze treiben wird.

Mit dieser umfassenden Anleitung sind Sie ausgerüstet für jede Reise ins Unbekannte, für die Lösung jedes Rätsels und jeder Schatzsuche. Möge Ihr Streben nach Wissen und Wahrheit stets von Erfolg und Erkenntnis begleitet sein.

Die Unterteilung von "Wie geht Mensch?" in fünf Bereiche, ist an zwei Konzepte angelehnt: „Survivability" (Überlebensfähigkeit) und „gehirngerechtes Lernen", basierend auf den Prinzipien der Selbstsicherung und des erfolgreichen Anwendungswissens. Getreu dem Motto: Muss ich das Wissen (kann ich es anwenden) oder kann das weg? Beide Konzepte orientieren sich an fünf zentralen Bereichen des gehirngerechten Lernens: Grundlage, Muster, Selbstschutz, Werkzeuge und Techniken, Anwendung und Ihr persönlicher Geschmack.

Grundlagen:

Denken Sie an diesen Abschnitt wie an das Fundament eines kolossalen Wissensgebäudes. Wie ein Archäologe, der nach den ältesten Schätzen der Menschheit sucht, graben Sie nach Akten, die die Grundlage für Ihr Verständnis des Lebens bilden. Dies ist Ihre fundamentale Basis, und sie sollte so solide sein wie die Pyramiden von Gizeh.

Level 1 – Basis

Sie betreten die Grundlage, auf der Ihre Reise beginnt. Sie sammeln die notwendigen wissenschaftlichen Erkenntnisse, um den ewigen Tanz des Lebens im Gleichgewicht zu halten. Dies ist der Ausgangspunkt, von dem aus Ihre Reise beginnt.

"Die Sache mit den Sorgen und Ängsten" wird Ihr erster Schritt. Sie setzen sich mit den tief verwurzelten Sorgen und Ängsten auseinander, die uns im Leben begegnen. Es ist der erste Schritt in Richtung Selbstverständnis und Kontrolle.

„Zu gut, zu nett, zu argwöhnisch, zu… ist schlecht" beleuchtet die feine Linie zwischen Tugend und Irrationalität. Zentrales Thema ist es Extreme zu vermeiden.

Muster:

Nun, da Sie das Fundament gelegt haben, bewegen Sie sich in die Welt der Mustererkennung. Die Mustererkennung ist wie ein Puzzle zu lösen. Ihre Neuronen tanzen im Takt der Muster, und Sie sind der Dirigent. Sie erkennen die Verbindung von Ursache und Wirkung, wie ein Detektiv, der die Hinweise zusammenfügt. Stellen Sie sich vor, Sie sind Sherlock Holmes und Ihr Gehirn ist Ihr treuer Begleiter auf dieser Entdeckungstour.

Level 2 – Fachkraft

Sie sind jetzt auf dem Weg zur Fachkraft. In diesem Level geht es um die Bewältigung von Veränderungen und Katastrophen. Das Leben ist wie eine Achterbahnfahrt, und Sie lernen, wie Sie sich darin zurechtfinden und Ihre eigenen Bewältigungsstrategien entwickeln.

In „It's just an illusion - Unser Gehirn der Sicherheitsjunkie" erfahren Sie, wie unsere Denkmuster und unser Gehirn Sicherheit suchen. Dieses Wissen befähigt Sie, bewusster mit Ihren Gedanken und Emotionen umzugehen.

Selbstschutz:

In diesem Stadium geht es um Ihren Schutz. Betrachten Sie Ihr Gehirn als Ihre treue Rüstung. Sie sind wie ein Ritter, der sich auf sein Schwert verlässt, aber auch darauf achtet, seine Bewegungen und Reaktionen zu perfektionieren. In dieser Phase erkennen Sie, wie Ihre inneren Muster (aus Level 1) Ihren Selbstschutz beeinflussen. Sie sind nicht nur Ritter, sondern auch Stratege. Ihr Gehirn wird zu Ihrem besten Verbündeten, und Sie sind der General, der die Schlacht des Lebens führt.

Level 3 - Experte in eigener Sache

Jetzt sind Sie auf dem richtigen Weg. „Schilde hoch – Selbstschutz first" ist das zentrale Thema dieses Levels. Sie lernen, sich selbst zu stärken und Ihr eigenes Wohl zu schützen.

In „Mensch 5.0 - Sie sind stärker als gedacht" erkennen Sie, dass Sie in der Lage sind, über Ihre vermeintlichen Grenzen hinauszugehen. Sie sind mehr, als Sie sich vorstellen, und es ist an der Zeit, diese Stärke zu nutzen.

Werkzeuge und Techniken:

Jetzt werden Sie zum Handwerker des Glücks. Stellen Sie sich vor, Sie sind ein Meister des Handwerks, und Ihr Gehirn ist Ihr Werkzeugkasten. Sie lernen, wie Sie Ihr Wissen in die Tat umsetzen können. Sie sind ein Künstler, der seine Farbpalette kennt und die Leinwand seines Lebens gestaltet. Ihr Gehirn wird zu Ihrem Pinsel, und Sie malen Ihr eigenes Meisterwerk.

Level 4 – Praktiker – Bald Glücklicher

In dieser Phase finden sich praktische Werkzeuge und Techniken, um Ihr Leben bewusster und zufriedener zu gestalten. Das Tragen einer mentalen „Beißschiene" ist eine dieser Techniken, die Ihnen hilft, negative Gedankenmuster zu überwinden.

„Survival of the fittest" wird die Bedeutung von Wohlbefinden aufzeigen. Sie erkennen, dass Stärke und Widerstandsfähigkeit Sie auf dem Weg zum Glück unterstützen.

Level 5 – Master - Überlebenspersönlichkeit

Willkommen in der Meister-Ebene. Sie werden aufgefordert, im Hier und Jetzt zu leben, wie es die Anonymen Alkoholiker predigen. Die Vergangenheit loszulassen und die Zukunft nicht zu fürchten, ist der Schlüssel zur Entwicklung einer starken Überlebenspersönlichkeit.

In „How to" werden spezifische Persönlichkeitsdispositionen behandelt und gezeigt, wie diese als Stärken genutzt werden können.

Alle fünf Level bauen aufeinander auf und bilden eine umfassende Reise zur persönlichen Entwicklung und inneren Stärke. Jeder Schritt ist eine Fortsetzung des vorherigen, und zusammen bilden sie die Grundlage für Ihr persönliches Wachstum.

Übung: WQs (Wissensquiz)

1. Wie oft wurde Jerusalem belagert und zerstört?
2. Wie viele Jahre dauert es, eine andere Person annähernd kennenzulernen?
3. Wie viel Prozent unseres Gehirns nutzen wir?
4. Wie werden eigentlich Affen in der Wüste gefangen?
5. Wer erfand den Autosicherheitsgurt?
6. Was ist hygienischer - Küssen oder Händeschütteln?
7. Welche Sportschuhfabrik, war die Einzige, die in Deutschland im und nach dem Zweiten Weltkrieg noch produziert hat?
8. Wie oft wurde Tokio zwischen 1600 und 1945 durch Tsunamis und Erdbeben zerstört und wiederaufgebaut?

9. Welcher ist der schnellste menschliche Sinn?
10. Mit wie viel Prozent werden Maulesel in Deutschland besteuert?
11. Wie viele Menschen sterben weltweit jährlich an Alkohol?
12. Was ist die Wunderwaffe für Glück und ein Schutz vor Depressionen?
13. Wieso nutzen wir gerne Rezepte?
14. Was verbindet Harry, Harriet und Darwin?

Eine Antwort und ein Schnellpflaster vorweg:

Was ist der schnellste menschliche Sinn? Der Hörsinn, deswegen sind wir für Geräusche auch besonders empfänglich. In grauer Urzeit konnten Gefahren oft eher gehört als gesehen werden. Stress macht uns besonders geräuschempfindlich. Passen Sie auf Ihre Ohren auf oder überlagern Sie Geräusche. Bestenfalls mit Musik, die eine positive Bedeutung für Sie hat. Schaffen Sie sich ein Notfall-Trio an und hören Sie es in Krisen durch, auch wenn Sie zu Beginn nicht in der Stimmung sind. In besonders harten Zeiten, auch gerne eine Survival-Hymne. Was schon Rocky zum Box-Champion verholfen hat, könnte auch bei Ihnen wirken.

Zur Grundierung und um Ihr Gehirn auf „On“ zu stellen, dienen Quizfragen – sozusagen Gehirn Prime.

Zunächst scheinen diese ohne Kontext, wozu also? Die Quizfragen, diese geheimnisvollen Herausforderungen, die auf den ersten Blick rätselhaft erscheinen. Doch lüften wir den Schleier, warum wir unser Gehirn mit solchen Fragen necken.

Das Gehirn ist ein raffinierter Rätselliebhaber. Es lechzt nach Herausforderungen, es sucht, es grübelt, es will knacken. Diese Fragen sind die Köder, die den Appetit unseres Gehirns anregen. Die Fragen sind noch ohne sofort offensichtlichen Kontext, um Ihre Neugier zu wecken und Ihre Denkmuskeln anzuregen. „Priming“ nennt sich dieser Vorgang, übersetzt „to prime“ grundieren, bei einem bekannten Streamingdienst ist damit aber nicht die Grundierung gemeint, sondern Bester, Erster oder Vorzüglichster.

Sie mögen denken: „Warum diese Fragen?" Die Methode ist subtil, aber mächtig. Wenn Sie nach einer Antwort suchen, wird Ihr Gehirn in Bewegung gesetzt. Es wird gezwungen, nach Verbindungen zu suchen, Informationen zu sammeln und Muster zu erkennen. Es ist wie ein mentales Training, das Ihr Gehirn stärker macht. Wenn Sie durch die Kapitel schreiten, werden die Antworten auf diese Fragen enthüllt. Die scheinbaren Rätsel werden zu Erkenntnissen.

Unser Gehirn liebt Rätsel, und diese Fragen sind der Startpunkt für Wie geht Mensch. Also lassen Sie sich von der Neugier treiben, ergründen Sie die Rätsel und entdecken Sie die Geheimnisse, die in den Kapiteln verborgen sind. Am Ende werden Sie vielleicht nicht nur schlauer, sondern auch glücklicher und hungriger nach Wissen sein.

Überlebens 1x1

Für alle, die mit den Nerven am Ende sind oder es nicht (bald) sein wollen

Level 1 – Basis

Unser Gehirn ist nicht am Glück interessiert, von Interesse ist lediglich das Abwenden von Gefahren, getreu dem Motto – **Achtung Säbelzahntiger** – rennen oder kämpfen. Die ständige Gefahrensuche ist evolutionär sinnvoll, in Zeiten von Krisen, leidlich zermürbend. Jede Gefahr verwandelt den Homo sapiens, das verstehende Wesen, in einen Hormo sapiens – das Reptiliengehirn übernimmt. Während dieses Vorgangs mangelt es uns an Vernunft, die Angst regiert, der Körper ist auf Kämpfen programmiert. Vereinfacht gesagt – Angst macht blöd.

Innerhalb der Evolution war dieses Geschehen auf einen kurzen Zeitabschnitt begrenzt. Flucht oder Kampf waren erfolgreich, ansonsten hätte sich das Problem auf einem äußerst irdischen Weg erledigt. Nach dem Höhepunkt der Angst entspannt der Körper, die wohlverdiente Erholung setzt ein und just erscheint der Homo sapiens wieder am Horizont, fast als wäre nichts gewesen. Kennen Sie das vielleicht auch aus anderen Situationen?

Das Überlebens-1x1 – eine essenzielle Anleitung für all jene, die sich von der hektischen Welt nicht in den Wahnsinn treiben lassen wollen. Denn wer möchte schon mit den Nerven am Ende sein, wenn wir mit ein paar klugen Schritten dem Chaos ein Schnippchen schlagen können?

- **Ruhe bewahren**.
  Ja, wirklich, das ist der erste und vielleicht wichtigste Schritt. In der Ruhe liegt die Kraft, und wenn alles um uns herum zusammenzubrechen scheint, ist es umso wichtiger, einen kühlen Kopf zu bewahren.

- **Prioritäten setzen**.
  Nicht alles, was uns im Alltag begegnet, verdient die gleiche Aufmerksamkeit. Konzentrieren Sie sich auf das Wesentliche und delegieren Sie den Rest oder lassen es einfach.

- **Atmen Sie tief ein und aus**.
  Die heilende Kraft des Atems kann nicht unterschätzt werden. Ein paar tiefe Atemzüge können Wunder wirken, um die Nerven zu beruhigen. Sie können z. B. die 5-6-8 Atemtechnik probieren: Einatmen und bis 5 zählen, Atem anhalten und bis 6 zählen, Ausatmen und bis 8 zählen.

- **Lachen Sie**.
  Ein herzhaftes Lachen ist wie ein Mini-Urlaub für die Seele. Finden Sie humorvolle Momente, auch in stressigen Situationen. Falls Ihnen nicht zum Lachen ist, ziehen Sie die Mundwinkel hoch – wie der Joker nur ohne Schminke. Sieht blöd aus, stimmt, aber Sie fühlen sich vielleicht auch gerade doof. Unser Gehirn ist ein einfacher Geselle. Die genutzten Muskeln beim Lächeln signalisieren bereits nach einer Minute dem Gehirn, dass der Grinsende glücklich ist, und darum – Schwupps - sind Sie es auch.

- **Verbinden Sie sich mit anderen**.
  Soziale Unterstützung ist ein unschätzbares Gut. Sprechen Sie mit Freunden, teilen Sie Ihre Sorgen und Ängste. Sie werden feststellen, dass Sie nicht allein sind.

Ein paar wissenschaftliche Fakten: Der ewige Tanz um die Balance

Gehirnerei

Das Gehirn hat einen höchst ökonomischen Aufbau und die Tendenz zum Chillen. Vergleichbar einer Zwiebel, liegen die evolutionsbiologisch ältesten Teile in relativ unzugänglichen Zentren, tief verborgen in der unteren Mitte des Gehirns. Im Untergeschoß befindet sich der Teil des Gehirns, der die längste Geschichte hat: das Reptiliengehirn. Auch bekannt als Stammhirn. Das Reptiliengehirn ist zuständig für automatische Körperabläufe (z. B., wenn wir zum Gehautomat werden) und spontane Impulse (z. B. das zur Seite springen bei einem lauten Knall, meist lange bevor wir das Geräusch bewusst wahrnehmen). Somit ist es sozusagen unsere Lebensversicherung – unser Urinstinkt am Leben zu bleiben. Zudem ist das Stammhirn für die Verdauung und Verwertung von Nahrung, Vitaminen sowie den Stoffwechsel zuständig.

Wie Sie schon wissen, ist der schnellste menschliche Sinn der Hörsinn. Deswegen sind wir für Geräusche auch besonders empfänglich. In grauer Urzeit konnten Gefahren somit oft eher gehört als gesehen werden.

Für eine rasche Signalverarbeitung und Antwort siedelt passend in der Nähe die Amygdala (Mandelkern) und entscheidet über wesentliche Gefühle (z. B. Wut und Angst). Reptiliengehirn und Amygdala bilden zusammen das sogenannte sympathische System, was allerdings gar nicht so nett ist, wie der Name im ersten Moment vielleicht vermuten lässt.

Zusammenspiel und Nähe machen Sinn: Die Amygdala nimmt den Säbelzahntiger wahr – das Reptiliengehirn entscheidet über Angst oder Flucht. Klingt schlüssig. Sozusagen ein Winner-Team. Wie viel Sinn würde es machen, diese Situation erst mal auf den höheren Ebenen auf sich wirken zu lassen?

Die oberen Denkzentralen sind eher von Vernunft und Feinsinn geprägt. Unsere logische Systemsteuerung (vordere Großhirnrinde) ermöglicht es, in erster Linie ein Homo sapiens zu sein. Daher findet hier unser bewusstes Denken, Vorstellen und Planen statt. Und ganz außen rundet unsere feinsinnige Superzentrale (der Präfrontal-Cortex) das Menschsein ab, so wie wir es nur zu gerne, z. B. bei einem ersten Date, unserem Partner der Wahl zeigen in Form von: Empathie, Moral, Selbstkontrolle und Handlungsplanung.

Zumeist ein sinniges Zusammenspiel, damit wir z. B. unseren Vorgesetzten bei misslicher Ansprache, nicht einfach „eine Überziehen" und mit Gewalt, Gehaltserhöhung oder Respekt einfordern oder bei Angst vor der Hochzeit, nicht dem Befehl der Amygdala folgen (Á la die Braut, die sich nicht traut.).

In Krisen weitet sich dieser Kampf um Balance zumeist zum kräftezehrenden Akt aus. Gemäß seinen Aufgaben will das Reptiliengehirn stetig die Bedrohung bekämpfen und fordert die Herrschaft ein, unterstützend produziert die Amygdala dauerhafte Wut oder Angst. Mit diesem Impuls sind die Aufgaben für unsere Managementsysteme klar, beruhigen und nicht zum Hormo sapiens werden.

Einfacher gesagt als getan. Das System ist eher für kurzfristige Impulse ausgelegt, es entsteht ein „Summton" im Leben, der nicht gerade melodisch klingt. Ganz simpel – die Balance lange zu halten ist Stress. Cortisol überschwemmt den Körper, vielleicht steigt der Blutdruck, das Herz rast, Schlafstörungen setzen ein… Eines ist bei dieser Dysbalance ziemlich sicher: Keine der vier Abteilungen, kann sich um die eigentliche Arbeit mit Hochdruck kümmern, alles gerät irgendwie aus der Spur. Aller Feingeist ist vorbei und unserem Date, zeigt sich der verängstigte und wütende Insasse aus Neandertal. Die alten Denkrillen übernehmen die Herrschaft.

In Summe: Nicht nur, dass wir uns blöd fühlen, wir werden oder sind es und sehen dabei noch völlig scheiße aus.

Das sind die Fakten. Aber die gute Nachricht – es gibt einen Ausweg, also kein Grund zum Verzweifeln. Mit den Survival-Hacks werden Sie zum Überblenden und letztlich zur Überlebenspersönlichkeit. Das sind doch mal gute Aussichten!

By the way: Es gibt keine Säbelzahntiger mehr!

HABEN SIE NERVEN?

Schon mal einen Nerv gefunden, den jemand verloren hat?

Das Gehirn braucht Leitungen, dazu gehören insbesondere die Nerven. Bei „Wie geht Mensch“ gibt es ein System, das es scheinbar nie leicht hat - das Nervensystem. Immer wieder hören wir Begriffe wie „starke Nerven haben" oder „ich verliere gleich die Nerven". Doch die Nerven haben weder ein eigenes Fitnessstudio, um stärker zu werden, noch können sie verloren gehen wie Schlüssel oder Socken in der Waschmaschine.

Die Nerven sind eigentlich erstaunlich widerstandsfähig. Sie sind wie die unermüdlichen Boten des Körpers, die elektrische Signale von einem Ort zum anderen übertragen. Wenn wir unsere Nerven aneinanderlegen würden, würde dies eine Strecke von ca. 5,8 Millionen Kilometer ergeben. Also, mehr als 140-mal um die Erde! Aber ob Sie nun vor einem großen Publikum einen Vortrag halten sollen oder auf einem wackeligen Stuhl balancieren - Ihre Nerven sind stets bemüht, die Botschaften zwischen Ihrem Gehirn und Ihrem Körper zu übertragen.

Aber warum reden wir dann von „starken" oder „schwachen" Nerven? Nun, das ist eher eine metaphysische Angelegenheit. Es ist unsere Art, die Fähigkeit zur Stressbewältigung oder zur Gelassenheit zu beschreiben.

Medizinisch gesehen sind Nerven weder stark noch schwach. Tatsächlich sind es nicht die Nerven, die schwach sind, sondern vermutlich eher unsere Strategien zur Stressbewältigung.

In der Welt der Medizin und Anatomie sind Nerven erstaunlich robust und widerstandsfähig. Sie sind das elektrische Verkabelungssystem unseres Körpers, und sie arbeiten hart, um sicherzustellen, dass alle unsere Signale und Empfindungen reibungslos funktionieren. Also lassen Sie uns aufhören, ihnen die Schuld zu geben und anerkennen, dass es vielleicht unsere eigenen mentalen Strategien sind, die von Zeit zu Zeit eine

Generalüberholung benötigen. Und denken Sie daran, Ihre Nerven werden immer treu an Ihrer Seite bleiben, bereit, die Signale des Lebens zu übertragen, ganz gleich, wie stark oder schwach wir uns fühlen mögen.

DIE SACHE MIT DEN SORGEN UND ÄNGSTEN

Ängste und Sorgen können bei Frauen und Männern erheblich die Lebenserwartungen kürzen. Aktuelle Studien des Deutschen Instituts für Wirtschaftsforschung (DIW) und des Robert-Koch-Instituts (RKI) bestätigen, dass Frauen Mindestens 3,5 Jahre und Männer mindestens 5 Jahre verlieren. Sind das Sorgen und Ängste wirklich wert? Bei der weiteren Auswertung der Studienergebnisse wurden zusätzlich wirtschaftliche Verhältnisse und bessere oder schlechtere Gesundheitsversorgungen als Erklärung zur Hilfe gezogen.

Diesmal gingen die Forscher jedoch weiter und zerlegten das SOEP (sozio-ökonomische Panel) in seine Bestandteile. Neben physischen und monetären Faktoren nehmen psychische Belastung und soziale Netzwerke, eine entscheidende Rolle ein.

Der Hirnforscher Manfred Spitzer widmete einen Teil seiner Forschungen dem Thema Stress. Zwei Ergebnisse von Spitzer:

- Mit Stress gehen Nervenzellen kaputt – Der Hippocampus verkleinert sich messbar bei Dauerstress.
- Dauerhafte Depressionen verkleinern ebenso den Hypocampus.

Insgesamt wird eine hohe Konzentration von Cortisol (Stresshormon) als Übeltäter vermutet. Den Cortisolspiegel können Sie einfach mit einem PH-Streifen im Mund messen. Damit können Sie auch überprüfen, wie weit Ihr Training voranschreitet. Es gibt zahlreiche freiverkäufliche Tests, die auch im Labor ausgewertet werden können.

Also weg mit Sorgen und Ängsten? Es könnte so einfach sein, ist es aber nicht.

Sorgen und Ängste sind in gewisser Weise unsere ständigen Begleiter im Leben. Doch was genau sind sie? Betrachten wir sie als ungeladene Gäste auf der Party unseres Lebens, die immer dann auftauchen, wenn wir es am wenigsten erwarten. Diese ungebetenen Besucher stehlen unsere Aufmerksamkeit und trüben oft unsere Stimmung.

Sorgen könnten als dieser besorgte Zweifler im Hintergrund beschrieben werden, der immer ein „Was wäre, wenn..." in petto hat. Was wäre, wenn wir eine falsche Entscheidung träfen? Was wäre, wenn etwas schiefginge? Diese Gedanken drehen sich wie ein Karussell in endlos Schleife in unseren Köpfen und rauben uns nicht selten den Schlaf.

Ängste hingegen sind die überbesorgten Helikopter-Eltern unseres Geistes. Sie wollen uns vor allem und jedem bewahren, was nach Gefahr aussieht. Selbst wenn diese Gefahr nur in unserer Vorstellung existiert, stehen sie ständig an unserer Seite und flüstern uns ins Ohr: „Pass auf, sei vorsichtig, was könnte schiefgehen?"

Sie halten uns oft davon ab, Neues auszuprobieren, Risiken einzugehen und das Leben in vollen Zügen zu genießen.

Übrigens erfand Volvo den Sicherheitsgurt, gab das Patent aber frei, um Leben zu retten. In gewisser Weise sind Sorgen und Ängste wie der Sicherheitsgurt im Auto. Sie sind wichtig und schützen uns vor potenziellen Gefahren. Aber genauso wie wir ab und zu das Fenster herunterkurbeln, um den Fahrtwind in den Haaren zu spüren, sollten wir auch unsere Sorgen und Ängste lockern, um das Leben in seiner vollen Pracht zu erleben.

Letztendlich können wir uns vorstellen, dass diese Sorgen und Ängste unsere persönlichen Lebensberater sind. Sie raten uns zur Vorsicht, aber sie sollten uns nicht daran hindern, mutig voranzuschreiten, das Unbekannte zu erkunden und das Leben zu feiern.

Ihr neues Mantra sollte daher folgendermaßen lauten: Liebe Sorgen und Ängste, seid herzlich willkommen auf der Party unseres Lebens, aber gebt auch Freude, Abenteuer und Überraschungen einen Platz zum Tanzen und Feiern!

Gehirn = Sorgen und Ängste

Sorgen und Ängste haben neurobiologische Grundlagen und sind eng mit unserem Gehirn und seinem komplexen Funktionen verbunden.

Sorgen sind oft mit dem präfrontalen Kortex verknüpft, einer Region im vorderen Teil des Gehirns. Diese Gehirnregion ist für komplexe Denkprozesse und Entscheidungsfindung verantwortlich. Wenn wir uns Sorgen machen, können bestimmte Bereiche im präfrontalen Kortex überaktiv werden. Dies führt dazu, dass wir uns in Gedanken an mögliche Probleme verlieren und verschiedene Szenarien durchspielen. Das ist eine Art des kognitiven Denkens, das versucht, Lösungen für Probleme zu finden. Wohlgemerkt auch für Sorgen, die wir noch gar nicht haben und vielleicht auch nie haben werden.

Ängste hingegen sind eng mit dem limbischen System verbunden, einer älteren Gehirnstruktur, die Emotionen und Stressverarbeitung reguliert.

Heutzutage kann die Amygdala jedoch auch auf abstraktere "Gefahren" reagieren, die weniger lebensbedrohlich sind, wie soziale Ablehnung oder berufliche Herausforderungen.

Was machen wir nun mit unseren Sorgen und Ängsten?

Sorgen und Ängste sind wie diese kleinen Wolken, die gelegentlich die Sonne unseres Lebens verdecken. Sie können sich überall zeigen, sei es bei der Arbeit, in Beziehungen oder im Alltag. Ein paar hilfreiche Werkzeuge:

- **Relativieren**: Das bedeutet, dass wir unsere Sorgen und Ängste in Kontext mit unserem Leben setzen. Stellen Sie sich vor, Ihre Sorgen sind wie ein kleiner Kieselstein in einem riesigen Ozean. Wenn Sie sich das Gesamtbild vor Augen führen, werden diese Sorgen plötzlich winzig, unerheblich und weniger bedrohlich.

- **Worst-Case-Tagebuch**: Schreiben Sie auf, was das Schlimmste ist, was passieren könnte. Oftmals erkennen wir, dass selbst der schlimmste Fall nicht so katastrophal ist, wie wir es uns in unserer Vorstellung ausgemalt haben. Haken Sie jeden Tag ab, was wirklich eingetroffen ist. Dieses einfache Ritual fördert langfristig eine realistischere Wahrnehmung, reduziert Angst und trägt zu einem gestärkten Selbstvertrauen bei.

- **Wichtigkeiten**: "Wie würde ich in 5 oder 10 Jahren darüber denken?" Oftmals sind die Dinge, die uns heute Sorgen bereiten, in der Zukunft nicht mehr von Bedeutung.

- **"Was-wäre-wenn"-Methode**. Stellen Sie sich vor, Sie hätten nur noch zwei Wochen zu leben. Plötzlich werden viele der kleinen Sorgen und Ängste bedeutungslos, und Sie konzentrieren sich stattdessen auf das, was wirklich zählt.

- **Diskutieren**: Seien Sie der ärgste Feind Ihrer Sorgen und Ängste. Diskutieren Sie mit ihnen. Stellen Sie sich vor, Sie sind ein Anwalt, der Ihre Gedanken in einem Gerichtssaal herausfordert. Oftmals werden Sie feststellen, dass Ihre Ängste keine stichhaltigen Argumente haben.

Immer wenn Sie das Gefühl haben sollten, dass Ihnen Ihre Sorgen und Ängste übel mitspielen, halten Sie einen Moment inne, atmen Sie tief durch und greifen Sie in Ihren Werkzeugkasten. Verwenden Sie die neu gelernten Methoden, um die aktuelle Situation zu relativieren und aufzulösen.

Es geht nicht um Wissen, sondern um Handeln – sind Sie bereit, sich die Haare zu raufen und die Zähne zusammenzubeißen?

Jahrelang hatte ich eine Postkarte auf der stand: *Wem gehört der Fahrrad – Ich.*

Neben zugegebenermaßen grammatikalischen Abscheulichkeiten, enthält der Satz eine wahre Botschaft. Wer kann alles ändern – Sie. Hier geht es nicht darum, das Rad neu zu erfinden oder den Stein der Weisen zu entdecken. Stattdessen sind die Seiten gefüllt mit bewährten und erprobten Rezepten für ein sorgenfreies Leben.

Dieses Buch ist Ihre Aufforderung zur Tat. Es nimmt altbekannte Wahrheiten, entstaubt sie und präsentiert sie in einem modernen Gewand. Aber es geht noch weiter – es tritt Ihnen auch sanft ans Schienbein, um Sie in Bewegung zu setzen.

ZU GUT, ZU NETT, ZU ARGWÖHNISCH, ZU… IST SCHLECHT

Schon meine Oma wusste es zu… ist schlecht. Schwärmte ich nach einem Tag von meinem Date, riet sie zur Vorsicht. Was zu gut ist, um wahr zu sein, ist es meistens auch. Übrigens hatte sie recht.

Unser Gehirn ist grundlegend faul und möchte Kohärenz. Ein akademisch verklärter Ausdruck für Einklang. Das Gehirn ist so beschäftigt mit dem aufrechten Gang und allerlei Eindrücken, dass es gern seine Ruhe hat und Unstimmigkeiten hasst. Lernen liebt es hingegen und möchte gerne viel mehr Kapazitäten dafür haben Eine einfache Lösung: Die Welt in Schwarz und Weiß einteilen. Mehr Kohärenz für unser Gehirn, aber wenig Balsam für die Seele und tägliche Realitäten.

Ein simples Beispiel für Schwarz-/Weiß-Denken:

Weiß - Sie gehen nach einem tollen Tag Einkaufen und freuen sich auf Ihren Partner. An der Kasse eine riesige Schlange, die Laune sinkt. Jeder vor Ihnen möchte gerne auf den Cent genau mit Kleingeld zahlen, die Laune sinkt weiter. Sie sind fast an der Reihe, die Kassiererin ruft Storno, langsam steigt Dampf aus Ihren Nüstern. Völlig aus dem Nirwana fädelt sich ein Einkaufsflitzer (allerdings angezogen) vor Ihnen ein, und sagt, ich muss nur mal kurz.“ Es steigt Dampf aus den Ohren. Und zu guter Letzt, fährt Ihnen der Hintermann mit dem Einkaufswagen absichtlich stetig in die Beine.

Geteilter Ärger ist doppelter Ärger!

Vergessen ist der tolle Tag, die Freude auf den Partner und das Essen. Was bleibt?

Schwarz – Spätestens zu Hause folgen mindestens 15-Minuten, in denen Sie Ihrem Partner ebenso die Laune mit Ihrer Horror-Einkaufsstory und Ihrer daraus resultierenden schlechten Stimmung vermiesen. Vielleicht folgt sogar eine längere Schimpftriade, in der Sie die Menschheit ganz im Allgemeinen verdammen und ein stetig wachsendes Unbehagen in Ihnen heranreift, wodurch Sie sich zwangsläufig die Frage stellen: Wird das nun für immer mein Einkaufsschicksal sein?

Unser Gehirn nimmt diese Erfahrung und stellt sie für alle weiteren und künftigen Einkäufe auf Schwarz. Keine Diskussion, keine Zweifel, keine Widerrede, denn das Gehirn will weiter chillen.

Das Geheimnis emotional intelligenter und zufriedener Menschen ist die neue Lieblingsfarbe Grau. Nicht im Verständnis von 50 Shades of Grey, sondern zahlreiche Stufen von Grau erleichtern glücklicheren Menschen das Leben. Ähnlich ist es mit den Erfolgsrezepten. Das eine Rezept schließt das andere nicht automatisch aus, sondern erweitert lediglich den Speiseplan. Auch wenn es noch so unmöglich erscheint, Dualität ist der Schlüssel zu einem Leben, in dem Säbelzahntiger immer seltener zu sichten sind.

Stellen Sie sich nun vor, dass Sie der Kapitän Ihres eigenen emotionalen Schiffes, das auf den Wellen des Lebens segelt, sind. Ein guter Kapitän ist wachsam, um mögliche Stürme bereits frühzeitig zu erkennen, aber er lässt sich nicht von irrationaler Angst leiten. Er trägt eine Brille des Optimismus, die ihm hilft, den Silberstreifen am Horizont zu sehen, ohne dabei in romantische Tagträume zu verfallen. Sein Schiff ist mit dem Anker der Vorsicht ausgestattet, aber er wirft ihn nicht in jede ungewisse Bucht. Warum? Weil er die Schattierungen von Grau schätzt.

Das Prinzip „Zu gut, zu nett, zu argwöhnisch, zu... ist schlecht" bedeutet, dass das menschliche Gemüt dazu neigt, sich in Extremen zu verlieren. Wenn Sie zu gut sind, könnten Sie sich selbst vernachlässigen und anderen ständig helfen, während Sie Ihre eigenen Bedürfnisse übersehen. Wenn Sie zu nett sind, riskieren Sie, ausgenutzt zu werden. Und wenn

Sie zu argwöhnisch sind, könnten Sie wertvolle Chancen und zwischenmenschliche Verbindungen verpassen.

Doch inmitten dieser emotionalen See gibt es ein breites Spektrum von Grautönen. Hier sind Sie in der Lage, weise Entscheidungen zu treffen und Ihr eigenes Wohl zu schützen, ohne dabei Ihre Empathie und Offenheit zu verlieren. Grau ist die Farbe der Nuancen, der Zwischentöne, der reichen Komplexität in unseren Gefühlen und Beziehungen.

Es ist daher höchste Zeit, die Dualität von Schwarz und Weiß hinter sich zu lassen und sich mutig in das Reich des Graus zu begeben. Dort, in dieser Vielfalt, liegt die wahre Schönheit und Stärke der emotionalen Intelligenz. Werden Sie Ihr eigener Kapitän auf der Reise durchs Leben und schätzen Sie die reiche Palette von Grau, die Ihnen zur Verfügung steht. In diesem Ozean der Emotionen können Sie Ihr Schiff souverän steuern und dabei die Wunder der menschlichen Erfahrung in all ihren Schattierungen entdecken.

Gehirnbesitzer vs. Gehirnnutzer?

Wer von beiden wollen Sie sein?

Kennen Sie den Mythos, dass wir nur 10% unseres Gehirns benutzen? Besteht also doch noch Hoffnung auf verborgene Genialität?

Die Legende des ungenutzten Gehirns: Ein Blick in die Tiefen unserer Denkzentrale:

Die Natur verschwendet nichts, schon gar nicht im menschlichen Körper. Das Gehirn ist ein Energiejunkie, es beansprucht rund 20 Prozent unseres täglichen Energiebedarfs. Es ist rund um die Uhr im Einsatz, manchmal sogar mehr als unser restlicher Körper. Es jongliert mit Sinneseindrücken, produziert Emotionen, formt Gedanken und Erinnerungen – und das alles gleichzeitig. Es tut mir also sehr leid, aber ich muss Ihre verborgenen Genieträume leider platzen lassen. Wir nutzen 100% unseres Gehirns und das 24/7.

Das Gehirn ist vergleichbar mit den Muskeln, wobei bisher noch niemand auf die Idee gekommen ist zu sagen, dass wir nur 10% unserer Muskeln nutzen. Muskeln haben wir oder auch nicht, das ist sichtbar, aber Muskeln können wir uns im Fitnessstudio holen, bei Gehirn wird das wohl schwierig.

Genau wie ein Sportler seine Muskeln trainiert, können Sie Ihr Gehirn durch geistige Herausforderungen und die richtige Einstellung in Form bringen. Also nutzen Sie Ihr gesamtes Denkpotenzial und seien Sie gleichzeitig naiv und klug wie ein Eulenspiegel, ohne auf Mythen hereinzufallen.

Neuroplastizität

Ein Wunder, dass den Menschen zuteilwurde: Neuroplastizität. Das ist eine gute Nachricht, denn wir können uns verändern, jederzeit und immer! Und dies wurde sogar von einem Pionier der Neurowissenschaften, nämlich Donald O. Hebb, wissenschaftlich belegt.

In den letzten 30 Jahren sind sich Forscher einig geworden: Die Neuroplastizität besteht ein Leben lang. Die ersten drei Lebensjahre sind ein neuronales Feuerwerk. Im Laufe des Lebens existieren sensible Phasen, die als besondere Lernfenster gelten. Gerade zu Beginn unseres Lebens ist dieses Fenster sehr groß, was auch erklärt, warum man gerade im sehr jungen Alter sehr viel schneller lernt, z. B. das Baby, das seine Muttersprache verinnerlicht und eventuell sogar bilingual aufwachsen kann – ohne Probleme. Im Erwachsenenalter ist unser Lernfenster deutlich kleiner, eher wie ein Guckloch. Sie können sich also neue Fähigkeiten aneignen, aber es geht nicht mehr so leicht wie früher.

Allerdings lässt sich auch das trainieren. Grundlegend erweitern sich die neuronalen Verdrahtungen deutlich bis zum jugendlichen Alter. Bei Jugendlichen entstehen erste Wendepunkte, die manchmal nicht nur doof machen. Je nachdem, was in der Kultur gerade wichtig oder trendy ist, werden auch viele Synapsen gekappt. Falls Sie das nicht glauben, versuchen Sie doch einfach mal etwas, was Sie als Kind und Jugendlicher ganz leicht fanden, z. B. Reiten oder Inlinern. Kaum ein Jahrzehnt nicht mehr gemacht, sind die Synapsen weg und alles ist wie beim ersten Mal (nur mit den zusätzlichen Bedenken, die ein Erwachsener hat).

Die Masterregel: Veränderung = 100 aktive Tage, mit maximal 2 Tagen Pause

Die gute Nachricht, macht nix, alles eine Frage der Disziplin, denn auf die Neuroplastizität ist Verlass und es braucht in der Regel 100 Tage bis eine Verhaltensänderung eintritt. Sie können die Datenautobahn wieder aufbauen, egal ob Sie eine Sportart, eine Sprache, ein neues Verhalten oder neue Gefühle lernen wollen. Die schlechte Nachricht, damit sind aktive Tage gemeint und keinesfalls mehr als 2 Tage Pause. Eine einfache Regel, Sie wollen Veränderung, dann 100 Tage üben, mit maximal 2 Tagen Pausen.

Vera Birkenbihl prägte den Satz „Urlaub macht blöd.“. Damit meinte sie, dass wir im Prinzip jede Menge offene Wissensschubladen haben, solange wir uns mit diesen beschäftigen. Ohne Beschäftigung mit dem Wissen schließen sich die Schubladen am dritten Tag. Sollen Sie nun keinen Urlaub mehr machen? Natürlich sei er Ihnen gegönnt. Wenn Sie sich aber verändern wollen, ist es sinnvoll, eine passende Zeitplanung zu finden, damit Sie diese Schubladen offen halten können. Birkenbihl liefert die passende Methode gleich mit, die ABC-Methode: Schreiben Sie auf ein Blatt Papier alle Buchstaben des Alphabets untereinander. Wenn Sie Glück einüben wollen, dann assoziieren Sie am besten jeden Tag frei zum ABC. Somit bleibt die Glücks-Schublade offen, das Training funktioniert und die 100 Tage sind in greifbarer Nähe.

Jedes Gehirn ist ein einzigartiges Werk, das stark von unserer Umgebung geprägt wird.

Es ist fast so, als hätten wir unser eigenes Superpower-Upgrade für den Kopf erhalten. Lassen Sie mich Ihnen die verschiedenen Phasen dieses Geschenks beschreiben, und vergessen Sie dabei nicht, Ihr Alter bereitzuhalten, um Ihre Fortschritte auch messen zu können!

Auch als Hirnplastizität oder neuronale Plastizität bekannt, ist ein wissenschaftliches Forschungsergebnis, das die Fähigkeit des Gehirns beschreibt, sich anzupassen und zu verändern. Es handelt sich um eine fundamentale Eigenschaft des Gehirns, die es ihm ermöglicht, seine Struktur und Funktionsweise in Reaktion auf Erfahrungen, Lernen und Umweltbedingungen zu modifizieren.

Es gibt zwei Hauptarten der Neuroplastizität:

- **Synaptische Plastizität**: Dies ist die Veränderung der Stärke und Wirksamkeit der Verbindungen zwischen Neuronen, den sogenannten Synapsen. Synaptische Plastizität ist entscheidend für Lernen und Gedächtnis.

- **Strukturelle Plastizität**: Hierbei handelt es sich um die Veränderung der physischen Struktur des Gehirns, einschließlich der Bildung neuer Neuronen (Neurogenese), des Wachstums von Dendriten und der Bildung neuer synaptischer Verbindungen. Strukturelle Plastizität spielt eine Rolle bei der Anpassung des Gehirns an neue Herausforderungen und Umgebungen.

Neuroplastizität ist nicht auf eine bestimmte Lebensphase beschränkt. Während die neuroplastischen Eigenschaften im Kindesalter besonders ausgeprägt sind, bleibt sie ein Leben lang erhalten. Dies bedeutet, dass das Gehirn in der Lage ist, sich durch Reaktion auf neue Lernprozesse, Rehabilitation nach Verletzungen oder Krankheiten und andere Umweltauslöser anzupassen. Bedenken Sie mal wie viele schlechte Gefühle wir im Erwachsenenalter noch lernen können.

„Was Hänschen nicht lernt, lernt Hans nimmermehr" – von wegen!

Die Entdeckung der Neuroplastizität hat das Verständnis darüber revolutioniert, wie das Gehirn funktioniert und wie es sich verändert. Sie hat auch wichtige Implikationen für die Bildung, Rehabilitation nach Hirnverletzungen und die Behandlung von neurologischen Störungen. Insgesamt ist die Neuroplastizität ein faszinierendes Phänomen, das zeigt, wie flexibel und anpassungsfähig das menschliche Gehirn ist.

Also, auf zur großen Gehirnrenovierung! Ändern Sie Ihre Ansichten, glauben Sie an Einhörner, überzeugen Sie sich, dass Schokolade ein Gemüse ist. Die Möglichkeiten sind grenzenlos, solange Sie sich erinnern, wo Sie Ihr Gehirn neu verdrahtet haben. Willkommen in der wunderbaren Welt der neurologischen Heimwerker!

"Elektriker in eigener Sache"

Unser Gehirn ist wie ein riesiges Schaltbrett, auf dem ständig Kabel gezogen, umverdrahtet und gekappt werden. Ein wahres Fest für den inneren Elektriker!

Die Grundregel der Neuroplastizität lautet: "**Was zusammen feuert, vernetzt sich**". Das klingt fast wie ein Rezept aus der Küche, aber nein, wir sind hier im Reich des Denkens. Im Grunde bedeutet es, dass unser Gehirn Verbindungen knüpft, wenn wir Dinge gemeinsam tun. Ja, unser Gehirn ist ein wahrer Kabelkünstler!

Stellen Sie sich vor, Sie sitzen dort und denken: "Ich möchte etwas Neues lernen." Ihr Gehirn fängt an, Kabel zu ziehen, und schafft Verbindungen zwischen den Nervenzellen. „Hallo, hier spricht die Nervenzelle A, ich möchte mich gerne mit Nervenzelle B über Quantenphysik unterhalten!" Und zack, sie sind miteinander verbunden.

Aber das ist noch nicht alles. Manchmal merken wir, dass wir eine schlechte Gewohnheit loswerden möchten. Also sagt das Gehirn: "Es ist Zeit, einige dieser Kabel zu kappen!" Und schon wird fleißig geknipst, bis die Verbindung zur Schokoladenkeks-Liebe gekappt ist. Oh, wie befreiend!

Allerdings ist unser Gehirn ein Elektriker mit Humor. Manchmal verdrahtet es Dinge auf höchst ungewöhnliche Weise. "Warum verknüpfe ich eigentlich Erdnussbutter mit der Farbe Grün?", fragt sich das Gehirn und lacht dabei vielleicht ein bisschen über sich selbst.

Unser Gehirn ist das riesige Kabel-Chaos, in dem wir tanzen. Lassen Sie uns unsere Verbindungen knüpfen, kappen und umverdrahten, und dabei nicht vergessen, den Kabelsalat mit einer Prise Humor zu würzen. Schließlich ist Lachen die beste Verbindung!

Die Neuroplastizität ist wie ein persönlicher Gehirnbaukasten, der Ihnen dabei hilft, das Beste aus Ihrem Denkorgan herauszuholen. Mit dieser erstaunlichen Fähigkeit können Sie Ihr Gehirn formen und neu gestalten, um ein besserer, klügerer und flexiblerer Mensch zu werden. Sie sind der Gestalter Ihres eigenen geistigen Anzugs, und die Neuroplastizität ist Ihr Schneider für den perfekten Sitz.

Aber vergessen Sie nicht, der Elektriker wird auch schneller faul, als Sie "neuronale Synapsen" sagen können. Viel Spaß beim Formen Ihres Gehirns, und denken Sie daran, Sie haben nur noch ein paar Jahrzehnte Zeit!

10 Tipps für die Neuroplastizität

Herzlichen Glückwunsch! Ihr Gehirn ist ein wahres Wunderwerk der Anpassungsfähigkeit. Es ist, als ob es ein eigenes kleines Fitnessstudio für Ihre Gedanken ist. Stellen Sie sich vor, Ihr Gehirn ist der Arnold Schwarzenegger des Denkens und formt seine Muskeln, äh, Nervenbahnen, ständig um.

1. **Ein geistiges Festmahl für Ihr Denkorgan:** Ihr Gehirn ist wie ein hungriger Löwe, der nach geistiger Nahrung sucht. Gönnen Sie ihm ein reichhaltiges Angebot an anspruchsvollen Büchern, tiefgründigen Gesprächen und kniffligen Rätseln. Vergessen Sie nicht die Portion Superfoods wie Walnüsse, Blaubeeren und Avocado.
2. **Gönnen Sie sich eine Denk-Auszeit:** Ihr Gehirn braucht seinen Schönheitsschlaf! Sieben bis neun Stunden Nachtruhe sind ein Muss für Spitzenleistungen. Selbst ein kurzer Mittagsschlaf von 20 Minuten sorgt für gestärkte neuronale Verbindungen.
3. **Machen Sie Gedanken-Muskeltraining:** Ähnlich wie ein Bodybuilder benötigt auch Ihr Denkorgan Ruhepausen, um seine

Muskeln zu stählen. Schaffen Sie nach der Arbeit Rituale wie Selbstreflexion und Dankbarkeit für kleine Erfolge. Dadurch wird Ihr Gehirn mit Glückshormonen geflutet und ist in bester Verfassung.

4. **Erweitern Sie Ihren Wortschatz:** Täglich ein neues Wort lernen - das bringt Schwung in die grauen Zellen. Ihr Denkorgan wird Ihnen mit einem Feuerwerk neuer neuronaler Verbindungen danken.
5. **Die andere Hand, bitte:** Übungen für die nicht-dominante Hand sind perfekt, um neue neuronale Wege zu beschreiten und die Verknüpfungen zwischen bestehenden Neuronen zu stärken. Putzen Sie sich die Zähne mit der anderen Hand und balancieren Sie auf einem Bein, um das Ganze abzurunden.
6. **Jonglieren Sie mit Denkprozessen:** Jonglieren wird oft als Geheimmittel zur Steigerung der Anpassungsfähigkeit des Denkorgans aufgeführt. Gönnen Sie Ihrem Gehirn während der Arbeit zwischendurch ein paar Sekunden Jonglier-Spaß.
7. **Spielen - das ultimative Gehirntraining**: Spielen Sie, egal was, als ob Ihr Leben davon abhinge. Wer braucht schon Langeweile, wenn Sie graue Gehirnmasse haben können?
8. **Gedächtnistraining leicht gemacht**: Erfinden Sie eigene Eselsbrücken und Reime. Ihr Gehirn wird es Ihnen mit einer flotteren Datenautobahn danken.
9. **Tanz der Gedanken:** Setzen Sie sich in Bewegung! Tanzen, Laufen, bewegen Sie sich, um die Verbindung zwischen Körper und Geist zu stärken. Ihr Gehirn wird im Rhythmus der Musik neue neuronale Bahnen einschlagen und gleichzeitig Ihr Herz zum Tanzen bringen.
10. **Machen Sie etwas anders:** Kreativität ist das Geheimnis der Anpassungsfähigkeit. Das Schaffen von Neuem fördert die Vernetzung Ihrer Gehirnzellen und öffnet neue Wege für Ihre kreative Denkfähigkeit.

WEM GEHÖRT DER GEHIRN – ICH

Wer kann mein Leben ändern – Ich und sonst keiner. Das haben Sie wahrscheinlich schon oft gehört und Sie geben Ihr Bestes. Doch warum stellt sich das gewünschte Ergebnis einfach nicht ein? Nur Denken hilft leider nicht.

VOM GEHIRNBESITZER ZUM GEHIRNNUTZER: EIN KABELSALAT DES LERNENS.

Sie besitzen ein Gehirn. Klingt vielleicht banal, das ist aber nur die Grundausstattung. Haben Sie sich jemals gefragt, ob Sie Ihr Gehirn wirklich nutzen? Denn das ist der springende Punkt. Bloßes kognitives Verständnis (rumdenken) ist wie ein verstaubtes Handbuch in einer verlassenen Bibliothek – vielleicht schön anzusehen, aber nutzlos.

Unser Gehirn ist ein fantastisches Organ, aber es ist auch ein kleiner Trickser. Es liebt es, in seinen alten Gewohnheiten zu verharren, seine vertrauten Wege zu gehen und sich in einem gemütlichen Musterkeller einzunisten. Veränderung? Da sträubt es sich. Denn wahre Veränderung bedeutet, die alten Drähte neu zu verknüpfen und manchmal sogar ein paar davon gänzlich zu kappen.

Lernen funktioniert am besten, wenn es Sinn und Bedeutung in den Dingen findet. Das Gehirn ist ein Mustererkennungs-Meister, der ständig nach Wegen sucht, um das Leben zu vereinfachen. Ihre Gewohnheiten, Ihre Wahrnehmung, Ihr Verhalten – all das sind Produkte dieser Muster. Ihr Gehirn nimmt sie wahr und denkt: "Ah, das habe ich schon gesehen, ich weiß, was zu tun ist." Es folgt den eingeschlagenen Pfaden, auch wenn sie Sie vielleicht nicht mehr dahin führen, wo Sie hinwollen.

Der Schritt vom Gehirnbesitzer zum Gehirnnutzer erfordert Mut und Willenskraft. Es bedeutet, die alten Muster zu durchbrechen, neue Verknüpfungen zu schaffen und manchmal den Kabelsalat im Gehirn zu entwirren. Aber es lohnt sich. Denn wenn Sie Ihr Gehirn zum Arbeiten bringen, anstatt es faul herumsitzen zu lassen, öffnen sich Ihnen unzählige Möglichkeiten. Sie können neue Fähigkeiten entwickeln, schlechte Gewohnheiten ablegen und Ihr Leben nach Ihren Wünschen gestalten.

Kognitives Verständnis allein wird Sie nicht weiterbringen. Es ist die Tat, die zählt. Seien Sie kein Gehirnbesitzer, der sein Potenzial verschwendet. Seien Sie ein Gehirnnutzer, der aktiv gestaltet und lernt, indem er den Dingen Bedeutung verleiht und die Muster, die Ihr Leben formen, bewusst verändert. Es ist Zeit, den Kabelsalat zu entwirren und Ihr Gehirn für Sie arbeiten zu lassen. Worauf warten Sie noch?

Noch nicht überzeugt, versuchen wir mal den Satz:

Gefeliciteerd. Je hebt het gedaan. Jij bent het enige sperma en het enige ei dat jou is geworden. Wat kan er nog meer gebeuren? Profiteer van deze unieke kans.

Bitte? Für die meisten von uns hat er keinerlei Bedeutung, unser Gehirn findet kein passendes Muster und vergisst oder übergeht ihn einfach.

Das Ganze noch mal auf Deutsch:

Herzlichen Glückwunsch. Sie haben es geschafft. Sie sind das eine Spermium und die eine Eizelle, die zu Ihnen geworden sind. Was kann da noch passieren? Nutzen Sie diese einmalige Chance.

Und schon erhalten die Worte Sinn, Ihr Gehirn erkennt Lob und Ermutigung – das Geschriebene erhält eine Bedeutung. So schnell sind wir bei gehirngerechtem aber auch gehirngesteuertem Lernen. Alles was für unser Gehirn keine Bedeutung hat, geht einfach durch unser Wissensnetz, die Synapsen lassen es links liegen und schon ist es weg.

Zahllose Lernprozesse sind für uns ohne Bedeutung oder welchen Sinn haben bionische Zahlen? Wie war es mit Geometrie oder Flächenberechnungen – könnten Sie das heute noch berechnen?

Ich vermute mal, nur wenige von Ihnen. Hätte Ihnen aber vielleicht Diogenes direkt, als er sich ins Wasserfass setze, und das Wasser rauslief erklärt, was Verdrängung ist und das Sie vielleicht so Ihre Wasserkosten senken können – würde es vermutlich bis heute noch sitzen. Einfacher wäre es vielleicht auch gewesen, wenn Einstein Sie direkt in das Raumschiff mit Lichtgeschwindigkeit gesetzt hätte und Ihr Zwilling auf der

Erde doppelt so schnell, wie Sie gealtert wäre, dann hätte die Relativitätstheorie doch Sinn gemacht. Und so geht das mit dem Lernen stetig weiter, aber es gibt kein objektives Lernen. Interesse und Nutzen bilden den einzigen VIP-Wissenszugang.

A Cocktail A Day, hols the Doctor herbei… - Der hedonistische Kreislauf

Das Gehirn, dieses raffinierte Meisterwerk der Verwirrung. Es liebt nichts mehr, als sich in einen hedonistischen Rausch zu stürzen, bei dem Ordnung und Unordnung einen wunderbaren Tango tanzen.

Zuerst sehnt sich unser Gehirn nach Ordnung, nach der himmlischen Symmetrie, bei der jeder Gedanke seine eigene kleine Schublade hat. Es ist ein Ordnungsfanatiker, der danach lechzt, alles an seinem Platz zu haben. Es will sich in seiner aufgeräumten Gedanken-Wohlfühloase suhlen.

Wie schnell sich die Zeiten ändern! Denn plötzlich, wie aus dem Nichts, schreit das Gehirn nach Unordnung. Es will wilde, chaotische Gedanken, die wild umherfliegen wie Vögel in einem Taubenschwarm. Die Ordnung ist langweilig geworden, und die Unordnung wird zur neuen Muse.

Und so beginnt der hedonistische Kreislauf. Das Gehirn sehnt sich nach Kohärenz, nach einem Gleichgewicht zwischen Ordnung und Unordnung. Es ist wie ein hungriger Löwe, der zwischen einem saftigen Steak und einem himmlischen Dessert hin- und hergerissen ist.

Es ordnet und strukturiert, nur um dann alles wieder über den Haufen zu werfen. Es ist, als würde das Gehirn eine endlose Party schmeißen, bei der der Boden mit Gedanken übersät ist und die Ideen wild tanzen, bis sie vor Erschöpfung umfallen.

Unser Gehirn ist ein hedonistisches Genie, das sich nach dem süßen Geschmack der Abwechslung und der Herausforderung sehnt. Es will den Kick, das Auf und Ab, die unendliche Achterbahnfahrt der Gedanken.

Lassen Sie Ihr Gehirn ruhig bisweilen seinen hedonistischen Kreislauf genießen. Denn am Ende des Tages, wenn die Ordnung und die Unordnung sich in perfekter Harmonie vereinen, dann ist das Gehirn zufrieden. Und wer kann schon einem zufriedenen Gast widerstehen?

In den Versuchen von Manfred Spitzer zeigte sich, dass sich der hedonistische Kreislauf vielmehr auf die Vorfreude auf eine Belohnung, als auf die Belohnung selbst bezieht. Denn das Gehirn produziert signifikant mehr Dopamin bei Vorfreude. Und da es für einen Schwaben nicht uninteressant ist, wurde mit angekündigten Geldbeträgen gemessen, wann die Vorfreude auf Geld aufhört. Bei den Schwaben sind es 23 Cent.

All das und noch viel mehr, bildet unseren täglichen Hormoncocktail. Die herrlichen Hormone, diese kleinen chemischen Gaukler in unseren Köpfen, die unser Leben so wunderbar beeinflussen. Lassen Sie uns einen Blick auf diese hormonelle Zirkusvorstellung werfen, die von unserem Gehirn inszeniert wird. Auf vier Hormondarsteller lohnt sich ein kurzer Blick:

Autonom (vermehrt ohne äußere Einflüsse)

- **Epinephrin**, auch als Adrenalin bekannt. Dieses Hormon ist so autonom wie ein wildes Pferd, das sich gegen den Sattel sträubt. Es wird ausgelöst, wenn wir Schmerzen spüren, als ob unser Körper sagen würde: "Achtung, Gefahr! Zeit, in den Überlebensmodus zu schalten!" Es ist der innere Stuntman, der in letzter Sekunde auf die Bühne eilt.

- **Dopamin**, das Hormon der Begierde, des Ziels und der Belohnung. Es sorgt dafür, dass wir ständig nach dem nächsten Kick suchen, als ob unser Gehirn eine endlose Schatzsuche veranstalten würde. "Noch eine Belohnung, bitte!", schreit es gierig. Dopamin ist einer der Stars unter den Hormonen und findet später noch ausführliche Beachtung.

Sozial abhängig (vermehrt von anderen und unserem Eindruck abhängig)

- **Serotonin** ist das Hormon der Anerkennung, des Respekts und der Ruhe. Es ist wie die Trophäe, die wir uns selbst verleihen, wenn wir uns wohlfühlen. "Ah, ja, ich bin so großartig!", murmeln wir in unserem inneren Ego-Tempel.

- **Oxytocin**, das Hormon der Bindung, der Liebe, des Vertrauens. Dieses Hormon ist sozial abhängig, als ob es sagen würde: "Ich brauche andere, um mich glücklich zu fühlen!" Es ist wie der Schmierstoff für soziale Beziehungen, der uns miteinander verbindet. Aber Achtung, Oxytocin ist auch dafür verantwortlich, wenn Rudel Fremdlinge töten.

Das Gehirn spielt uns einen Streich, und wir tanzen nach seiner Pfeife. Aber hey, ohne diese Hormone würde das Leben wahrscheinlich ziemlich langweilig sein, oder? Vorhang auf für die hormonelle Zirkusvorstellung in unseren Köpfen!

In der aufregenden Welt des Gehirns gibt es ein kleines Molekül namens Dopamin, das wie der verführerischste Superstar aller Zeiten agiert. Wie bei jedem Prominenten gibt es eine dunkle Seite, die Sie unbedingt noch kennenlernen sollten.

Hedonistischer Kreislauf – Unser Gehirn ist süchtig, nach dem Kick, nach Augenblick

Dopamin, der "Feel-Good-Bote" des Gehirns, sorgt für Glücksgefühle und Belohnungen. Er ist der treue Begleiter bei allem, was wir lieben - sei es Schokolade, Sport oder der Sieg in einem Videospiel. Aber Dopamin hat ein Problem: „Ihm“ wird schnell langweilig. Nachdem wir ihn eine Weile genossen haben, sehnt sich unser Gehirn nach mehr, nach einem stärkeren Kick. Mehr Dopamin, mehr Kick, mehr…

An dieser Stelle kommt die Toleranzerhöhung ins Spiel. Unser Gehirn gewöhnt sich an das Niveau des Dopamins, das es normalerweise erlebt. Es will mehr, es schreit förmlich danach. Also suchen wir verzweifelt nach neuen Wegen, um diesen Nervenkitzel zu bekommen. Wir werden zu Entdeckern von Neuem, zu Abenteurern im Glücksland.

Sie haben eine Nachricht – wie lange können Sie widerstehen?

Hier kommen "Hook(ed)-Modelle" und Streaming-Dienste wie gerufen. Sie sind die Verführer, die uns unaufhörlich mit neuen Dosen Dopamin versorgen. Mit ihrem endlosen Angebot an Inhalten und Belohnungen sind sie wie ein schier endloser Vorrat an Süßigkeiten für unser Gehirn.

Wie geht das? Nir Eyal's Hook-Modell beschreibt einen vierstufigen Prozess, der dazu führt, dass die Nutzung eines Produkts (von Etwas) zur täglichen Gewohnheit wird. Diese vier Phasen des Hook-Modells beziehen sich auf verschiedene Interaktionen zwischen dem Nutzer und dem Etwas.

- Trigger: Hierbei handelt es sich um **externe und interne Reize**, die den Nutzer dazu veranlassen, das Etwas zu verwenden.

- Aktion: Dies bezieht sich auf die konkreten Handlungen des Nutzers, die in Erwartung unmittelbarer **Belohnungen oder Mehrwerte** ausgeführt werden.

- Variable Belohnung: In dieser Phase wird der Nutzer durch die Bereitstellung **variabler Mehrwerte** belohnt.

- Investment: Schließlich investiert der Nutzer **Zeit, Daten, Aufwand oder soziale Reputation**, um bei wiederholter Nutzung eine bessere Erfahrung mit dem Produkt zu erzielen.

Wir sind süchtig danach, ständig nach dem nächsten Kick zu suchen, und nicht nur Streaming-Dienste wissen das nur zu gut. Sie halten uns in ihrem Bann, indem sie ständig neue Reize und Belohnungen bieten. "Noch eine Folge", denken wir, "nur noch eine." Und schon sind wir in einer endlosen Schleife gefangen, auf der Suche nach diesem süßen Dopamin-Kick.

Das Problem ist, dass diese endlose Suche nach Belohnungen und der ständige Drang nach mehr Dopamin uns in eine gefährliche Spirale führen können. Sucht und Abhängigkeit sind nur einen Schritt entfernt. Dopamin ist ein mächtiger Antrieb, aber er kann uns auch leicht gefangen nehmen, wenn wir ihm nicht mit Vorsicht begegnen.

Wenn Sie das nächste Mal vor Ihrem Streaming-Dienst sitzen und sich fragen, warum Sie stundenlang Serien schauen, denken Sie daran: Dopamin ist ein verführerischer Freund, aber auch ein gefährlicher Feind. Die Suche nach dem nächsten Kick kann süchtig machen, und es liegt an uns, klug damit umzugehen. Lassen Sie sich nicht von den Versuchungen des Dopamins in die Suchtspirale ziehen, denn das ist ein Spiel, bei dem am Ende niemand gewinnt.

Hunde, Sex und Lernen – was ist die Gemeinsamkeit?

In der Welt der Psychologie gibt es zwei Protagonisten, die sich gerne im Theater des menschlichen Verhaltens austoben: die Konditionierung und ihre raffinierte Schwester, die operante Konditionierung.

Konditionierung, dieser Begriff klingt nach einer Methode, um Ihren inneren Pawlowschen Hund zum Tanzen zu bringen. Im Grunde genommen geht es darum, wie Sie auf Reize reagieren, sei es ein leckerer Keks oder das Läuten einer Glocke. Wenn Sie jedes Mal, wenn Sie eine Glocke hören, einen Keks bekommen, beginnen Sie wahrscheinlich, bei bloßem Glockengeläut zu sabbern, selbst wenn kein Keks in Sicht ist.

Die wahre Meisterin des Spiels ist aber die **operante Konditionierung** (nach Burrhus Frederic Skinner - Psychologe). Hier geht es darum, wie Verstärkungen und Bestrafungen unser Verhalten formen. Denken Sie an die Ratte in einem Versuchslabor: Wenn sie auf einen Hebel drückt und ein Leckerbissen herauskommt, wird sie das immer wieder tun. Aber wenn sie stattdessen einen elektrischen Schlag bekommt, wird sie den Hebel wahrscheinlich meiden.

Vielleicht können wir von diesen Ratten lernen und unsere eigenen Gewohnheiten und Verhaltensweisen überdenken, wenn der Elektroschock zu groß wird oder genau das Gegenteil.

Eine kleine Aufgabe: Wie oft haben Sie sich metaphorisch schon den Schädel gestoßen? Je nach persönlicher Veranlagung neigen wir zeitnah oder weniger zeitnah dazu, uns konditionieren zu lassen oder selbst zu konditionieren.

In der wunderlichen Welt der Konditionierung verhalten sich Menschen oft wie ein Tanz zwischen zwei schmerzhaften Stühlen. Da stehen Sie, im Wartezimmer des Lebens, und beobachten, wie sich die Show abspielt.

- Einige von uns sind die **„Sofort-Reagierer"**. Sie haben einen niedrigen Schmerzschwellenwert und lernen blitzschnell aus schmerzhaften Erfahrungen. Schlag gegen den Kopf - BAM! Sofort ziehen sie sich zurück, um den Schmerz zu vermeiden. Sie konditionieren sich selbst auf Sicherheit, und das ist gut so, oder? Aber warten Sie, da ist ein Haken. Manchmal ziehen sie sich so schnell zurück, dass sie nie erfahren, was jenseits des Schmerzes liegt. Sie verpassen die Chance auf Wachstum und Entwicklung. Oder vielleicht wäre beim nächsten Mal gar kein Schmerz.

- Und dann haben wir die **"Hartnäckigen".** Diese Leute sind der Meinung, dass Schläge gegen den Kopf keine große Sache sind. Sie stecken den Schmerz weg, ignorieren ihn, als wäre er nicht da. Sie haben eine hohe Schmerztoleranz, die bewundernswert sein kann. Doch hier ist das Dilemma: Anstatt aus schmerzhaften Erfahrungen zu lernen und ihr Verhalten anzupassen, wiederholen sie ihre Handlungen, als wären sie in einem Kreisverkehr gefangen.

Auf die ein oder andere Weise entstehen „**Selbstläufer**". Orte, Personen oder Ereignisse, die einst schädliche Verhaltensweisen erzeugten, brauchen jetzt gar nicht mehr präsent zu sein. Alleine schon an den Ort oder das Ereignis zu denken, löst Schmerz aus. Der Schmerz-Kreislauf nimmt Fahrt auf, als hätte er einen eigenen Willen. Diese Selbstläufer-Konditionierung kann uns fest im Griff haben, selbst wenn keine äußeren Einflüsse mehr vorhanden sind.

Und da stehen Sie, zwischen diesen beiden Extremen, auf der Bühne des Lebens. Manchmal sind Sie die schnellen Rückzieher, manchmal die Hartnäckigen. Die Kunst liegt darin, die Balance zu finden. Sie sollten lernen, aber nicht übermäßig reagieren, schmerzhafte Erfahrungen akzeptieren, aber nicht in Selbstzerstörung verfallen. Das ist das Geheimnis der gelungenen Konditionierung - die Fähigkeit, aus dem Schmerz zu lernen, ohne darin gefangen zu sein. Es ist ein wahrhaftiger Tanz, bei dem Sie sich selbst neu erfinden können, ohne sich den Schädel zu stoßen.

Wie passt das alles zum Unglück und den negativen Gefühlen? Stellen Sie sich vor, Sie haben ständig negative Erfahrungen mit einer bestimmten Situation. Ihre Reaktion wird wahrscheinlich ähnlich negativ sein, da Ihr Gehirn operant konditioniert wurde. Vielleicht entwickeln Sie Ängste, Sorgen oder Stress. Und es wird schwierig, aus diesem Teufelskreis auszubrechen.

Die gute Nachricht: Sie können Ihr Gehirn auch in die andere Richtung konditionieren. Positive Verstärkungen und neue Erfahrungen können Ihr Verhalten ändern und negative Gefühle in den Schatten stellen. Die operante Konditionierung ermöglicht es Ihnen, neue Wege zu finden, mit den Herausforderungen des Lebens umzugehen. Denn am Ende des Tages ist Ihr Gehirn ein formbares Organ.

Erinnerung: Denken Sie dabei an die 100Tage-Regel.

Tipp: Führen Sie ein Erfolgstagebuch und schreiben jeden Tag mindestens 5 gute Erlebnisse auf.

Soweit zu den Hunden, aber was war denn nun mit Sex und Lernen?

Natürlich, erinnern Sie sich an die Fragen zu Beginn? Trockene Prozesse sind schmerzhaft und zäh, ähnlich wie beim Sex. Jedoch läuft alles etwas geschmeidiger, wenn die notwendige Vorarbeit geleistet wurde. Passend dazu hat sich in Studien herausgestellt, dass wir auch unser Gehirn schmieren können, um bessere Fortschritte beim Lernen zu erzielen. Klingt eigenartig, oder? Aber lassen Sie mich Ihnen das "Gehirnschmiermittel" vorstellen, das die neuesten wissenschaftlichen Studien hervorgebracht haben: BDNF, auch bekannt als brain-derived neurotrophic factor. BDNF hält die Räder des Lernprozesses in unserem Gehirn geschmeidig. Das Faszinierende daran ist, dass wir BDNF auf unterschiedliche Weisen anregen können. Zwei der besten Methoden sind Sport und Lernen! Es ist buchstäblich das Vorspiel fürs Gehirn, wenn es darum geht in Lernstimmung zu kommen. Training und Wissen führen zu einem regelrechten Ausbruch von BDNF, wodurch Ihr Gehirn geradezu nach neuem Wissen lechzt.

Neuere Studien betonen die herausragende Rolle des Proteins BDNF. Es beeinflusst vielfältige Neuronen des Nervensystems. Eine seiner Hauptaufgaben ist es, bereits existierende Neuronen und Synapsen zu schützen. Darüber hinaus fördert es das Wachstum und die Entwicklung neuer Nervenzellen, neuronaler Bahnen und Synapsen.

Besonders im Gehirn ist BDNF in den Bereichen des Vorderhirns, des Hippocampus und der Großhirnrinde aktiv. Diese Gehirnareale sind für abstraktes Denken, logische Gedankengänge, organisatorisches Denken und Gedächtnisleistungen verantwortlich. BDNF hat eine zentrale Stellung bei der Steuerung des Langzeitgedächtnisses. Wenn Denkprozesse im Langzeitgedächtnis verankert werden, erfolgt die Bildung neuer neuronaler Bahnen und eine Zunahme der Dichte synaptischer Verbindungen.

BDNF gilt insgesamt als eines der biologisch aktivsten Neurotrophine und spielt eine herausragende Rolle bei der Nervenentwicklung im Erwachsenenalter, auch als adulte Neurogenese bekannt. Tierversuche mit Knock-out-Mäusen haben gezeigt, dass Tiere ohne BDNF eine verkürzte Lebensspanne und deutliche Entwicklungsdefizite im Gehirn und Sensorium aufwiesen, was auf die essenzielle Bedeutung von BDNF für die Nervengesundheit hinweist.

Laut der Studien kann BDNF eine hilfreiche Wirkung u. a. bei Depressionen, Schizophrenie und Zwangsstörungen haben, und hat zudem einen positiven Einfluss auf Stressreduktion und Resilienz.

Hier kommt das Sahnehäubchen auf den Kuchen: Die Lieblingsbeschäftigung Ihres Gehirns, das Lernen, ist eine der effektivsten Möglichkeiten, BDNF zu aktivieren. Je mehr Sie lernen, desto mehr BDNF wird freigesetzt. Ihr Gehirn belohnt Sie regelrecht, wenn Sie neues Wissen aufnehmen und sich weiterbilden.

Daher wundert es sicher auch nicht, dass unser Gehirn eine unersättliche Vorliebe für unnötige, aber dennoch faszinierende Fakten hat. Es scheint, als könnten wir nicht widerstehen, eine gehirnfreundliche Mahlzeit aus ungewöhnlichen Informationen zu genießen. Wenn es um unnützes Wissen geht, gibt es keine Diät, keine Beschränkungen und keinen Verzicht. Unser Gehirn schlingt es förmlich hinunter. Nichts bildet so schnell Synapsen wie das Sammeln von interessanten Details. Unser Denkapparat wird zu einem wahren Marathonläufer, wenn es darum geht, merkwürdige Geschichten und skurrile Tatsachen zu sammeln. Wer wusste schon, dass Ameisen keinen Schlaf brauchen oder dass der kleinste Muskel im menschlichen Körper im Ohr zu finden ist?

Solche Informationen prasseln auf unser Gehirn ein wie ein Regenschauer in der Wüste.

Und dann ist da noch der Gossip-Effekt (Klatsch und Tratsch-Effekt). Denn seien wir ehrlich, nichts verbreitet sich so schnell wie ein gutes Stück Klatsch und Tratsch. Ob es nun um die neuesten Promi-Skandale, die verrücktesten Verschwörungstheorien oder die kuriosesten wissenschaftlichen Entdeckungen geht, wir können einfach nicht widerstehen. Unser Hirn verwandelt sich in einen Sozialhub, der uns dazu verleitet, die neuesten Neuigkeiten mit Familie, Freunden und Kollegen zu teilen.

Es ist fast so, als ob unser Gehirn eine innere Neugierde hat, die nie gestillt werden kann. Unnötiges, aber interessantes Wissen ist der Treibstoff, der unsere Denkmaschine am Laufen hält. Also, warum sollten wir es unterdrücken? Lasst uns unser Bedürfnis nach skurrilen Fakten feiern und gleichzeitig unsere Synapsen auf Hochtouren bringen. Denn in einer Welt voller Informationen ist es der scheinbar nutzlose Wissensschatz, der unser Denken lebendig und wachsam hält.

Also denken Sie daran, in Bewegung zu bleiben, sei es durch körperliche Aktivität und/oder geistige Herausforderungen. Ihr Gehirn wird es Ihnen mit einer reibungslosen Fahrt durch die Welt des Wissens danken. Und wer hätte gedacht, dass das Schmiermittel für den Lernprozess so lecker sein könnte?

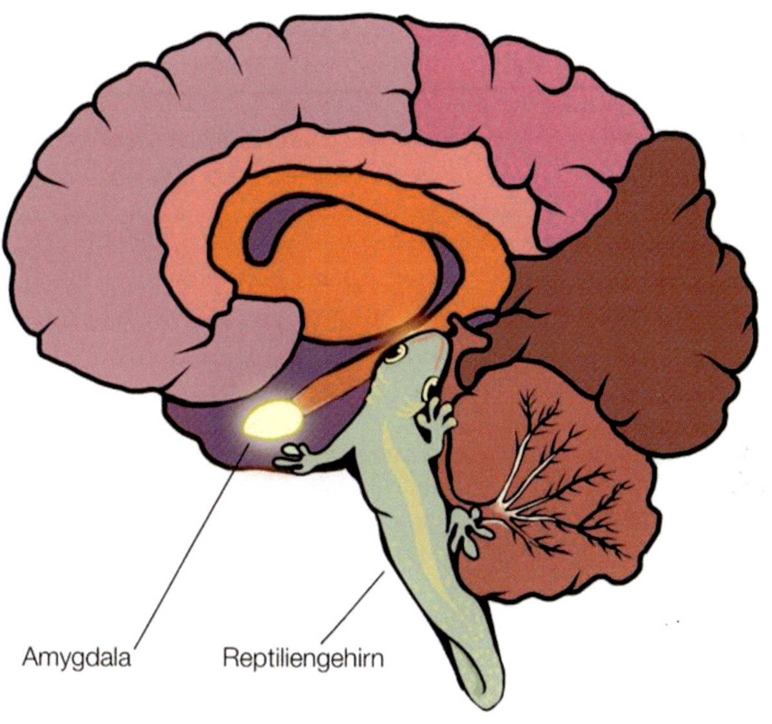
Amygdala
Reptiliengehirn

Outtakes – Level 1

Outtake 1:

In einer Krise übernimmt das Reptiliengehirn, Vernunft weicht der Angst, und vorübergehend regiert die "Hormo Sapiens"-Phase – Angst macht kurzzeitig "blöd".

Outtake 2:

Statt zu streiten, sollten wir Menschen in ihrer Gesamtheit verstehen, ermutigen und befähigen, denn letztendlich sind wir eins, untrennbar und komplex.

Outtake 3:

Das Reptiliengehirn steuert automatische Funktionen, sichert unser Überleben und beeinflusst Verdauung sowie Aussehen.

Outtake 4:

Nerven sind normalerweise stark und unbeeinträchtigt, außer bei Unfällen oder Krankheiten. Ihre Gesamtlänge beträgt etwa 5,8 Millionen Kilometer. Die Schwäche liegt möglicherweise nicht in den Nerven, sondern in unseren Stressbewältigungsstrategien.

Outtake 5:

Vergessen Sie Theorie – Handeln Sie.

Outtake 6:

Dank Neuroplastizität können Sie Ihr Gehirn lebenslang verbessern. Mit 100 Tagen Disziplin und der richtigen Methode öffnen Sie die Wissensschubladen und knüpfen die richtigen Verbindungen – willkommen in der Welt der neuronalen Heimwerker!

Outtake 7:

Ihr Gehirn ist wie ein Fitnessstudio für Gedanken. Pflegen Sie es mit genug Schlaf und geistiger Nahrung, trainieren Sie Ihre Denkmuskeln kreativ – es ist der ultimative Formwandler in der Welt der Gedanken.

Outtake 8:

Vom Gehirnbesitzer zum Gehirnnutzer: Unser Gehirn mag bequeme Muster, aber wahre Veränderung erfordert aktives Handeln. Ordnen Sie den Gedanken-Wirrwarr und lassen Sie Ihr Gehirn für Sie arbeiten. Zeit zu handeln!

Outtake 9:

Nutzen Sie Ihr Gehirn bewusst, seien Sie ein aktiver Nutzer. Geben Sie Sinn und Bedeutung, handeln Sie statt nur zu verstehen, und entfalten Sie seine volle Kapazität.

Outtake 10:

Dopamin treibt uns zu stärkerem Glück an. Streaming-Dienste nutzen "Hook-Modelle" für regelmäßiges Dopamin. Achten Sie auf Suchtgefahr und nutzen Sie Schmerz klug. Formen Sie Ihr Gehirn – Sie sind der Regisseur Ihres Glücks.

LEVEL 2 – FACHKRAFT

Als Fachkraft kennen Sie die Straßen, Wege und Einbahnstraßen des Lebens. Dieses Kapitel widmet sich nun den äußeren Randbedingungen.

Das Universum einer Fachkraft, die in die Tiefe der menschlichen Dynamik eintaucht, eröffnet ein Menü von Erkenntnissen, das so vielfältig und reichhaltig ist wie eine Gourmetküche für den Verstand. Sie jonglieren mit dem Wissen um die äußeren Umstände, wie mit einem Repertoire von Anpassungen, das bei Bedarf auf den Tisch gebracht wird. Ihr Plan ist eine sorgfältig ausgearbeitete Landkarte für den Umgang mit den Stürmen des Lebens, ein Rettungsschirm für Momente des Chaos und der Unsicherheit.

Wandelmenü und Katastrophenablaufplan sind wie ein Rettungsschirm in Zeiten von Chaos und Unsicherheit. Fachkräfte nutzen diese Landkarte, um souverän durch stürmische Zeiten zu manövrieren, ähnlich einem Seemann, der sein Schiff sicher durch gefährliche Gewässer lenkt.

Das Gehirn agiert wie ein Sicherheitsjunkie in der äußeren Umgebung. Wie ein konstant wachsendes Sicherheitsteam sucht es nach potenziellen Bedrohungen, erkennt vertraute Muster und bewertet aufmerksam Situationen.

Die Interaktion mit toxischen Menschen ist ein weiterer Punkt auf dieser Landkarte. Ähnlich wie die Gewissheit, dass auf die Nacht der Tag folgt, verstehen diese Fachkräfte, dass das Erkennen und die gezielte Bewältigung von toxischen Einflüssen ein wesentlicher Bestandteil des Lebens sind. Wie ein Arzt, der eine giftige Substanz identifiziert und dann das richtige Gegenmittel anwendet, gehen sie bedacht vor, um schädliche Beziehungen und Umgebungen zu bewältigen.

Diese Landkarte ist ein integraler Bestandteil zur Entschlüsselung der menschlichen Natur. Sie als Fachkraft sind der Navigator, der Anpassung, Resilienz und Sicherheit meisterhaft beherrscht.

Ein Wandel gibt uns zu verstehen, dass es Zeit für Veränderung ist. Katastrophen hingegen schreien: "Pack deine Sachen, wir ziehen um, und zwar sofort!". Das eine ist eher ein ruhiger Fluss, der sanft in neue Gewässer führt, während die andere Alternative wie ein wilder Sturm ist, der das Dach Ihres Hauses zerstört.

Veränderungsmöglichkeiten ergeben sich somit sowohl durch Wandel als auch durch Katastrophen. Sie fordern uns heraus, kreativ zu sein und uns anzupassen. Und wenn wir das schaffen, können wir gestärkt und vielleicht sogar mit einem breiten Grinsen aus der Erfahrung hervorgehen. Denken Sie daran, wenn das Leben Ihnen eine Zitrone gibt, machen Sie Limonade daraus!

Abgesehen von unvorhersehbaren Schicksalsschlägen und Naturkatastrophen, haben „alltägliche" Katastrophen, Wandel und Krisen regelhaft eine Menüabfolge, bei der alle Beteiligten jederzeit aussteigen könnten. Ähnlich wie bei jedem Restaurant könnten wir gehen, aber nun sind wir doch schon hier, andere sind doch auch hier, warum soll ich denn zuerst gehen, ich habe aber reserviert... Erinnern Sie sich noch wie Mensch ist? Sicherheit, da wird sich ein anderer drum kümmern.

So unterschiedlich und entwickelt der Mensch zu sein glaubt, so ähnlich sind wir auch in manchen Abläufen gestrickt. Die Gründe für diese Gemeinsamkeiten sind noch immer unklar. Die einzelnen Phasen bezüglich Wandel, Katastrophen und Krisen sind hingegen klar definiert.

Die Ablaufpläne sind keine Breaking News. Bereits in einem sehr alten und dicken Beststeller wurden die sieben Plagen der Endzeit und auch die zehn Vorboten der Apokalypse beschrieben. Übrigens steht's mit der Option die Katastrophe aufzuhalten, aber im Gegensatz zu Ihnen war damals niemand bereit die Notausgänge zu nutzen. Sie machen es besser!

Auch wenn Ihnen eine Krise droht, Sie kennen die Dreifaltigkeit des Misslingens. Als Vorspeise etwas Unachtsamkeit, Nachlässigkeit oder Stress. Im Hauptgang werden Ungläubigkeit mit einer Auswahl von Eitelkeiten und Begehrlichkeiten serviert und als Dessert noch ein Quäntchen „Was kann ich denn tun?" und als Kirsche oben drauf noch ein „Nun ist es sowie so zu spät".

Mit einem geschärften Blick können Sie aussteigen und wachsam sein und nötigenfalls einfach den Tisch verlassen.

WANDEL-MENÜ (7 PHASEN UND EIN PAAR ZERQUETSCHTE)

Das Idealmodell des Krisen-Menüs, das von den zwei Wissenschaftlern Joe B. Hurst und John W. Shepard 1986 entworfen wurde, ist vergleichbar mit E-Autos. Diese sehen, meiner Ansicht nach, ganz okay aus, sind aber teuer und Sie wissen nie, wann die nächste Ladestation kommt. Ein Rennen mit der Energie (Resilienz und Selbstwirksamkeit) beginnt, immer in der Hoffnung auf die schnellstmögliche Zielerreichung.

1. Vorahnung

Meistens weiß der Mensch, dass Gefahr im Verzug ist. Ein Unwohlsein oder ungutes/unangenehmes Gefühl breitet sich aus. Auch bekannt als Bauchgefühl oder Instinkt.

Beim Verlassen der gewohnten Bahnen, werden negative Veränderungen und Abweichungen rasch bemerkt. In Gedanken an das wohlmögliche noch kommende Ereignis werden etwaige Szenarien und Reaktionen durchgespielt. Berechnungen und Kalkulationen sind die Basis für das frühe Krisenplanspiel. Das Wunderwerk Gehirn hat sich beruhigt, das Problem wurde gemeistert - ist doch auch alles gar nicht so schlimm und wahrscheinlich passiert sowieso nichts. Gedacht und Vergessen, der Appetitiv ist eingenommen.

2. Schock

Gewissheit, das Schlimmste ist tatsächlich eingetroffen. Trotz des Planspiels eine Überraschung, dabei hatte unser Systemmanager das Problem doch schon erledigt. Je ungewohnter die Situation ist, desto mehr Zeit brauchen wir, um die Situation zu erfassen und zu realisieren. Zunächst übernimmt das Reptiliengehirn und macht Denken unmöglich. Wir brauchen Zeit. In richtig harten Zeiten übernimmt das Reptiliengehirn nun auch noch die Selbstkasteiung und beschimpft den Gehirnbesitzer wie ein Rohrspatz. Als hätte man nicht genug Probleme...

Zeit die Suppe auszulöffeln.

3a. Trauer (wenn es einen Grund gibt)

Trauern ist schlichtweg kaum noch En Vogue. Dennoch ist Trauern eine wichtige und heilende Funktion. Ursprünglich entstammt das Trauerjahr, aus dem Römischen Reich und galt ausschließlich für Witwen. Alle anderen hatten neun Tage zum Trauern. Bei den Navajo-Indianern maximal vier Tage, danach durfte der Verstorbene weder erwähnt, noch über die Trauer geredet werden. Im Judentum waren drei Tage Weinen und sieben Tage Klagen sowie dreißig Tage Trauer üblich. Sie sehen also, dass Trauerwege von Kultur zu Kultur und von Mensch zu Mensch verschieden sind.

Egal welcher Trauerweg nun auch gewählt wird, Trauernde sollten einen geschützten Raum haben, der sie vor wenig hilfreichen Gesprächen oder Anforderungen durch die Außenwelt bewahrt. Trauermodelle sind meist parallel aufgebaut. Einerseits geht es um den Abschied und andererseits um den geplanten künftigen Lebensentwurf.

Neben der nachvollziehbaren Trauer um einen Menschen packt aber viele auch die Trauer, um verpasste Gelegenheiten, Chancen oder Träume. Unser Gehirn, als Gefahrensucher, konzentriert sich gerne auf diese Anlässe. Nicht vergessen, das Gehirn ist an Glück nicht interessiert und die Amygdala bietet sofort ein Potpourri an begleitenden Gefühlen:

- Überforderung
- Nicht loslassen können
- Versagen
- Schuld
- Vorwürfe (an sich und/oder andere)
- Begehrlichkeiten (das stand mir aber zu) und Ungerechtigkeiten
- Ständige Fragen nach dem „Warum?“
- Vermissen
- Mutlosigkeit
- Selbstzweifel und das Gefühl ein Verlierer zu sein

Ein kleines Experiment: Schütten Sie ein Glas Milch in den Abfluss. Versuchen Sie nun etwa die Milch aus dem Abfluss wieder herauszuholen?

„Ärgere dich nicht über verschüttete Milch." lautet ein amerikanisches Sprichwort. Birkenbihl fasst es etwas anders zusammen: „Enttäuschung ist lediglich das Ende der Täuschung." Gleichzeitig fragt sie: „Wer ist verantwortlich für Ihre Gedanken?" Das Ende der Täuschung ist also das Ende der eigenen Gedanken, Wünsche und Hoffnungen. Und noch ein Gesetz: Shit happens. Krönchen richten und weiter geht`s. Wie lange wollen Sie der Milch noch nachtrauern?

3b. Anstrengung

Wir geben uns nicht kampflos geschlagen, darum werden nun neue Pläne geschmiedet. Wie geht es weiter? Was genau ist zu tun? Eine befreundete Psychologin brachte es mal auf den Punkt: „Es gibt immer einen anderen Weg!" Die höheren Systemmanager in Ihnen übernehmen jetzt und es keimt leichte Hoffnung und Mut auf. Sollte der Weg gleich von Erfolg gekrönt sein, können Sie direkt zu Punkt 6 springen. Ansonsten haben wir jetzt den Salat…

4a. Sorge

So einfach lässt sich der sympathische Teil unseres Gehirns nicht mundtot machen und aktiviert „DEFCON 5" (im Original das Verteidigungsprogramm des amerikanischen Militärs - Defense readiness condition; Friedenszustand, mit Verteidigungsbereitschaft), das Sorgenprogramm. Langsam aber sicher mischt sich die Hoffnung mit einer Prise Selbstzweifel. Die Zuversicht wankt, der Tatendrang schwindet, letztlich tritt die Armee der Sorgen auf, um uns vor Schlimmeren zu beschützen. Sollten Sie dennoch weiter handeln, auf zu „DEFCON 4" (Friedenszeit, erhöhte Aufklärung und erhöhte Sicherheitsmaßnahmen).

4b. Leugnung

Alle bisherigen Versuche haben auf Anhieb nicht geklappt. So viel Mühe und dennoch kein Licht am Ende des Tunnels. Nun wird es aber Zeit, die veränderte Situation für Gut zu befinden. Verleugnung as its best, Selbstrechtfertigung des Scheiterns oder anders ausgedrückt, schönreden. Die neue Situation ist gar nicht so schlecht, Veränderungen beleben das Leben, anderen geht es auch nicht besser… Wenn Sie sich weiterhin nicht abhalten lassen und vielleicht einfach die Strategie ändern, ist es spätestens jetzt Zeit für „DEFCON 3" (erhöhte Aufmerksamkeit und verschlüsselte Botschaften).

4c. Wut

Die Amygdala ist wütend, und zwar auf den Schuldigen. Trotz aller guten Absichten konnten noch keine Erfolge erzielt werden. Jetzt reicht es unserem Gehirn. Das kann ja schließlich nicht an uns liegen! Der Schutzmechanismus bahnt sich seinen Weg. Die ganze Wut wird auf einen oder mehrere andere konzentriert. Hinter all dem stecken böse Absichten, das System ist schuld, es ist eine Verschwörung im Gange…

Sie weigern sich einen anderen Schuldigen zu finden? Dann auf zu „DEFCON 2" (erhöhte Aufmerksamkeit und Mobilisierung weiterer Reserven).

4d. Aufgabe

Alle Versuche scheitern, weder Wut noch mehr Anstrengung helfen. Es ist ausweglos, wir kommen nie wieder auf die Beine. Die Tage sind grau und nutzlos, unser Gehirn verlangt die Kapitulation, damit wir endlich das tröstende Scheitern notieren können. Es ist also Zeit für den ultimativen Schlag, „DEFCON 1" (maximale Aufmerksamkeit, Einsatz aller Truppen).

4e. Depression

Das Duo-Infernale tritt auf, Selbstwert und Verlust. „Das kann nur an mir liegen." Eine gewisse Zeit halten die Systemmanager dieses Duo im Zaum, die Resilienz sorgt für Sicherheit, aber wie Rosenstolz schon in einem Lied titelte „Auch die stärkste Seele wird mal schwach.". Der Selbstwert fällt ins Bodenlose.

Dauert dieser Zustand an, könnte dies zu einer pathologische Depression führen. Suchen Sie in diesem Fall unbedingt fachkräftige Hilfe und sprechen Sie mit einem Psychologen, Ihrem Hausarzt, dem Sozialarbeiter oder rufen Sie beim Sorgentelefon an.

5. Hoffnung

Als Gehirnbesitzer entscheiden wir selbst, ob wir zum Gehirnnutzer werden und aus dem Rollercoaster aussteigen. Wäre das Leben ein Kartenspiel stechen Hoffnung und Glück immer Wut und Angst. Also ran an die aktive Gehirnbenutzung, Konzentration auf die Lichtblicke und positiven Erlebnisse. Sagen Sie Ihrem inneren Reptil den Kampf an. Nicht nur ein Plan A muss her, sondern auch B und C.

6. Enthusiasmus

Auch der härteste Marathon wird von allen gemeistert, die das Ziel in Sicht haben. Manchmal tragen sogar die Kontrahenten sich gegenseitig über die Ziellinie. Das größte Potenzial zur Aufgabe besteht im endlos erscheinenden Mittelteil. Die Anfangseuphorie ist Vergangenheit, der Weg unendlich lang und die unangenehmen Begleiterscheinungen mehr als deutlich.

Mein Tipp: Halten Sie durch! Sobald Lösung, Ausweg und Erfolg in Sicht sind, werden alle Reserven mobilisiert und ein zaghaftes Pflänzchen, namens Enthusiasmus wächst in Ihnen heran, um Sie zusätzlich zu unterstützen. Endlich ist das Tal der Tränen überwunden.

7a. Überwindung

Es ist geschafft, die Krise ist überstanden. Der Betroffene hat seine Katharsis durchlebt und ist daraus vielleicht sogar gestärkt hervorgegangen. Nicht wenige entwickeln dabei die vielbeschworene Resilienz.

7b. Neuer Zyklus

Die größte Gefahr in diesem Rollercoaster ist ein herber Rückschlag am Ende. Alles beginnt von vorn und trifft auf einen geschwächten Gegner.

Können Sie sich noch an Jerusalem und Tokio erinnern? Jerusalem, eine der ältesten Städte der Welt, wurde bisher insgesamt 23 mal belagert und zweimal zerstört. Übrigens Tokio erging es noch schlechter, in der Zeit von 1600 – 1945 wurde die Stadt 49 mal zerstört und wieder aufgebaut, letztlich alle 5 Jahre. Wäre es nicht ein Jammer, wenn sie irgendwo zwischen DEFCOM fünf bis eins hängengeblieben wären?

Auf dem Weg zur Überlebenspersönlichkeit packen wir unseren Koffer, bevor die Survival-Hacks den ultimativen Schutz bieten, sollen ein paar Pflaster und ein erstes Erfolgsmantra hinein.

8 Schnellpflaster:

1. **Akzeptanz**
   Akzeptieren Sie das Unvermeidliche und versuchen es dann zu verändern bzw. zu verhindern.

2. **Zurück auf den Boden der Tatsachen**
   Fragen Sie sich: Was ist Symptom, was ist Ursache? Sie können gar nicht mehr mit dem Anderen reden? Die Kommunikationsstörung ist das Symptom. Die Ursache könnte sein, dass Sie beiden sich gestritten haben.

3. **Lola rennt – bleiben Sie physisch in Bewegung**
   Mit der Aktivierung der alten Gehirnteile gesellt sich eine Vielzahl an schädigenden Hormoncocktails in unser System. Diese müssen schnellstmöglich wieder weg und das funktioniert am besten mit Bewegung.

4. **Candy-Crush in eigener Sache**
   Schädigende Gedanken schädigen, raus damit aus dem eigenen System. Am besten hilft hierbei Ihre Gedanken einfach mal laut auszusprechen oder aufzuschreiben. Damit verschaffen Sie sich etwas Klarheit und können Ihr Gedankenkarussell stoppen bevor Sie sich völlig darin verlieren

5. **Lampen an**
   Negative Gefühle haben den Drang sich auszuweiten und möglichst viel Platz einzunehmen. Ähnlich vampirischen Vorlieben, nimmt das Gedankenkarussel in der Nacht Fahrt auf. Gebieten Sie dem Einhalt mit einem starken Licht. Bauen Sie eine feste Tagesstruktur und insbesondere eine Abendstruktur, in der Sie Verabredungen, Sport und Hobbys SMART planen. Die SMART-Formel steht für Spezifisch, Messbar, Erreichbar, Relevant und Terminiert, eine Methode zur Festlegung von klaren und umsetzbaren Zielen.

6. **Wer bin ich – Standortbestimmung**
   Veränderungen und Wandel wirken sich stark auf Ihr eigenes Selbstbild aus. Listen Sie mindestens drei Ihrer besten Eigenschaften auf.

7. **Eigenes Soundsystem nutzen**
   Unsere Gehirnteile sind fast pausenlos mit einem inneren Monolog zu Gang, wobei scheinbar mehrere Stimmen, die Ihre unterschiedlichen Gehirnbereiche darstellen, alle gleichzeitig anfangen zu reden. Immer lauter und lauter, da sie sich gegenseitig übertönen wollen – wenn auch nur um sich selbst zu rechtfertigen. In persönlichen Krisenzeiten spiegelt dieser Monolog die missliche

Lage wider, also unterbrechen Sie den momentan nutzlosen Gedankengang. Sprechen Sie mit Ihren nahestehenden Menschen. Nutzen Sie Ihr Soundsystem, um die eigenen Gedanken auszusprechen, zu ordnen und einen neuen Input von außen zu erhalten.

8. **Prepaid-Guthaben für Sorgenzeiten**
   Limitieren Sie Ihre Sorgen, vielleicht sogar mit Stoppuhr oder Timer. Schaffen Sie sozusagen für Sorgen ein limitiertes Prepaid-Guthaben. Beispielsweise pro Tag lediglich eine Stunde, um sich den Kopf zu zerbrechen. Ist die Zeit um, stoppen Sie Ihre Gedankengänge und verbieten Sie sich weiter Energie in diese Richtung zu lenken.

Gerald Hüther prägte den Begriff "Problembewältigungskompetenz" für Erfahrungen der Bewältigung und Wandlung. Dieses Wort ist vielleicht nicht besonders geläufig, also nennen wir solche Erfahrungen vorläufig einfach positive Überlebensfähigkeiten. Das Überwinden und/oder die Bewältigung eines Wandels zeigt wer wahre Freunde sind, stärkt die Persönlichkeit, bringt mehr Offenheit und Lebensfreude.

Ganz nach Ihrem neuen Mantra: „Ich meistere jede Herausforderung."

Die Welt besteht allzu oft aus Mustern und Gemeinsamkeiten, da ist es wenig verwunderlich, dass dem Wandel-Menü auch noch ein Katastrophenablaufplan zur Seite steht.

KATASTROPHEN-ABLAUF (7 PHASEN)

Krise als Chance: Warum wollen Teebeutelschwinger und Kumbaya-Clowns Ihnen immer noch ein X für ein U verkaufen? Zum einen, weil es tröstlich ist und zum anderen, weil es einen riesigen Markt erschließt.

Eine Krise ist eine Situation mit großen Schwierigkeiten oder Unsicherheiten, vergleichbar mit der Sichtung eines Säbelzahntigers. Ein Beispiel dafür ist die Ansicht „Krise als Chance", die von optimistischen Menschen oft wie ein heiliges Mantra verwendet wird. Diese Teebeutelschwinger, Meister der Gelassenheit, behaupten unbeirrt, dass nach jedem Regenschauer ein Regenbogen erscheint. Sie lächeln und sagen: „Es könnte schlimmer kommen", während sie an ihrem Kräutertee nippen, als ob ein Lächeln alle Probleme lösen würde. Leugnen lässt die Probleme nicht verschwinden.

Ein freudiges tschakka folgt vonseiten der Kumbaya-Clowns, die mit ihren Gitarren ums Lagerfeuer sitzen und von einer besseren Welt Schalmeien. "Wir alle sind eins", verkünden sie. Sie glauben an die Macht der Gemeinschaft und daran, dass wir alle gemeinsam die Krise bewältigen können, solange wir nur unsere Hände halten und "Kumbaya, my Lord " singen.

Aber während die Teebeutelschwinger lächeln und die Kumbaya-Clowns singen, fragt Sie sich vielleicht, ob diese Philosophie wirklich die Antwort auf all Ihre Probleme ist. Denn während sie sich in ihrem Optimismus suhlen, könnten die Dinge tatsächlich schlimmer werden. Die Miete muss bezahlt, die Kinder müssen ernährt und die Rechnungen beglichen werden. Die Krise, die als Chance begann, kann sich schnell in einen Albtraum verwandeln, wenn wir sie nicht als Krise erkennen.

Vielleicht ist die Botschaft, die wir aus dem Teebeutelschwingen und Kumbayasingen mitnehmen sollten, nicht, die Realität zu ignorieren, sondern in schwierigen Zeiten einen klaren Kopf zu bewahren. Es ist wichtig, positiv zu bleiben und Gemeinschaft zu schaffen, aber es ist genauso wichtig, pragmatische Schritte zu unternehmen, um die Krise zu bewältigen.

Lächeln Sie ruhig, wenn Sie möchten, und singen Sie lauthals „Kumbaya". Aber vergessen Sie nicht, die Rechnungen zu bezahlen und die Probleme anzupacken, bevor sie noch schlimmer werden. Denn manchmal ist die beste Chance, aus einer Krise herauszukommen, die Chance, sie ernst zu nehmen.

Übrigens werden die Maulesel mit 7% besteuert und die Esel mit 19%. Dabei ist der Maulesel eine Kreuzung zwischen Pferd und Esel, steuergemäß also begünstigt. Erstaunlich ist wie oft die Zahl 7 in der Psychologie und in Survivalszenarien vorkommt. Eigentlich ist 7 doch eine Glückszahl und dennoch haben Krisen und Katastrophen verlässliche 7 Phasen, also weniger Glückszahl als eher ein fester Ablaufplan. Sie wollen Beweise? Dann zählen wir mit dem Untergang der Titanic mal nach, zwar nicht so romantisch verklärt wie Rose und Jack „Near, far, wherever you are“ trällernd, aber dafür korrekt.

Die Titanic: Eine Reise durch die 7 Phasen der Katastrophe

Vor langer Zeit, auf einer kalten und düsteren Nacht, begab sich die Titanic auf ihre tragische Jungfernfahrt. Was als Triumph des menschlichen Stolzes begann, endete in einer der berühmtesten Katastrophen der Geschichte. Die Titanic, das stolze "unsinkbare" Schiff, startete am 10.04.1912 in Southampton, Großbritannien, zu ihrer Fahrt nach New York. Mit über 2.200 Passagieren und Besatzungsmitgliedern an Bord herrschte Euphorie und Aufregung. 4 Tage lang verlief alles nach Plan, die Passagiere feierten, die Crew war zufrieden, wären da nur nicht die lästigen Warnungen anderer Schiffe vor Eisbergen gewesen. Aber die wurden im Omnipotenzanfall ignoriert und so hieß es mit Volldampf direkt auf den Eisberg zu. Mehr als die Hälfte der Reisenden und Besatzung versank im Meer.

Phase 1: Bedrohung

Unser Bauchgefühl spürt Bedrohungen auf, ähnlich den Mücken im Dunkeln. Funkwarnungen wurden ignoriert. Die Titanic-Passagiere feierten ihre Unverletzbarkeit, bis das Schiff mit einem Eisberg kollidierte. In der Illusion der Omnipotenz wurden Warnungen ignoriert, bis die Realität einschlug.

- **Unverletzbarkeit – Illusorische Unverwundbarkeit**
  Das Gefühl der Unverletzbarkeit, auch als "illusorische Unverwundbarkeit" bezeichnet, ist ein psychologisches Phänomen, bei dem Menschen glauben, dass ihnen negative Ereignisse, Gefahren oder Risiken weniger wahrscheinlich zustoßen oder sie weniger schwer treffen würden als anderen. Es ist ein übermäßiges Vertrauen in die eigene Unverwundbarkeit oder Immunität gegenüber schädlichen Einflüssen.
  Psychologisch betrachtet kann dieses Gefühl der Unverletzbarkeit auf mehreren Faktoren beruhen.

- **Optimismusverzerrung**: Menschen neigen dazu positiver über ihre eigenen Fähigkeiten und Chancen zu denken als über die anderer Personen. Diese Verzerrung kann zu einem falschen Gefühl der Sicherheit führen. Das offene Meer und Eisberge – wird schon gut gehen. Was und wer sollte der Titanic schon etwas anhaben können?

- **Mangel an persönlicher Erfahrung**: Wenn jemand noch nie eine bestimmte Gefahr oder ein bestimmtes Risiko erlebt hat, kann er dazu neigen, zu glauben, dass es ihm nicht passieren wird. Wie viele Menschen sind schon mal auf einen Eisberg geprallt?

- **Gruppenzugehörigkeit**: In Gruppen oder Gemeinschaften kann das Gefühl der Unverletzbarkeit potenziert werden, da die Mitglieder sich gegenseitig bestärken, unterstützen und Risiken herunterzuspielen.
  Wir feiern und niemand scheint besorgt zu sein. Warum sollte ich mir also Sorgen machen? Schließlich bin ich doch kein Partypupser!

- **Entfremdung von Risiken**: Menschen können sich von Risiken oder Bedrohungen mental entfremden, indem sie sie als unwahrscheinlich betrachten. Dies kann zu einem verzerrten Wahrnehmungsmuster führen, wodurch sie glauben, stets von bestimmten Gefahren verschont zu bleiben..
  Das Schiff der Superlative, welche Gefahren sollte es schon geben?

Dieses Gefühl der Unverletzbarkeit kann positive Auswirkungen haben, da es das Selbstvertrauen und die Bereitschaft fördert, Herausforderungen anzunehmen. Es kann jedoch auch zu riskantem Verhalten führen, bei dem Menschen gefährliche Situationen oder Verhaltensweisen unterschätzen. In einigen Fällen kann es sogar zur Verleugnung von potenziellen Gefahren führen.

Die Titanic-Passagiere glaubten an Unsinkbarkeit und ignorierten Warnungen. Doch die Kollision mit einem Eisberg zerstörte die Illusion. Das Gefühl der Omnipotenz führte zu Ignoranz. Es ist einfach, über sie zu spotten, aber in unserer modernen Welt könnten wir uns in einer ähnlichen Blase der Unverletzbarkeit befinden.

Schnellpflaster:

Gelegentlich sollten wir innehalten, das tägliche Gedöns beiseitelegen und uns daran erinnern, nicht omnipotent zu sein. Warnungen vor den "Eisbergen des Lebens" sollten wir ernst nehmen, sei es Umweltauswirkungen, Gesundheitsrisiken oder globale Herausforderungen. Die Titanic-Geschichte lehrt uns, dass das Gefühl der Unverletzbarkeit oft eine teure Illusion ist.

Phase 2: Die Warnung - Die Anomalie

Etwa vier Tage nach dem Auslaufen kam die Titanic in die Nähe von Eisfeldern im Nordatlantik. Eiswarnungen gingen ein, doch der Kurs des Schiffes wurde nicht geändert.

Die Titanic, das stolze und als "unsinkbar" beworbene Schiff, fuhr weiter auf ihrem Kurs, als ob sie unverwundbar wäre. Die Warnungen wurden ignoriert, als handele es sich um belanglose Nachrichten. Hier begann die Anomalie, eine Phase, in der das Unglück langsam auf den Schiffen der Arroganz und Ignoranz anbahnte.

37 Sekunden sollen zwischen *„Eisberg voraus!"* und der Kollision gelegen haben.

Menschen tendieren dazu, Warnungen abzutun und fühlen sich sicher im Alltag. Doch die Titanic-Geschichte erinnert daran, dass Selbstsicherheit gefährlich sein kann. Die Anomalie, die Warnungen signalisiert, gibt Zeit zu handeln. Ignoranz kann verheerende Folgen haben, und Unheil kann schneller eintreten, als gedacht.

Ihr neues Mantra: „Wer vorsieht, ist Herr(in) des Tages." Johann Wolfgang von Goethe

Phase 3: Das Ereignis – der Super-GAU

Meistens bemerken die Menschen eine Krise erst durch ein signifikantes Ereignis, obwohl die Vorzeichen schon lange zu spüren waren.

In dieser verhängnisvollen Nacht kollidierte die Titanic mit einem Eisberg. Die Crew realisierte die Ernsthaftigkeit der Situation und begann, die Passagiere zu evakuieren. Die Krise war in vollem Gange.

"Die Titanic kann nicht sinken!" Das war das Mantra der Zeit, aber der Glaube allein konnte nicht verhindern, dass das Schiff seinem tragischen

Schicksal entgegenstürzte. Panik und Chaos brachen aus, und die Rettungsboote wurden eilig heruntergelassen.

In dieser schicksalhaften Nacht wurde aus dem scheinbar Unverwundbaren die Titanic-Tragödie. Und während wir heute auf diese Ereignisse zurückblicken, wird uns immer wieder klar, dass die Natur keine Rücksicht auf menschliche Überheblichkeit nimmt. Es bleibt eine schmerzhafte Erinnerung daran, dass, egal wie großartig unsere Werke sein mögen, sie niemals gegen die Gewalten der Natur immun sind. Doch halt! Neben der Natur sind noch einige wichtige Figuren, die im Rampenlicht stehen: Falsche Ratgeber, Besserwisser und die unaufhörlichen Verkünder der drohenden Katastrophe.

Da, auf dem Deck, steht Kapitän „Overconfidence“, ein Koffer voller Optimismus und das bekannte Zitat "Die Titanic kann nicht sinken" auf den Lippen. Er ist der ultimative Ratgeber – und er könnte nicht mehr danebenliegen. Während das Schiff langsam versinkt, fährt er fort: "Machen Sie sich keine Sorgen, es ist nur ein kleiner Eisberg. Der Ozean ist warm, und wir haben genug Schwimmwesten für alle."

Aber warten Sie, da ist noch der unermüdliche Besserwisser, Mr. Blauäugig. Er hat schon mal ein Buch gelesen und herausgefunden, dass Eisberge harmlos sind, solange man ihnen ausweicht. Er läuft also herum und ruft: "Leute, es ist völlig in Ordnung, Eisberge sind nur gefrorenes Wasser. Wir sind gleich da!" Er starrt auf den Eisberg und ignoriert das, was da draußen wirklich passiert.

Und dann haben wir die Panikmacher, diejenigen, die das Schlimmste herbeireden. Die Titanic hat sich kaum mit dem Eisberg angelegt, als sie beginnen, "Wir sinken!" zu schreien. Sie laufen wild umher, schüren Angst und Verwirrung.

Doch wie die Titanic lehrt, ist es manchmal besser, auf die echten Experten zu hören, nicht auf diejenigen, die vorgeben, alles zu wissen, oder diejenigen, die nur Panik schüren.

Schnellpflaster:

Sie sind der Experte für Ihr Leben und auch Überleben. Analysieren Sie die Situation und mögliche Warnzeichen. Sein Sie der Experte und ändern Sie, wenn möglich und nötig den Kurs.

Phase 4: Vielleicht-Rettung oder Verschlimmbesserung - Katastrophenreaktion

In mir schwellt bis heute noch die Frage, warum das neue Liebespaar Rose Jack nicht mit auf ihr mehr als übergroßes Überlebensholz genommen hat und sie gemeinsam mit der Trillerpfeife im Ozean nach Hilfe trillern konnten?

Während die Titanic sank und Rettungsboote nicht für alle reichten, brach Panik aus. Überlebende klammerten sich an Boote und Trümmerteile. Die "Verschlimmbesserung" von Rose auf einem Treibholzstück endete in der Realität anders. Die Absurdität des Dramas zeigt, wie schwer gute Ideen umzusetzen sind. Überlebende warteten in eisiger Kälte, klammerten sich an Trümmerteile und könnten durch überlegte Entscheidungen das Schlimmste verhindern. Die Titanic-Katastrophe ist ein Lehrbuchbeispiel für die seltsame Realität gegenüber der Fiktion.

Schnellpflaster:

Fragen Sie sich bei jeder Herausforderung „Was könnte ich tun, um die Lage noch zu verschlimmern?“ Haben Sie die Antwort, dann konzentrieren Sie sich auf das Gegenteil.

Phase 5: Rettung

Schließlich erschien die Rettung in Form des Schiffs „Carpathia“. Die Überlebenden wurden an Bord genommen, aber die meisten waren in einem schrecklichen Zustand. Obwohl die Katastrophe überstanden ist, tragen die Überlebenden tiefe seelische Narben davon. Sie haben den Tod vor Augen gesehen und sind nur knapp dessen Griff entkommen. Wie es nun für jeden einzelnen weitergeht ist ungewiss.

Das Paradoxe der Rettung: Im Kreis der Dankbarkeit vielleicht auf dem Schiff zur Nirgendwo-Insel

Nach der Rettung auf einem treibenden Schiff stellt sich die Frage: Was nun? Die Dankbarkeit ist da, aber ohne klaren Kurs und Ziel erscheint die Rettung paradox. Die Orientierungspunkte sind verschwunden, und die Frage bleibt, wohin die Reise führt.

So treiben wir weiter auf dem Ozean der Ungewissheit, auf einem Schiff, das uns gerettet hat, aber keine Richtung kennt. Wir sind dankbar und gleichzeitig verloren. In diesem Moment wird uns bewusst, dass die Rettung nicht das Ende der Reise ist, sondern erst der Anfang. Wir müssen gemeinsam entscheiden, wohin unser Schiff segeln soll, und uns eine neue Route in die Zukunft suchen.

Schnellpflaster:

Die Dankbarkeit, die uns antreibt, wird zur Kraft der Veränderung. Wir sind gerettet, aber wir sind auch die Kapitäne unserer eigenen Schicksale. Und so segeln wir weiter, in die Ungewissheit, auf der Suche nach einem Ziel, das uns die Dankbarkeit und die Rettung des Lebens selbst gelehrt haben.

Phase 6: Post-Trauma

Die Ära des Überlebens: Post-Titanic-Trauma und die Wiederentdeckung der Normalität

Nach dem Untergang der Titanic leiden die Überlebenden an Post-Trauma, das sich in Albträumen, Ängsten und einer ständigen Präsenz der Titanic in ihren Gedanken zeigt. Die Tragödie hat sie in zwei Gruppen geteilt: die Überlebenden und diejenigen, die noch kämpfen, um das Erlebte zu überwinden. Die Zeit heilt nicht alle Wunden, und die Narben bleiben. Dennoch erkennen die Überlebenden die Kostbarkeit des Lebens, schätzen die kleinen Dinge und erzählen Geschichten von jener schicksalhaften Nacht, um Lehren daraus zu ziehen. Das Post-Trauma ist schmerzhaft, begleitet von einer ständigen Suche nach Licht in der Dunkelheit ihrer Erinnerungen.

Ihr neues Mantra: Ich kontrolliere meine Gedanken!

Phase 7: Überleben - Wiederaufbau und Lehren

In der.Geschichte der Menschheit sind Katastrophen oft Wendepunkte, die uns daran erinnern, wie zerbrechlich unsere Welt sein kann. Die Titanic-Katastrophe ist ein düsteres Beispiel dafür. Wir können nur hoffen, dass wir aus solchen Katastrophen lernen und sicherstellen, dass sich solche Tragödien nie wiederholen. Die Titanic-Katastrophe hatte einen tiefgreifenden Einfluss auf die Schifffahrt und führte zu strengeren Sicherheitsvorschriften. Sie erinnert die Welt daran, dass selbst das Größte und Stärkste nicht unverwundbar ist.

Von Überlebenden und der Reise zur Verarbeitung

Die Überlebenden sind jene, die in jenen eisigen Gewässern um ihr Leben gekämpft haben, die die Dunkelheit der Nacht überlebt haben und die an Bord der Carpathia wiedergefunden wurden. Diese mutigen Menschen haben die Katastrophe physisch überstanden, aber auch sie tragen seelische Wunden davon. Das Post-Titanic-Trauma begleitet sie, und es ist ein täglicher Kampf.

Diejenigen, die noch kämpfen, bleiben oft Opfer der Ereignisse. Doch wir wissen, dass diese Bezeichnung nicht für immer gelten muss. Jeder von uns hat das Potenzial zur Heilung. Die Dunkelheit, die uns umgibt, kann schrittweise dem Licht weichen.

Die Reise zur Verarbeitung ist kein einfacher Weg. Sie erfordert Mut, Geduld und Selbstfürsorge. Wir müssen uns selbst erlauben, das Erlebte zu verarbeiten und unsere seelischen Wunden zu heilen. Es kann wichtig sein, professionelle Unterstützung anzunehmen und sich auf die Gemeinschaft der Überlebenden zu stützen.

Mit der Zeit und der richtigen Unterstützung können auch diejenigen, die mehr Zeit benötigen, zu "Überlebenden" werden. Sie können das

Post-Trauma überwinden, ein erfülltes Leben führen und mit ihren Geschichten anderen Menschen Mut machen und Hoffnung schenken.

Und so setzen wir unsere Reise auf diesem Ozean des Lebens fort, in der Hoffnung, dass wir klug genug sind, die Eisberge der Zukunft zu vermeiden. Soweit das Katastrophenmenü. Bereit für etwas Sicherheit?!

It´s just an illusion – Unser Gehirn der Sicherheitsjunkie

Unser Gehirn ist zwar nicht an Glück interessiert, aber dafür umso mehr an Sicherheit. Fast wirkt das Gehirn, wie ein Sicherheitsjunkie. Dabei ist Sicherheit ein recht Neumodischer-Komuff. Glauben Sie mir nicht? Kein Problem, dann machen wir doch eine kurze Zeitreise, mit Sehenswürdigkeiten aus Komplexitäts- und Chaosforschung.

Der Mensch lebt bereits seit über 3 Millionen Jahren auf der Erde, doch die Idee der Sicherheit wurde erst vor etwa 300 Jahren von Newton eingeführt. Seitdem besteht die hartnäckige Vorstellung, dass das Leben einer mechanischen Uhr ähnelt. Erste Risse in dieser Newtonschen Uhr entstanden, als Max Planck im Jahr 1900 erste Prinzipien der Quantenphysik entwickelte. Die Chaos- und Komplexitätsforschung griff dann in den 1970er-Jahren zum Vorschlaghammer und zerstörte die Uhr vollständig.

Dennoch der Gedanke an den perfekten Sicherheitszustand war und ist für unser Gehirn so verführerisch, dass wir solch wissenschaftliche Erkenntnisse gerne mal ignorieren. Dann wird halt eine neue Uhr gekauft, das Modell war sowieso schon in die Jahre gekommen. Wie passt das zusammen?

Ein paar Fakten:

Chaostheorie

Die Chaostheorie der 1970er Jahre zeigt, dass Ursache und Wirkung nicht linear verlaufen, und das Leben ist daher nicht vorhersehbar. Der Schmetterlingseffekt illustriert, wie kleine Ereignisse große Auswirkungen haben können. In Zeiten von gesellschaftlichen Veränderungen, Krisen oder Katastrophen treten oft starke Turbulenzen auf, bevor sich die verschiedenen Elemente zu einem neuen Ganzen zusammenfügen, ähnlich dem Aufstieg eines Flugzeugs beim Start.

Ihr neues Mantra: Falls es in meinem Leben wackelt, kann dies der Beginn einer wundervollen Zukunft sein.

Gehirn und Smartphone

Unser Gehirn ist vergleichbar mit Smartphones. Die heutigen Smartphones haben mehr Rechnerleistung als die erste Mondfähre.

Der Apollo-Computer (1969) verfügte über einen Arbeitsspeicher von etwa vier Kilobyte und schaffte etwa 40.000 Additionen pro Sekunde. Seine Taktrate lag bei 100 Kilohertz. Ein heutiger Chip ist zehntausendmal schneller, also 40.000.0000 Additionen pro Sekunde. Ein typischer Prozessor in einem modernen Mobiltelefon schafft eine Taktrate von etwa 100 Megahertz, also 100.000 Kilohertz.

Auch wenn vielleicht gerade alle Technikinteressierten auf Durchzug stellen, so ist es doch eine Tatsache, dass unser Gehirn schier unendliche Möglichkeiten hat, aber im Grunde ein fauler Geselle ist, der im Höchstmaß versucht Energie zu sparen. Es funktioniert ähnlich wie ein Smartphone, das viele Funktionen hat, aber nur das tut, was der Benutzer ihm sagt, und dann schnell wieder in den Stand-by-Modus wechselt.

Das Gehirn liebt Vergleiche. Ob vor 3 Millionen oder 300 Jahren, beides wird mit dem Etikett „lange her“ versehen und abgeheftet.

Revolution, Wandel und Bedenkenträger - wiederkehrende Geschichte

Bei jeder signifikanten Änderung (auch den Guten) gab es warnende Stimmen. Eine gewisse Vorsicht ist stets geboten, nichts sollte unreflektiert hingenommen und konsumiert werden, schon gar kein Fanatismus. Manche Warnungen sind also durchaus berechtigt.

Beispiele für Mahnungen und gesellschaftlichen Wandel:

- 1960 ereignete sich eine Kulturrevolution, die Beatles. Die Welt veränderte sich. Sie wurde jugendlicher, umfrisiert und musikalisch verpoppt. Die Mahner versuchten mit Plattenverbrennungen die Revolution aufzuhalten.

- 1961 wurde die Antibabypille in Deutschland eingeführt. Gesellschaftlich und politisch wenig akzeptiert und moralisch höchst fragwürdig. Bis Ende der 60er wurden diese Mittel nur zur Behandlung von Zyklusstörungen verschrieben, und zwar ausschließlich an verheiratete Frauen, die bereits drei oder vier Kinder hatten und mindestens 30 Jahre alt waren. *Aktuell benennen 47 % der Erwachsenen die Pille als beliebtestes Verhütungsmittel.*

- Die 68er rebellierten gegen die Regeln der 60er, z. B. gegen den sogenannten Kuppelparagrafen, der Damen- oder Herrenbesuch nach 22 Uhr verbot. *Ein herzliches Dankeschön von mir und meinem Partner an die 68er.*

- 1999 rückte die Jahrhundertwende immer näher und damit auch die Angst vor dem Computer-GAU. Abstürzende Flugzeuge, kein Strom oder Licht, leere Tankstellen und Geldautomaten – alles Horrorszenarien. Menschen horteten Geld, Sprit und Lebensmittel. Warum eigentlich kein Toilettenpapier? Passiert ist jedenfalls nichts. *Allerdings kostete es ca. 800 Milliarden Euro, die Programme von zweistelligen, auf vierstellige Jahreszahlen umzustellen.*

Ein Gedankenexperiment zur Komplexitätstheorie:

Irgendwann hat sich der Urknall ereignet (obwohl diese Theorie noch nicht vollständig bewiesen ist). Nachdem die unsichere Zeit vorbei war, konnte der Mensch die Welt in zwei Pole aufteilen – Ordnung und Chaos. Nach Shannons-Entropie-Modell ereignet sich irgendwo zwischen diesen Polen das Leben, begleitet von Komplexität und Kreativität.

Gemäß einer der bekannten und berüchtigten Fußnoten von Birkenbihl symbolisiert der ganz linke Bereich die absolute Ordnung, sprich den Tod (wo keinerlei Unsicherheiten mehr existieren), aber der Zustand ist wohl nicht von langer Dauer. Die rechte Seite ist das komplette Fehlen von Ordnung, also pures Chaos.

Komplexitätsforschung

Und was will denn nun die Komplexitätsforschung sagen? Im Grunde genommen bedeutet es das Ende der Kontrolle. Sicher ist nur, dass nichts sicher ist. Aber ist das nun sicher oder unsicher? Wer kontrolliert hier wen?

Die Komplexitätsforschung unterscheidet die Dinge in Ordnung, Komplexität und Chaos.

Kurze Anweisungen führen oft zu klaren und einfachen Ergebnissen, während komplexe Anweisungen eine Vielzahl von Interpretationen und möglicherweise Unklarheiten mit sich bringen.

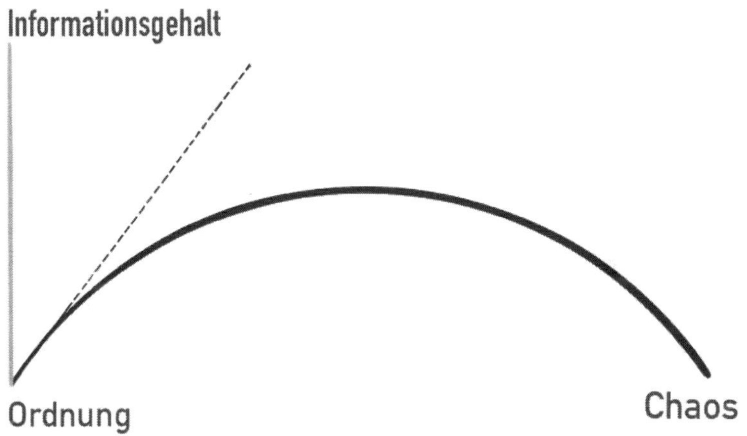

Die beiden Extreme gelten als wenig erstrebenswert. Für Mensch und Hirn eignen sich sehr viel besser komplexe Inhalte, also irgendwo zwischen Ordnung und Chaos. Eine gute Balance wäre der Idealzustand. Auch wenn es sich vielleicht nicht so anfühlt, da heutige Zeiten dazu neigen über ordentlich zu sein. Für (fast) alles gibt es Regeln, Handlungsweisungen oder Gesetze.

Die Phase der Ordnung hat aber noch einen weiteren Kollateralschaden: Wissen wurde in seine Einzelteile zerlegt.

Dem Need-to-know-Gedanken folgend, wurden Menschen mit Kontrolle, Anweisungen, Misstrauen und minutiösem Regelwerk versehen. Innerhalb solcher Ordnungen ergeben sich klare vorhersagbare Ergebnisse. Oder einfacher die Summe der Einzelteile, entspricht dem Wert der Einzelteile. Unser Sicherheitsjunkie-Gehirn ist zufrieden, die Emotionen schreien auf, aber das Gehirn ist nicht an Glück interessiert. Wie konnte so viel Ordnung passieren:

Die Antwort ist Nahrung. Gesellschaften und Menschen strukturieren sich u. a. über Zugang und Konsum zur Nahrung.

Schon seit jeher hat die Menschheit ihren Weg gegessen, vom Jagen und Sammeln bis hin zur modernen Zeit der Supermärkte. Eine wichtige Etappe war das Zeitalter der Hirten, als Nahrung erstmals über längere Zeit aufbewahrt werden konnte. Dann kam das Bauernzeitalter, das erstmals Überfluss brachte. Doch mit dieser Entwicklung kamen auch Sprache und Sesshaftigkeit, was die Kontrolle der Gesellschaft ermöglichte. Die Industrialisierung war der nächste Schritt, als alles in Teile zerlegt wurde und die Welt von Fabriken und Maschinen geprägt war.

Die Ära der Industrialisierung dauerte etwa 300 Jahre und brachte uns Bildung und Spezialisierung, Wohlstand und Luxus, ebenso wie Kontrolle und Sicherheit. Doch sie brachte auch Entfremdung und Demotivation. Das große Ganze rückte in den Hintergrund und Menschen lebten in einer Welt der Arbeitsmoral und Effizienz. Alles erscheint sicher, geordnet und ebenso gähnend langweilig. Dennoch wird die Ordnung akzeptiert, als das kleinere Übel. Stalin soll mal gesagt haben, wenn die Deutschen einen Bahnhof stürmen wollen, kaufen sie sich zunächst ein Ticket. Worauf läuft das hinaus? Auf unser Wissensquiz! Können Sie sich noch an die Frage erinnern, wie man Affen fängt?

Die Affenfalle ist simpel. Benötigt wird ein Loch im Boden, in das Salz gelegt wird. Das Loch ist gerade groß genug, dass die Affen mit der offenen Hand hineingreifen können. Haben sie erst einmal das Salz in der Hand, können sie ihre geschlossene Hand nicht mehr daraus herausziehen und sitzen fest. Nun können die Jäger sie in aller Ruhe gefangen nehmen.

Die Geschichte von den Affen und ihrer Falle in der Wüste könnte eine erstaunlich plastische Parabel über das Festhalten an Dingen, die uns nicht dienlich sind, sein. In diesem Loch, in dem das Salz verlockend darauf wartet von den gierigen Händen der Affen ergriffen zu werden, liegt eine wichtige Botschaft.

Die Affen könnten leicht fliehen, würden sie nur loslassen. Aber sie klammern sich an das Salz, ohne zu begreifen, dass es sie in die Falle führt. Wie oft sind auch wir Menschen in ähnlichen Mustern verstrickt? Wir halten an Dingen fest, die uns nicht guttun, sei es aus Gewohnheit oder aus Angst vor Veränderung.

Schnellpflaster: **Loslassen**

Es ist höchste Zeit, unsere eigenen "Salzklumpen" loszulassen, um der Falle zu entkommen und uns weiterzuentwickeln. Ganz gleich, ob es sich um schlechte Angewohnheiten, toxische Beziehungen oder ungesunde Denkmuster handelt. Manchmal müssen wir einfach loslassen, um unsere Freiheit zu finden.

Sicherheitsjunkies auf Entzug: Wenn Sicherheitsmethoden nicht mehr ausreichen

Es gab einmal eine Zeit, in der wir als Siedler unseren Platz in der Welt fanden. Unsere Aufgabe war klar: Sichere Häuser bauen, Vorräte anlegen und für unsere Familie sorgen. Die Zeiten waren einfacher, und die Ordnung, die wir in unserem Leben schufen, gab uns ein Gefühl von Sicherheit.

Aber dann änderte sich alles. Wir wurden zu Pendlern in einer sich schnell verändernden Welt. Plötzlich schrumpfte der Produktzyklus dramatisch. Alles wurde komplexer, und unsere Sicherheit begann zu bröckeln. Die Gesellschaft, in der wir lebten, war nicht mehr dieselbe.

Im postindustriellen Zeitalter tauschten wir die Werkzeuge der Industrie gegen Wissen und Kooperation. Es sollte eine Zeit des Miteinanders und der Vernetzung sein. Doch inmitten dieses Wandels fühlten sich viele von uns wie Sicherheitsjunkies auf Entzug. Wir sehnten uns nach der vertrauten Ordnung und Sicherheit, die uns das Industriezeitalter bot.

Hier wird nun für uns deutlich, dass herkömmliche Sicherheitsmethoden nicht mehr ausreichen. In einer von Emergenz geprägten Welt, die sich durch das Zusammenwirken vieler Menschen auf einer höheren Seinsstufe manifestiert, sind Ergebnisse nicht mehr so leicht vorhersehbar – vielleicht waren sie das aber auch nie. Emergenz ist das Ergebnis von Selbstorganisation und beweist, dass die Summe mehr sein kann als die einzelnen Teile, aber auch nicht gänzlich vorhersagbar ist.

Ihr neues Mantra: Akzeptieren Sie das Unvermeidliche und versuchen Sie es zu beeinflussen ohne den Fortschritt zu behindern.

Schnellpflaster:

- **Flexibilität kultivieren**: Eignen Sie sich die Fähigkeit an, sich flexibel auf Veränderungen einzustellen, ohne stur an der Vergangenheit festzuhalten.

- **Bereitschaft zum Eingehen von Risiken**: Trauen Sie sich, Risiken einzugehen, um Neues zu erforschen und Chancen zu nutzen.

- **Kooperation nutzen**: Rüsten Sie sich mit der Kraft der Kooperation und Vernetzung, um gemeinsam Herausforderungen im Team anzugehen.

- **Achtsamkeit praktizieren**: Üben Sie Achtsamkeit, um im gegenwärtigen Moment zu leben und Unsicherheiten besser/leichter zu bewältigen.

- **Fokus auf Lösungsorientierung**: Legen Sie den Fokus auf Lösungen anstelle von Problemen, um Veränderungen positiv zu gestalten.

- **Lernen aus Fehlern**: Betrachten Sie Fehler als Gelegenheiten zur Verbesserung und als Teil des Lernprozesses.

- **Selbstmotivation finden**: Entdecken Sie Ihre innere Motivation und Leidenschaft, um den Wandel mit Begeisterung anzugehen.

Die Zukunft kann unvorhersehbar sein, aber sie bietet uns die Möglichkeit selbst und die Welt um uns herum neu zu gestalten. Akzeptieren Sie das Unvermeidliche, aber setzen Sie sich aktiv für positive Veränderungen ein, ohne den Fortschritt zu hemmen.

Müsste unser Gehirn bei all der Komplexität und dem Chaos nicht vor Glück frohlocken? Ganz im Gegenteil: Sofort rufen die Geister aus dem Industriezeitalter: „Zu wenig Kontrolle darf nicht sein. Das ist Anarchie!“

Der Entwicklungssprung, der in Krisenzeiten notwendig erscheint, wird x-fach von unseren inneren Managern (aber auch von äußeren Miesepetern) versucht zu verhindern. Als würde man zu langsam mit der Schubkarre über die Schwelle fahren. Das Ziel schon in Sicht, kommt die ganze Fuhre ins Stocken und legt den Rückwärtsgang ein. Selbstorganisation von einzelnen Personen und Gruppen ist über die vielseitigen Kontrollmechanismen aus dem Industriezeitalter nicht gerade eine Spezialfähigkeit von Menschen. Oder doch? Schauen wir uns doch mal an, wie Ameisen diese Komplexität selbstorganisiert angehen würden.

Ameisen, die übrigens kein Gehirn haben, finden innerhalb kürzester Zeit, den schnellsten Weg zum Ziel und den finden dann auch alle anderen Ameisen. Die Ameisen lenken dieses Verhalten über Gerüche, die sie hinterlassen. Ist der Geruch verflogen, geht die Ameise einfach einen anderen Weg. Und so findet sich in kürzester Zeit der effektivste Weg zum Ziel.

Nun haben Menschen nachweislich ein Gehirn. Die Pheromon-Theorie könnte etwas unpassend sein, auch an anderen zu schnüffeln ist vielleicht kein probates Mittel. Ein anderer Weg muss her: Kevin Kelly beschrieb in seinem Buch „Das Ende der Kontrolle“ Experimente ohne Kontrolle oder Dirigenten. In einem großen Casino in Las Vegas wurden Experimente mit 5.000 Menschen durchgeführt. Gemeinsam sollten sie virtuelles Pingpong spielen und erhielten dazu folgende Anordnung: Alle die links sitzen steuern die linke Seite und umgekehrt. Alle erhielten ein Paddel, eine Seite grün, eine rot. Hochleistungskameras zeichneten alles auf. Innerhalb weniger Minuten spielte diese Gruppe besser zusammen als viele Einzelpersonen, und das Spiel wurde schneller. Immer noch funktionierte es. Die Aufgabe war wohl zu einfach.

Danach sollten digitale Zahlen gebildet werden, auch das ging rasend schnell. Letztlich wurde das Experiment mit einem Flugsimulator fortgesetzt. Bei diesen komplexen Programmen neigen Singleplayer oftmals zur Bruchlandung. Der erste Versuch der Gruppe führte fast zu einer Bruchlandung. Die Gruppe schaffte es wortlos, die Maschine wieder hochzuziehen. Nach mehreren Versuchen landete die Gruppe das Flugzeug. Die Gruppe schaffte es wortlos, die Maschine wieder hochzuziehen. Nach mehreren Versuchen landete die Gruppe das Flugzeug.

Die Wunder des Organisierens: Wenn fehlende Sicherheit zu Freiheit wird

Die wirklich gute Nachricht lautet, dass Menschen sich selbst und auch gemeinsam organisieren können. Sie brauchen dazu noch nicht einmal eine Anleitung, wenn sie ein gemeinsames Ziel haben. Demnach kann mangelhafte Sicherheit auch eine Chance sein, Neues zu wagen und sich neu auszurichten.

Aber lassen Sie uns realistisch sein – es ist nicht immer so, dass wir alles bis ins kleinste Detail planen können. Und manchmal, ja manchmal, sind es gerade diese Unwägbarkeiten, die den Weg für aufregende Möglichkeiten öffnen.

Da stehen Sie nun, mit einem groben Plan, aber mehr Fragen als Antworten. Denn mangelhafte Sicherheit bedeutet Flexibilität. Es ist, als ob Sie sich auf eine Reise ohne Navigationsgerät begeben – Sie wissen nie genau, was auf Sie zukommt, aber das Abenteuer liegt in der Unsicherheit. Oder wie Konfuzius schon vor Ewigkeiten sagte: „Der Weg ist das Ziel."

Die Wahrheit ist, dass Freiheit eine Chance für Kreativität und Spontaneität darstellt. Wenn wir von unseren strengen Plänen abweichen und der Unsicherheit Raum geben, können erstaunliche Dinge passieren. Es ist, als ob das Leben uns zuzwinkert, und sagt: "Hey, vertrau mir, ich habe für dich etwas ganz Besonderes parat."

Natürlich ist es nicht so, dass Sie auf Sicherheit völlig verzichten sollten. Es geht eher darum, sich der Möglichkeiten bewusst zu sein, die sich in den unvorhersehbaren Momenten eröffnen. Fehlende Sicherheit kann auch bedeuten, sich auf das Abenteuer des Unbekannten einzulassen. Also wenn das Leben Ihnen eine Lücke schenkt, betrachten Sie es als Einladung, etwas Großartiges und Unerwartetes zu erleben. Erwarten Sie alles, sogar das Gute.

Sicherheit ist eine Illusion: Eine Kurzgeschichte – ist das so schlimm?

Stellen Sie sich vor, Sie planen Ihren wohlverdienten Urlaub. Alles ist durchdacht, die Koffer sind gepackt, und die Vorfreude ist spürbar. Aber dann überkommt Sie eine Frage: "Werden wir am Ende überhaupt einen Parkplatz finden?"

Sie tüfteln an verschiedenen Szenarien, berechnen die Wahrscheinlichkeit einen freien Parkplatz zu finden, konsultieren Parkplatz-Apps, Google Maps und beschließen schließlich einen imaginären Parkplatz-Magneten mitzunehmen. Sie sind gewappnet für sämtliche Eventualitäten.

Doch je näher Sie Ihrem Ziel kommen, desto deutlicher wird Ihnen: Sicherheit ist eine Illusion. Die Parkplatzsuche gleicht einer Lotterie. Selbst wenn Sie den besten Plan ausgetüftelt haben, gibt es keine Garantie. Die Straße ist voller Überraschungen, und Sie müssen damit rechnen, dass selbst das unwahrscheinlichste Szenario eintreten kann.

Vielleicht entdecken Sie aber auch einen freien Parkplatz direkt am Strand. Es ist wie ein kleines Wunder! Sie parken Ihr Auto, atmen erleichtert auf und genießen Ihren Urlaub. Am Ende wird Ihnen klar: Ganz gleich, wie akribisch Ihre Vorbereitungen waren, es gibt Situationen, in denen Sie einfach dem Glück vertrauen müssen. Das Leben ist voller Überraschungen und genau das macht es spannend. Warum also zögern? Finden Sie Ihren inneren Magnet für neue Erfahrungen und stürzen Sie sich ins Abenteuer! Sicherheit ist oft trügerisch, und es gibt viele Menschen, die nur darauf warten, Ihnen den besten Platz wegzuschnappen.

Was uns zur folgenden Frage bringt: Welche grundsätzlichen Einstellungen vertreten Sie? Zücken Sie einen Stift und vollenden Sie spontan (ohne nachzudenken), die beiden folgenden Sätze:

Alle Menschen sind…

Es wäre alles besser, wenn…

DER MENSCH DEM GRUNDE NACH GUT, ODER?

Der Mensch: Eine Revolution der Güte oder bloß ein Gutmenschen-Mantra?

Der Mensch - ein Wesen, dem in der Menschheitsgeschichte so oft und ausgiebig die Worte "gut" und "böse" zugeordnet wurden, dass man meinen könnte, wir wären in einem endlosen Schlagabtausch zweier Fronten gefangen. Doch Rutger Bregman wagte es, die ultimative Bombe zu zünden - in Form eines ganzen Buches! "Der Mensch dem Grunde nach gut" - eine provokante Idee, die die Grundfesten der Forschung und Vorurteile erschütterte. Große Denker wie Hobbes, Smith und Machiavelli haben uns jahrhundertelang weisgemacht, dass die Gier im Menschen fest verankert ist und uneingeschränkt regiert. Doch selbstloses Handeln oder gar Hilfe für andere?

Die Vorstellung, dass der Mensch im Kern seines Wesens gut ist, wirkt fast wie ein Tabubruch in einer Welt, die durch Experimente wie dem Stanford-Prison-Test und dem Milgram Experiment gezeigt hat, wie düster und böse die menschliche Natur sein kann.

Randnotiz: Der Stanford-Prison-Test war ein psychologisches Experiment, das 1971 an der Stanford University durchgeführt wurde. Es sollte die Auswirkungen der Rolle von Gefängniswärtern und Häftlingen in einem simulierten Gefängnisumfeld untersuchen. Die Teilnehmer, die zufällig als Wärter oder Häftlinge ausgewählt wurden, zeigten jedoch so drastische Verhaltensänderungen, dass das Experiment nach nur sechs von geplanten 14 Tagen abgebrochen wurde. Das allerorts postulierte Ergebnis zeigte, wie stark soziale Rollen und Umgebung das Verhalten eines Menschen beeinflussen können.

Das Milgram Experiment wurde in den 1960er-Jahren von Stanley Milgram durchgeführt, um das Gehorsamsverhalten von Menschen zu untersuchen. Die Teilnehmer dachten, sie würden an einem Lernexperiment teilnehmen, bei dem sie Fragen an einen "Lernenden" stellen sollten. Wenn der Lernende Fehler machte, sollten die Teilnehmer ihm elektrische Schocks verabreichen, die von leicht bis lebensgefährlich reichten. Obwohl die Lernenden Schauspieler waren und keine echten Schocks erlitten, waren viele Teilnehmer bereit, die Anweisungen der Autoritätsperson zu befolgen und schwerwiegende Schocks zu verabreichen. Das Experiment wird oft als Beweis angeführt, um die Bereitschaft der Menschen, unethisches Verhalten zu rechtfertigen, wenn sie von Autoritäten dazu aufgefordert werden.

Doch halt! Diese Tests wurden mittlerweile mehrfach überprüft und auch widerlegt. Die Schlussfolgerungen sind offensichtlich: Es herrschten Bedingungen ähnlich wie in Psychothrillern, und skrupellose Forschungsleiter gaben den Probanden keine andere Wahl. Studien, die ohne harte Anweisungen, brutale Strafen und künstliche Eingriffe gestaltet wurden, zeigen eher ein demokratisches und friedfertiges Bild des Menschen. Aber da ist noch mehr: Forschungen in Yale-Baby-Laboren enthüllen, dass bereits sechs Monate alte Kinder eine Vorliebe für das Gute haben. Mit anderthalb Jahren zeigen sie Hilfsbereitschaft, indem sie ihr eigenes Spiel unterbrechen, um anderen zu helfen.

Ganz so neu sind die Gedanken vom guten Menschen also nicht. Schon Aristoteles hat die Tugendethik begründet, die edle Eigenschaften hervorhebt, die den Menschen auszeichnen sollten.

Aristoteles lehrte schon den alten Griechen, dass Tugenden die Pfeiler eines guten Lebens sind. Sie sind die Stützpfeiler der Menschlichkeit und bringen die Seele zur vollen Entfaltung. Tugenden wie Tapferkeit, Besonnenheit und Gerechtigkeit sollten wie kostbare Edelsteine in unserer Persönlichkeit glänzen.

Ich kann die Zweifel schon hören: Tugenden zu kultivieren ist nicht immer ein Spaziergang im Sonnenschein. Wie oft versinken wir in den Abgründen unseres eigenen Egoismus und vergessen die hohen Ideale der Tugend?

Moment mal, Aristoteles, mein Freund, haben Sie jemals einen Montagmorgenverkehr erlebt? Oder sich in der Warteschlange an der Supermarktkasse gedrängelt? Hier zeigt sich eine eher von Grund auf ungeduldige Seite des Menschen.

Irren sich Aristoteles und die anderen Berufsoptimisten? Wie ist es sonst zu erklären, dass wir immer wieder von abscheulichen Verbrechen hören?

Ein erschütterndes Ergebnis ist, dass viele Terrorakte und Gräueltaten auf Bruderliebe und Freundschaft beruhen. Ähnliche Motive fanden sich ebenso im Dritten-Reich. Taten, die weniger auf Ideologien als auf menschlicher Verbundenheit basierten. Ein weiteres Ergebnis ist, der Bystander- oder auch Zuschauer-Effekt: Nichts sehen, nichts hören, nichts sagen.

Stellen Sie sich vor, ein Drama entfaltet sich auf der Bühne des Alltags. Ein hilfesuchender Schrei zerreißt die Luft. Ein Notfall, eine Krise – und doch, die Zuschauer ringsum bleiben stumm und regungslos. Wie kann das sein?

Der Bystander-Effekt ist ein schauriges Szenario der menschlichen Psyche. Es ist, als ob die Anwesenheit anderer Menschen das eigene Gewissen in den Tiefschlaf schickt. Je mehr Zuschauer, desto unwahrscheinlicher ist es, dass einer von ihnen eingreift. Es ist, als ob Verantwortung in der Masse verdampft.

Bevor wir uns zu sehr auf unsere Mitmenschen einschießen, sollten wir bedenken, dass dieser Effekt kein Zeichen von Herzlosigkeit ist. Es ist vielmehr eine bizarre Reaktion auf die soziale Dynamik. Wenn wir in einer Gruppe sind, denken wir oft, dass jemand anderes schon eingreifen wird. Wir fühlen uns von der Verantwortung entbunden, als ob sie in der Menge verschwindet. Es kann ebenso eine Form von kollektiver Ignoranz sein. Vielleicht auch die schlechteste Interpretation von TEAM – Toll, ein anderer macht's!

Vielleicht sollten wir uns daran erinnern, dass der Zuschauer-Effekt keine feste Regel ist, sondern eine Anomalie. Es liegt an uns, aus dieser beunruhigenden Falle der Untätigkeit auszubrechen. Würden Sie oder Ihre Freunde tatenlos zusehen? Keinesfalls, oder? Was haben Sie auf die Frage geantwortet, wie lange es dauert einen Menschen wirklich zu kennen? Die Antwort ist 3-4 Jahre. Aber auch diese Zeit schützt nicht vor dem Bystander-Effekt.

Wenn wir sehen, dass jemand in Not ist, sollten wir nicht warten, dass jemand anderes handelt. Denn in einer Welt, die manchmal kalt und gleichgültig erscheint, sind es diejenigen, die den Bystander-Effekt überwinden, die die wahren Helden des Alltags sind. Der Rückschluss, die Menschen sind doch eher böse? Vielleicht hilft ein Blick auf extreme Zeiten:

Krieg wird wohl zweifelsfrei als extreme Zeit definiert. Welche Verhaltensweisen gab es hier? Umfangreiche Studien enthüllen, dass nur etwa 10 bis 20 % der Soldaten überhaupt bereit sind, ihre Waffen auf sichtbare Gegner abzufeuern. Doch genau dieser menschliche Skrupel - nicht aus nächster Nähe zu töten oder zu verletzen - trieb Kriegsforscher dazu, Wege zu finden, den Gegner aus der Ferne zu bekämpfen.

Letztlich wurden nur wenige Menschen im Nahkampf verwundet. Viele Offiziere berichteten, dass ihre Truppen nicht bereit waren zu schießen oder gar mit einem Messer anzugreifen. Heutzutage werden Maßnahmen ergriffen, um Soldaten an das Töten aus der Entfernung zu gewöhnen, indem sie auf realistische Menschen zielen und nicht etwa auf Pappscheiben.

In dieser philosophischen Debatte bleibt die Frage, was man eigentlich unter "gut" versteht. Es ist eine knifflige Angelegenheit dieser Frage nachzugehen. Ein häufiges Argument lautet, dass das Gute schlicht die Abwesenheit des Bösen ist. Dies mag wie eine paradoxale Herangehensweise erscheinen, für das Gute muss es folglich das Böse geben.

Vielleicht hilft die Philosophie: Das Gute wird auch oft in Form von Tugenden beschrieben, vor allem der Hilfsbereitschaft. Richard Dawkins und Sigmund Freud bezeichneten diese Hilfsbereitschaft als eine zarte Zivilisationsschicht, die in unsicheren Zeiten abbröckelt und der wahren (bösen) Natur des Menschen weicht.

Die Realität zeigt ein anderes Bild der menschlichen Natur. Berichte von Ereignissen wie den Anschlägen auf das World Trade Center und dem Untergang der Titanic verdeutlichen, dass Menschen gerade in Momenten höchster Gefahr und offensichtlicher Lebensbedrohung anderen den Vorrang lassen, selbst wenn es ihr eigenes Leben kosten könnte. Dies zeugt von einer erstaunlichen Selbstlosigkeit. Dennoch halten sich hartnäckig machiavellistische Vorstellungen von Gier und Macht. Insbesondere die Wirtschaft hält an der Vorstellung vom Bösen im Menschen fest.

Ein Beispiel dafür ist das "Rank and Yank System" (Bewerten und Feuern) - ein Bewertungssystem, das es ermöglicht, schlechte Leistungen anhand von Bewertungen zu identifizieren und entsprechend zu eliminieren. Es ist ein nahezu obszöner Gedanke, der sich erstaunlich beharrlich hält. Wie kann das sein?

Die gesamte Geschichte der Menschheit auf einen Tag zusammenzufassen, ergibt eine faszinierende Perspektive: Lediglich 15 Minuten repräsentieren unser gegenwärtiges System. Die übrigen 23 Stunden und 45 Minuten sind der Zeit gewidmet, in der der Mensch als Jäger und Sammler existierte. Verhaltensweisen und Gewohnheiten, die in dieser Zeit evolutionär Sinn ergaben, werden in unserer modernen Welt auf die Probe gestellt.

Dies erinnert ein wenig an die ewige Debatte über Gut und Böse sowie die Diskussion zwischen den beiden Extremen, wie sie auch von Hobbes und Rousseau vertreten wurden. Hobbes beschrieb den Menschen als grundsätzlich schlecht, während Rousseau das Gegenteil behauptete.

Das menschliche Gehirn, seine DNA und seine evolutionäre Herkunft sind nur bedingt darauf vorbereitet, eine ständige Flut negativer Nachrichten zu verarbeiten. Dennoch scheint es eine Neigung zum masochistischen Konsum solcher Nachrichten zu geben. Die Vorstellung, dass der Mensch von Grund auf schlecht ist, hat neben dem Übergang vom Jäger-und-Sammler zum Industriemenschen eine Vielzahl von Leviathanen hervorgebracht, die dazu dienen, das Schlechte im Menschen einzudämmen.

Rousseaus Theorie besagt, dass die Zivilisation, die Abkehr vom Jäger-und-Sammler-Dasein hin zu sesshaftem Leben in Städten, den Menschen nicht zwangsläufig schlecht macht, aber seine schlechten Seiten hervorbringt. In der heutigen Zeit hat sich jedoch eine Meritokratie in eine Mediokratie verwandelt. Das bedeutet, dass es mit guten Nachrichten kein Geld zu verdienen gibt. Dies erklärt den Fokus der Medienberichterstattung auf negative Ereignisse und Menschen, die Böses tun. Gute Nachrichten verkaufen sich schlecht und schon wimmelt die ganze Welt nur von schlechten Ereignissen und Menschen.

Toxische Menschen

In den letzten Jahren hat sich der Begriff "toxisch" wie ein Lauffeuer verbreitet. Während die Bezeichnung "toxisch" in aller Munde ist, scheint die klare Definition dessen, was eine "toxische Beziehung" ausmacht, sich irgendwo im Nebel der Missverständnisse zu verlieren.

Wissenschaftliche Abhandlungen zu diesem Thema sind Mangelware, und Psychologen bevorzugen den weniger dramatischen Begriff "dysfunktionale Beziehungen". Das mag daran liegen, dass "toxisch" ursprünglich von einem Wort für einen Bogen abgeleitet wurde - ja, einem Bogen, wie in "Pfeil und Bogen". In der Antike verzierten Krieger die Spitzen ihrer Pfeile gern mit tödlichem Gift. Aber wie genau das mit Beziehungen in Verbindung steht, bleibt rätselhaft.

In der heutigen Zeit hat sich "toxisch" in seinen Bedeutungen erweitert, es ist so etwas wie das Schweizer Taschenmesser der Adjektive geworden, das für alles Gefährliche und potenziell Schädliche herhalten muss.

Eine "toxische Beziehung" wird oft als Begriff für massive emotionale Gewalt verwendet.

Emotionale Gewalt – was ist das eigentlich?

Emotionale oder auch psychische Gewalt ist in der Tat ein heimtückischer Gegner. Sie agiert im Verborgenen, fernab von physischen Spuren, und ihre Waffen sind vielfältig. Von bissigen Bemerkungen und dem Bloßstellen vor anderen bis hin zu subtilen Drohungen und Erpressungen – die Palette der psychischen Gewalt ist schier endlos. Dazu gehören auch Stalking oder Mobbing, die ebenfalls Formen psychischer Gewalt sind.

Was macht psychische Gewalt so gefährlich? Sie ist unsichtbar, und niemand kann von außen die Tat oder ihre verheerenden Konsequenzen erkennen. Die Opfer tragen ihre Wunden im Inneren, oft ein Leben lang. Diese Gewalt kann dazu führen, dass die Betroffenen an sich selbst und ihren eigenen Gefühlen zweifeln. Sie leiden still, in einer emotionalen Dunkelheit, die für Außenstehende unsichtbar bleibt.

Aber wie können wir uns gegen diese unsichtbare Bedrohung schützen und die Dunkelheit erhellen?

Eines der mächtigsten Werkzeuge ist die Sensibilisierung. Indem wir die verschiedenen Formen der psychischen Gewalt erkennen und benennen, schärfen wir unser Bewusstsein. Es wird für uns einfacher, den ungesunden Einflüssen zu widerstehen und die eigenen Grenzen zu schützen.

Zudem spielt die Unterstützung von außen eine entscheidende Rolle. Freunde, Familie oder professionelle Hilfe können Opfern psychischer Gewalt eine sichere Zuflucht bieten und ihnen dabei helfen, die Dunkelheit zu überwinden.

Die psychische Gewalt mag unsichtbar sein, aber sie ist real und verursacht immense Schäden. Es ist an der Zeit, dieses unsichtbare Ungeheuer in das grelle Licht der Aufklärung zu rücken und gemeinsam gegen sie anzutreten. Lassen Sie uns gemeinsam für eine Welt ohne psychische Gewalt kämpfen.

Emotionale Gewalt beginnt oft mit herabsetzenden Worten, die mit Zucker überzogen sind. Täter sagen etwas Nettes, aber mit einem unterschwelligen Stich. "Oh, du hast wieder zugenommen, aber du siehst trotzdem toll aus." Oder der klassische Satz: "Niemand würde dich jemals so lieben wie ich." Ja, wirklich charmant. Noch ein paar Beispiele:

- "Du bist so dumm, du wirst nie etwas erreichen."
- "Wenn du das tust, werde ich dich verlassen."
- "Niemand außer mir wird dich je lieben."
- "Du bist zu sensibel, du solltest dich zusammenreißen."
- "Du wirst es nie ohne mich schaffen."
- "Alle anderen denken, du bist ein Idiot."
- "Du bist es nicht wert, glücklich zu sein."
- "Wenn du das nicht für mich tust, dann liebst du mich nicht."
- "Du machst sowieso immer alles falsch."
- "Ich werde deine Geheimnisse preisgeben, wenn du dich von mir trennst."

Es ist, als hätte die emotionale Gewalt einen geheimen Vorrat an Manipulationstechniken. Sie ziehen die Gefühle ihrer Opfer auseinander, als würden sie an einem Puppenfaden ziehen. Sie verunsichern, verletzen und demontieren das Selbstwertgefühl, und das alles oft mit einem Lächeln im Gesicht. Solche und ähnliche Worte können wir getrost als giftig bezeichnen, dennoch bleibt eine gewisse Skepsis gegenüber dem Begriff.

Kritiker argumentieren, dass der Begriff "toxisch" zu vereinfacht ist, da Beziehungen komplex sind und Menschen sich ändern können. Die Verwendung dieses Etiketts kann mögliche Verbesserungen und Veränderungen behindern.

Nehmen wir also mal an, dass es "toxisch" wirklich gibt und der Begriff anhand von emotionaler Gewalt identifiziert wird. In der Welt der zwischenmenschlichen Beziehungen verbergen sich manchmal düstere Schatten, die sich als toxische Begegnungen manifestieren. Doch wie passt das zu unserer endlosen Suche nach den Geheimnissen des Menschseins, in dem die Frage "Wie geht Mensch" immer wieder auftaucht? Nun, lassen Sie uns in die Tiefen dieses sozialen Dschungels eintauchen und den Nebel um die Toxizität lüften.

Im Bestreben, das Rätsel der menschlichen Natur zu entschlüsseln, begegnen wir zahlreichen Menschen unterschiedlicher Prägung und Persönlichkeit. Manche dieser Begegnungen sind belebend, andere so gar nicht. Was ist nun mit diesen finsteren Ecken, in denen die Begegnungen toxisch sind. Diese Gifttiere des sozialen Lebens tragen zur Verwirrung bei, da sie unschuldige Schaulustige in ihren Strudel ziehen. Aber warum wirken einige Begegnungen so giftig?

Die Toxizität in zwischenmenschlichen Beziehungen kann viele Quellen haben. Sie kann aus tief verwurzelten Unsicherheiten und Ängsten hervorgehen, die in der Psyche eines Menschen lauern. Es kann auch eine Folge von egozentrischem Verhalten sein, bei dem das eigene Wohl über das der anderen gestellt wird.

Ein weiterer Grund liegt oft in mangelnder Kommunikation oder Missverständnissen. Wenn Menschen nicht in der Lage sind, ihre Bedürfnisse, Erwartungen und Gefühle klar auszudrücken, können Beziehungen toxisch werden, da die Frustration steigt und Missverständnisse zunehmen.

Schädliche Begegnungen beeinflussen nachhaltig unser Wohlbefinden und unsere psychische Gesundheit. Sie gleichen giftigen Pfeilen, die unser Herz durchdringen, und der Dunkelheit, die das Licht unseres Menschseins trübt. In der fortwährenden Reise der Menschheit sind toxische Begegnungen eine Lehre über die Dualität von Licht und Schatten in uns. Sie unterstreichen die Bedeutung der sorgfältigen Auswahl von Beziehungen und der Reflexion unserer eigenen Handlungen in unserem

Leben. Toxische Begegnungen stellen ein rätselhaftes Kapitel dar, das uns die Schatten im Glanz unseres Menschseins offenbart und gleichzeitig betont, dass diese Schatten existieren, um das Licht umso strahlender erscheinen zu lassen. Auf unserer Suche nach einem tieferen Verständnis des Menschseins sollten wir diese Schatten als integrale Bestandteile unserer Erfahrungen anerkennen und lernen, sicher durch den sozialen Dschungel zu navigieren.

Das Dunkle in der Persönlichkeit: Ein Blick auf den „Dark Factor"

Randnotiz: Sie finden zum Dark Factor eine Webeseite plus Test im Netz..

Es ist keine Überraschung, dass ethisch, moralisch und sozial fragwürdiges Verhalten in unserer Welt allgegenwärtig ist. Die Psychologie hat einige interessante Persönlichkeitseigenschaften identifiziert, die eng mit solchem Verhalten verknüpft sind, und nennt sie gerne "dunkel". Doch was haben all diese "dunklen" Eigenschaften gemeinsam? Hier kommt der "Dark Factor" der Persönlichkeit (auch kurz als D bezeichnet) ins Spiel.

Der „Dark Factor" beschreibt die Neigung, den eigenen Nutzen rücksichtslos zu maximieren, selbst auf Kosten anderer. Menschen mit einem starken Dark Factor handeln egoistisch, fügen anderen bewusst Schaden zu und rechtfertigen ihr Verhalten durch eigene Überzeugungen. Lassen Sie uns achtsam sein! Bevor wir uns zu tief in die Abgründe der "dunklen" Persönlichkeitseigenschaften stürzen, sollten wir uns auch vor Augen führen, dass die Realität häufig facettenreicher ist, als es einfache Etiketten vermuten lassen. Beziehungen, besonders zwischen Menschen, sind selten so einfach wie Schwarz-Weiß-Malerei, und Menschen besitzen die erstaunliche Fähigkeit zur Veränderung. Das Etikett "toxisch" könnte ungewollt Türen zu Potenzialen für Verbesserungen und Wandel verschließen. Vielleicht ist es an der Zeit, unsere Sichtweise auf diese "dunklen" Persönlichkeitsaspekte zu überdenken und eine faire Beurteilung von Menschen und ihren Möglichkeiten anzustreben.

Ganz ohne diese wissenschaftlichen Feinsinnigkeiten, hat das Etikett toxisch, eine klare Botschaft, „Du“ tust mir nicht gut. Da ist es doch sinnvoll, ein paar Warnsignale zu kennen:

1. **Dominanz und Kontrollsucht:** Toxische Menschen versuchen oft, die Kontrolle über die Beziehung zu übernehmen und dominieren die Interaktionen.
2. **Mangel an Empathie:** Sie zeigen wenig oder gar kein Verständnis für die Gefühle und Bedürfnisse anderer und sind oft selbstsüchtig.
3. **Kontinuierliche Kritik:** Sie kritisieren oder beleidigen ständig, anstatt unterstützende und aufbauende Kritik zu äußern.
4. **Drama und Konflikt:** Toxische Begegnungen sind oft von unnötigem Drama und wiederholten Konflikten geprägt.
5. **Manipulatives Verhalten:** Sie versuchen, andere durch Manipulation, Schuldzuweisungen oder Lügen zu beeinflussen.
6. **Mangelnde Verantwortung:** Sie übernehmen selten Verantwortung für ihre Handlungen und schieben die Schuld auf andere.
7. **Isolation:** Toxische Menschen neigen dazu, ihre Opfer von Freunden und Familie zu isolieren, um ihre Kontrolle zu stärken.
8. **Instabilität:** Sie zeigen unvorhersehbare Stimmungsschwankungen und Verhaltensweisen, die für Verwirrung und Unsicherheit sorgen.
9. **Konstantes Opfersein:** Sie stellen sich oft als das Opfer dar, um Mitleid oder Unterstützung zu erhalten, während sie in Wirklichkeit die Aggressoren sind.
10. **Grenzüberschreitungen:** Sie respektieren persönliche Grenzen nicht und überschreiten häufig die persönlichen Raum- oder Zeitgrenzen anderer.

Die Identifizierung dieser Merkmale kann dazu beitragen, toxische Begegnungen zu erkennen und sich von ihnen zu distanzieren, um die eigene psychische und emotionale Gesundheit zu schützen. Es ist wichtig zu beachten, dass nicht alle diese Merkmale in jeder toxischen Beziehung vorhanden sein müssen, und nicht jede Konfliktsituation ist zwangsläufig toxisch. Dennoch sollten diese Anzeichen als Warnhinweise dienen, um Beziehungen zu überdenken und gegebenenfalls Unterstützung oder professionelle Beratung in Anspruch zu nehmen.

Die gefährlichen Bewohner im sozialen Dschungel

In unserer Safari durch den sozialen Dschungel werden wir mit den faszinierenden, aber nicht minder gefährlichen Lebewesen konfrontiert, die toxische Menschen sind. Als Fachkraft und neugieriger Beobachter unserer Umgebung suchen wir ständig nach Antworten, analysieren menschliches Verhalten und tauchen in die Tiefen der Psyche ein, um die Muster unserer Mitmenschen zu erkennen. Dabei begegnen wir nicht nur freundlichen Tierarten im sozialen Zoo, sondern auch den Gifttieren, die unsere Lebensqualität und unser Wohlbefinden bedrohen.

Der Narzisst: Der Großmeister des Ego-Trips

Der Zoo der Toxizität beherbergt einige bemerkenswerte Bewohner. Ein prominenter Vertreter ist der Narzisst, ein Wesen, das ein übermäßiges Interesse an sich selbst hat. Als wären sie der Fixpunkt im Universum, drehen sich narzisstische Menschen wie Planeten um sich selbst. Ihr Durst nach Bewunderung und Aufmerksamkeit scheint unstillbar, und sie sind wahre Meister der Manipulation, um ihr strahlendes Selbstbild zu bewahren. Mit einer Fähigkeit, andere zu Marionetten ihrer Selbstsucht zu machen, sind Narzissten zweifellos Großmeister des Ego-Trips.

Wenn es um die narzisstische Persönlichkeitsstörung geht, sind bestimmte Merkmale unübersehbar. Wissenschaftlich zeigt sich ein tief verankertes Muster von übersteigertem Selbstwertgefühl, sei es in Gedanken oder Verhalten, begleitet von einem ständigen Hunger nach Bewunderung und einem auffälligen Mangel an Empathie für andere. Personen, die von dieser Störung betroffen sind, neigen dazu, ein ausgeprägtes und übersteigertes Selbstwertgefühl zur Schau zu stellen.

Ein Blick auf die Warnzeichen offenbart dieses übersteigerte Selbstwertgefühl, begleitet von fantasievollen Vorstellungen von unbegrenztem Erfolg, unvergleichlicher Schönheit, perfekter Liebe und unermesslicher Macht. Zudem sind Menschen mit dieser Störung oft geneigt, ihre Mitmenschen für eigennützige Zwecke auszunutzen und zeigen wenig Empathie für die Gefühle und Bedürfnisse anderer.

In anderen Worten, Narzissmus zeigt sich in einem Kaleidoskop von übersteigertem Selbstwertgefühl, grandiosen Fantasien und einem Mangel an Mitgefühl, was uns daran erinnert, dass Selbstliebe wichtig ist, aber sie sollte stets mit einer guten Prise Empathie gewürzt sein.

Der Soziopath: Der skrupellose Charmeur

Ein weiterer spannender Bewohner im Zoo der Toxizität ist der Soziopath. Diese Kreaturen sind Meister der Täuschung und verfügen über ein beeindruckendes Maß an Charme. Sie gehen ohne moralische Skrupel vor und verwenden Manipulation als Werkzeug, um ihre Ziele zu erreichen. Mit einem Lächeln auf den Lippen und einem Skalpell in der Hand führen sie oft ein Doppelleben, in dem Lügen, Betrug und Täuschung an der Tagesordnung sind.

Die Unfähigkeit, längerfristige Beziehungen zu pflegen, ohne jedoch Schwierigkeiten bei der Eingehung neuer Bindungen zu haben, niedrige Frustrationstoleranz, die Neigung zu aggressivem und gewalttätigem Verhalten, das Fehlen von Schuldbewusstsein und die Unfähigkeit, aus sozialen Erfahrungen zu lernen, sind wissenschaftliche Anzeichen für eine besondere Persönlichkeitsausprägung.

Die Erkennungsmerkmale dieser Ausprägung spiegeln sich in oberflächlichem Charme und Charisma wider, die sich oft in anfänglicher Freundlichkeit und Höflichkeit manifestieren. Manipulatives Verhalten, egoistisches und egozentrisches Handeln, Gleichgültigkeit gegenüber Gesetzen und Regeln, sowie eine Neigung zu Aggressivität und Gewaltbereitschaft sind weitere deutliche Hinweise. Diese Menschen leben oft am Rand der Gesellschaft, abseits der sozialen Normen und Werte. Hier wird die Herausforderung deutlich, solche Persönlichkeiten zu erkennen und angemessen damit umzugehen.

Der Psychopath: Das Monster mit und ohne Anzug

Aber die gefürchtetste Spezies im Zoo der Toxizität ist zweifellos der Psychopath. Diese Wesen sind frei von jeglichem Mitgefühl und tragen oft den unscheinbaren Schafspelz. Sie sind bereit, über Leichen zu gehen, um ihre Ziele zu erreichen, und schrecken weder vor Manipulation noch vor Gewalt zurück. Die Kunst des Psychopathen liegt darin, ihre wahren Absichten geschickt zu verbergen, sodass sie oft unerkannt und gefährlich agieren.

Psychopathie ist wissenschaftlich eine Persönlichkeitsstörung, die von äußerst manipulativem und skrupellosem Verhalten geprägt ist, bei dem Rücksichtslosigkeit und Täuschung an der Tagesordnung stehen. Betroffene zeigen keine Zurückhaltung, wenn es darum geht, durch Lügen und das Ausnutzen ihrer Mitmenschen ihre eigenen Ziele zu verfolgen. Dabei neigen sie oft zu einem leichtsinnigen und risikobereiten Verhalten.

Ein Blick auf die Merkmale der Psychopathie zeigt, dass sie von einem sehr dominanten Auftreten, hohen Ansprüchen an andere Menschen, emotionaler Härte gegenüber ihren Mitmenschen und einem ausbeuterischen Verhalten geprägt sind. Hier wird die Dunkelheit der Persönlichkeit in ihrer vollen Pracht sichtbar, und es wird deutlich, wie wichtig es ist, ein wachsames Auge auf die Zeichen von Psychopathie zu haben, um möglichen Schaden zu vermeiden.

In dieser abenteuerlichen Safari ist es von entscheidender Bedeutung, die Warnschilder für diese gefährlichen Kreaturen zu erkennen und sich vor ihnen zu schützen. Denn Narzissten, Soziopathen und Psychopathen können unser Leben vergiften, wenn wir ihnen nicht mit Vorsicht begegnen. In einer Welt, die ohnehin schon genug Herausforderungen bietet, sollten wir uns darauf konzentrieren, unsere soziale Gesundheit zu schützen und den Gifttieren den Rücken zu kehren. Es bleibt die Frage: Warum lassen wir uns überhaupt auf toxische Menschen ein?

JOIN-UP: GRETCHEN, SAGST DU JA?

Denken Sie an Goethes "Faust" und die berühmte Gretchenfrage: "Nun sag, wie hast du's mit der Religion?" Das Join-Up ähnelt in gewisser Weise diesem kritischen Moment. Stellen Sie sich vor, Sie sind Gretchen, und die giftige Person ist Faust.

Am Anfang ist alles reizend und charmant. Faust zeigt großes Interesse an Ihnen und beantwortet Ihre Fragen. Sie sind Gretchen, die neugierig die Fragen stellt. Und Faust, so charmant und verführerisch, gibt die Antworten. Alles scheint perfekt.

Aber dann, nachdem Sie sich immer mehr eingelassen haben, beginnen die Dinge zu kippen. Gretchen erkennt, dass die Antworten von Faust nicht mehr zu den Fragen passen. Die einst klaren und ehrlichen Erklärungen werden vage und widersprüchlich. Gretchen stellt wieder Fragen, doch Faust vermeidet klare Antworten. Stattdessen wird er wortreich und umgeht die Themen geschickt.

Das Join-Up ist, dass Gretchen, anstatt sich mit Fausts wachsender Unehrlichkeit zu befassen, sich immer tiefer in die Verstrickung hineinziehen lässt. Sie hofft, dass Faust doch noch zur Ehrlichkeit zurückkehren wird. Aber die Realität ist, dass Faust, wie die giftige Person im Join-Up, keine ehrlichen Antworten geben wird.

Am Ende erkennt Gretchen, dass sie in eine toxische Beziehung geraten ist. Die anfängliche Sympathie und der Charme, die Faust gezeigt hat, waren nur Köder, um sie zu verführen. Die Gretchenfrage, die sie hätte stellen sollen, war: "Nun sag, wie hast du's mit der Wahrheit?" Und die Antwort von Faust wäre in diesem Fall wahrscheinlich entlarvend gewesen.

Die Gretchen-Frage beschreibt eine moralische Frage, die den Befragten vor schwerwiegende Dilemmata stellt und bei der wir eher eine ausweichende Antwort erwarten können. Andersrum kann der Joint-Up für den toxischen Menschen, zu einer Art Vertrag werden.

Das Join-Up erfordert Achtsamkeit und die Fähigkeit, die richtigen Fragen zu stellen, bevor Sie sich zu weit hineinziehen lassen. Es ist wichtig, die Warnzeichen der Toxizität zu erkennen und rechtzeitig den Mut zu finden, sich aus der Beziehung zu befreien. Denn niemand sollte sich mit Toxinen umgeben, und Gretchen sollte niemals aufhören, nach der Wahrheit zu fragen. In fast der Hälfte der Fälle funktioniert der Join-Up, aber andersherum, die Toxe stellt die richtigen Fragen.

Sie sin'd doch kein Pferd, oder?

Die Join-Up-Methode wurde ursprünglich entwickelt, um Pferden das Vertrauen zum Menschen zu geben und sie dazu zu bewegen, diesen als Leittier anzuerkennen. Diese Methode beruht auf negativer Verstärkung und hat wenig mit dem natürlichen Herdenverhalten von Pferden zu tun.

Die Theorie besagt, dass Pferde nach einer gewissen Zeit den Wunsch verspüren, sich jemandem anzuschließen, vorausgesetzt das Gegenüber sendet die richtigen Signale und versteht die Pferdesprache. Das Pferd signalisiert sein Interesse, indem es sich zuwendet, und der Mensch dreht sich ab, um dem Pferd seine Seite zu zeigen, was dazu führt, dass das Pferd sich ihm anschließt.

Nach diesem Join-Up können Pferde sogar gesattelt und geritten werden. Obwohl Monty Roberts diese Methode populär gemacht hat, wurde sie bereits von vielen Menschen weltweit angewandt. Die Effektivität und Pferdefreundlichkeit dieser Methode sind jedoch umstritten.

Und was lernt die Toxe hieraus:

Schritt 1: „Sie sind doch kein ... Opfer, oder?"

Die Toxe beginnt potenzielle Opfer sorgfältig zu beobachten. Sie identifiziert Personen, die sie in ihr Netzwerk aufnehmen möchte, und analysiert ihre Schwächen, Wünsche und Empfindlichkeiten.

Schritt 2: Das Toxe-Manipulationsmuster

Nach eingehender Prüfung befindet der toxische Mensch, dass es an der Zeit ist, sich jemandem anzuschließen, vorausgesetzt, ihre potenziellen Opfer senden die richtigen Signale. Die Toxe nutzt ihr tiefes Verständnis der potenziellen Opfer, um sie dazu zu bringen, sich ihr anzuschließen. Sie zeigt sich von ihrer charmantesten und einfühlsamsten Seite, um das Vertrauen zu gewinnen.

Schritt 3: Die Toxe manipuliert die Freundschaft

Nach diesem geschickten "Join-Up" und der gewonnenen Gunst beginnt die Toxe ihre Manipulationsstrategien zu nutzen. Sie kann emotionale Erpressung, Schuldgefühle und Drucktaktiken einsetzen, um die Opfer in der Freundschaft zu kontrollieren. Die Opfer sind sich oft nicht bewusst, wie subtil und raffiniert toxische Menschen vorgehen, und fühlen sich in der Beziehung gefangen.

Die Manipulation kann zu einer belastenden und destruktiven Freundschaft führen, bei der die Opfer oft leiden, ohne zu erkennen, wie sie in diese Situation geraten sind. Es ist wichtig, sich der Taktiken der Toxe bewusst zu sein und sich dagegen zu schützen, um gesunde und unterstützende Beziehungen zu bewahren.

Achtung: Toxen docken zumeist an Ihren Stärken an, ein paar typische toxische Fragen:

- Werden Sie mich niemals im Stich lassen, egal wie herausfordernd die Situation sein mag?
- Kann ich darauf vertrauen, dass Ihre Loyalität unerschütterlich ist, selbst wenn sich die Welt um uns herum verändert?
- Werde ich immer einen besonderen Platz in Ihrem Herzen haben, unabhängig von den Hindernissen, die vor uns liegen?
- Glauben Sie, dass unsere Freundschaft für immer ist, auch wenn unvorhersehbare Ereignisse eintreten?
- Kann ich darauf zählen, dass Sie auch in den stürmischsten Zeiten unseres Lebens an meiner Seite sind?

- Werden Sie immer meine Zuflucht und mein Fels in der Brandung sein, wenn wir uns in unruhigen Gewässern befinden?
- Kann ich darauf vertrauen, dass Sie immer eine verlässliche und unterstützende Freundin oder Freund sein werden, egal was das Schicksal für uns bereithält?

Ein paar vielleicht tröstende Worte von Vera Birkenbihl, die den Begriff Enttäuschung wörtlich, mit dem Ende der Täuschung erklärte. Hier gibt es zwei Botschaften für Sie: Erstens, es gab eine Täuschung (das kann passieren), und zweitens, indem wir die Täuschung beenden, haben wir die Chance, die Wahrheit zu erkennen und unser Verhalten anzupassen.

In einem seiner Briefe schrieb Seneca: "Errare humanum est, perseverare autem diabolicum," was übersetzt bedeutet: "Sich irren ist menschlich, aber in seinem Irrtum zu verharren ist teuflisch." Sein Sie milde zu sich, es ist normal sich zu irren, die große Kunst ist es, aus diesen Irrtümern zu lernen.

OUTTAKES

Outtake 1:

Leben Sie mit unerwarteten Veränderungen wie auf einer Achterbahn: akzeptieren, flexibel bleiben, Ziel im Blick.

Outtake 2:

Unerwartete Veränderungen? Nehmen Sie sich Zeit, passen Sie sich schrittweise an wie bei einer Achterbahn, bleiben Sie kontrolliert.

Outtake 3:

Krisen sind schwer, und die Idee, dass sie immer Chancen bieten, kann unrealistisch klingen. Dennoch können Sie Krisen bewältigen, ohne sie zu verklären.

Outtake 4:

In schwierigen Zeiten ist realistisches Denken genauso wichtig wie Optimismus. Praktische Schritte sind entscheidend, um Herausforderungen zu meistern.

Outtake 5:

Unser Gehirn liebt Sicherheit, auch wenn das Leben unvorhersehbar ist. Ein Gleichgewicht zwischen Sicherheit und der Bereitschaft, Neues zu wagen, ist entscheidend.

Outtake 6:

Unsere Sicherheitsneigung ist wie eine kurze Episode in der Menschheitsgeschichte. Das Gehirn hat Platz für Abenteuer und Neues, vergleichbar mit einem Smartphone.

Outtake 7:

Die Vorstellung, dass Menschen im Kern gut sind, widerlegt düstere Experimente. Studien ohne Zwang zeigen eher ein demokratisches und friedliches Bild des Menschen.

Outtake 8:

Der Bystander-Effekt zeigt, wie Verantwortung in der Masse verloren gehen kann, ist jedoch keine feste Regel. In herausfordernden Zeiten können Menschen selbstlos handeln und aus der Untätigkeit ausbrechen.

Outtake 9:

Toxisch wird oft für versteckte emotionale Gewalt genutzt. Seien wir wachsam für düstere Schatten in Beziehungen.

Outtake 10:

Der Dark Factor beschreibt die Neigung, den eigenen Nutzen auf Kosten anderer zu maximieren. Beziehungen sind komplex, und eine faire Beurteilung ist ratsam.

Herzlichen Glückwunsch, Sie haben Level 2 erfolgreich absolviert! Sie kennen jetzt den Atlas Ihrer Umgebung. Ihr Kompass für den Erfolg.

Also machen Sie sich bereit für Level 3: "Experte in eigener Sache." Hier erfahren Sie, wie Sie die Schilde hochhalten, sich verankern und Ihre Knautschzone definieren. Sie sind der Kapitän des Lebensschiffs, und es gibt noch viele aufregende Häfen zu entdecken. Also, Leinen los, Abenteurer!

Level 3 - Experte in eigener Sache

In diesem Level dreht sich alles um die Kunst, die Karte der Rahmenbedingungen zu Ihrem individuellen Vorteil auf dem Weg zum Glück zu nutzen. Die 7 zart beschriebenen Phasen aus Level 2 dienen als Ihr Werkzeugkasten, und jetzt ist es an der Zeit, sie in Ihrer eigenen Lebensreise anzuwenden. Hier sind einige Schritte, wie Sie dies tun können:

Die Anwendung der Rahmenbedingungen erfordert Selbstreflexion, Entschlossenheit und die Bereitschaft, Veränderungen vorzunehmen. Denken Sie daran, dass Ihr Weg einzigartig ist, und gestalten Sie ihn so, dass er zu Ihrem individuellen Glück führt.

Bevor wir uns an das Eingemachte wagen, zehn Überlebenstipps vorab, die in Ihren Expertenkoffer gehören:

Überlebensstrategien für das 21. Jahrhundert

- **Rien ne va plus - Tag für Tag:** Leben Sie Ihre Tage wie ein VIP in einem mondänen Casino – einer nach dem anderen! Warum ständig grübeln, was die Zukunft bringt? Nutzen Sie Ihren täglichen Spielchip, denn beim Roulette des Lebens zählt nur die Gegenwart!

- **Der Pessimist gewinnt immer ... oder?** Die Lösung: Denken Sie an das Schlimmste, und wenn es eintritt, sind Sie bestens vorbereitet. Wer wusste, dass ein Regenschirm gleichzeitig ein Sonnenschirm ist?

- **Der Preis der Zahnknirscher:** Denken Sie daran, jede Sorge und Angst, die Sie verspüren, dazu neigen könnte, Ihre Lebensuhr im Eiltempo ticken zu lassen. Wer will schon früher das Zeitliche segnen? Also, lassen Sie diese unnötigen Lebensverkürzer los!

- **Achtung, Lösungsradar voraus:** Sie wissen, Ihre Lösungen sind da draußen, also setzen Sie Ihre Antenne ein. Gönnen Sie sich ein bisschen Detektivarbeit und packen Sie Ihre Probleme an, bevor sie sich zu Monstersorgen entwickeln.

- **Friends in Need:** Die Welt ist nicht nur ein großes Wimmelbuch, sie ist auch ein gigantisches Trampolin, auf dem Sie landen können, wenn Sie Ihre Ängste teilen. Springen Sie in die Unterstützung Ihrer Freunde und gewinnen Sie an Höhe, um über den Problemen zu schweben.

- **Mindsufer:** Vergessen Sie den stressigen Großstadtdschungel. Es ist Zeit, Ihre inneren Fähigkeiten zu entwickeln. Die Kunst der Achtsamkeit und Meditation macht Sie zum ultimativen Meister Ihres eigenen Geistes.

- **Das sportliche Brevier:** Ersetzen Sie Ihre Sorgen durch eine gesunde Dosis Bewegung und gesunde Ernährung. Stress wird durch das Bekenntnis zur Anti-Couch Potato-Liga verschwinden!

- **The "You" Show:** Lernen Sie sich besser kennen, als ob Sie Ihr eigener, beliebter TV-Star wären. Ihr inneres Drama kann spannender sein als jede Serie. Lassen Sie die Drehbuchautoren los und schreiben Sie Ihre eigene Geschichte.

- **Back on the Horse:** Machen Sie sich mit der Tatsache vertraut, dass Rückschläge ein Teil des Lebens sind, so wie Schoko in einem Schokoladeneis. Sie wissen nie, was Sie vermissen, wenn Sie nicht probieren.

- **Die "Nein" Initiative:** Stellen Sie sicher, dass Ihr "Nein" so sicher ist wie ein Panzer. Verteidigen Sie Ihre Zeit und Energie wie ein Superheld und retten Sie sich selbst aus den Klauen der Überlastung. Ihr Superselbst dankt es Ihnen.

SCHILDE HOCH – SELBSTSCHUTZ FIRST

"Sicherheit zuerst", das ist die Devise! Egal, ob Sie in einem Flugzeug über den Wolken schweben oder im unendlichen Raum mit Captain Picard die Sternenflotte anführen. Die Sache ist klar: Wenn die Schilde unten sind, sind wir verwundbar. Doch warum sollten wir uns nur auf Flugzeuge und Raumschiffe beschränken? Wahrscheinlich sind Sie weder Flugzeug- noch Raumfahrtkapitän, da macht es doch Sinn, den Gedanken in den Alltag zu übertragen. Hier ein paar Schnellpflaster vorab:

- **Sparen Sie Ihr Nervenkostüm:** Das Leben kann wie ein Holperkurs in einem offenen Geländewagen sein. Ohne Schutz wird jede Grube, jeder Stein und jedes Schlagloch Ihre Fahrt zu einem Albtraum machen. Mit Schutzmaßnahmen in Form von Achtsamkeit und Vorsicht wird Ihre Lebensreise zu einer viel angenehmeren Fahrt.

- **In der Ruhe liegt die Kraft:** Ein Captain Picard ohne intakte Schilde ist wie ein Kaffee ohne Koffein – ziemlich lasch! Wenn Sie sich nicht selbst schützen, riskieren Sie, von den Energieschlägen des Lebens überwältigt zu werden. Werden Sie zum unerschütterlichen Ritter der Ruhe und trotzen Sie den Stürmen des Alltags!

- **Licht aus, Spot an:** In einem Theaterstück gibt es immer diesen magischen Moment, wenn sich der Vorhang hebt und die Bühne erleuchtet wird. Schalten Sie die Scheinwerfer auf sich selbst und setzen Sie sich in Szene. Schilde hoch bedeutet, dass Sie sich den Applaus bekommen, den Sie verdienen.

- **Leben oder nicht leben, das ist hier die Frage:** Die berühmten Worte von Shakespeare gelten auch in der täglichen Realität. Selbstschutz bedeutet, die Kontrolle über Ihr eigenes Drama zu übernehmen. Wer will schon den tragischen Helden spielen, wenn er die Hauptrolle übernehmen kann?

- **Energievampire vertreiben:** Wir alle kennen diese Energievampire - jene Menschen oder Situationen, die uns unsere Lebenskraft rauben. Mit hochgezogenen Schutzschilden können Sie die Vampir-Invasion stoppen und Ihre Batterien aufladen.

- **Capitan auf der Brücke:** Wie Captain Picard das Kommando über die Enterprise führt, sollten auch Sie das Kommando über Ihr Leben übernehmen. Schaffen Sie eine Umgebung, in der Sie nicht nur überleben, sondern gedeihen. Steuern Sie Ihr eigenes Raumschiff durch das Universum des Lebens!

Auch im Alltag erinnern Sie sich bitte stets daran: „Schilde hoch“. Denn genau wie im Weltraum gibt es im Leben unbekannte Herausforderungen. Und mit Schutz voran, können Sie Ihr eigenes Abenteuer steuern. Leben Sie lang und in Sicherheit!

Klar, wir sollten uns selbst in den Schutzschilden unseres Lebens bewegen, ohne zu zynisch und misstrauisch zu werden. Denn wer möchte schon in einer Welt leben, in der er ständig denkt, hinter jedem Baum wartet ein Verräter? Das wäre wirklich eine trübe Vorstellung.

Stattdessen sollten wir wachsam sein, ohne in die Falle des Zynismus zu tappen. Diese Wachsamkeit ermöglicht es uns, die Schönheit und die Schätze des Lebens zu genießen, ohne uns von naiven Illusionen blenden zu lassen. Sie erlaubt uns, positiv und zuversichtlich zu sein, während wir dennoch realistisch mit den Herausforderungen umgehen.

Schutzschilder sind schließlich dazu da, Gefahren abzuwehren, nicht um uns in eine ständige Abwehrhaltung zu versetzen. Wenn wir wachsam, aber optimistisch sind, können wir das Leben viel intensiver und erfüllter genießen. Wir können Vertrauen in die Welt um uns herum haben, ohne uns leichtgläubig in Gefahr zu begeben.

Captain Picard war aber nur selten verliebt, von seinen Freunden enttäuscht oder hatte eine wirkliche emotionale Krise. Wenn auch von Roddenberry, der Schöpfer von Star Trek, meist nur als Randhandlung erwähnt, ist für uns Normalsterbliche wahrscheinlich die innere emotionale Sicherheit ebenso wichtig wie die äußere Wachsamkeit. Bleibt die Frage: Wie erkennen wir hier Gefahrensituationen, ohne als übersensibel zu gelten. Prominente wie Georg Simmel eilen zur Hilfe und definieren die Grenzsetzung als Teil der Sozialpsychologie.

Die Kunst der Grenzsetzung in der Sozialpsychologie: Schilde hoch!

Georg Simmel, ein Meister des Blicks auf die soziale Welt, vermittelte uns eine ganz neue Perspektive. Er sagte: "Grenzen sind nicht dazu da, uns einzusperren, sondern um uns zu schützen."

In der Welt der Sozialpsychologie ist die Grenzsetzung so etwas wie die hohe Kunst des zwischenmenschlichen Schutzes. Es ist, als ob jeder von uns mit einem unsichtbaren Schild aus sozialpsychologischem Material ausgestattet ist, um sich vor der Welt und anderen Menschen vor allzu neugierigen Blicken zu schützen.

Schauen Sie sich in Ihrer sozialen Umgebung um, und Sie werden feststellen, wie Menschen subtil ihre persönlichen Abstandsregeln festlegen. Da ist der Kollege im Büro, der sein Territorium um den Schreibtisch markiert und scharf darauf achtet, dass niemand zu nahekommt. Oder der Nachbar, der seine Grenzen durch den Zaun im Vorgarten klar definiert, um nicht versehentlich in ein Nachbarschaftsgespräch verwickelt zu werden.

Nicht nur im physischen Raum, sondern auch in der Kommunikation werden Schilde hochgezogen. Da gibt es die Kunst des Small Talks, bei dem jeder seine inneren Geheimnisse geschickt unter Verschluss hält, und die gezielte Verwendung von Floskeln wie "Alles in Ordnung" oder "Lass uns in Kontakt bleiben", um sich auf sicherem sozialpsychologischem Terrain zu bewegen.

Und dann sind da noch die komplexen Muster der sozialen Identität und Gruppenzugehörigkeit. In der Sozialpsychologie ist es ein bisschen wie bei den Rittern, die sich hinter den Burgmauern verschanzen. Menschen schützen ihr Selbstkonzept und ihre Identität, indem sie klare Grenzen zwischen "uns" und "den anderen" ziehen. Ob es nun in der Politik, im Sport oder in der Zugehörigkeit zu bestimmten sozialen Gruppen ist, die Schilde sind hoch und fest verankert.

Was hat das Ganze mit Schilden hoch zu tun?

In der sozialpsychologischen Welt sind diese Schilde unsere Art und Weise, uns vor den Unwägbarkeiten der zwischenmenschlichen Interaktion zu schützen. Sie sind unser Schutz vor ungewünschter Nähe, vor unangenehmen Gesprächen und vor An- und Übergriffen auf die eigene Person.

Wenn Sie das nächste Mal auf eine unsichtbare sozialpsychologische Grenze stoßen, denken Sie daran, dass jemand seinen Schutzschild hochgezogen hat. Und vielleicht sollten Sie das auch tun, um Ihre eigene soziale Burg zu verteidigen. Schließlich ist die Welt der Sozialpsychologie voller Überraschungen, und manchmal ist es am besten, die Schilde hochzuhalten und sich zu schützen.

In Simmels sozialpsychologischem Universum sind Grenzen nicht nur Linien auf einer Karte, sondern vielmehr emotionale Linien, die wir errichten, um unser inneres Gleichgewicht zu wahren. Und wer hätte gedacht, dass das Ignorieren eines Anrufs oder das Schlagen der Tür tatsächlich als selbstschützende Handlungen gelten?

Simmel argumentierte, dass das Setzen von Grenzen auch unsere Identität formt. Wenn wir entscheiden, wem wir erlauben, in unsere persönliche Blase einzudringen und wen wir vor der Tür lassen, definieren wir, wer wir sind. Denn, mal ehrlich, Ihre Schwiegermutter und Ihr bester Freund haben höchstwahrscheinlich unterschiedliche Zugangsberechtigungen zu Ihrem wahren Ich.

Lassen Sie uns die Welt der sozialpsychologischen Grenzziehung feiern! Denn, wie Simmel uns lehrte, schützen Grenzen nicht nur unsere Psyche, sondern sie sind auch der Schlüssel zur Erhaltung unserer einzigartigen

Identität. Gehen Sie also raus und setzen Sie ein paar Grenzen - nicht nur auf der Landkarte, sondern auch in Ihrem sozialen Leben. Ihr innerer Frieden wird es Ihnen danken!

Die Sozialpsychologie bietet faszinierende Einblicke in die Art und Weise, wie Menschen Grenzen setzen und interagieren. Hier ein paar Beispiele:

- **Grenzen als Schutzmechanismus**: Menschen ziehen oft Grenzen, um sich vor emotionalen oder physischen Verletzungen zu schützen. Dies kann helfen, Stress und Überlastung zu vermeiden.
- **Soziale Distanz**: In verschiedenen Kulturen existieren unterschiedliche Konzepte von angemessenen sozialen Abständen. Zum Beispiel bevorzugen einige Kulturen enge körperliche Nähe, während andere größeren Abstand wahren.
- **Kategorisierung**: Menschen neigen dazu, andere in Kategorien einzuteilen, was zu Grenzen zwischen Gruppen führen kann. Dies kann Vorurteile und Stereotypen verstärken.
- **Kommunikation und Abwehr**: Grenzen spielen eine wichtige Rolle in der Kommunikation. Menschen signalisieren durch nonverbale Signale wie Körpersprache und Mimik, wenn sie bestimmte Themen oder Fragen ablehnen.
- **Selbstkonzept**: Grenzsetzung beeinflusst das Selbstkonzept. Wen wir in unser soziales Umfeld hineinlassen oder ausschließen, sagt viel darüber aus, wie wir uns selbst sehen.
- **Grenzen in sozialen Medien**: In der Ära der sozialen Medien setzen Menschen virtuelle Grenzen, indem sie entscheiden, wen sie online akzeptieren oder blockieren. Dies hat Auswirkungen auf die Online-Interaktion und das Wohlbefinden.
- **Gruppenidentität**: Menschen suchen oft nach Gemeinschaft und Identifikation mit Gleichgesinnten. Dies kann zur Bildung

von "In-Gruppen" und "Out-Gruppen" führen und Grenzen zwischen ihnen setzen.

- **Veränderung von Grenzen**: Die Wahrnehmung von Grenzen und die Bereitschaft, sie zu verschieben, können sich im Laufe des Lebens ändern. Erfahrungen und Beziehungen beeinflussen, wie Menschen ihre eigenen Grenzen definieren.
- **Konflikte über Grenzen**: In zwischenmenschlichen Beziehungen können Konflikte über persönliche Grenzen entstehen. Das Verständnis der eigenen und der Grenzen anderer kann helfen, Konflikte zu lösen.
- **Grenzüberschreitungen**: Nicht zuletzt, es gibt immer wieder Menschen, die bestrebt sind, Grenzen zu überschreiten. Ob das nun in Form von Belästigung, Invasion der Privatsphäre oder anderen Verletzungen geschieht – Grenzüberschreitungen sind ein wichtiger Aspekt der Sozialpsychologie.

Die Art und Weise, wie Menschen Grenzen in sozialen Interaktionen setzen und wahrnehmen, ist ein faszinierendes Gebiet der Sozialpsychologie, dass unser Verständnis von zwischenmenschlichen Beziehungen vertieft.

Ich kann schon die Zweifler hören, Grenzen sind doch nur Barrikaden und Abwehr in einer sich spaltenden Gesellschaft. Bestimmt, aber das sind eher die Ausnahmen.

Grenzen in sozialen Beziehungen sind keine unüberwindbaren Barrikaden, sondern vielmehr wohlüberlegte und kraftvolle Schutzschilde, die individuelle Freiheit und Respekt hervorheben.

Sie fungieren als Barrieren, um unerwünschte Einmischungen und Verletzungen abzuwehren. Diese Barrieren sind keine Schwäche, sondern ein Zeichen von Selbstachtung und Selbstbewusstsein. Sie sind die Frontlinie, an der die individuellen Bedürfnisse und Komfortzonen verteidigt werden.

Das Setzen klarer Grenzen ist ein Akt der Selbstbestimmung und Souveränität. Es zeigt, dass Sie die Kontrolle über Ihre sozialen Interaktionen ausüben und nicht bereit sind, Ihre persönlichen Prinzipien zu kompromittieren. Es ist ein mutiger Schritt, der Ihren Selbstwert betont.

Grenzen sind der Kitt, der sinnvolle und respektvolle Beziehungen zusammenhält. Sie fördern eine Atmosphäre des Respekts und Verständnisses, in der sowohl Sie als auch Ihre Mitmenschen gedeihen können. Sie sind die Grundlage für gesunde Interaktionen, in denen gegenseitiger Akzeptanz und das Wohlgefühl aller Beteiligten im Vordergrund stehen.

Das Setzen und Respektieren von Grenzen schafft eine Kultur der Empathie und des Verständnisses. Es lehrt uns, die Perspektiven und Bedürfnisse anderer zu schätzen, während wir unsere eigenen Bedürfnisse ausdrücken.

Die Achtung von Grenzen fördert auch persönliches Wachstum. Es ermöglicht uns, neue Horizonte zu erkunden, ohne die Grundfesten unserer Identität zu gefährden. Es ist ein Akt der Entfaltung, bei dem wir lernen, aus unserer Komfortzone auszubrechen und den Raum für Veränderung zu schaffen.

Schließlich zeigen Grenzen Achtung und Toleranz für die Vielfalt. Sie sind der Schlüssel zur Akzeptanz kultureller Unterschiede, individueller Lebensstile und persönlicher Überzeugungen. Sie erinnern uns daran, dass wir in einer Welt voller einzigartiger Persönlichkeiten leben und dass wir diese Einzigartigkeit ehren sollten.

Grundlegend wird zwischen weichen und harten Grenzen unterschieden, die harten Grenzen werden als Red Flags bezeichnet.

RED FLAGS

"Red Flags" sind Anzeichen, die darauf hinweisen, dass es in einer sozialen Interaktion Probleme geben könnte. Diese Anzeichen deuten darauf hin, dass individuelle Grenzen nicht respektiert oder gar missachtet werden. Finden Sie 10 eigene Red Flags, schreiben Sie sie auf und halten Sie sie ab morgen ein, ein paar Beispiele, die zur Inspiration dienen könnten:

- **Übermäßige Dominanz**: Bei der Arbeit übernimmt eine Person ständig die Entscheidungen, ohne auf die Meinungen der anderen zu achten.
- **Respektlosigkeit gegenüber persönlichem Raum**: Jemand drängt sich häufig zu nah an eine andere Person, ohne um Erlaubnis zu bitten.
- **Fehlende Empathie**: In einer Beziehung setzt jemand konsequent seine eigenen Bedürfnisse über die Bedürfnisse seines Partners, ohne Rücksicht.
- **Mangelnde Kommunikation**: In Partnerschaften wird nie darüber gesprochen, welche persönlichen Grenzen respektiert werden sollen, was zu Missverständnissen führt.
- **Abwertung**: Das Gegenüber wird wütend bei Widerspruch.
- **Zu spät kommen**: Ständig sitzen Sie alleine zum verabredeten Zeitpunkt.

Red Flags sind Warnzeichen dafür, dass eine nähere Überprüfung und möglicherweise eine Klärung der Erwartungen und Bedürfnisse notwendig sein könnte, um eine gesunde und respektvolle soziale Dynamik aufrechtzuerhalten. Und noch etwas: Keine Angst davor, dass Sie durch die Grenzen Menschen verlieren. Wer so leicht geht, wäre wohl sowieso nicht geblieben. Also, heben Sie Ihre Schilde, seien Sie achtsam, zuversichtlich und segeln Sie mutig durch das Universum des Lebens.

Red Flags in der Kommunikation

1. **Respektloses Verhalten**: Menschen, die Sie von Anfang an herabsetzen oder beleidigen, zeigen wenig Respekt. Wenn jemand abfällige Witze über Aussehen, Interessen oder Ihren Beruf macht, ist dies ein Warnsignal.
2. **Ungepflegtes Auftreten**: Ein unkultiviertes Erscheinungsbild kann auf Gleichgültigkeit oder mangelnden Respekt hinweisen. Wenn jemand sich keine Mühe gibt, bei Ihrer Begegnung einen guten Eindruck zu hinterlassen, könnte das bedeuten, dass diese Person wenig Wert auf Ihre Meinung legt.
3. **Abwesenheit**: Wenn Ihr Gegenüber während des Treffens unaufmerksam und ständig abgelenkt ist, zeigt dies, dass sie in diesem Moment nicht im Mittelpunkt der Aufmerksamkeit stehen. Das kann darauf hindeuten, dass Sie vielleicht für Ihr Gegenüber nicht wichtig sind.
4. **Schlechte Vorbereitung**: Wenn Ihr Kommunikationspartner nicht gut vorbereitet ist, beispielsweise ohne Geld für ein geplantes Essen auftaucht oder keine Reservierung vorgenommen hat, könnte das bedeuten, dass er oder sie wenig Wert auf die Erfahrung legt.
5. **Über andere lästern**: Menschen, die über andere lästern oder sich abfällig über sie äußern, könnten selbstwertbedingte Unsicherheiten haben. Wenn Ihr Gesprächspartner sich abfällig über andere äußert, ist das ein Zeichen, auf das Sie achten sollten.
6. **Der/die anderen sind schuld**: Wenn das Gegenüber ständig über andere schimpft und die Schuld bei ihnen sucht, könnte er oder sie Schwierigkeiten haben, Verantwortung für das eigene Leben zu übernehmen.
7. **Andere schlecht behandeln**: Achten Sie darauf, wie das Gegenüber Mitmenschen behandelt. Wenn er oder sie unhöflich oder respektlos ist, macht er oder sie wohl in Zukunft auch bei Ihnen keinen Unterschied.

8. **Übermäßiges Verhalten oder schnell wechselnde Stimmung**: Wenn jemand bei kleinen Unannehmlichkeiten ausrastet oder schnell die Stimmung wechselt, deutet das auf mangelnde emotionale Kontrolle hin. Diese Eigenschaft könnte zu langfristigen Problemen führen.
9. **Sie werden analysiert**: Wenn Ihr Gesprächspartner Sie ständig analysiert und auseinandernimmt, als ob Sie auf der Couch eines Therapeuten liegen, könnte das bedeuten, dass er oder sie eher nach Fehlern sucht.
10. **Erniedrigung und Spott**: Wenn Ihr Kommunikationspartner Sie wegen kleiner Fehler verspottet oder erniedrigt, zeugt das von mangelndem Respekt und Selbstwertgefühl. Niemand hat das Recht, Sie auf diese Weise zu behandeln.

Was sind Ihre Red Flags? Schreiben Sie 5 Punkte auf und versuchen Sie, diese eine Woche lang in Ihrem Umfeld beizubehalten. Wie fühlt sich das für Sie an? Jetzt wo Sie es doch eigentlich besser wissen.

Um Ihr Verhalten besser einzuordnen, gibt es nicht nur die Red Flags, sondern auch noch das Ankern.

Ankern – Starrer Blick auf den Bezugspunkt

Kennen Sie die Versuche zum Nichtdenken? Denken Sie keinesfalls an einen rosa Elefanten mit lila Halstuch! Bitte zwinkern Sie nicht. All das gehört zu den sowohl positiven, als auch negativen Möglichkeiten des Ankerns.

Warum ist das Wort "Nein" so leicht zu überhören? In der Psychologie gibt es einige Erklärungen dafür, warum unser Gehirn manchmal das "Nein" einfach ignoriert, als wäre es ein Brummton.

Eine dieser Theorien ist die "Negations-Blindheit". Sie besagt, dass unser Gehirn manchmal Schwierigkeiten hat, negative Ausdrücke wie "Nein" oder "nicht" effektiv zu verarbeiten, besonders wenn es schnell gehen muss. Das liegt daran, dass unser Denkapparat begrenzte Ressourcen hat, und die Verarbeitung von Verneinungen kann eine zusätzliche Belastung darstellen. Stellen Sie sich vor, Ihr Gehirn ist ein geschäftiger Verkehrskreisel, und jedes „Nein" ist wie ein plötzlicher Stau. Dies kann den Informationsfluss verlangsamen oder sogar blockieren.

Priming-Theorie und der Anker-Effekt

Eine andere Theorie ist die "Priming-Theorie". Diese besagt, dass Wörter oder Konzepte, die in unserem Gedächtnis aktiviert sind, die Verarbeitung ähnlicher Konzepte beeinflussen können. Wenn Sie also "Nein" hören, kann dies dazu führen, dass Ihr Gehirn kurzzeitig das Gegenteil aktiviert. Denken Sie an die berühmte Aufforderung "Denke nicht an einen ·blauen Elefanten", und was fällt Ihnen sofort ein? Genau, ein blauer Elefant! Das Wort "Nein" kann also den gegenteiligen Gedanken ankurbeln, als ob Ihnen Ihr Gehirn einen Streich spielt.

Aber lassen Sie sich nicht täuschen, das bedeutet nicht, dass Sie nie "Nein" sagen sollten. Es ist jedoch hilfreich, zu verstehen, warum unser Gehirn manchmal dieses Wort zu überhören scheint. In der Kommunikation ist es oft klüger, positive und klare Aussagen zu verwenden, um Missverständnisse zu vermeiden. Und denken Sie daran, das nächste Mal, wenn Sie "Nein" hören, kann Ihr Gehirn gerade damit beschäftigt sein, einen blauen Elefanten zu zeichnen! "Nein", kann der erste schwierige Ankerpunkt sein. Was sind nun Ankerpunkte?

Der Ankereffekt - ein Begriff aus der Kognitionspsychologie, der oft im Verborgenen wirkt und doch einen erheblichen Einfluss auf unser Denken und Handeln hat. Es ist, als ob unser Verstand unbewusst an einen festen Punkt gebunden wird, der dann unseren Entscheidungsprozess beeinflusst.

Der Effekt funktioniert, indem er uns an eine bestimmte Information oder einen bestimmten Wert bindet. Dieser Punkt beeinflusst dann unsere Wahrnehmung und Bewertung aller folgenden Informationen. Ein klassisches Beispiel ist der Preisanker. Wenn Sie in einem Geschäft einkaufen und das erste Preisschild, das Sie sehen, zeigt 1000 Euro an, dann wird dies zu Ihrem Ankerpunkt. Plötzlich erscheinen Produkte, die 500 Euro kosten, als echte Schnäppchen. Der ursprüngliche Preis von 1000 Euro hat Ihren Geist geankert, und alles, was danach kommt, wird im Vergleich dazu bewertet.

Aber lassen Sie uns von den negativen Aspekten des Ankereffekts absehen. Ja, es stimmt, er kann zu Manipulationen führen, indem zum Beispiel Statistiken so präsentiert werden, dass sie uns in die Irre führen. Doch es gibt auch eine positive Seite dieses Phänomens.

Der positive Aspekt des Ankereffekts ist die emotionale Bindung, die er schafft. Er kann uns an Momente erinnern, die für uns von unschätzbarem Wert sind - vielleicht das erste Treffen mit unseren besten Freunden, ein besonderes Familienfest oder ein bewegender Moment in unserer Beziehung. Diese Momente setzen Ankerpunkte in unserem Gedächtnis, die ein Leben lang bei uns bleiben.

Diese Ankerpunkte sind wie Sterne in einer dunklen Nacht, die uns Orientierung und Trost bieten. Sie schaffen eine tiefe Verbundenheit zu den positiven Erlebnissen in unserem Leben und schenken uns Erinnerungen, die uns tragen, wenn wir uns in stürmischen Gewässern wiederfinden. Der Ankereffekt verbindet uns mit den besten Momenten unserer Vergangenheit und hilft uns, unsere eigene Glückseligkeit zu verankern.

Peter Pan brauchte nur einen wundervollen Gedanken, um zu fliegen …

Listen Sie Ihre Top Ten der schönsten Erlebnisse Ihres Lebens auf.

Wir alle haben diese Ankerpunkte in unserem Leben, die uns daran erinnern, wer wir sind und was uns wirklich wichtig ist. Und vielleicht, wenn wir uns bewusst auf diese positiven Ankerpunkte konzentrieren, können wir die Manipulation durch negative Ankerzahlen überwinden und unser Denken bewusster gestalten. Der Ankereffekt kann unser Verbündeter sein, wenn wir uns auf das Positive ausrichten und unsere Gedanken an die strahlenden Sterne unserer Erinnerungen anknüpfen.

Unser Gehirn lässt sich leicht von äußeren Einflüssen leiten. In der Welt der Wissenschaft haben Forscher wie Manfred Spitzer tiefe Einblicke in die Funktionsweise des Gehirns gewonnen und gezeigt, wie Bewusstseinslenkung unser Denken und Verhalten beeinflussen kann.

In einem seiner bemerkenswerten Experimente stellte Spitzer Studierenden Fragen über Senioren, das Alter und Altersbeschwerden. Währenddessen waren sie sich nicht bewusst, dass sie Teil eines psychologischen Versuchs waren. Das Experiment konzentrierte sich auf die Zeit, die die Studierenden benötigten, um vom Pausenklingeln bis zum Ausgang zu gelangen. Die Ergebnisse waren aufschlussreich.

Die Vergleichsgruppe erhielt hingegen Fragen zu Jugendlichen, Sprints und körperlichen Höchstleistungen. Nun, möchten Sie raten, welche Gruppe schneller war? Diejenigen, die sich mit den Fragen über Senioren beschäftigten, benötigten deutlich mehr Zeit, um den Klassenraum zu verlassen. Warum? Weil ihr Bewusstsein auf das Thema Alter und Gebrechen ausgerichtet war, und das hatte tatsächlich Einfluss auf ihr Verhalten.

Dieses Experiment zeigt, wie mächtig die Lenkung des Bewusstseins sein kann. Indem wir unsere Gedanken auf bestimmte Themen lenken, beeinflussen wir unser Verhalten und unsere Wahrnehmung. Es zeigt auch, wie wichtig es ist, sich bewusst zu sein, welche Informationen und Gedanken wir in unser Gehirn lassen, da sie unser Verhalten und unsere Entscheidungen in vielerlei Hinsicht beeinflussen können.

Eine noch immer ungelöste Frage: Was ist Bewusstsein?

Das Bewusstsein ist ein komplexes Konzept und eine der faszinierendsten Fragen in der Neurowissenschaft und Philosophie. Es bezieht sich auf den mentalen Zustand, in dem wir uns unserer selbst und unserer Umgebung bewusst sind. Es ist das, was uns erlaubt, Gedanken, Empfindungen, Wahrnehmungen und Emotionen zu erleben und zu reflektieren.

In Bezug auf die physische Anatomie des Gehirns ist es schwierig, das Bewusstsein auf einen bestimmten Ort im Gehirn zu reduzieren. Es wird eher als ein komplexes Netzwerk von Aktivitäten und Interaktionen in verschiedenen Regionen des Gehirns betrachtet. Es gibt jedoch einige Regionen und Strukturen im Gehirn, die eng mit dem Bewusstsein in Verbindung gebracht werden:

- **Präfrontaler Kortex**: Diese Region, die sich vorne im Gehirn befindet, ist stark mit höheren kognitiven Funktionen, Persönlichkeit und Entscheidungsfindung verbunden. Sie spielt eine Schlüsselrolle in unserem Selbstbewusstsein und der Fähigkeit zur Selbstreflexion.

- **Thalamus**: Der Thalamus fungiert als eine Art "Tor" für sensorische Informationen, die in das Gehirn gelangen. Es spielt eine wichtige Rolle bei der Filterung und Weiterleitung von Informationen an andere Gehirnregionen und wird oft als Schaltzentrale für die Wahrnehmung angesehen.

- **Posteriorer cingulärer Kortex**: Dieser Bereich des Gehirns ist mit dem Bewusstsein und der Verarbeitung von Schmerz und Emotionen verbunden.

- **Gehirnstamm**: Der Gehirnstamm regelt lebenswichtige Funktionen wie Atmung, Herzschlag und Schlaf. Es spielt auch eine Rolle bei der Wachheit und dem Schlaf-Wach-Zyklus, was einen Einfluss auf unser Bewusstsein hat.

Trotz intensiver Forschung sind viele Fragen über das Bewusstsein immer noch ungelöst, und es bleibt ein faszinierendes und herausforderndes Thema für die Neurowissenschaften und die Philosophie.

Randnotiz: Selbstbewusstsein ist im neurologischen Sinn, eigentlich doppelt gemoppelt, im Alltagsverständnis wäre damit wahrscheinlich eher das Selbstwertgefühl gemeint.

Ein Beispiel für sich Selbstbewusst sein

Wussten Sie schon, dass Jason Derulo in jedem Lied zu Beginn seinen Namen singt? Diese Form des Selbstbewusstseins ist laut seiner Freundin und Social Media derart wiederholungsbedürftig, dass er als Morgenritual zuerst seinen Namen in den Spiegel singt. Auch eine Methode.

Aber Jason Derulo ist ein lebendiges Beispiel dafür, wie Selbstbewusstsein und Wiederholung zu einem Markenzeichen werden können. Es erinnert uns daran, dass es wichtig ist, an sich selbst zu glauben und seinen eigenen Weg zu gehen, selbst wenn es etwas unkonventionell erscheint.

Noch andere Erfahrungen zur Bewusstseinslenkung, außer Jason Derulo:

Lehrer, denen gesagt wurde, dass sie eine besonders intelligente Klasse unterrichten. In solchen Fällen neigen die Lehrer dazu, höhere Erwartungen zu haben und mehr in ihre Schüler zu investieren, was wiederum zu besseren schulischen Leistungen führt.

Ein ähnliches Prinzip zeigt sich in Altersheimen, in denen die Gedanken von Senioren positiv auf ihre Jugend und die Musik aus dieser Zeit gelenkt werden. Dies schafft eine positive Stimmung und trägt dazu bei, das allgemeine Wohlbefinden zu steigern.

Die **Rattenversuche**, bei denen die Versuchsleiter die Ratten entweder als besonders klug oder besonders dumm ankündigten, zeigen, dass auch bei Tieren die Erwartungshaltung der Versuchsleiter das Verhalten der Tiere beeinflusst.

Randnotiz: Der Psychologe Robert Rosenthal prägte solche Versuchsanordnungen mit dem Begriff Pygmalion-Effekt.

In allen Experimenten bestätigt sich, dass positive Bewusstseinslenkung ebenso positive Ergebnisse erzeugt. Das funktioniert natürlich auch umgekehrt.

Das nächste Mal, wenn Sie sich Gedanken darüber machen, in welche Richtung Sie Ihr Bewusstsein lenken möchten, denken Sie an Manfred Spitzers Experimente und daran, wie Sie die Lenkung Ihres eigenen Bewusstseins zu Ihrem Vorteil nutzen können. Es ist erstaunlich, wie viel Einfluss unsere Gedanken auf unser Verhalten haben, und es liegt an uns, diese Erkenntnis zu nutzen.

Noch ein Ankerpunkt – eine ernst gemeinte Vision

Henry Ford soll mal gesagt haben: „Wer Visionen hat, sollte zum Arzt gehen."

Das war wohl eher eine leicht sarkastische Selbstkarikatur.

Stellen Sie sich vor, Sie haben eine klare Vision von dem, was Sie erreichen wollen. Vielleicht ist es beruflicher Erfolg, der Aufbau einer glücklichen Familie oder sogar die Eroberung der Welt (nicht wörtlich gemeint, hoffentlich). Diese Vision ist wie ein innerer Ankerpunkt, der Sie in eine bestimmte Richtung zieht.

Der Clou: Es reicht nicht aus, einfach von Ihrer Vision zu träumen und sich vorzustellen, wie großartig es wäre, Ihr Ziel zu erreichen. Nein, es geht um die Kunst der „mentalen Kontrastierung“.

Die mentale Kontrastierung ist wie der Würzeffekt in einer guten Suppe. Sie fügen nicht nur die Zutaten hinzu, sondern Sie spielen auch mit den Kontrasten. So funktioniert's: Sie stellen sich zunächst lebhaft vor Ihr Ziel erreicht zu haben. Sie spüren die Freude, den Stolz, die Zufriedenheit.

Nun kommt der spannende Teil. Sie denken darüber nach, welche Hindernisse, Herausforderungen und Schwierigkeiten auf dem Weg liegen könnten. Sie visualisieren die Hürden, die Sie überwinden müssen, und die Opfer, die Sie bringen müssen. Das ist die mentale Kontrastierung in Aktion.

Warum das Ganze?

Weil die mentale Kontrastierung Ihre Motivation auf eine völlig neue Ebene bringt. Sie schärft Ihren Fokus und stärkt Ihr Selbstbewusstsein. Wenn Sie sich bewusst machen, welche Stolpersteine auf dem Weg liegen, sind Sie besser darauf vorbereitet, diese zu überwinden.

Die mentale Kontrastierung ist der Gewürzstrudel für Ihr Gehirn, der Ihre Motivation anheizt und Sie auf Kurs hält. Ganz nach dem Motto: Träumen Sie groß, aber denken Sie auch an die Hürden auf dem Weg zum Ziel. Damit wird Ihr Erfolgsgang zur wohlschmeckenden Suppe des Lebens.

Randnotiz: Vera Birkenbihl bot Unterstützung für die qualitative Bewertung von Visionen an, indem sie die Frage stellte, ob es sich um einen Nice-to-have Traum oder eher um eine ernst gemeinte Vision handelt. Versuchen Sie sich Ihre Vision 10 Minuten am Stück vorzustellen. Bitte stellen Sie für diese Übung einen Timer. Klappt dies wiederholt nicht, könnte es sinnvoll sein zu prüfen, ob Sie das wirklich wollen.

Die Masterclass ist es eine Vision mit einem (für Sie) bedeutenden Song zu koppeln. Das funktioniert, wenn Sie stets das gleiche Lied bei der Vorstellung Ihrer Zielvorstellungen laufen lassen. Nach einiger Zeit konnen Sie die Vision mit dem Lied abrufen und umgekehrt. Diese Art von Anker hilft auch um sich in düsteren Zeiten orientieren zu können.

KNAUTSCHZONE DEFINIEREN - MEILENSTEINE ABSTECKEN

Die Meilensteine des Lebens sind 3 wichtige Punkte. Beginnen Sie mit 2 Meilensteinen: Was ist Ihr Optimum und was das Minimum? Bitte schreiben Sie es klar und möglichst umfänglich auf.

Dann kommt der 3. Meilenstein, der **Turn-Away-Punkt**, irgendwo zwischen Optimum und Minimum. Sie definieren, ab wann Sie für Ihr Glück kämpfen werden und ab wann Sie keinesfalls nachgeben. Das ist die Knautschzone, um eben nicht zum Minimum zu kommen. Ab dem Turn-Away gilt es aktiv einzugreifen. Die Meilensteine sind auch eine Frage des Territoriums, wenn auch nicht sonderlich En Vogue gilt es „Ihr" Territorium zu verteidigen.

"Meilensteine des Lebens – Der Weg zum persönlichen Glück"

Wir alle durchqueren das Labyrinth des Lebens, und wie auf jeder Expedition gibt es Wegweiser, die uns helfen, den richtigen Pfad zu finden. Diese Wegweiser sind unsere Meilensteine. Sie markieren wichtige Punkte auf unserer Reise und zeigen uns, wie nah oder fern wir unserem Glück sind. Lassen Sie uns auf dem Pfad der Meilensteine wandeln, um die Knautschzone zu definieren.

- **Optimum**
  Dieser Punkt repräsentiert den Höhepunkt unseres Wohlgefühls, sowohl im Leben als auch in unseren Bemühungen. Hier erreichen wir unsere besten Ergebnisse und erfahren ein Gefühl der Erfüllung. Wenn wir uns nahe am Optimum befinden, fühlen wir

uns im Einklang mit unseren Zielen und unserem inneren Frieden.

- **Minimum**
  Das ist der Punkt, an dem wir spüren, dass etwas nicht stimmt. Unsere Bedürfnisse und Erwartungen werden nicht erfüllt, und Unzufriedenheit macht sich breit. Es ist der Moment, an dem wir realisieren, dass wir auf dem falschen Weg sind und unser Glück in Gefahr ist.

- **Turn-Away-Punkt**
  Jetzt kommen wir zum entscheidenden dritten Meilenstein, dem Turn-Away-Punkt. Hier setzen wir den Fuß auf die Bremse und bestimmen, ab wann wir für unser Glück kämpfen und ab wann wir keinesfalls nachgeben. Der Turn-Away-Punkt ist unsere persönliche Grenze, die wir niemals überschreiten sollten. Er markiert den Zeitpunkt, an dem wir aktiv werden und die Knautschzone betreten.

In gewisser Weise sind diese Meilensteine wie eine Frage zum Territorium unseres Lebens. Sie helfen dabei, unsere eigenen Grenzen und Prioritäten zu definieren. Wie in einem eigenen Gebiet setzen wir klare Markierungen und schützen unser Glück vor den Anforderungen und Herausforderungen des Lebens.

Die Knautschzone – Mehr als nur ein Sicherheitsfeature

Wann immer der Begriff „Knautschzone" fällt, denken die meisten von uns unwillkürlich an Autos und wie sie uns bei einem Aufprall schützt. Doch wie sieht es eigentlich in unserem sozialen Leben aus? Gibt es da nicht auch so etwas wie eine Knautschzone? Absolut, und sie ist genauso wichtig wie die im Auto.

Die Knautschzone in Beziehungen ist der unsichtbare Schutzschild, der uns vor den emotionalen Zusammenstößen und Turbulenzen des sozialen Lebens bewahrt. Sie ist ein Sicherheitsfeature in unserer zwischenmenschlichen Welt, und ohne sie würden wir uns ständig in einem Durcheinander aus Worten und Gefühlen wiederfinden.

Schauen wir uns zuerst die Beziehungen an. Hier spielt die Knautschzone eine entscheidende Rolle. Sie ist der Puffer, der es uns ermöglicht, Meinungsverschiedenheiten und Auseinandersetzungen ohne Eskalation zu bewältigen. Wenn Ihr Partner oder Ihre Partnerin also vergisst, die Milch zu kaufen, führt dies nicht gleich zu einem emotionalen Unfall, sondern bleibt ein kleinerer Vorfall, der in der Knautschzone abgefedert wird.

Doch die Knautschzone hat noch viel mehr zu bieten. Sie ist auch unerlässlich, wenn es um Krisen und Wandel geht. In Zeiten des Umbruchs, sei es beruflich oder persönlich, fungiert die Knautschzone als eine Art psychischer Stoßdämpfer. Sie ermöglicht es uns, die emotionalen Höhen und Tiefen zu bewältigen, ohne dass wir uns selbst oder unsere Beziehungen überfordern.

Wie setzen wir Meilensteine in Bezug auf die Knautschzone?

Der erste Meilenstein ist, sie überhaupt zu erkennen und ihren Wert zu schätzen. Sie ist nicht nur ein Mythos, sondern ein unverzichtbarer Bestandteil unseres sozialen Lebens.

Der zweite Meilenstein ist die bewusste Pflege der Knautschzone. Das erfordert Empathie, die Fähigkeit, sich in die Lage anderer zu versetzen, und die Bereitschaft, in schwierigen Zeiten zuzuhören und Verständnis zu zeigen.

Der dritte Meilenstein ist, die Knautschzone zu befestigen. Je größer sie ist, desto besser sind wir in der Lage, Beziehungen zu bewahren und uns den Herausforderungen des Lebens zu stellen.

In einer Welt, die oft so unberechenbar ist wie der Verkehr auf einer belebten Autobahn, ist die Knautschzone das, was uns davor bewahrt, bei jeder Gelegenheit aus der Bahn geworfen zu werden. Ob in Beziehungen, Krisen oder Wandel, sie ist unser unermüdlicher Begleiter und schützt uns vor emotionalen Unfällen.

Die Knautschzone ist nicht nur eine technische Innovation in der Automobilindustrie, sondern auch ein Schlüssel zu harmonischen Beziehungen und einem stabilen emotionalen Gleichgewicht. In unserer endlosen Suche nach dem "Wie geht Mensch" sollten wir uns daran erinnern, dass die Knautschzone in unserem sozialen Leben genauso wichtig ist wie im Straßenverkehr. Schätzen wir sie und pflegen wir sie, denn sie ist es, die uns vor den Stürmen des Lebens bewahrt.

Die Reaktionsdistanz - Psychologische Einblicke in unser Abstandsempfinden

Mit der Reaktionsdistanz agieren Sie sicher auf den Straßen des Lebens. Unsere Wahrnehmung ist ständig auf der Suche nach Hinweisen und Gefahren, und die Reaktionsdistanz ist ein psychologisches Phänomen, das uns dabei begleitet. Aber was genau steckt hinter diesem Begriff?

Stellen Sie sich vor, Sie fahren gemütlich mit Ihrem Auto die Straße entlang. Plötzlich bremst das Auto vor Ihnen abrupt ab, und Sie müssen in Sekundenbruchteilen reagieren, um einen Zusammenstoß zu verhindern. Das ist die Reaktionsdistanz in Aktion - die Zeit und der Raum, die unser Gehirn benötigt, um auf eine unerwartete Situation zu reagieren.

Psychologisch betrachtet ist die Reaktionsdistanz eine Mischung aus Instinkt und Information. Unser Gehirn scannt ständig die Umgebung und bewertet die Entfernung zu den Dingen um uns herum. Dieser Prozess geschieht im Bruchteil einer Sekunde, ohne dass wir darüber nachdenken. Es ist eine erstaunliche Leistung unseres Geistes, die uns davor bewahrt, in gefährlichen Situationen Kollisionen zu verursachen.

Aber die Reaktionsdistanz ist nicht nur auf die Straße beschränkt. Sie spiegelt sich auch in unseren zwischenmenschlichen Beziehungen wieder. Wenn uns jemand zu nahe tritt, fühlen wir uns möglicherweise unwohl und möchten etwas Abstand gewinnen. Unsere psychologische Reaktionsdistanz schützt unsere persönliche Blase und hilft uns, unsere eigenen Grenzen zu wahren.

Ein interessanter Aspekt ist, wie individuell unsere Reaktionsdistanz sein kann. Einige Menschen haben eine größere Distanz und benötigen mehr

Platz, um sich wohlzufühlen, während andere sich in engeren Umarmungen und Gesprächen wohler fühlen. Dies verdeutlicht, dass unsere psychologische Reaktionsdistanz stark von persönlichen Erfahrungen und kulturellen Einflüssen geprägt ist.

In der heutigen Welt, in der soziale Distanz und persönlicher Raum eine entscheidende Rolle spielen, sollten wir uns bewusst sein, wie wichtig die psychologische Reaktionsdistanz ist. Sie hilft uns, respektvoll miteinander umzugehen und die Bedürfnisse anderer zu erkennen. Es ist ein Spiegel unserer Empfindungen und eine Erinnerung daran, dass unser Geist immer auf der Suche nach Sicherheit und Wohlbefinden ist.

In der Psychologie zeigt uns die Reaktionsdistanz, dass unser Verstand ständig arbeitet, um uns vor Gefahren zu schützen und unsere persönlichen Grenzen zu wahren. Sie ist ein faszinierendes Beispiel dafür, wie unser Geist auf die Welt um uns herum reagiert und wie wichtig es ist, diesen Raum zu respektieren, um ein harmonisches Miteinander zu gewährleisten. Also lassen Sie uns alle unsere psychologische Reaktionsdistanz achten und respektieren, um in einer Welt des Abstandes und der Nähe das Gleichgewicht zu finden.

Warum reagieren Menschen oft zu spät?

Egal, ob es sich um das Zuspätkommen zu einem Treffen, das Aufschieben von Aufgaben oder das Warten, bis die Dinge wirklich außer Kontrolle geraten, handelt - Menschen scheinen oft dazu zu neigen, zu spät zu reagieren. Die Psychologie hinter diesem Verhalten ist ebenso faszinierend wie verwirrend.

Eine mögliche Erklärung für dieses Phänomen ist die menschliche Neigung zur Prokrastination. Wir neigen dazu, unangenehme Aufgaben zu vermeiden und sie aufzuschieben, bis der Druck so groß wird, dass wir keine andere Wahl haben, als zu handeln. Dies kann zu einem Teufelskreis führen, bei dem wir immer wieder zu spät reagieren, weil wir es gewohnt sind, die Dinge auf die lange Bank zu schieben.

Eine weitere psychologische Erklärung ist die Angst vor Veränderungen. Menschen sind Gewohnheitstiere, und Veränderungen können beängstigend sein. Wir halten oft am Status quo fest, auch wenn er uns unglücklich macht, weil das Unbekannte beängstigender erscheint. Wir reagieren erst, wenn die bestehende Situation unerträglich wird.

Ein weiterer Faktor ist die menschliche Neigung zur Selbsttäuschung. Wir überzeugen uns oft, dass alles in Ordnung ist, auch wenn die Zeichen auf Probleme hinweisen. Diese Art von Verleugnung kann dazu führen, dass wir zu spät reagieren, da wir die Realität nicht erkennen oder akzeptieren.

Die Psychologie des zu späten Handelns zeigt, wie Menschen mit Unsicherheit, Angst und Bequemlichkeit umgehen. Es ist ein Verhalten, das uns alle betrifft, aber es kann auch unsere Lebensqualität beeinträchtigen. Indem wir uns bewusst werden, warum wir zu spät reagieren, können wir daran arbeiten, rechtzeitig und angemessen zu handeln.

„Die Verschieberritis oder was ist Prokrastination noch mal?"

Prokrastination, Verschieberritis, Aufschieberitis - egal, wie Sie es nennen, es ist eine Plage, die viele von uns heimsucht. Ja, genau, diese verführerische Macht, die uns dazu bringt, alles zu verschieben, bis es kurz vor Mitternacht ist und wir wie verrückt arbeiten, um unsere Aufgaben zu erledigen. Aber hey, zumindest können wir darüber lachen!

Die Verschieberritis hat eine erstaunliche Fähigkeit, im richtigen Moment aufzutauchen. Wenn Sie eine dringende Deadline haben, werden Sie plötzlich feststellen, dass Ihr Schreibtisch dringend gereinigt werden muss. Oder Ihre Sockenschublade benötigt dringend eine Neusortierung. Wer wusste, dass Ihre Socken so viel Aufmerksamkeit benötigen würden?

Aber keine Sorge, es gibt auch eine helle Seite der Prokrastination. Sie werden erstaunt sein, wie kreativ Sie werden können, wenn es darum geht, Ablenkungen zu finden. Das unfertige Romanmanuskript? Oh, Sie haben die Handlung gerade perfektioniert, indem Sie alle sozialen Medien-Posts Ihrer entfernten Cousine aus dem Jahr 2012 durchgesehen haben.

Die Verschieberritis bringt auch Ihren Sinn für Zeit in ungeahnte Dimensionen. Wenn Sie ein Meister der Prokrastination sind, werden Sie sich plötzlich in einer Zeitschleife wiederfinden, in der fünf Minuten fünf Stunden entsprechen. Schauen Sie auf die Uhr - es ist bereits Mitternacht? Wie ist das passiert?

Verschieberritis Ade!

In der Welt der Prokrastination, insbesondere im Kontext von Katastrophen, Krisen und Wandel, gibt es eine erstaunliche Tendenz, Dinge aufzuschieben. Es ist, als ob unser Gehirn, das normalerweise in der Lage ist, komplexe Aufgaben zu bewältigen, in diesen entscheidenden Momenten einen Urlaubsmodus einschaltet.

Warum also neigen Menschen dazu, in diesen kritischen Situationen zu zögern? Die Gründe können vielfältig sein. Vielleicht schieben wir Aufgaben auf, weil wir die Dringlichkeit nicht erkennen. Vielleicht denken wir, dass uns genügend Zeit bleibt, um vorbereitet zu sein. Oder vielleicht fühlen wir uns überwältigt von der Schwere der bevorstehenden Herausforderungen und schieben sie deshalb vor uns her.

- **Wissen**: Das Wissen um Katastrophenabläufe ist von entscheidender Bedeutung, um die Dringlichkeit zu erkennen. Wenn wir verstehen, wie sich Katastrophen und Krisen entwickeln, können wir besser abschätzen, wie schnell sich die Dinge verschlimmern können. Dieses Wissen sollte als Weckruf dienen, um uns zur Aktion zu bewegen.

- **Prioritäten**: Die nächste Frage ist, wie wir die Prokrastination überwinden können. Einer der Schlüssel liegt im Priorisieren. Wenn wir klare Prioritäten setzen und verstehen, welche Aufgaben in einer Katastrophensituation am dringendsten sind, können wir uns besser darauf konzentrieren. Dies hilft, die Versuchung der Prokrastination zu minimieren.

- **Zeitmanagement**: Darüber hinaus ist ein effektives Zeitmanagement entscheidend. Indem wir Aufgaben in kleinere, leichter bewältigbare Schritte aufteilen, können wir Fortschritte erzielen, ohne uns von der Komplexität überwältigen zu lassen.

- **Motivation**: Motivation spielt ebenfalls eine wichtige Rolle. Wir müssen uns selbst motivieren, um aktiv zu werden. Dies kann durch die Visualisierung der positiven Ergebnisse, die aus der frühzeitigen Vorbereitung auf Katastrophen oder Krisen resultieren können, erreicht werden. Wenn wir die potenziellen Vorteile sehen, sind wir eher bereit, die notwendigen Schritte zu unternehmen.
- **Knautschzone**: Die Knautschzone, in diesem Kontext definiert als der Zeitpunkt, an dem wir aktiv werden und Maßnahmen ergreifen, ist von entscheidender Bedeutung. Wir müssen klar definieren, ab wann wir für unser Glück kämpfen werden, ab wann wir keinesfalls nachgeben. Dies ist unsere Sicherheitslinie, um nicht zum Minimum zu kommen. Ab dem sogenannten Turn-Away-Punkt, sollten wir aktiv eingreifen, um die Lage zu bewältigen.

- **Reaktionsdistanz**: Zusätzlich spielt die Reaktionsdistanz eine wichtige Rolle. Dies ist die Zeit, die wir benötigen, um auf eine Bedrohung oder Veränderung zu reagieren. Indem wir verstehen, wie schnell wir reagieren können, können wir realistische Ziele für die Vorbereitung setzen.

Die Kenntnis von Katastrophenabläufen, das Setzen von Prioritäten und die Nutzung von Zeitmanagement-Tools sind Schlüsselkomponenten, um sich auf unvorhergesehene Ereignisse vorzubereiten und die eigenen Reaktionsfähigkeiten zu optimieren. Denn letztendlich kann das Wissen über Katastrophenabläufe und die Fähigkeit, rechtzeitig zu handeln, den entscheidenden Unterschied in diesen kritischen Momenten ausmachen.

Dagegen - Wie Sie bei Zombie-Apokalypsen am Leben bleiben!

Stellen Sie sich vor, Sie befinden sich plötzlich mitten in einer Zombie-Apokalypse – Zombies sind überall, und Ihr Überleben hängt von Ihrem Geschick und Ihrer Vorbereitung ab.

Schritt 1: Das Ende der Verschieberitis

Das Erste, was Sie in der Zombie-Apokalypse tun müssen, ist, sich von der Verschieberitis zu verabschieden. Ihre Steuererklärung kann warten, denn hier geht es ums nackte Überleben. Das bedeutet, alle Aufgaben auf Ihre Zombie-Überlebensliste zu setzen und sie ohne Aufschub zu erledigen. Schleppen Sie keine alten Gewohnheiten mit sich herum – in dieser Welt gibt es keine Zeit für Prokrastination!

Schritt 2: Die Reaktionsdistanz

Ihre Reaktionsdistanz ist Ihre beste Freundin in dieser neuen Welt. Jede Sekunde zählt, und Sie müssen lernen, blitzschnell auf Gefahren zu reagieren. Wenn Sie ein seltsames Geräusch hören oder verdächtige Bewegungen sehen, zögern Sie nicht – handeln Sie sofort! Verlassen Sie Ihren gemütlichen Sessel, greifen Sie nach Ihrer improvisierten Zombie-Abwehrwaffe und gehen Sie in den Abwehrmodus über.

Schritt 3: Die Kunst des Schnelllaufs

Laufen Sie schneller als die Zombies! Sie müssen Ihre Sprint-Fähigkeiten verbessern. Aber denken Sie daran, Ihre Schuhe rechtzeitig zu schnüren, damit Sie nicht über Ihre eigenen Schnürsenkel stolpern – das wäre eine eher unrühmliche Art, zu enden.

Schritt 4: Die richtige Ausrüstung

Bereiten Sie sich vor, indem Sie die richtige Ausrüstung sammeln. Vergessen Sie nicht Ihre Zombie-Abwehr-Checkliste: Baseballschläger, Vorräte an Twinkies (die halten ewig), und natürlich ein Zombie-Abwehr-Handbuch, um im Notfall nachzuschlagen.

Schritt 5: Teamarbeit

In einer Zombie-Apokalypse ist es wichtig, ein starkes Team zu haben. Finden Sie Mitstreiter, die Ihre Werte teilen – oder zumindest schneller laufen als Sie . Denn wenn Ihre Freunde zu langsam sind, werden sie schnell zu einem leichten Snack für die Zombies.

Schritt 6: Die Kunst der Tarnung

Lernen Sie, sich unauffällig zu verhalten. Zombies werden von Bewegung und Lärm angezogen. Also, wenn Sie Ihren Lieblingssong hören und dazu tanzen, wird das Ihre Lebenserwartung erheblich verkürzen. Versuchen Sie, wie ein unsichtbarer Ninja zu schleichen – nur ohne die Wurfsterne.

Schritt 7: Den Plan B bereithalten

Auch der beste Plan kann schiefgehen. Wenn Sie von Zombies umzingelt sind, haben Sie einen Plan B.

Schritt 8: Den Spaß nicht vergessen

Trotz der düsteren Umstände, denken Sie daran, Humor ist Ihr bester Freund. Ein Lächeln kann Wunder wirken, selbst inmitten einer Zombie-Apokalypse. Machen Sie sich über die Zombies lustig, während Sie vor ihnen fliehen – sie haben schließlich wirklich schlechten Atem!

In dieser „Dagegen"-Welt der Zombie-Apokalypse gibt es keine Verschieberritis. Hier zählt jede Sekunde, und Prokrastination kann fatale Folgen haben. Die Reaktionsdistanz wird hier wirklich sinnvoll – je schneller Sie auf Gefahren reagieren, desto besser sind Ihre Überlebenschancen. Sie werden nicht zögern, sondern instinktiv handeln und Ihren Plan in die Tat umsetzen. Das ist der Schlüssel, um bei einer Zombie-Apokalypse am Leben zu bleiben.

Also, schnüren Sie Ihre Schuhe, schnappen Sie sich Ihren Baseballschläger und tanzen Sie nicht zu "Thriller". Ihre Zukunft hängt davon ab! Und denken Sie daran, in der Dunkelheit der Apokalypse, Spaß zu haben, ist zwar wichtig, aber Ihre Reaktionsdistanz wird Ihnen dabei helfen, den Spaß zu verlängern. Viel Glück!

Notbremsung, Abwarten: Raus – aus dem emotionalen Mixer

Inmitten des wilden Ozeans sozialer Interaktionen finden Sie sich als einsamer Surfer wieder, der von den turbulenten Wellen der Emotionen umgeben ist. Wie sind Sie überhaupt in diese Situation geraten? Vielleicht begann alles mit einer scheinbar harmlosen Einladung zu einer Zusammenkunft, doch schnell wurde klar, dass Sie in ein undurchsichtiges Geflecht aus Meinungen, Erwartungen und Beziehungen geraten sind – ein Ozean des Sozialen, so undurchsichtig wie dichter Nebel.

Sie erleben, wie sich der unruhige Ozean sozialer Erwartungen vor Ihnen erstreckt, und die Wellen der gesellschaftlichen Normen prallen ständig auf Sie ein. Es gibt kein Entrinnen vor dem Sog der Konventionen und den Strömungen der Erwartungen.

Soziale Dynamik und der Tanz der Konflikte

Bei Menschen gibt es ein faszinierendes Phänomen namens soziale Dynamik. Dieser Begriff beschreibt die Art und Weise, wie Menschen miteinander interagieren, wie sich Gruppen verhalten und wie Konflikte entstehen und gelöst werden.

Konflikte sind so alt wie die Menschheit selbst. Wenn Menschen aufeinandertreffen, gibt es immer das Potenzial für Meinungsverschiedenheiten,

Auseinandersetzungen und Konflikte. Die Frage ist jedoch, wie wir mit diesen Konflikten umgehen.

Die soziale Dynamik zeigt, dass Konflikte in der Regel auf zwei Ebenen stattfinden: der Sachebene und der Beziehungsebene. Auf der Sachebene geht es um die inhaltlichen Meinungsverschiedenheiten und unterschiedlichen Ansichten. Auf der Beziehungsebene geht es darum, wie die Beteiligten miteinander umgehen und wie sich der Konflikt auf ihre Beziehung zueinander auswirkt.

Konflikte sind nicht zwangsläufig destruktiv, aber für viele von uns unangenehm. Tatsächlich können sie als Motor für Wachstum, Klärung und Veränderung dienen. Hier sind zwölf Gründe, warum Konflikte wertvoll sein können:

- Konflikte machen Probleme sichtbar: Sie zeigen uns, wo die Brennpunkte liegen und was wir tun müssen, um sie zu lösen.
- Konflikte fördern den Willen zur Veränderung: Sie signalisieren, dass Veränderungen notwendig sind, sei es in Form von neuen Einstellungen oder Fähigkeiten.
- Konflikte schaffen den nötigen Druck, Probleme anzugehen: Ohne diesen Druck fehlt oft die Motivation, brisante Themen anzupacken.
- Konflikte vertiefen zwischenmenschliche Beziehungen: Sie helfen, sich besser zu verstehen und herauszufinden, wie man auch unter Druck konstruktiv zusammenarbeiten kann.
- Konflikte festigen den Zusammenhalt: Die täglichen Reibereien werden entdramatisiert und versachlicht.
- Konflikte machen das Leben interessanter: Sie durchbrechen die Alltagsroutine und machen Beziehungen lebendig und Gespräche spannend.
- Konflikte ermutigen zur Vertiefung von Fähigkeiten und Wissen: Die verschiedenen Sichtweisen der Konfliktparteien regen dazu an, die Themen genauer zu untersuchen und neue Einsichten zu gewinnen.
- Konflikte fördern Kreativität: Sie zeigen, dass Probleme aus verschiedenen Blickwinkeln betrachtet werden können und ermutigen, kreative Lösungen zu finden.
- Konflikte fördern das bessere Kennenlernen: Wir erfahren, was uns wichtig ist, wie wir reagieren und was andere denken.
- Konflikte führen zu besseren Entscheidungen: Sie zwingen dazu, Alternativen zu überdenken und eine sorgfältige Abwägung vor der Entscheidungsfindung vorzunehmen.
- Konflikte fördern die Persönlichkeitsentwicklung: Um Konflikte konstruktiv zu bewältigen, müssen wir über unsere egozentrische Sichtweise hinausblicken und ein höheres Maß an gemeinsamem Bewusstsein entwickeln.

- Konflikte können Spaß machen: Wenn wir sie nicht überdramatisieren, bieten sie die Herausforderung, die viele Menschen in riskanten Aktivitäten suchen.

Die soziale Dynamik zeigt uns, dass Konflikte in der menschlichen Interaktion unvermeidlich sind, aber sie können auch als Chancen für Wachstum und positive Veränderungen betrachtet werden. Auch wenn es schwierig ist und die meisten von uns sich wohl lieber in Harmonie ergehen würden. Es existieren fünf typische Bewältigungsstrategien bei Entscheidungen.

1. **Vogel-Strauß-Politik (Starres Festhalten an der bisherigen Vorgehensweise)**:

   Ignoriert einfach neue Informationen und hofft, dass die Probleme verschwinden, so ähnlich wie ein Strauß, der den Kopf in den Sand steckt.

2. **Das Hauruck-Verfahren (Sofortiges Ändern der bisherigen Vorgehensweise)**:

   Überdenkt nicht erst die neuen Informationen und stolpert unüberlegt in unbekannte Gebiete, ohne eine Landkarte oder GPS zu haben.

3. **Die Defensive-Delegations-Taktik (Defensives Vermeiden einer Entscheidung)**:

   Beinhaltet Aufschieben, Delegieren an andere oder das Herunterspielen der Entscheidungslage. Ähnelt einem politischen Schachzug, bei dem die Verantwortung auf andere geschoben wird.

4. **Die hektische Hühnerfarm (Hektische Betriebsamkeit)**:

   Hier wird gerne der Weltuntergang heraufbeschworen, wenn nicht sofort eine Entscheidung getroffen wird. Man wählt impulsiv die erstbeste Alternative, hüpft zwischen verschiedenen Lösungen hin und her oder dreht sich im Gedankenkarussell.

5. **Die bedächtige Besserungsstrategie (Konzentrierte Suche nach einer geeigneten Lösung)**:

   Betont den (längerfristigen) Gewinn und Nutzen, ermutigt dazu, beharrlich nach einer neuen, besseren Alternative zu suchen und sich bewusst Zeit für die Entscheidungsfindung zu nehmen. Ähnelt dem Sammeln von Edelsteinen auf dem Weg zum Erfolg.

Sie haben die Möglichkeit, zwischen diesen Entscheidungsstrategien zu wählen, die Ihnen am besten zusagen. Ungeachtet Ihrer Wahl, denken Sie daran, dass die Entscheidung über die Strategie oft genauso wichtig ist wie die eigentliche Entscheidung. Letztlich bleibt es ein Konflikt.

In solchen Momenten könnte Ihnen schmerzlich bewusst werden, wie leicht es ist, in den Strudel der sozialen Dynamiken zu geraten. Und genau hier kommt der Begriff des "Kadavergehorsams" ins Spiel. Ursprünglich aus den Reihen der katholischen Kirche stammend, wurde er von den Jesuiten verwendet, um ihren Mitgliedern einen bedingungslosen Gehorsam gegenüber Gott und den Vorgesetzten abzuverlangen. "Wie ein toter Körper" sollten Sie gehorchen, ohne eigene Meinung oder freien Willen.

Heute mag der Begriff "Kadavergehorsam" nicht mehr im kirchlichen Kontext verwendet werden, aber er findet sich oft in sozialen Situationen wieder. Menschen neigen dazu, sich den sozialen Erwartungen zu beugen, ohne ihre eigenen Überzeugungen oder Wünsche zu berücksichtigen. Der Druck, dazuzugehören und die Erwartungen der Gruppe zu erfüllen, kann so überwältigend sein, dass Sie sich fühlen, als würden Sie Ihren eigenen Willen begraben.

Notbremsung und Kadavergehorsam

Warum ist es so wichtig, in solchen Momenten auf die Notbremse zu treten und einen Schritt zurückzugehen? Weil der Kadavergehorsam Ihnen Ihren eigenen Wert und Ihre Individualität raubt. Es ist, als würden Sie sich selbst verleugnen und Ihren eigenen Werten und Überzeugungen untreu werden.

Die Fähigkeit, sich von den sozialen Dynamiken zu lösen, sich Zeit zum Nachdenken zu nehmen und die eigenen Entscheidungen zu treffen, ist von unschätzbarem Wert. Es bedeutet, den emotionalen Mixer zu stoppen, aus der tosenden Welle herauszutreten und sich die Freiheit zu bewahren, Sie selbst zu sein.

In einer Welt, in der die sozialen Erwartungen oft lauter schreien als Ihre inneren Stimmen, ist es eine wahre Herausforderung, Ihren eigenen Weg zu gehen. Doch es ist eine Herausforderung, die es wert ist, angenommen zu werden. Also treten Sie auf die Notbremse, wenn Sie das Gefühl haben, im emotionalen Mixer gefangen zu sein. Gehen Sie einen Schritt zurück, atmen Sie tief durch und erinnern Sie sich daran, dass Sie mehr sind als nur ein Kadaver im sozialen Gezeitenstrom.

Vorauseilender Kadavergehorsam: Wenn Sie dem unsichtbaren Druck des „Was würden andere wohl wollen" nachgeben

Viele von uns tendieren wohl dem vorauseilenden Kadavergehorsam. Es ist, als ob Sie sich bemühen, die Gedanken und Wünsche anderer Menschen zu erraten, noch bevor sie ausgesprochen wurden.

Jemandem blind zu folgen ist der wahre Feind Ihres Glücks, doch der vorauseilende Kadavergehorsam macht es noch subtiler und perfider. Anstatt nur den Erwartungen von Gesellschaft, Freunden, Chefs oder anderen zu entsprechen, versuchen Sie, auch den unausgesprochenen Erwartungen anderer gerecht zu werden – oder zumindest dem, was Sie glauben, dass sie von Ihnen erwarten.

Da stehen Sie, in einer sozialen Situation, in der niemand explizit nach Ihren Handlungen oder Meinungen gefragt hat. Doch schon beginnt der Gedanke in Ihrem Kopf zu rattern: "Was würden sie wohl wollen?" Und schon sind Sie auf dem Pfad des vorauseilenden Kadavergehorsams, bereit, die Wünsche der anderen zu erfüllen, noch bevor sie ausgesprochen wurden.

Aber warum tun Sie das? Liegt es an der Angst vor Ablehnung? An dem Wunsch, dazuzugehören und akzeptiert zu werden? Oder ist es die schlichte Bequemlichkeit, sich nicht mit unangenehmen Konflikten auseinandersetzen zu müssen?

Egal, wie Sie es drehen, der vorauseilende Kadavergehorsam ist wie ein Geist, der das Glück stiehlt. Er raubt Ihnen die Autonomie über Ihr eigenes Leben und drängt Sie in eine Position der ständigen Anpassung und Unterordnung.

Es ist Zeit, den wahren Feind Ihres Glücks zu entlarven und den vorauseilenden Kadavergehorsam zu besiegen. Statt voreilig zu gehorchen, sollten Sie lernen, Ihre eigenen Bedürfnisse und Überzeugungen zu verteidigen, auch wenn sie im Konflikt mit den unausgesprochenen Erwartungen anderer stehen.

Indem Sie den Mut finden, Ihre Meinungen auszusprechen, Ihre Wünsche zu artikulieren und Ihr eigenes Glück zu verfolgen, brechen Sie die Ketten des vorauseilenden Kadavergehorsams. Denn am Ende des Tages ist es Ihr Leben, und Sie sollten diejenigen sein, die die Regeln und Erwartungen dafür festlegen.

Der wahre Feind Ihres Glücks ist nicht die Ablehnung durch andere, sondern die Ablehnung Ihrer eigenen Bedürfnisse und Überzeugungen. Stehen Sie aufrecht, seien Sie mutig und folgen Sie dem Weg, der Ihr Herz erfüllt. Ihr Glück wird es Ihnen danken.

Harmoniesucht? Sind Sie und Ihr Glück weniger wichtig als andere? Oder welchen Grund gibt es die eigenen Gefühle hintenanzustellen?

Die Harmoniesucht kann dazu führen, dass wir Konflikten aus dem Weg gehen, selbst wenn sie notwendig sind. Die wahre Harmonie entsteht jedoch nicht aus Konfliktvermeidung, sondern aus der konstruktiven Bewältigung von Meinungsverschiedenheiten. Es erfordert Mut, sich den Konflikten zu stellen, sie auf gesunde Weise anzugehen und dabei sowohl unsere eigenen Bedürfnisse als auch die der anderen zu respektieren. Konflikte sind nicht gleichbedeutend mit Streit, sondern können Chancen zur Klärung und zur Stärkung von Beziehungen bieten.

In einer Welt, in der wir Tag für Tag mit einem Wirrwarr aus Aufgaben, Terminen und Verpflichtungen konfrontiert sind, kommt es nicht selten vor, dass ihre eigenen Bedürfnisse und Sorgen in den Hintergrund geraten. Während Sie emsig durch den Alltag wuseln, nehmen sie Ihre inneren Stimmen manchmal kaum wahr. Dies wirft die Frage auf: Warum verhalten sich Menschen oft so, als ob ihre eigenen Bedürfnisse und Sorgen nicht dringlich oder verletzlich wären?

Toxen können uns etwas beibringen. Sie wissen genau, was sie wollen. Ihre Bedürfnisse sind so klar und unmissverständlich, dass es keinen Raum für Zweifel oder Aufschub gibt. Im Gegensatz dazu scheinen alle anderen Menschen in ihrem Wunsch nach persönlichem Glück, Erfüllung und Zufriedenheit oft viel zu vage und uneindeutig zu sein. Sie könnten stundenlang darüber grübeln, was sie wirklich wollen, ohne zu einem klaren Ergebnis zu kommen.

Das Phänomen des "Nicht-Erkennens" der Dringlichkeit oder Bedrohung der eigenen Bedürfnisse ist eng mit dem Status quo verknüpft. Menschen neigen dazu, sich von gesellschaftlichen Normen und Erwartungen leiten zu lassen, anstatt ihre eigenen Bedürfnisse und Wünsche in den Vordergrund zu stellen. Die Vorstellung von Status, Anerkennung und Erfolg kann dazu führen, dass sie ihre eigenen Sorgen herunterspielen, um den Erwartungen anderer gerecht zu werden.

Status quo: Das heilige Königreich des Gewohnten und Bewährten

Der Status quo, in all seiner scheinbaren Unveränderlichkeit, ist ein Begriff, der den gegenwärtigen Zustand einer Sache beschreibt. Doch hier liegt die interessante Wendung: Obwohl dieser Zustand oft mit Problemen behaftet ist, zeigen sich auch in den etablierten Lösungsansätzen Schwierigkeiten. Es ist, als ob wir zwischen Pest und Cholera gefangen wären, wenn wir versuchen, den Status quo zu verbessern. Aber bevor wir uns verzweifelt der Resignation ergeben, schauen wir genauer hin.

Der Status quo, jener mysteriöse und allgegenwärtige Herrscher über unser tägliches Leben, ist ein Phänomen, das uns ständig begleitet. Was verbirgt sich hinter diesem Begriff? Lassen Sie uns eintauchen in das heilige Königreich des Status quo.

Kennen Sie die Sprichworte, die den Status quo hofieren?

- Lieber den Spatz in der Hand als die Taube auf dem Dach.
- Ein kleines Glück ist besser als ein großes Risiko.
- Besser den kleinen Fisch fangen als auf den großen zu hoffen.
- Das haben wir schon immer so gemacht.

Der Status quo ist der unangefochtene König des Bekannten und Bewährten. In seiner Welt sind die Dinge so, wie sie schon immer waren – oder zumindest so, wie sie sich schon lange in unseren Köpfen eingenistet haben. Veränderungen und Neuerungen werden an seinem Hof mit Skepsis und Argwohn betrachtet, als würden sie versuchen, den Frieden im Reich des Gewohnten zu stören.

Er regiert mit einer eisernen Hand, und sein Einfluss erstreckt sich überall dorthin, wo Menschen sich nach Sicherheit und Stabilität sehnen. Er flüstert uns ständig ins Ohr: "Warum etwas verändern, wenn es doch so bequem ist, wie es ist?" Und so verharren wir im Land des Status quo, ohne uns je den Herausforderungen des Unbekannten zu stellen.

Der Status quo ist nicht nur ein Beobachter, sondern auch ein Schöpfer von Gewohnheiten. Er überredet uns, in alten Mustern zu verharren, selbst wenn sie längst überholt oder ineffektiv sind. Veränderung wird als Bedrohung angesehen, und so bleibt die Macht des Status quo ungebrochen.

Der gegenwärtige Zustand ist nur ein weiterer Diktator, der nicht unüberwindbar ist. Er mag über ein mächtiges Königreich herrschen, aber er hat seine Schwächen. Die Menschen können seine Macht brechen, wenn sie den Mut aufbringen, ihn herauszufordern, ihren Status aufzugeben und nach neuen Wegen und Ideen zu suchen.

In der Welt des Status quo zu verharren mag sicher und bequem erscheinen, aber es ist auch eine Welt des Stillstands und der Stagnation. Die wahren Abenteurer des Lebens sind jene, die sich nicht scheuen, die Mauern des Status quo zu durchbrechen und mutig ins Unbekannte vorzudringen.

Die Botschaft ist klar: Der Status quo ist ein mächtiger Herrscher, aber er ist nicht unbesiegbar. Wenn Sie nach Veränderung und Fortschritt streben, müssen Sie den Mut aufbringen, seine Autorität infrage zu stellen und neue Wege zu beschreiten. Denn am Ende des Tages gehört die Zukunft denen, die den Status quo herausfordern und den Mut haben, über seine Mauern hinauszublicken.

Notbremsung: Ein Schlüssel zur Resilienz

In unserer hektischen Welt, die oft von unzähligen Herausforderungen geprägt ist, wird die Fähigkeit zur Resilienz immer wichtiger. Resilienz bedeutet, mit Stress und widrigen Umständen umgehen zu können, ohne an ihnen zu zerbrechen. Ein entscheidender Aspekt der Resilienz ist die Notbremsung – der Akt des Zurücktretens und Beobachtens in stressigen Situationen.

Dieser Schritt wird oft missverstanden. Manche betrachten ihn als feige Flucht vor Problemen. Aber in Wirklichkeit ist die Notbremsung ein kraftvoller Schachzug, um seine Widerstandsfähigkeit zu stärken.

Wenn wir uns inmitten von Chaos und Stress befinden, neigen wir dazu, impulsiv zu handeln. Wir reagieren auf Situationen, ohne darüber nachzudenken, und übersehen oft wichtige Details. Indem wir bewusst einen Schritt zurücktreten, schaffen wir Distanz zu den stressigen Umständen. Dies ermöglicht uns, einen klaren Kopf zu bewahren und die Lage aus einer objektiveren Perspektive zu betrachten.

Die Notbremsung ist wie eine Art Zwischenstopp, der es uns erlaubt, unsere Gedanken zu sammeln und unsere Emotionen zu regulieren. Dies fördert unsere Fähigkeit, in schwierigen Momenten resilient zu sein. Wir sind weniger anfällig für Überreaktionen und können strategischere Entscheidungen treffen.

Rücktritt und Beobachtung sind nicht mit Untätigkeit gleichzusetzen ist. Im Gegenteil, es ist ein aktiver Prozess, bei dem wir uns bewusst Zeit nehmen, um die Situation zu analysieren. Es erlaubt uns, unsere Selbstbeherrschung zu stärken und bessere Entscheidungen zu treffen.

Wenn wir dies mit dem Konzept der Resilienz verknüpfen, wird deutlich, dass die Notbremsung eine entscheidende Rolle dabei spielt, widerstandsfähig zu sein. Resiliente Menschen wissen, wann sie einen Schritt zurücktreten müssen, um einen klaren Überblick zu behalten. Sie nutzen die psychologische Notbremsung, um ihre Fähigkeit zur Stressbewältigung zu steigern und letztendlich gestärkt aus schwierigen Situationen hervorzugehen.

Die nächsten Male, wenn Sie sich inmitten von Herausforderungen wiederfinden, denken Sie daran: Zurücktreten und beobachten ist nicht nur ein kluger Schachzug, sondern auch ein Schlüssel zur Steigerung Ihrer Resilienz. Beispiele gefällig?

Mobbing

Vielleicht erleben Sie am Arbeitsplatz Mobbing, bei dem Sie das Ziel von schikanösen Angriffen Ihrer Kollegen sind. Die Situation hat sich kontinuierlich verschlechtert, und die Atmosphäre am Arbeitsplatz wird immer toxischer. Sie spüren, wie die Belastungen auf Sie zunehmen und die zwischenmenschlichen Konflikte eskalieren.

In diesem kritischen Moment, inmitten der angespannten Mobbing-Situation, wird es dringend erforderlich, eine Notbremsung einzulegen. Sie erkennen, dass die sozialen Dynamiken außer Kontrolle geraten sind, und die Angriffe sind mittlerweile persönlich und verletzend geworden. Es ist an der Zeit, die Notbremse zu ziehen, einen Schritt zurückzutreten und darüber nachzudenken, wie Sie die Situation deeskalieren können.

Die Notbremsung im Fall von Mobbing bedeutet, den Konflikt zu unterbrechen, bevor er weitere Schikanen oder persönliche Verletzungen zur Folge hat. In dieser stressigen Situation könnten Sie beispielsweise sagen: "Ich spüre, dass diese Belästigung meine Arbeitsfähigkeit und mein Wohlbefinden beeinträchtigt. Ich werde mich vorübergehend von der Arbeit beurlauben, um die erforderlichen Schritte zu unternehmen, um diese Probleme zu lösen, sei es durch Gespräche mit der Personalabteilung oder anderen geeigneten Maßnahmen."

So schützen Sie sich vor weiterem Mobbing, verlassen Sie die unmittelbare Umgebung der Mobbing-Situation und geben Sie sich die Möglichkeit, Ihre eigenen Emotionen zu stabilisieren. Diese Maßnahme zeigt Selbstachtung und Selbstrespekt, während Sie die notwendigen Schritte einleiten, um die Mobbing-Situation zu bewältigen und zu einer respektvollen Lösung beizutragen. Dies ist keineswegs ein Zeichen der Feigheit, sondern eine weitsichtige Strategie, um sich selbst vor weiterem Mobbing zu schützen und auf eine angemessene und respektvolle Konfliktlösung hinzuarbeiten.

Freunde oder so etwas Ähnliches

Sie befinden sich in einem hitzigen Gespräch mit einem Freund oder Bekannten. Die Diskussion dreht sich um ein heikles Thema, bei dem beide Parteien starke Meinungen vertreten. Die Argumente werden lauter und emotionaler, und Sie merken, wie die Konversation außer Kontrolle gerät.

In diesem Moment des aufgeheizten Gesprächs wird deutlich, dass eine Notbremsung erforderlich ist. Sie erkennen, dass die Situation in einen emotionalen Mixer geraten ist, und die Fronten verhärten sich immer mehr. Es wird Zeit, einen Schritt zurückzutreten und zu überlegen, wie Sie die Situation entschärfen können.

Die Notbremsung in einem solchen Konflikt bedeutet, das Gespräch zu unterbrechen, bevor es zu persönlichen Angriffen oder weiteren Eskalationen kommt. Sie könnten sagen: "Hey, ich merke, dass dieses Gespräch sehr emotional wird, und das bringt uns gerade nicht weiter. Lass uns eine Pause machen, damit wir uns beide beruhigen können, und dann können wir das später in ruhigerer Atmosphäre fortsetzen."

Mit dieser Maßnahme treten Sie aus dem Konflikt heraus, um den Überblick zu behalten und die eigenen Emotionen zu kontrollieren. Sie zeigen Respekt für den anderen, auch wenn Sie unterschiedlicher Meinung sind, und geben beiden Seiten die Möglichkeit, sich zu sammeln. Dies ist keine

Feigheit, sondern eine vernünftige Strategie, um eine destruktive Auseinandersetzung zu verhindern und später in einem konstruktiveren Rahmen weiterzumachen.

Zweieinigkeit – die Geheimwaffe zur Notbremsung

In einer Welt, in der Meinungsverschiedenheiten und kontroverse Ansichten oft den Ton angeben, hat Vera F. Birkenbihl uns eine erfrischende Perspektive auf das Thema Kommunikation und Verständnis geschenkt. Sie nannte es die "Zweieinigkeit", und es ist eine Idee, die unsere Art zu denken über den Haufen wirft.

Die „Zweieinigkeit" ist der Gedanke, dass zwei Menschen nicht immer einer Meinung sein müssen, um effektiv miteinander zu kommunizieren und sich zu verstehen. Es ist ein einfacher, aber mächtiger Gedanke, der die Grundlage für tiefgreifende Beziehungen legt.

Stellen Sie sich vor, zwei Menschen stehen an einem Scheideweg. Einer möchte nach links gehen, der andere nach rechts. In einer konventionellen Sichtweise würde das zu einem Konflikt führen, bei dem es nur Gewinner oder Verlierer gibt. Aber die "Zweieinigkeit" schlägt vor, dass beide Richtungen respektiert und anerkannt werden können.

Wenn wir die Zweieinigkeit akzeptieren, erkennen wir an, dass jede Person ihre eigenen Erfahrungen, Werte und Perspektiven hat. Diese Vielfalt ist keine Bedrohung, sondern eine Bereicherung. Sie erlaubt uns, die Welt aus verschiedenen Blickwinkeln zu betrachten und voneinander zu lernen.

In der Zweieinigkeit geht es darum, Brücken zwischen den Meinungen zu bauen, anstatt Mauern zu errichten. Es ist ein Tanz der Perspektiven, bei dem beide Seiten Gehör finden und sich respektiert fühlen. Es erfordert Geduld, Empathie und den Willen, sich in die Lage des anderen hinein zu versetzen.

Die Zweieinigkeit ermutigt uns, flexibel zu sein und die Komplexität des menschlichen Denkens zu schätzen. Sie eröffnet die Möglichkeit, gemeinsam nach Lösungen zu suchen, die die Vielfalt der Ideen nutzen, anstatt sie zu unterdrücken.

In einer Welt, die oft von Schwarz-Weiß-Denken und polarisierter Rhetorik geprägt ist, ist die Zweieinigkeit ein erfrischendes Konzept. Es erinnert uns daran, dass es in Ordnung ist, nicht immer einer Meinung zu sein, solange wir offen und respektvoll miteinander kommunizieren.

Die Zweieinigkeit lehrt uns, dass Vielfalt und Verschiedenheit die Würze des Lebens sind. Sie zeigt, dass in der Akzeptanz von Meinungsverschiedenheiten und der Anerkennung unterschiedlicher Perspektiven die wahre Stärke unserer Beziehungen liegt. Es ist ein Tanz der Harmonie, bei dem wir alle miteinander im Takt schwingen können.

Aber bitte nicht verwechseln mit „Du hast recht und ich meine Ruhe."

Wann haben Sie das letzte Mal die Meinung eines anderen einfach anerkannt und nicht auf Ihre eigene Sichtweise bestanden?

Du bist nicht allein - Wir sind viele – (Verbundenheit)

In Zeiten der Not glauben wir alleine zu sein, zumindest fühlt es sich so an. Alleine sind wir nie, das ist eine gefühlte Wirklichkeit.

Menschen in Notlagen sind damit beschäftigt ihre Herausforderungen auf die Reihe zu kriegen. Sie wollen andere nicht belasten, weder langatmige und vielleicht auch für andere wenig plausible Erklärungen abgeben, aber auch die emotionale Verzweiflung nicht an andere herantragen oder Mitleid bekommen.

Menschen in Notlagen haben eigentlich nur einen Wunsch: Es soll endlich aufhören!

Notlagen hören aber leider meist nicht zeitnah auf. Vielmehr ist es so, dass diese in der Regel zwischen 3 bis 5 Jahren andauern. Die Notlagen sind vielfältig, sie können tatsächliche Krisen oder Katastrophen sein, genauso toxische Angriffe oder Verbindungen, Job- oder Lebenskrisen oder auch Veränderungen im persönlichen Umfeld. In Notlagen existieren meist zwei gegensätzliche Realitäten, das normale Daily-Life und die Notlage.

Oftmals sind **Dauer und Intensität die schrecklichen Verbündeten der Notlage**. Umso länger sich alles hinzieht, umso schwieriger ist die eigene Zugehörigkeit. Der Mensch befindet sich in einer Art Zwischenwelt. Oft ziehen sich diese Situationen über lange Zeiträume hin, und je länger sie andauern, desto schwieriger wird es, zwischen diesen Welten hin und her zu pendeln.

Zunächst einmal Krönchen richten, Sie sind nicht allein.

In turbulenten Zeiten der Not fühlen sich viele von uns isoliert und verlassen. Es ist, als ob die gesamte Last der Welt auf unseren Schultern ruht, und wir glauben, dass wir niemandem zur Last fallen möchten. Doch die Wahrheit ist, dass wir niemals wirklich alleine sind - auch wenn es sich manchmal so anfühlt.

In der Realität sind viele Menschen mit ähnlichen Herausforderungen konfrontiert sind, und sie fühlen sich genauso. Sie sind nicht alleine in Ihrer Not, und es gibt Menschen, die bereit sind, Ihnen beizustehen, auch wenn es Ihnen vielleicht schwerfällt, um Hilfe zu bitten.

In dieser Zeit der Not ist es wichtig zu erkennen, dass es eine Gemeinschaft von Menschen gibt, die Sie unterstützen und Ihnen zur Seite stehen. Es ist in Ordnung, sich Hilfe zu holen, und es ist in Ordnung, sich nicht alleine durchschlagen zu müssen. Lassen Sie uns gemeinsam daran arbeiten, die zwei Welten zu vereinen und die Unterstützung zu finden, die wir brauchen. Denn in diesen Momenten der Notlage ist es wichtig, zu wissen, dass Sie niemals wirklich alleine sind.

Kognitive Dissonanz, der Konflikt im Kopf

Manchmal führen wir ein Doppelleben, von dem nicht einmal wir selbst wissen. In unserer Psyche tobt ein unsichtbarer Konflikt, der unsere Gedanken und Handlungen lenkt, ohne dass wir es merken. Dieses Phänomen, das in der Psychologie als "kognitive Dissonanz" bekannt ist, stellt einen Konflikt in unserem inneren Universum dar.

Kognitive Dissonanz tritt auf, wenn wir zwei widersprüchliche Überzeugungen, Wahrnehmungen oder Verhaltensweisen in unserem Geist tragen. Unsere innere Welt gerät in Aufruhr, und wir verspüren einen Konflikt, den wir nicht leicht identifizieren können.

Der Grundkonflikt, der uns das Leben schwer macht, kann auf vielen Ebenen existieren. Er kann in tief verwurzelten Überzeugungen aus der Vergangenheit wurzeln oder durch aktuelle Belastungen und Stressoren ausgelöst werden. Dieser innere Konflikt ist ein Meister der Tarnung und agiert oft unbemerkt, aber seine Auswirkungen sind deutlich spürbar.

In unserem täglichen Leben kann kognitive Dissonanz dazu führen, dass wir Entscheidungen treffen, die unseren eigenen Überzeugungen widersprechen. Wir können uns in einem ständigen Hin und Her zwischen verschiedenen Standpunkten und Handlungen verfangen, ohne zu verstehen, warum wir uns so verhalten.

Um innere Drachen zu besiegen, sollten wir zuerst erkennen, dass er existiert. Die Anerkennung der kognitiven Dissonanz ist der erste Schritt zur Lösung dieses Konflikts. Sobald wir verstehen, dass unser innerer Konflikt in unseren Gedanken und Handlungen verwurzelt ist, können wir beginnen, ihn zu entschlüsseln.

Kognitive Dissonanz als Segen und Fluch

Kognitive Dissonanz mag uns das Leben manchmal schwer machen, aber sie ist auch ein Zeichen dafür, dass wir uns weiterentwickeln und wachsen. Die Auseinandersetzung mit unseren inneren Konflikten kann zu einem tieferen Verständnis unserer selbst führen und uns dabei helfen, die Drachen in unserem Geist zu besiegen.

Die Ergründung unseres inneren Konflikts, sei er historisch gewachsen oder durch aktuelle Umstände ausgelöst, kann ein komplexes Puzzle sein. Doch letztendlich ist es ein Weg zur Selbstkenntnis und persönlichen Entwicklung. Und, anders als im Märchen, können wir innere Drachen besiegen, indem wir ihn verstehen und mit ihnen in den Dialog treten.

Die acht Konflikttypen, die uns im Leben begleiten können, prägen unsere Beziehungsmuster und unser Verhalten in verschiedenen Lebensbereichen.

In der Arena der menschlichen Konflikte tobt ein Drama von epischen Ausmaßen, ein schillerndes Spektakel von unermüdlichen Sehnsüchten und zermürbenden Ängsten. Dieses Drama in acht Akten ist eine emotionale Tour de Force, die unser Beziehungsleben, den Arbeitsplatz und sogar unsere körperliche Gesundheit heimsucht.

- Der erste Akt, „**Abhängigkeit versus Autonomie**", setzt die Fesseln der Bindung und der Sehnsucht nach Freiheit ins Rampenlicht. Im passiven Modus ertrinken wir in der Angst, dass jede Bindung uns genommen wird, während wir verzweifelt nach Abhängigkeit lechzen. Doch im aktiven Modus fühlen wir den unstillbaren Durst nach Autonomie, der unsere Beziehungen erstickt und unser Leben zu einem egozentrischen Streben nach Unabhängigkeit verkommt.

  Beispiele:

  Passiv: Sie verbleiben in einer unglücklichen Beziehung aus der Angst heraus, allein zu sein, obwohl Sie innerlich wissen, dass es ratsam wäre, sich zu trennen.

  Aktiv: Sie meiden enge Beziehungen und isolieren sich von anderen Menschen, um Ihre Autonomie um jeden Preis zu wahren.

- Der zweite Akt, „**Unterwerfung versus Kontrolle**", spinnt das Intrigenspiel der Selbst- und Fremdkontrolle. Im passiven Modus ergeben wir uns, akzeptieren Regeln und Pflichten willenlos und lassen die Macht über uns walten. Doch im aktiven Modus reißen wir die Zügel an uns und lassen unsere Interessen die der anderen überschatten, während unser Hunger nach Macht uns antreibt.

  Beispiele:

Passiv: Sie sind permanent bereit, die Bedürfnisse anderer über Ihre eigenen zu stellen und ertragen Unannehmlichkeiten, um Konflikte zu vermeiden.

Aktiv: Sie neigen dazu, andere zu dominieren, um die Kontrolle über Situationen zu behalten, und können nur schwer Kompromisse eingehen.

- Der dritte Akt, „**Versorgung versus Autarkie**", entfacht das Ringen zwischen dem Bedürfnis nach Fürsorge und dem Verlangen nach Selbstgenügsamkeit. Im passiven Modus klammern wir uns verzweifelt an andere, während wir im aktiven Modus mit stählernem Willen nach Unabhängigkeit streben.

Beispiele:

Passiv: In Beziehungen sind Sie übermäßig von anderen abhängig und fühlen sich unsicher, wenn Sie alleine sind.
Aktiv: Sie lehnen jegliche Hilfe oder Unterstützung ab und streben nach kompletter Unabhängigkeit in allen Lebensbereichen, auch wenn es unpraktisch ist.

- Der vierte Akt, „**Selbstwert versus Objektwert**", ist eine Tragödie des Selbstwertgefühls und der Sicht auf andere. Im passiven Modus verfallen wir in Selbstzweifeln und schieben anderen die Schuld für unser Elend zu. Im aktiven Modus maskieren wir unsere Unsicherheiten und stellen unsere eigenen Interessen über die der anderen.

Beispiele:

Passiv: Sie zweifeln permanent an Ihrem eigenen Wert und neigen dazu, sich für die Probleme in Beziehungen oder im Beruf verantwortlich zu machen.

Aktiv: Sie tendieren dazu, andere Menschen zu bewerten, und bewerten sich selbst anhand äußerer Erfolge und Besitztümer.

- Der fünfte Akt, „**Egoistische versus prosoziale Tendenzen**", entfesselt die inneren Konflikte von Schuld und Egoismus. Im passiven Modus ertragen wir die Schuld und nehmen die Last der Verantwortung für alles auf uns. Im aktiven Modus verschieben wir die Schuld auf andere und handeln egoistisch ohne Rücksicht auf Verluste.

  Beispiele:

  Passiv: Sie empfinden Schuldgefühle bei jeder selbstsüchtigen Handlung oder Entscheidung, selbst wenn sie notwendig ist.

  Aktiv: Sie ignorieren die Bedürfnisse anderer und handeln häufig egoistisch, ohne Rücksicht auf die Auswirkungen auf andere.

- Im sechsten Akt, dem „**Ödipal-sexuellen Konflikt**", explodieren erotische Wünsche und ihre unterdrückte Natur auf der Bühne. Im passiven Modus verschwindet Erotik fast vollständig aus unserer Wahrnehmung, während im aktiven Modus beinahe jedes Element unseres Lebens sexuell aufgeladen wird.

  Beispiele:

  Passiv: Sie unterdrücken sexuelle Wünsche und betrachten Erotik als etwas Verbotenes oder Schambehaftetes.

  Aktiv: Sie sexualisieren fast jede Situation und neigen dazu, in Beziehungen übermäßig auf erotische Anziehung zu fokussieren.

- Der siebte Akt, „**Identität versus Dissonanz**", spielt mit der Frage nach unserer eigenen Identität. Im passiven Modus fühlen wir uns verloren, orientierungslos und klammern uns verzweifelt an vorgegebene Identitäten. Im aktiven Modus konstruieren wir Identitäten und spielen unterschiedliche Rollen.

  Beispiele:

Passiv: Sie haben Schwierigkeiten, Ihre eigene Identität zu definieren, und fühlen sich oft unsicher in Bezug auf Ihre Zugehörigkeit.

Aktiv: Sie neigen dazu, verschiedene Identitäten anzunehmen oder zu konstruieren, um Unsicherheiten zu überspielen.

- Der letzte Akt, „**eingeschränkte Konflikt- und Gefühlswahrnehmung**", entfesselt das Drama unserer eigenen Gefühle und Konflikte. Im passiven Modus übersehen wir Konflikte und lassen unsere Emotionen brachliegen. Im aktiven Modus unterdrücken wir Gefühle und meiden Konflikte um jeden Preis.

  Beispiele:

  Passiv: Sie übersehen Konflikte und unterdrücken Gefühle, was zu unbemerkt bleibenden Problemen in Beziehungen führt.
  Aktiv: Sie vermeiden Konflikte um jeden Preis und versuchen, Ihre eigenen Gefühle zu unterdrücken, was zu emotionaler Distanzierung führt.

In diesem schillernden Schauspiel der menschlichen Psyche kämpfen wir unermüdlich mit unseren inneren Dämonen und sehnen uns nach der Befreiung von unseren eigenen Widersprüchen. Die Vorstellung mag komplex sein, aber sie enthüllt die tiefen Abgründe und die bemerkenswerte Vielfalt der menschlichen Natur.

MENSCH 5.0 - DU BIST STÄRKER ALS GEDACHT

In der Welt der Superhelden haben wir Charaktere wie Superman, der Flugzeugen hinterherfliegt und Laserstrahlen aus seinen Augen schießt. Doch die wahre Superkraft liegt oft im Verborgenen und ist allgegenwärtig – die mentale Stärke der Menschen.

Unsere Psyche ist ein wahrer Tresor von ungenutztem Potenzial. Schauen wir uns nur einige Beispiele an, wie die menschliche mentale Stärke zu erstaunlichen Leistungen führen kann.

- **Die Macht des Durchhaltevermögens**: Menschen können Wunder vollbringen, wenn sie entschlossen sind, ein Ziel zu erreichen. Denken Sie an Extremsportler, die unüberwindlich erscheinende Hindernisse meistern, sei es am Mount Everest oder in der Wüste. Es ist ihre mentale Stärke, die sie dazu bringt, niemals aufzugeben.

- **Kreativer Geniestreich**: Die menschliche Psyche kann außergewöhnliche kreative Fähigkeiten entfesseln. Denken Sie an Künstler, Musiker und Schriftsteller, die durch ihre Vorstellungskraft und ihre Emotionen Werke schaffen, die die Welt verändern können. Die Fähigkeit, im Geiste Welten zu erschaffen, ist eine Superkraft.

- **Resilienz als Schutzschild**: Menschen können schlimmste Schicksalsschläge überwinden und gestärkt daraus hervorgehen. Es ist die mentale Stärke, die es ihnen ermöglicht, selbst in den dunkelsten Momenten aufzustehen und weiterzumachen.

- **Die Überwindung von Ängsten**: Menschen können ihre Ängste überwinden, sei es die Angst vor öffentlichen Reden oder die Angst vor dem Unbekannten. Sie können in die Tiefe springen und das tun, wovor sie sich am meisten fürchten.

- **Die Macht der Empathie**: Die menschliche Psyche ist in der Lage, Mitgefühl und Empathie zu entwickeln. Dadurch können Menschen Gutes in der Welt bewirken, sei es durch soziales Engagement oder Unterstützung für andere in Not.

Die wahre Superkraft liegt in der Fähigkeit der menschlichen Psyche, sich an die unterschiedlichsten Situationen anzupassen und über sich selbst hinauszuwachsen. Während wir vielleicht nicht fliegen können oder Laserstrahlen schießen, besitzen wir die Fähigkeit, durch mentale Stärke übermenschliche Taten zu vollbringen.

Vergessen Sie nicht, dass die wahre Superkraft bereits in Ihnen steckt, und Sie könnten der nächste Held Ihrer eigenen Geschichte sein.

Diana Nyad, eine amerikanische Langstreckenschwimmerin, wurde bekannt durch ihre mehrfachen Versuche, die 177 Kilometer von Kuba nach Florida zu durchqueren, bekannt als "Nyad's Xtreme Dream". Nach mehreren gescheiterten Versuchen und Rückschlägen gelang es ihr schließlich im September 2013 im Alter von 64 Jahren, die Strecke in 53 Stunden ohne Hai-Käfig zu bewältigen. Dieser beeindruckende Erfolg machte sie zur ersten Person, die diese gefährliche Meerenge ohne Schutz vor Haien und ohne künstliche Unterstützung durchschwamm. Nyads Durchhaltevermögen und Entschlossenheit wurden zu einer inspirierenden Erfolgsgeschichte und einem Symbol für die menschliche Fähigkeit, scheinbar Unmögliches zu erreichen.

Vielleicht sind Sie kein Schwimmer, wie wäre es mit Nelson Mandela?

Nelson Mandela, eine Schlüsselfigur im Kampf gegen die Apartheid in Südafrika, wurde 1918 geboren. Als Anwalt gegen die Apartheid schloss er sich dem ANC an. Nach dem Verbot des ANC 1961 wurde Mandela Untergrundaktivist. 1962 wurde er verhaftet und zu lebenslanger Haft verurteilt. Trotz 27 Jahren Gefängnisaufenthalt auf Robben Island und anderen Orten weigerte er sich, seine Prinzipien aufzugeben. Sein berühmter Satz „It always seems impossible until it's done" wurde zum Symbol seines Glaubens an die Beseitigung der Apartheid. Nach seiner Freilassung 1990 spielte Mandela eine entscheidende Rolle bei der Beendigung der Apartheid. 1994 wurde er der erste schwarze Präsident Südafrikas und setzte sich für Frieden und Versöhnung ein. Mandela ist ein inspirierendes Beispiel für die Fähigkeit des Menschen, unter widrigen Bedingungen positive Veränderungen herbeizuführen.

Randnotiz: Addiert saßen Nelson Mandela, Mahatma Gandhi und Martin Luther King fast 30 Tage im Gefängnis, ungefähr 10,776 Tage.

Sie sind noch keine 64+ und vielleicht auch nicht Nelson Mandela? Seien Sie nicht traurig. Früher ist besser!

Psychosomatik

In der Welt der Medizin und Psychologie gibt es viele Geheimnisse, die jenseits von Laborkitteln und Röntgenbildern liegen. Es ist die unsichtbare, aber mächtige Welt der Psyche, die sowohl Heilung als auch Krankheit beeinflusst. Betreten Sie das Reich der Psychosomatik, wo Gedanken und Gefühle zu physischen Auswirkungen führen können.

Stellen Sie sich vor, Sie gehen zu Ihrem Arzt mit einem unerklärlichen Schmerz in der Brust. Er führt eine gründliche Untersuchung durch, nimmt Blutproben und führt sogar bildgebende Verfahren durch. Die Ergebnisse? Alles scheint in Ordnung zu sein. Doch der Schmerz bleibt. Das ist der Moment, in dem die Psychosomatik die Bühne betritt.

Die Psyche hat eine erstaunliche Macht über unseren Körper. Unsere Ängste, Sorgen und emotionalen Belastungen können physische Symptome auslösen. In diesem Fall könnte der Schmerz in der Brust das Ergebnis von Stress, Angst oder unterdrückten Emotionen sein. Unsere Gedanken und Gefühle werden zu körperlichen Realitäten.

Nun, das klingt beängstigend, oder? Aber hier kommt die gute Nachricht: Die Macht der Psyche kann auch heilend sein. Stellen Sie sich vor, Sie sind ein Patient, der an einer schmerzhaften Krankheit leidet. Ihr Arzt gibt Ihnen eine neue Art der Behandlung – eine, die auf positiver Einstellung und Glauben basiert. Es könnte erstaunlich sein zu sehen, wie Menschen durch bloßen Glauben an die Heilkraft ihres Körpers und Geistes Wunder erleben.

Die Psychosomatik erinnert uns daran, dass unser Körper und Geist untrennbar miteinander verbunden sind. Unsere Gedanken, Emotionen und Überzeugungen können unser Wohlbefinden beeinflussen. Es ist wie eine magische Verbindung zwischen unserem inneren Selbst und unserer äußeren Hülle.

Also, wenn Sie das nächste Mal mit einer unerklärlichen Krankheit oder Schmerzen konfrontiert werden, denken Sie an die Macht Ihrer Psyche. Vielleicht ist die Lösung nicht nur in Pillen und medizinischen Verfahren zu finden, sondern in Ihren eigenen Gedanken und Gefühlen. Denken

Sie daran, dass Ihre Psyche nicht nur Krankheiten verursachen kann, sondern auch die erstaunliche Fähigkeit hat, Heilung zu bringen.

SALUTOGENESE: HIGH FIVE-LIVESTYLE

In grauer Vorzeit, als Ärzte noch im selben Boot wie ihre Patienten saßen, gab es eine Regel, die das Wohl der Menschen und die Gesundheit der Mediziner in Einklang brachte. Die Regel lautete: „Ärzte werden nur so lange bezahlt, wie es ihren Patienten gut geht. Wenn das Schicksal einen Patienten krank werden lässt, wird der Arzt als Sündenbock geopfert."

In dieser Ära waren die Ärzte wahre Gesundheitsmagier. Sie gaben ihr Bestes, um ihre Patienten gesund und munter zu halten, denn ihr eigenes Leben hing davon ab. Medizin war nicht nur eine Berufung, sondern auch ein Selbstschutzprogramm.

Mit der Entwicklung der Medizin und der Industrialisierung änderte sich auch die Bezahlungsstruktur für Ärzte. Der Gedanke, dass Ärzte nur dann entlohnt werden sollten, wenn ihre Patienten gesund waren, verblasste wie der Aberglaube an schwarze Katzen und Spiegel, die zerbrochen wurden.

Stattdessen wurde das Gesundheitswesen zu einem System, in dem Ärzte für die Behandlung von Krankheiten bezahlt wurden. Mit anderen Worten, je kränker die Menschen wurden, desto mehr verdienten die Ärzte. Ironischerweise wurde die Gesundheit zur Nebensache.

Aber jetzt erleben wir eine Renaissance des salutogenen Denkens. Ärzte und Gesundheitsprofis haben erkannt, dass die Förderung der Gesundheit genauso wichtig ist wie die Behandlung von Krankheiten. Das Konzept des Salutogenese-Modells hat die Bühne betreten, und es ist an der Zeit, den Fokus von der Krankheit auf die Gesundheit zu verlagern.

Ärzte sollen nicht mehr nur Feuerwehrleute sein, die die Flammen der Krankheit löschen. Sie sollen Lebensretter sein, die vorbeugende Maßnahmen ergreifen und die Gesundheit ihrer Patienten fördern. Denn in einer Welt, in der Ärzte einst um ihr Leben fürchten mussten, wenn ihre

Patienten krank wurden, ist es an der Zeit, zu den Wurzeln zurückzukehren und die Gesundheit wieder in den Vordergrund zu rücken.

Das Salutogenese-Modell erinnert uns daran, dass Gesundheit mehr ist als die Abwesenheit von Krankheit. Es ist ein Weg, ein Lebensstil, ein Streben nach Wohlbefinden. Ärzte werden wieder zu den Gesundheitszauberern, die Sie einst waren, und sehen die Gesundheit Ihrer Patienten als Ihr eigenes Schicksal an. Es ist an der Zeit, die Wiederherstellung der Gesundheit zu feiern, statt die Krankheit zu fürchten.

Das Salutogenese-Modell, ein Begriff, der klingt, als ob er direkt aus einem wissenschaftlichen Labor stammen würde, ist tatsächlich eine der faszinierendsten Theorien im Bereich der Gesundheitswissenschaften. Lassen Sie uns die mysteriöse Welt der Salutogenese mit einem Augenzwinkern und einem wissenschaftlichen Vergrößerungsglas erkunden.

Der Begriff "Salutogenese" stammt aus dem Lateinischen und bedeutet "Gesundheit erzeugen". In der wissenschaftlichen Arena wird dieses Konzept von Antonovsky geprägt. Seine Theorie besagt, dass Gesundheit nicht einfach die Abwesenheit von Krankheit ist. Stattdessen ist sie ein komplexes Gleichgewicht, das durch eine Fülle von Faktoren beeinflusst wird.

Stellen Sie sich vor, Sie haben eine Schüssel, in der Sie Lebensereignisse und Bewältigungsstrategien miteinander vermischen. Je besser Ihre Bewältigungsstrategien sind, desto gesünder sind Sie. Wenn Sie das Gefühl haben, dass Ihr Leben von einem chaotischen Hurrikan heimgesucht wird und Ihre Bewältigungsstrategien eher aus Papier als aus Stahl bestehen, kann die Gesundheit leiden.

Aber die Salutogenese ist nicht nur eine einfache Theorie. Sie ist ein Blick in die Welt der Resilienz, der inneren Stärke und der psychischen Widerstandsfähigkeit. Sie erklärt, warum einige Menschen selbst in den stürmischsten Zeiten ihres Lebens einen klaren Kopf bewahren, während andere in der kleinsten Brise umfallen.

Was Antonovsky wirklich erforschte, war die Frage, wie Menschen die Herausforderungen des Lebens meistern und ihre Gesundheit aufrechterhalten. Seine Antwort lautete, dass es auf die Widerstandsfähigkeit und die Fähigkeit zur Kohärenz ankommt.

In einem wissenschaftlichen Sinne ist Kohärenz ein Zustand des Verstehens und der Sinnhaftigkeit inmitten des Chaos. Wenn Sie das Gefühl haben, die Welt zu verstehen und Ihre Lebensereignisse in einen sinnvollen Zusammenhang bringen zu können, sind Sie auf dem besten Weg zur Gesundheit.

Die Salutogenese lehrt uns also, dass Gesundheit nicht nur von Pillen und medizinischen Maßnahmen abhängt. Sie ist ein Produkt unserer eigenen inneren Stärke und unserer Fähigkeit, unser Leben zu verstehen. Wenn Sie das nächste Mal ein medizinisches Fachbuch öffnen, denken Sie daran, dass hinter all den komplizierten Begriffen und Theorien eine einfache Botschaft steckt: Gesundheit beginnt im Kopf. Und das ist eine wissenschaftliche Tatsache, die jeden Tag aufs Neue bewiesen wird.

War ich gut? Der Homo Puppy

Willkommen zu einer epischen Reise durch das Dickicht der Selbstwahrnehmung und der nie endenden, oft verzweifelten Frage: War ich gut? Ein Spektakel, das so alt ist wie der Versuch, nach Aktenlage zu bewerten.

Akt 1: Selbstwahrnehmung - Ein bisschen Drama, bitte!

Die Vorstellung beginnt mit Selbstwahrnehmung, einem wackeligen Balanceakt auf dem Seil der Eigenbewertung. Das Selbstkonzept jongliert mit den Bällen der eigenen Vorstellungen, während das Selbstwertgefühl versucht, auf dem schmalen Grat zwischen "Ich bin fantastisch" und "Sehe ich wirklich so aus?" zu wandern.

Akt 2: Die Bühne der Unsicherheit - War ich gut oder nur okay?

Objektiver Erfolg betritt die Bühne mit einem riesigen Fragezeichen über dem Kopf. Die Dompteure der Leistungsfakten präsentieren Gehalt, Titel und Noten wie dressierte Pudel. Doch während die Applaus-Schilder der Realität klatschen, sitzt die subjektive Erfolgswahrnehmung in der ersten Reihe und fragt sich: "War ich wirklich so gut oder sind die alle nur zu höflich?"

Akt 3: Selbstwirksamkeit - Der Superhelden-Reality-Check

Die Frage bleibt: Bin ich der Held oder die komische Nebenfigur in meinem eigenen Drehbuch?

Finale: Der Applaus und das ständige Echo - War ich wirklich so gut?

Der Vorhang senkt sich, der Applaus verhallt, und die Frage „War ich gut?" bleibt als Nachhall im Theater der Selbstzweifel. Das Publikum, sprich das eigene Ich, bleibt zurück und versucht verzweifelt, eine Antwort zu finden. In dieser endlosen Egotrip-Odyssee werden wir alle zu Kapitänen unseres eigenen inneren Dramas, immer auf der Suche nach der Bestätigung: Ja, du warst gut. Oder zumindest okay. Oder... wen kümmert das schon?

Der freundliche Menschenwelpe – Homo Puppy

Unsere Hirnwindungen spielen eine bemerkenswerte Symphonie, wenn es um persönliches Feedback geht. Rutger Bregman, der den Menschen als "Homo Puppy" bezeichnet, hat uns gezeigt, dass unser Gehirn nicht nur ein komplexes Organ ist, sondern auch einen Hang zum Verspielten und Verschmusten hat. Doch im Kontext von persönlichem Feedback wird deutlich, dass dieses "puppyhafte" Element nicht nur flauschige Welpenohren und verspieltes Verhalten bedeutet, sondern eine tiefgreifende Sehnsucht nach sozialer Anerkennung und Kooperation einschließt.

Der Neurobiologe erklärt, dass unser Gehirn besonders intensiv auf persönliche Wertschätzung reagiert. Wenn uns jemand aufrichtig lobt oder schätzt, wird das Belohnungssystem, insbesondere der Nucleus accumbens, in Aktion gesetzt. Diese Reaktion ähnelt einem Rausch, vergleichbar mit dem, den wir erleben, wenn wir persönliche Ziele erreichen oder etwas besonders Genießbares konsumieren. Interessanterweise betonen Neurobiologen, dass diese Reaktion auf ehrliche Wertschätzung stärker ist als bei anderen Belohnungen, wie etwa einer Bonuszahlung oder dem Genuss von Schokolade.

Der Homo Puppy-Ansatz offenbart noch ein weiteres Detail, dass dieses Streben nach Anerkennung nicht nur eine neurobiologische Eigenheit ist, sondern auch eine tief verwurzelte Sehnsucht nach sozialer Integration und Kooperation. Unsere Hirnregionen, die für die Belohnung verantwortlich sind, wurden im Laufe der Evolution nicht nur für individuelle Ziele, sondern auch für soziale Interaktionen entwickelt. Also nicht survival of the fittest, sondern survival of the Nettest.

Auf der Langstrecke spielt persönliches Feedback von anderen eine entscheidende Rolle. Es ist nicht nur eine Droge, die kurzfristig Glücksgefühle auslöst, sondern auch ein Orientierungskompass und ein Wegbereiter für Resilienz. Die Erfahrung, in vergleichbaren Situationen positive Rückmeldungen erhalten zu haben, kann uns Selbstvertrauen schenken und uns besser auf neue Herausforderungen vorbereiten. Selbst Kritik, so erklärt Korte, kann bei Jugendlichen und Erwachsenen als wertschätzend und motivierend wahrgenommen werden. Auf der anderen Seite führt ein Mangel an oder zu wenig Feedback zu Unsicherheit und Verwirrung. Selbst die süßesten Erdbeeren können diesen Mangel an sozialer Rückmeldung kaum kompensieren. In diesem Rahmen zeigt sich, dass der Homo Puppy nicht nur nach Lob und Streicheleinheiten sucht, sondern auch nach einem festen Platz im sozialen Gefüge.

Der Homo Puppy und die Einsteins: Das epische Duell um das Erbe des Wissens

In einer Welt, in der das Wissen tanzt und die Gedanken wie Funken sprühen, tritt der Homo Puppy auf – eine freundliche Seele, die großzügig ihre Weisheit mit der Welt teilt, als wäre sie eine kostbare Fracht. Der Homo Puppy ist der Überzeugung, dass kollektives Lernen und das großzügige Teilen von Wissen die wahren Eckpfeiler einer florierenden Gesellschaft sind.

Doch in den Schatten dieses sozialen Spektakels erscheinen die Einsteins, nicht einfach Erfinder, sondern Titanen des Denkens und lebende Legenden. Ihre Gedanken sind wie Blitze, ihre Ideen wie Explosionen –

doch ihre soziale Inkompetenz verhindert, dass diese brillanten Funken das kollektive Bewusstsein erleuchten.

Kommunikationshürden begrenzen die Einsteins. Ihre Ideen, so strahlend wie Sterne, erreichen die Zuschauer nicht in ihrer vollen Glorie. Ihre fehlende soziale Sensibilität ist eine Barriere, die verhindert, dass ihre genialen Gedanken den Ton der Gemeinschaft treffen. In der Welt der Einsteins könnte das Teilen von Wissen zu einer einsamen Expedition werden, ihre Genialität wie Fossilien, die nur von wenigen gefunden werden.

Der Homo Puppy strebt nach Zusammenarbeit, der Einstein nach Einzigartigkeit. Der Puppy sucht nach einem kollektiven Wissensrausch, während der Einstein sich lieber in der Exklusivität seiner eigenen Gedanken sonnt. Das Drama entfaltet sich weiter, ein episches Duell zwischen Großzügigkeit und Genialität, zwischen dem, der teilt, und dem, der brilliert.

Im Laufe der Geschichte der Menschheit zeigt sich das unausweichliche Schicksal. Der Homo Puppy hat gesiegt. Sein Streben nach Zusammenarbeit, seine Offenheit und Großzügigkeit haben die Einsteins überholt. Die Welt hat entschieden, dass das kollektive Wissen die wahre Quelle des Fortschritts ist.

Die Einsteins, einst lebende Sterne des Denkens, sind nur noch Fossilien, Erinnerungen an eine Zeit, in der die Gedanken wie Sterne am Himmel schimmerten, aber vielleicht nie die Augen anderer erreichten. Das soziale Schauspiel hat sein Finale gefunden, und die Geschichte der Menschheit schreitet voran – eine Geschichte, in der der Homo Puppy als der wahre Held hervortritt.

"Schau mich an ich bin lieb"-Signal

Das Phänomen des "Kindchenschemas" ist eine faszinierende Facette der menschlichen Wahrnehmung, die sich beim Homo Puppy besonders deutlich manifestiert. Bei Menschen sind die Augen ein Schlüsselmerkmal – die sogenannte weiße Sklera, die als weiße äußere Hülle des Augapfels die Pupille umhüllt. Dieses Merkmal ist bei vielen anderen Lebewesen, insbesondere Tieren, weniger ausgeprägt oder kaum vorhanden.

Die Evolution hat uns Menschen mit einem auffälligen Kindchenschema ausgestattet, das uns zu kleinen, süßen Gesichtern und großen, ausdrucksstarken Augen hinzieht. Das Hervorstechen der weißen Augenanteile verstärkt den Kontrast und betont den Blick, was als freundlich und vertrauenserweckend empfunden wird. Es ist quasi wie ein eingebautes "Schau mich an ich bin lieb"-Signal.

Hunde, Meerschweinchen, Kätzchen – viele Tiere, die wir als besonders niedlich und freundlich betrachten, weisen ebenfalls größere weiße Augenanteile auf. Das löst bei uns eine emotionale Reaktion aus und lässt unser inneres "Oh, wie süß!"-Alarmsystem losgehen. Diese visuelle Verbindung zwischen dem Homo Puppy und dem Kindchenschema ist ein subtiler, aber wirkungsvoller Mechanismus, der zu unserer starken Bindung zu diesen freundlichen Wesen beiträgt.

In einer Welt, in der einige Nasen ständig in fremde Angelegenheiten gesteckt werden, erhebt sich der Homo Puppy als Inkarnation der Freundlichkeit. Möglicherweise denken Sie manchmal, dass Sie zu nett sind, dass Ihre Wärme vergeblich verpufft. In Ihrem Verhalten liegt die wahre Essenz des Menschseins.

Es mag sich anfühlen, als würden Sie mit einer Linkshänderschere gegen egoistische Drachen kämpfen. Sie könnten das Gefühl haben, auf einem Schlachtfeld zu stehen, umringt von einer Armee der Selbstsüchtigen. Aber Freundlichkeit ist keine Schwäche. Sie ist Ihr stärkstes Werkzeug.

Der Homo Puppy ist der Held vergangener Tage, der den Funken des Humanismus durch die Jahrhunderte getragen hat. Der Kluge von heute, der erkennt, dass diese Welt mehr Licht als Dunkelheit braucht. Und der Visionär der Zukunft, der eine Welt baut, in der ein Lächeln mehr zählt als egoistisches Grinsen.

Lassen Sie Ihre Freundlichkeit strahlen wie ein helles Feuer, das die Kälte der Egozentriker vertreibt. Wenn man Ihnen sagt, Sie seien zu nett, schenken Sie diesen Stimmen kein Gehör. Die Welt schreit nach mehr Homo Puppies, nicht nach weniger.

Also nicht die Frage waren Sie gut, sondern die Antwort Sie sind gut.

Nicht hudeln – Entscheidungen brauchen Zeit

Im Zusammenhang mit nicht Hudeln, ist es wichtig, die Auswirkungen von Stress auf die Entscheidungsfindung zu verstehen. Stress beeinflusst nicht nur unsere Emotionen, sondern hat auch direkte Auswirkungen auf hormonelle Prozesse im Körper.

Stress macht blöd: Mensch wird zu Hormon

Stellen Sie sich vor, Sie sind umgeben von wilden Aufgaben und listigen Terminen. Die Situation spitzt sich zu. Streit, Stress, Termindruck, Unwohlsein, Ablehnung, der Hormo sapiens übernimmt. Das Reptiliengehirn in Höchstform. Ihr innerer Höhlenmeister, der Hormo sapiens, steht auf der Bühne spielt das Stück „Stress macht blöd". Die Hauptrolle? Das arme Gehirn.

Solche Situationen beginnen meist mit einem vermeintlich harmlosen Stressor, sagen wir, einem überraschenden Arbeitsauftrag. In Windeseile schüttet der Hormo sapiens Unmengen an Cortisol aus, um das Überlebensprogramm zu aktivieren. Das Problem? Cortisol kann ziemlich betörend sein, aber in großen Dosen vernebelt es den Verstand.

Die Gehirnzellen, die eigentlich eine raffinierte Ordnung an den Tag legen sollten, geraten nun in eine nervöse Zitterpartie. Besonders der Hippocampus, das Gedächtnis-Maestro des Gehirns, wird von Cortisol regelrecht besiegt. Wir vergessen, wo wir die Schlüssel abgelegt haben, was noch zu erledigen ist und noch eine Menge mehr, während wir uns gleichzeitig vor dem vermeintlichen Säbelzahntiger (dem stressigen Projekt) fürchten oder all dem, was da noch kommen mag.

Aber das ist noch nicht alles. Beim Hormo sapiens schüttet das Gehirn weniger Neurotransmitter wie Dopamin und Serotonin aus. Die Stimmung im Höhlenzelt wird düster, und die Lust auf Abenteuer (oder in modernen Zeiten, auf die nächste Konfrontation) schwindet.

Doch die Krönung vom Auftritt des Hormo sapiens ist die Faszination für schnelle, aber oft unüberlegte Lösungen. Wie wir ja bereits gelernt haben, neigen unter Stress eher dazu impulsive Entscheidungen zu treffen und uns nicht erst in eine tiefe Denkhöhle zurückzuziehen.

Nach einer Entscheidung bleibt oft nur ein verwirrtes Gefühl. Manche Menschen können aber eben dieses Szenario zu ihrem Vorteil nutzen: die Marionettenspieler.

Die Meister der Fäden: Manipulatoren und Marionettenspieler

Die Manipulation spielt sich oft im Unsichtbaren ab, orchestriert von geschickten Meistern der Täuschung. Ein paar gerne aufgenommene Fäden:

- **Druck**
  Stress durch Druck. Diese Meister der Verwirrung setzen ihre Opfer unter Druck, ähnlich einem unaufhaltsamen Drängen. In dieser stressigen Atmosphäre werden klare Gedanken durch Chaos ersetzt, und die Opfer sehnen sich nach schnellen Auswegen.

- „Wenn Sie jetzt nicht handeln, dann…**Zukunftsangst**
  Manipulatoren malen düstere Bilder von morgen, als würden sie düstere Szenarien beschwören. Die Angst vor dem Unbekannten wird zum treibenden Motiv, und Opfer sind bereit, alles zu tun, um diese düstere Zukunft zu vermeiden.

- **Zeitdruck**

Versierte Manipulatoren verkürzen die Zeit, jetzt oder nie. Wie Dirigenten in einem rasanten Stück zwingen sie ihre Opfer, Entscheidungen in einem atemberaubenden Tempo zu treffen. Das Ziel? Den klaren Verstand durch Hektik auszuschalten.

- **Vertrauensverrat**
  Manipulatoren spielen mit dem Vertrauen ihrer Opfer. Sie simulieren Nähe, nur um dann das Vertrauen abrupt zu brechen. Das resultierende Misstrauen wird geschickt ausgenutzt, um das Gegenüber noch leichter zu lenken.
  „Ich bin auf deiner Seite."

- **Stress und Schuldgefühle**
  Ein Klima von Disharmonie und/oder Schuldgefühlen wird mittels verbalen Maschinengewehrs installiert. Manipulatoren lassen ihre Opfer glauben, dass jede Entscheidung außer ihrer eigenen die Welt aus dem Gleichgewicht werfen würde. Das Schuldgefühl wird zum mächtigen Antrieb, ihren eigenen Willen zu erfüllen.
  „Nur du kannst es ändern, wir zählen auf dich."

- **Pausen zur Verunsicherung**
  Einfach mal nicht reagieren, sie halten ihre Opfer im Ungewissen, schaffen eine unruhige Stille, in der ihre Worte wie ein Echo nachhallen. Damit wird der Manipulator zur einzigen vermeintlichen Quelle von Klarheit.
  Sie agieren oder reagieren und es passiert nichts.

Ist Stress wirklich der Preis für das moderne Höhlenleben? Wie können Sie dem Hormo sapiens die Kontrolle entwinden?

Hudeln: Das ungezügelte Chaos und Omas kluger Ratschlag

Es lauert eine finstere Gestalt, die uns allen bekannt ist: das Hudeln. Es ist nicht bloß eine Handlung, sondern ein impulsiver Ritt durch die Minuten des Tages, ohne Rücksicht auf Verluste.

Dieser Tanz mit der Unordnung gleicht einem furiosen Ritt ohne Sattel. Hudeln bedeutet, ohne Sicherheitsgurt über die Autobahn zu rasen und zu hoffen, am Ende heil anzukommen. Das Herz rast, die Gedanken wirbeln und das eigentliche Ziel verschwimmt am Horizont des Aktivismus.

Mitten im Chaos erinnern uns die weisen Worte der Großmutter daran: "Nicht hudeln, mein Liebes!" Oma wusste es schon immer – überstürztes Handeln birgt Risiken. Mit einem unsichtbaren Finger zeigt sie auf mögliche Stolpersteine.

Eile führt zu Fehlern, die Korrektur (wenn überhaupt möglich) dauert.

Das Zeitparadoxon des Hudelns zeigt, dass die vermeintlich gewonnene Zeit später doppelt und dreifach zurückverlangt wird. Die Eile führt zu Fehlern, die Korrekturen erfordern. Die Minuten, die im Hudelrausch zu sparen schienen, werden zu Stunden des Nachbesserns.

Oma lehrt uns die Wahrheit: Gelassenheit schlägt Hudeln. Eine wohlüberlegte Aktion ist effektiver als ein hektischer Wirbelsturm. Der kluge Rat lautet also, sich Zeit zu nehmen, sich zu sammeln und dann vorwärtszugehen.

Halt! Raus aus der Dringlichkeitsfalle: Ein 10-Punkte-Plan für kluge Entscheidungen

Der Alltag kann sich manchmal wie eine rasende Achterbahn anfühlen, und der Hormo sapiens in uns rüstet sich bereits für den Kampf gegen den vermeintlichen Säbelzahntiger. Doch bevor Sie sich von Ihren Emotionen ins Chaos stürzen lassen, hier ist ein 10-Punkte-Plan, um die Kontrolle zu behalten und kluge Entscheidungen zu treffen:

1. Tief durchatmen: Eine simple, aber mächtige Technik. Sauerstoff beruhigt den Hormo sapiens und lässt Ihr Gehirn klarer denken.

2. Abstand nehmen: Verlassen Sie im übertragenen Sinne die Dringlichkeitszone. Ein Schritt zurück ermöglicht eine objektivere Sichtweise. Gehen Sie, wenn möglich, direkt aus der Situation.

3. Perspektivenwechsel: Betrachten Sie die Situation aus verschiedenen Blickwinkeln. Manchmal sieht der Säbelzahntiger weniger bedrohlich aus, wenn man ihn von der Seite betrachtet.

4. Zeit nehmen: Nicht jede Entscheidung muss sofort getroffen werden. Schaffen Sie Raum, um die Informationen zu verarbeiten und sich zu beruhigen.

5. Alternativen prüfen: Gibt es andere Möglichkeiten? Manchmal gibt es mehr als den offensichtlichen bzw. vermeintlichen Ausweg.

6. Worst-Case-Szenario überdenken: Die Zukunftsangst malt gerne düstere Bilder. Überprüfen Sie, ob Ihr "schlimmster Fall" wirklich so katastrophal ist.

7. Prioritäten setzen: Identifizieren Sie, was wirklich wichtig ist. Manchmal sind es nicht die großen Dramen, sondern die kleinen Details, die den Unterschied machen.

8. Rat einholen: Zwei Köpfe sind oft besser als einer. Sprechen Sie mit Freunden, Kollegen oder einer Vertrauensperson.

9. Emotionale Intelligenz entwickeln: Erkennen Sie Ihre eigenen Emotionen und lernen Sie, sie zu steuern. Der Hormo sapiens wird zahmer, wenn Sie ihn besser verstehen.

10. Langfristige Perspektive einnehmen: Denken Sie daran, dass kurzfristige Probleme oft in der langfristigen Perspektive verblassen. Schauen Sie über den Augenblick hinaus.

Und noch ein paar Helferlein:

Die Angst vor der Zukunft, dass es schlimmer werden könnte, ist eine Meisterin des Dramas im Kopf. Psychologisch betrachtet neigen wir dazu, uns auf potenzielle Gefahren zu fokussieren, was zu übermäßiger Sorge führen kann. Das Gehirn, das einst vor Säbelzahntigern floh, projiziert nun mögliche negative Szenarien in die Zukunft.

Die Lösung liegt darin, die Zukunftsangst zu entzaubern. Analysieren Sie rational, welche konkreten Schritte Sie unternehmen können, um die Zukunft zu gestalten. Oft wird deutlich, dass die Befürchtungen des Hormo sapiens mehr Fiktion als Realität sind. Durch diese bewusste Herangehensweise behalten Sie nicht nur die Kontrolle über die Gegenwart, sondern gestalten auch eine Zukunft, die weniger von Ängsten, sondern von klugen Entscheidungen geprägt ist.

Schnellpflaster:

Reden Sie mit dem Problem. Sprechen Sie es unbedingt mit Sie an. Erklären Sie Ihre Bedenken und lassen sich auf die Argumente des Problems ein. Seien Sie freundlich, aber bestimmt.

Informationen sammeln. Nichts geht über Listen und Ordnung, um unser Gehirn wieder zu finden. Schreiben Sie, forschen Sie, unterteilen Sie, was sind Fakten und was ist Fiktion.

Langpflaster – Der dritte Mann/der Advocatus Diaboli

Das Entscheidungsprinzip des "Dritten Mannes" ist eine kluge Strategie, um bei wichtigen Entscheidungen eine ausgewogene Perspektive sicherzustellen. Es basiert auf dem einfachen, aber wirkungsvollen Konzept: Wenn zwei Personen zu einer Einigung kommen, wird eine dritte Partei hinzugezogen, die bewusst die gegenteilige Position einnimmt.

Diese Methode zielt darauf ab, Gruppendenken und übermäßige Einseitigkeit zu vermeiden. Wenn zwei Menschen in einer Diskussion zu einer gemeinsamen Sichtweise gelangen, kann dies dazu führen, dass wichtige Aspekte übersehen oder vernachlässigt werden. Der "Dritte Mann" fungiert als kritischer Denker, der die andere Seite der Medaille beleuchtet.

Der Prozess des Hinzuziehens eines "Dritten Mannes" ist nicht nur eine Absicherung gegen übermäßige Einigkeit, sondern fördert auch eine tiefere Analyse und Diskussion. Die dritte Person übernimmt die Rolle des Advocatus Diaboli, des Teufelsanwalts, der dazu beiträgt, mögliche Schwächen in der Argumentation zu identifizieren und alternative Perspektiven aufzuzeigen.

Dieses Entscheidungsprinzip hat in verschiedenen Kontexten, von Geschäftstreffen bis hin zu persönlichen Entscheidungen, Anwendung gefunden. Es stellt sicher, dass Entscheidungen nicht durch Gruppendruck oder unzureichende Überlegungen beeinflusst werden. Stattdessen wird eine wohlüberlegte und ausgewogene Sichtweise angestrebt.

Der „Dritte Mann" dient als Wächter der kognitiven Vielfalt, und seine Anwesenheit fördert eine umfassendere Betrachtung der Situation. Letztendlich trägt dieses Prinzip dazu bei, dass Entscheidungen auf einer soliden Grundlage getroffen werden, indem unterschiedliche Meinungen und Perspektiven sorgfältig abgewogen werden.

Das Prinzip funktioniert natürlich auch ohne reale Personen, als innerer Monolog.

Lonesome Rider is yesterday – Entscheidungen mit Kontext und Verbund

In den staubigen Ebenen der Entscheidungslandschaft galoppiert manch einsamer Reiter, von der Stille des Zweifels begleitet. Doch Halt! Bevor Sie den wilden Westen der Wahlmöglichkeiten alleine durchqueren, halten Sie inne und hören Sie das Echo der vergangenen Tage: Lonesome Rider is Yesterday.

Mitten im Hin und Her der Entscheidungen mag die Versuchung groß sein, im Alleingang zu traben. Möglich, könnte aber eher die Ausnahme als die Regel sein. Gemeinschaft ist das zeitlose Banner, das über den Gipfeln der Einsamkeit weht.

Vielleicht fühlen Sie sich wie der letzte Revolverheld, von Sternenlicht durchzogen oder als ob Ihre sozialen Welten einer Wüste gleichen. Es gibt Hoffnung. Zusammenkommen ist der erste Schritt, zusammenbleiben ein Fortschritt und gemeinsames Handeln führt zum Erfolg.

Der Lonesome Rider mag gestern gewesen sein, aber Sie, Sie sind ein zeitloser Entscheider. Kennen Sie den Mythos des einsamen Wolfes? In der Welt der Mythen und Legenden wird der einsame Wolf oft als Symbol der Unabhängigkeit und Stärke gepriesen, als der Einzelgänger, der seinen eigenen Weg geht. Der einsame Wolf wird im Rudel vermisst, nicht gefeiert. Die Realität sieht ganz anders aus.

Wölfe sind von Natur aus Rudeltiere, und das aus gutem Grund. Gemeinsam jagen, aufziehen von Nachwuchs, Verteidigung gegen Gefahren – im Rudel liegt die wahre Stärke.

Der Mythos des einsamen Wolfes hat vielleicht seinen Ursprung in der menschlichen Sehnsucht nach Individualität und Freiheit. Doch wenn wir in die Welt der Wölfe blicken, sehen wir ein Netzwerk aus Bindungen, das auf Zusammenarbeit und Solidarität beruht.

Wölfische Gemeinschaften sind nicht nur effiziente Jäger, sondern auch soziale Gebilde mit klaren Strukturen. Es gibt den Alphawolf, der das Rudel anführt, und die anderen Mitglieder, die unterschiedliche Rollen übernehmen. Ein lebendiges Gefüge, in dem jedes Mitglied seinen Platz und seine Bedeutung hat.

Die wahre Kraft der Wölfe liegt in ihrer Einheit. In ihrem mit Gemeinschaft getränkten Geheul erklingt die Melodie der Zusammengehörigkeit, die dem Mythos des einsamen Wolfes stumm widerspricht.

Ein Rudel bietet bunte Perspektiven, emotionale Stärke und Sicherheit, geteiltes Leid ist halbes Leid und letztlich fühlen wir uns zusammen weniger allein.

Lassen Sie den Lonesome Rider im Yesterday zurück und starten Sie mit Gleichgesinnten zu einem fesselnden Abenteuer im Licht des Sonnenaufgangs.

Auch wenn gerade vielleicht keine Verbündeten in Ihrem unmittelbaren Umfeld auffindbar sind, können auch Professionelle diese Rolle übernehmen. Alles, nur möglichst nicht alleine.

Entscheidungsfindung ist ein komplexes Gewebe aus kognitiven Prozessen und emotionalen Einflüssen. Wenn wir alleine vor einer Entscheidung stehen, wird das Gehirn oft von einer Vielzahl von Faktoren beeinflusst:

- **Kognitive Belastung**: Das Gehirn ist in seiner Fähigkeit, komplexe Informationen zu verarbeiten, begrenzt. In stressigen Situationen, in denen eine Entscheidung gefällt werden muss, kann die kognitive Belastung dazu führen, dass wir uns von bestimmten Aspekten der Situation abwenden oder uns auf bekannte Muster verlassen.

- **Emotionale Beeinflussung**: Emotionen spielen eine entscheidende Rolle bei Entscheidungen. Positive oder negative Gefühle können unser Urteilsvermögen beeinträchtigen. Einsamkeit oder Unsicherheit können negative Emotionen verstärken und zu impulsiven Entscheidungen führen.

- **Bestätigungsfehler**: Menschen neigen dazu, Informationen zu bevorzugen, die ihre bestehenden Überzeugungen bestätigen. Dieser Bestätigungsfehler kann zu einer eingeschränkten Wahrnehmung führen und die Fähigkeit beeinträchtigen, objektive Entscheidungen zu treffen.

- **Risikoscheu**: Die Angst vor Fehlern und negativen Konsequenzen kann dazu führen, dass wir Entscheidungen aufschieben oder konservative Optionen wählen, um Risiken zu minimieren.

Gemeinsame Entscheidungen helfen!

- **Verschiedene Perspektiven**: Durch den Dialog mit anderen erhalten wir unterschiedliche Perspektiven, die unsere Wahrnehmung erweitern und blinde Flecken in unserer eigenen Analyse aufdecken können.

- **Emotionale Unterstützung**: Gemeinsame Entscheidungen können emotionale Unterstützung bieten. Der Austausch von Gedanken und Gefühlen mit anderen kann die emotionale Belastung verringern und zu klareren Überlegungen führen.

- **Schwarmintelligenz**: Gruppenentscheidungen können zu einer Art kollektiver Intelligenz führen, bei der die Vielfalt der Ideen und Erfahrungen der Mitglieder zu besseren Lösungen beitragt.

- **Verantwortungsteilung**: Die Beteiligung anderer kann das Gefühl der Verantwortung teilen und den Druck, allein für die Konsequenzen der Entscheidung verantwortlich zu sein, reduzieren.

VERSTÄRKUNG FINDEN - NETZWERKE NUTZEN

Einsamkeit und Alleinsein sind zwei Paar verschiedene Schuhe. Während Alleinsein durchaus heilsam und zuweilen erwünscht und notwendig sein kann, ist Einsamkeit eher schädlich und kann allostatische Lasten mit sich bringen. Allostatisch meint körperlichen und psychischen Verfall. Was auch immer das genau bedeutet ist individuell. Solche Lasten sind nicht erstrebenswert.

Jetzt kommt der Teufelskreis. Sie fühlen sich schlecht, gefühlt haben Sie keine Freunde mehr und niemand hat Sie lieb, außerdem haben Sie nichts zu sagen. Genau jetzt gilt es Verstärkung zu finden.

Um der Versuchung, sich mittels Streamingdiensten durchzudopaminen, entgegenzuwirken, hier ein kurzes Beispiel zum besseren Verständnis.

Sie liegen in einer Wüste und sind fast völlig verdurstet. Es regnet nicht, sieht auch nicht danach aus und es kommt auch keine Karawane vorbei. Somit bleibt Ihnen nur eine einzige Chance: Aufstehen und nach Wasser suchen. Zugegeben ein Risiko, aber wenn Sie Wasser finden, durchaus lohnend. Ähnlich ist es mit der Suche nach Verbündeten, ein Risiko, aber eigentlich der einzige Weg.

Es erfordert Mut, aktiv gegen Einsamkeit vorzugehen. Einerseits, weil Ablehnung in dieser Situation besonders schmerzhaft sein kann, und andererseits, weil man nie sicher sein kann, ob man die neuen Menschen mögen wird. Niemand will geradezu nach Bedürftigkeit stinken, weil dies ja in der Regel Menschen deutlich abschreckt. Was also tun?

Um die Einsamkeit also zu überwinden, setzen Sie auf Ihre Wunderwaffe: soziales Geben. Orientieren Sie sich an Ihren eigenen Interessen, erweitern Sie Ihren Horizont (also erkunden Sie auch mal das Unbekannte) und stellen Sie letztendlich realistische Erwartungen an sich selbst und andere. Denken Sie dabei an den Satz: „Wer Freunde gewinnen will, muss freundlich sein." Genauso ist es: Wer Verbündete sucht, sollte freundlich sein. Natürlich alles in stimmigen Grenzen, ohne sich zu verstellen und zu verbiegen.

Bei Begegnungen sind es oft die flüchtigen Bekanntschaften, die einen überraschenden Wert bergen. Scheinbar oberflächliche Verbindungen fungieren als unsichtbare Kitt, die unsere Emotionen verbinden.

Stellen Sie sich vor: Ein kurzer Plausch mit dem Nachbarn, ein freundlicher Gruß von der Kassiererin im Supermarkt oder ein kurzes Gespräch mit dem Arbeitskollegen in der Kaffeeküche. Diese scheinbar belanglosen Momente sind mehr als nur flüchtige Interaktionen. Sie sind die Bausteine eines komplexen sozialen Netzwerks.

Selbst wenn die Verbindungen oberflächlich erscheinen, bieten sie ein Gefühl **der sozialen Verbindung**. In einer Welt, die durch digitale Vernetzung geprägt ist, sind diese scheinbar belanglosen Augenblicke die Knotenpunkte eines unsichtbaren sozialen Gewebes.

Aber der Wert reicht über die rein soziale Verbindung hinaus. Kurze Begegnungen können überraschend effektiv sein, um den **Stress abzubauen**. Ein freundliches Lächeln oder ein kleiner Small Talk können eine angenehme Ablenkung bieten und das emotionale Gleichgewicht stärken.

Diese flüchtigen Momente fördern auch **Empathie**. Selbst in kurzen Interaktionen gibt es Raum für einen Perspektivenwechsel, der das Verständnis für die Gefühle anderer vertieft und die emotionale Intelligenz schärft.

Die oberflächlichen Bekanntschaften dienen nicht nur dem individuellen Wohlbefinden, sondern auch der **gesellschaftlichen Vielfalt**. Jede flüchtige Begegnung erweitert den Horizont, bringt verschiedene Perspektiven hervor und fördert ein tieferes Verständnis für die Vielfalt in unserer Gemeinschaft.

Beginnen Sie mit oberflächlichen Begegnungen als einen sanften Einstieg in tiefere soziale Interaktionen. Sie sind die Grundbausteine, auf denen sich Selbstvertrauen und soziale Kompetenzen aufbauen können.

Auch wenn sie scheinbar belanglos sind, können diese locker verknüpften Beziehungen zu einem informellen Unterstützungssystem werden. In bestimmten Momenten können diese losen Verbindungen überraschend unterstützend sein.

Nutzen Sie die einzelnen Regentropfen, um nicht zu verdursten. Wie Wasser in der Wüste ist jeder Tropfen wertvoll.

Schnellpflaster

- **Offenheit**: Schenken Sie Ihrem Gegenüber Aufmerksamkeit und hören Sie aktiv zu. Der erste Schritt zu einer Verbindung ist die Bereitschaft, sich auf andere einzulassen.

- **Ausgehen**: Besuchen Sie lokale Veranstaltungen und Gruppenaktivitäten. Ob es ein Buchclub, ein Sportevent oder ein Kunstworkshop ist, solche Orte bieten Gelegenheiten, Gleichgesinnte zu treffen.

- **Engagement**: Gemeinsame Werte und Interessen können oft eine Grundlage für tiefe Verbindungen schaffen. Während des Einsatzes für eine gute Sache finden Sie oft Menschen mit ähnlichen Überzeugungen.

- **Verreisen**: Unternehmen Sie eine kurze Reise oder einen Tagesausflug. Neue Umgebungen fördern nicht nur persönliches

Wachstum, sondern bieten auch Chancen, neue Menschen kennenzulernen. Aber vielleicht nicht nur in die einsame Natur oder die Wüste des Wilden Westens.

- **Sport**: Treten Sie einem Sportverein oder einer Fitnessgruppe bei. Sportliche Aktivitäten schaffen nicht nur gesunde Gewohnheiten, sondern bieten auch eine soziale Plattform, um Mitstreiter zu finden.

- **Nachbarn**: Kennen Sie eigentlich Ihre Nachbarn? Ein einfaches "Hallo" oder das Organisieren von gemeinsamen Aktivitäten können einen Beitrag dazu leisten, ein unterstützendes Netzwerk aufzubauen.
- **Hobbys**: Finden Sie Gleichgesinnte durch Ihre Hobbys. Ob es sich um Musik, Kunst, oder Handwerkskunst handelt, gemeinsame Interessen können die Grundlage für tiefere Verbindungen sein.

- **Professionell**: Suchen Sie nach Professionellen. Coach, Berater, Therapeuten, Gesprächskreise, Selbsthilfegruppen, Nachbarschaftstreffs – alles geht, nichts muss.

Challenge: Prüfen Sie Ihren Kalender über 4 Wochen. Wie oft und mit wem haben Sie ein Sozialleben? Redflag durchschnittlich weniger als zwei Kontakte pro Woche. Ehepartner und Familie bitte genau prüfen, zusammen einsam und funktionieren zählt nicht.

Hot oder Schrott? Damit sind vor allem die inneren Werte gemeint!

Challenge 1: Finden Sie jeden Monat 5 Menschen, die Sie Schrott finden.

Challenge 2: Finden Sie jeden Monat 1 Menschen, den Sie Hot finden.

Freiheit und Unabhängigkeit

Bindung und Freiheit, geht das?

Wissenschaftlich spielen Freiheit und Abhängigkeit in sozialen Verbindungen eine komplexe Rolle.

Psychologie

- **Bindungstheorie:** Die Bindungstheorie von John Bowlby betont die Bedeutung von sicheren Bindungen in der Kindheit für die emotionale Entwicklung. Sie legt nahe, dass Menschen, die sich sicher an andere binden können, eher in der Lage sind, autonom und frei zu handeln.

- **Selbstbestimmungstheorie:** Die Grundbedürfnisse nach Autonomie, Kompetenz und sozialer Eingebundenheit wurden schon von Maslow beschrieben. Die Theorie besagt, dass Menschen dann ihre vollen Potenziale entfalten können, wenn sie sich autonom fühlen und gleichzeitig in soziale Beziehungen eingebunden sind.

Soziologie

- **Soziale Interdependenz:** Soziale Beziehungen sind oft von Interdependenz geprägt, was bedeutet, dass Menschen voneinander abhängig sind. Familie, Freunde und Gemeinschaften bieten Unterstützung, Ressourcen und soziale Identität, was zu einer gewissen Abhängigkeit führen kann.

- **Soziale Normen und Erwartungen:** Gesellschaftliche Normen und Erwartungen beeinflussen das Verhalten in sozialen Gruppen. Dies kann zu einem gewissen Grad der Anpassung und möglicher Abhängigkeit von sozialen Erwartungen führen.

Neurowissenschaft

- **Oxytocin und Bindung:** Das Hormon Oxytocin spielt eine Rolle bei der Bildung sozialer Bindungen. Es wird während positiver sozialer Interaktionen freigesetzt und kann das Gefühl von Vertrauen und Verbundenheit stärken.

- **Belohnungssystem:** Das Gehirn reagiert auf positive soziale Interaktionen mit Aktivierung des Belohnungssystems. Dies kann dazu beitragen, dass Menschen sich in sozialen Verbindungen wohlfühlen und dazu neigen, diese zu suchen.

Anthropologie

- **Evolutionäre Vorteile sozialer Bindungen:** Aus evolutionärer Sicht bieten soziale Bindungen Vorteile in Bezug auf Zusammenarbeit, Schutz und Ressourcenaustausch. Dies könnte erklären, warum Menschen von Natur aus soziale Wesen sind.

- **Balance von Unabhängigkeit und Bindung:** Evolutionär gesehen könnte die Fähigkeit, unabhängig zu handeln, und gleichzeitig in der Lage zu sein, soziale Bindungen einzugehen, ein evolutionäres Gleichgewicht darstellen, das den Überlebensvorteil maximiert.

So oder so, Bindungen und Freiheit bedingen und fördern einander. Widersprüchlich, aber korrekt. Es besteht die Gefahr, dass man Verbündete findet und schnell in eine ungesunde Abhängigkeit gerät. Wie könnte das geschehen?

Wege aus der Einsamkeit: Die ersten Schritte auf fragilem Eis

In diesem Streben nach Verbundenheit offenbart sich nicht selten eine gewisse Offenheit für Kontrolle. Partner, Freunde oder Familienmitglieder könnten versuchen, jeden Aspekt des Lebens des anderen zu regieren. Dabei geht nicht nur das Vertrauen verloren, sondern auch die Autonomie und Freiheit.
Sie haben es gewusst, dann bleibe ich doch lieber allein. Unsere Hormone spielen mal wieder einen Streich. Ungesunde Abhängigkeiten wirken sich

auf verschiedene neurobiologische Prozesse im Gehirn aus, die oft zu einem Teufelskreis führen. Der Hormo sapiens kämpft erneut um die Herrschaft:

- **Belohnungssystem**: Im Zentrum steht das Belohnungssystem, insbesondere der Nucleus accumbens. Ungesunde Bindungen können Dopamin freisetzen, ein Neurotransmitter, der mit Vergnügen und Belohnung verbunden ist. Dies verstärkt das Verlangen nach der bindenden Aktivität oder Beziehung.

- **Stressreaktion**: Chronischer Stress, der oft mit ungesunden Abhängigkeiten einhergeht, kann das Gehirn beeinflussen. Der Hypothalamus aktiviert die Stressachse, die zu einer erhöhten Freisetzung von Cortisol führt. Dieser erhöhte Cortisolspiegel kann Denken und Handeln beeinflussen.

- **Suchtzentrum**: Das Gehirn reagiert auf bestimmte Verhaltensweisen oder Substanzen, die süchtig machen, indem es das Belohnungszentrum aktiviert. Dopamin for President.

- **Oxytocin und Bindung**: Das Hormon Oxytocin, auch als "Bindungshormon" bekannt, spielt eine Rolle in sozialen Bindungen. Bei ungesunden Abhängigkeiten kann eine übermäßige Freisetzung von Oxytocin auftreten, was zu einer übermäßigen Bindung und möglicherweise zu einer Verzerrung gesunder sozialer Beziehungen führen kann.

- **Präfrontaler Kortex**: Der präfrontale Kortex, der für rationale Entscheidungen und Selbstkontrolle verantwortlich ist, kann in ungesunden Abhängigkeiten beeinträchtigt sein. Dies kann zu impulsivem Verhalten und Schwierigkeiten bei der Bewertung von Risiken und Belohnungen führen.
- **Gedächtnisbildung**: Das Gehirn bildet Erinnerungen an positive Erfahrungen, die mit der ungesunden Abhängigkeit verbunden sind. Diese Erinnerungen können das Verlangen verstärken und den Drang zur Wiederholung des Verhaltens fördern.

- **Serotonin**: Der Neurotransmitter Serotonin spielt eine Rolle bei der Stimmungsregulierung. Ungesunde Abhängigkeiten können die Serotoninproduktion beeinflussen, was zu Stimmungsschwankungen und möglicherweise zu Depressionen führen kann.

- **Amygdala-Aktivierung**: Die Amygdala, kann in ungesunden Abhängigkeiten überaktiver sein. Möglicherweise gibt es überproportionale Reaktionen und erhöhte Reizbarkeit.

Diese neurobiologischen Veränderungen zeigen, dass ungesunde Abhängigkeiten nicht nur auf psychologischer, sondern auch auf physiologischer Ebene tief verwurzelt sind. Wie lässt sich hier also eine Balance finden?

Blicken wir auf die zarten Anfänge unserer Existenz zurück. Erinnern Sie sich an Ihre ersten Schritte als kleines Baby? Die Bindungstheorie, die sich mit der Entwicklung emotionaler Beziehungen befasst, wirft einen Blick auf die Fragen, wie wir diese Verbindungen entwickeln und wie frühe Erfahrungen unsere Bereitschaft zur Bindung beeinflussen.

Mary Ainsworth hat in diesem Kontext das Konzept der Feinfühligkeit von Bindungspersonen gegenüber den Signalen des Kindes entwickelt. Hierbei versetzt sich der Erwachsene in die Lage des Kindes, um eine empathische Verbindung herzustellen. Ainsworths Forschungen ergaben, dass ein einfühlsamer Umgang eine sichere Grundlage für das Kind bildet.

In ihren Laborexperimenten wurden verschiedene Trennungssituationen simuliert, wie das kurzzeitige Verlassen der Bezugsperson oder das Hinzukommen eines Fremden. Dabei wurde das Bindungs- und Explorationsverhalten der Kinder beobachtet. Eine Erkenntnis war, dass Kinder mit sicherem Bindungsmuster eine gesunde Neugier zeigten (Explorationsverhalten), jedoch stets zur Bindung zurückkehrten.

Die Moral der Geschichte liegt in der Kunst des ausgewogenen Lebens zwischen Stand- und Spielbein. Als Baby beherrschten Sie diese Balance bereits – Bindung und Freiheit waren Ihr Standbein, und während Ihrer Erkundungen kehrten Sie immer wieder zu dieser sicheren Basis zurück. In Ihrer heutigen Suche nach Verbindungen und dem Einsatz Ihrer Verbündeten können Sie weiterhin diese kreative Balance zwischen Stand- und Spielbein praktizieren. Erkunden Sie die Welt, und wenn es Ihnen zu wackelig wird, kehren Sie zu Ihrer vertrauten Basis zurück – eine bewährte Strategie für ein erfülltes Leben.

Heute hat sich der Lonesome Rider in einen Moresome Rider verwandelt, der nicht nur die einsamen Pfade durchquert, sondern auch Fußball mit seinen Freunden spielt. Die Weite des Spielfelds spiegelt die Vielfalt der Beziehungen wider, die der Moresome Rider geschickt knüpft.
Statt allein durch die staubigen Straßen zu ziehen, teilt er nun den Rasen des Lebens mit einem Team von Freunden. Der Ball der gemeinsamen Abenteuer rollt über das Feld, begleitet von Gelächter und der Freude am Miteinander.

Outtakes

Outtake 1:

Ihre persönlichen Schutzmaßnahmen sind wie Schilde im Alltag, die Gefahren abwehren. Mit Wachsamkeit und Optimismus genießen Sie das Leben.

Outtake 2:

Die „Negations-Blindheit" besagt, dass unser Gehirn negative Ausdrücke wie "Nein" nicht effektiv verarbeitet. Klare, positive Aussagen sind oft effektiver.

Outtake 3:

Die ersten beiden Meilensteine repräsentieren das Optimum und das Minimum des Glücks. Der dritte Meilenstein, der Turn-Away-Punkt, bildet Ihre Knautschzone, wo Sie festlegen, ab welchem Punkt Sie für Ihr Glück kämpfen und wann Sie nicht nachgeben werden.

Outtake 4:

Der Status quo ist stark, aber wer nach Veränderung strebt, muss mutig neue Wege gehen.

Outtake 5:

In Krisen fühlen sich Menschen oft einsam. Das Teilen von Belastungen hilft, Schwierigkeiten zu überwinden. Sie sind nicht allein.

Outtake 6:

Die wahre Superkraft liegt in unserer mentalen Stärke. Von Durchhaltevermögen bis zur Angstüberwindung – jeder trägt dieses Potenzial in sich.

Outtake 7:

Der Homo Puppy zeigt, wie simple Signale Zuneigung auslösen – ein Schlüssel zum Verständnis im Tanz des Lebens.

Outtake 8:

Stress macht blöd: Cortisol überflutet das Gehirn, fördert impulsive Entscheidungen. Gegenmittel: Nicht hudeln, klug entscheiden.

Outtake 9:

Der einsame Reiter erkennt, Gemeinschaft ist die wahre Stärke. Reisen Sie mit Gleichgesinnten in die unbekannten Morgen des Morgenrots.

LEVEL 4 –PRAKTIKER – BALD GLÜCKLICHER

Die Ausrüstung ist nun vollständig: Pflaster, Mantras und zehn mächtige Überlebens-Tipps. Die Besonderheit einer Ausrüstung besteht darin, dass es von Vorteil wäre, sie sowohl bedienen als auch die erforderliche Energie und die notwendigen Komponenten dafür mitführen zu können. Sollte doch ganz einfach umzusetzen sein, also warum jetzt noch warten?

Mit und ohne Pandemie, Krisen und Wandel sind individuell und müssen ebenso individuell bewältigt werden. Auch wenn das Verlangen nach der Rückkehr zur Normalität von gestern besteht und unsere Systemmanager nur allzu gerne, die oft von Handwerkern genutzte Metapher „Dauert zwei Wochen“ anwenden wollen, sollten Sie daran denken: Jede Krise können Sie ausschließlich selbst beenden. Äußere Zeitspannen sind nicht spielentscheidend.

Aber wie lange etwas Ihr Gehirn infiltriert bestimmen Sie. Können Sie sich noch daran erinnern, dass etwas eine Bedeutung für Sie haben muss und ansonsten völlig ohne Zusammenhang ist, also auch kein Leid verursacht?

Je kunt aan het gras trekken, maar het zal niet sneller groeien. Of zoals Fritz Perls het veel welsprekender verwoordde: "Duw niet tegen de rivier, hij stroomt vanzelf."

Wahrscheinlich weiterhin ohne Bedeutung, auf Deutsch: Du kannst am Graß ziehen, aber davon wächst es auch nicht schneller. Oder wie Fritz Perls es deutlich wortgewandter formulierte "Don´t push the river, it flows by itselfs."

Menschen sind unterschiedlich, was für den einen leicht ist, ist für andere unfassbar oder sogar unglaublich. Probieren Sie es aus, erzählen Sie drei Bekannten, möglichst exakt, die gleiche Story oder schildern eine Herausforderung. Einer wird vielleicht gar nicht erkennen, wo das Problem liegt, ein anderer wird sich ärgern und der nächste mitfühlen. Das Ergebnis wird Sie vermutlich gar nicht so erstaunen, das intelligente Wesen

Mensch, sucht sich zumeist genau das Gegenüber aus, was die momentan erwünschte Reaktion zeigt.

Schnellpflaster: Erzählen Sie Ihre größten Herausforderungen einem Bekannten, der Sie nicht verstehen wird. Wenn Sie es schaffen sich nicht wahnsinnig zu ärgern oder sich unverstanden zu fühlen, eine oft heilsame Begegnung.

Menschen sind unterschiedlich, was für den einen leicht ist, ist für andere unfassbar schwer. Probieren Sie es aus, erzählen Sie drei Bekannten, möglichst exakt, die gleiche Story oder schildern Sie eine besondere Herausforderung. Einer wird vielleicht gar nicht erkennen, wo das Problem liegt, ein anderer wird sich ärgern und der nächste wird mit Ihnen mitfühlen.

Menschen sind unterschiedlich, Gefühle oftmals flüchtig und das entstandene Wesen individuell. Sie sind einzigartig und so gilt es den für Sie passenden Weg zu finden, die Tipps umzusetzen und vor allem durchzuhalten. Denken Sie daran, dass es sich hierbei nicht um einen Sprint handelt, sondern um einen Marathon. Halten Sie durch, dann schaffen Sie es auch durchs Ziel.

Frei nach Paul Watzlawick: Wer sich verstellt, kriegt das, was er nicht will. Einfach gesagt, Bambi bleibt Bambi, Berserker bleibt Berserker und Gandhi bleibt Gandhi. Und das ist auch gut so, jeder Wesenszug hat nämlich seine besonderen Stärken. Das Ziel ist die passende Strategie für sich selbst zu finden. Nur so können Sie unnötigen Stress mit der Amygdala vermeiden.

Natürlich können Sie auch völlig empowert durch einen oder mehrere Kumbaya-Clowns mit Karacho auf die Krise losstürmen und gleich beim ersten Windstoß wieder in den Rollercoaster einsteigen.

BESCHEIßERLE LEBEN – ADE

Menschen leben auf ihrer eigenen Insel, zunächst eine geschmeidige Vorstellung. Birkenbihl entromantisiert sie allerdings gänzlich. Wen mögen wir, was mögen wir, welche Programme laufen in uns ab und was können wir selbst rechtfertigen? Und die zentrale Frage: Wer ist verantwortlich für all diese Dinge?

Erinnern Sie sich noch an den Satz: „Die Welt ist voller…“

„Meine“ Insel ist die aktuelle Summe, aller Erlebnisse, Gedanken und Puzzlestücke und wie Roth sagen würde, nicht genetisch determiniert. Um es mit dem Terminator zu sagen, wir sind verantwortlich für unsere eigene Zukunft. Bekannte Gedanken, die in unseren logischen Systemen vollständig überzeugend angekommen sind, aber für unsere Handlungen nur wenig Sexappell besitzen.

Im Grunde lässt sich ein mögliches Verhinderungsprogramm gut an Weihnachten verdeutlichen. Unser Systemmanager hat es durchdacht, am 24.12. ist Weihnachten, Konsequenz – Geschenke kaufen, Problem gelöst: Over and Out.

Wie so viele Feste kommt Weihnachten dann doch überraschend und dem Systemmanager fällt eine logische Lücke im Plan auf: Durchdacht, Konsequenzen berechnet und das Handeln vergessen. Panik bricht aus, das Reptiliengehirn übernimmt, nun folgt hektischer Aktionismus, bei dem unserem Systemmanager sicherlich noch weniger Geschenkinspirationen befallen als vorher.

Menschen neigen zum Bescheißerle-Leben und zwar bevorzugt und zu allererst sich selbst, etwas hinters Licht zu führen. Jede Sekunde befasst sich unser Gehirn mit ca. 11 Mio. Sinneseindrücken, dass ist selbst für alle vier Teile zusammen zu viel. Das Gehirn filtert ungefähr 40 relevante raus, die nehmen wir wahr, alles andere wird verdrängt. Verdrängung ist ein wichtiger und gesunder Schutzmechanismus des Gehirns.

Eben dieser Verdrängungsspezialist mag aber auch keine Widersprüche und faule Kompromisse, die stören die Verdrängungsmaschinerie und entziehen Kapazität.

Experiment:

Nehmen Sie ein Blatt Papier, das sind Ihre Ressourcen für den heutigen Tag. Reißen Sie bei jeder Irritation ein Stück ab, je nach Eskalationsstufe, mal mehr mal weniger. Wie viel bleibt bis zum Mittagessen übrig?

Dies Experiment dient dazu plastisch aufzuzeigen, wie viel Ressourcen Sie sich selbst am Tag nehmen.

Seiner grundlegenden Tendenz zum Chillen nachgehend, identifiziert das Gehirn, jede Lücke zwischen unserem Wissen und Handeln (Mind Behavior Gap) als unnötig anstrengend und bastelt sich eine passende Theorie – die Selbstrechtfertigung. Im Falle von Weihnachten könnten wir unser Gehirn sprechen hören: Ich hatte keine Zeit, die anderen haben auch noch nicht alle Geschenke, wahrscheinlich bekomme ich auch nichts von dem, was ich mir wünsche.

„Was nicht passt, wird passend gemacht."

Wenn das Gehirn gerade mal chillig ist, werden Störungen nur unwillig geduldet. Es gilt die Insel vor feindlicher Übernahme zu schützen. Also als erstes die gefundenen Selbstrechtfertigungen, mantragemäß auf Repeat stellen. Ähnlich einem kaputten Plattenspieler stets wiederholen, solange bis sie recht tauglich und glaubhaft erscheinen. Die ersten Mauersteine des Wissens für die Befestigung sind errichtet. Mit diesem Fundament lässt sich doch arbeiten, möglichst viele ähnliche Inseln (Gleichgesinnte) suchen und sich gegenseitig bestätigen – die Mauer wächst. Zweifler, andere Meinungen und Besserwisser sofort verdrängen. In der Perfektion der Selbstrechtfertigung ist die Befestigung schön verputzt und sicher. Sollte sich tatsächlich jemand wagen, diese Maurer auch nur an zu pusten, übernimmt das Reptiliengehirn.

Birkenbihl's Mauer der Überzeugungen

Die Mauer, wie sie uns die Rockband Pink Floyd in ihrem Album beschreibt, ist eine Barriere aus selbstauferlegten Einschränkungen und negativen Glaubenssätzen. Ganz ähnlich ist Birkenbihl's Mauer eine fest gefügte Struktur aus Überzeugungen, die unser Denken und Handeln formt. Je weiter unten in dieser Mauer sich ein Stein befindet, desto schwieriger ist es, ihn zu verändern. Wie die schweren Mauersteine in Pink Floyd's Song „Another Brick in the Wall", sind tief verwurzelte Überzeugungen oft schwer zu verschieben.

Die oberen Mauersteine hingegen sind flexibler und leichter zu bearbeiten. Genau wie in „Comfortably Numb" von Pink Floyd, wo die oberen Ziegelsteine der Mauer leichter entfernt werden können, sind flache Überzeugungen anfälliger für Veränderungen. Sie sind weniger starr und können schneller umgestaltet werden.

Die Herausforderung besteht darin, diese Mauer zu überwinden. In Pink Floyd's Konzeptalbum kommt der Protagonist zu der Erkenntnis, dass die Mauer, die er um sich herum aufgebaut hat, seine Verbindung zur Außenwelt und zu seinen eigenen Emotionen blockiert. Genauso kann Birkenbihl's Mauer der Überzeugungen unsere Fähigkeit einschränken, unser volles Potenzial auszuschöpfen und uns von einschränkenden Gedankenmustern zu befreien.

Die Parallele zwischen Birkenbihl's Mauer und Pink Floyd's "The Wall" liegt in der Botschaft: Wir können diese Mauern durchbrechen und unser eigenes Denken verändern, um unser wahres Selbst zu entdecken. Egal wie festgefahren wir uns fühlen mögen, es gibt immer eine Möglichkeit, die Steine zu verschieben und die Mauer der Überzeugungen niederzureißen.

Vielleicht sollten wir uns von beiden inspirieren lassen: von der Musik von Pink Floyd, die uns lehrt, gegen die Mauer der Verzweiflung anzugehen, und von Birkenbihl's Mauer der Überzeugungen, die uns daran erinnert, dass wir die Architekten unseres eigenen Denkens sind. Es ist an der Zeit, den Soundtrack unseres Lebens zu ändern und unsere Mauer zu einer Brücke der Veränderung zu machen.

Können Sie sich noch an die Affenfalle erinnern? Auch Menschen haben die Tendenz, ihre Programme nicht mehr loszulassen. Vielleicht sollten wir üben, schlauer als ein Affe zu sein?

Damit Ihnen dieses Buch auch „tatsächlich“ beim Überleben helfen kann, wäre es sinnvoll, von Ihrer Insel zu kommen und zumindest eine Tür, vielleicht sogar ein paar Fenster, in die Mauer zu integrieren.

Unbewusstes und Bewusstes konkurrieren um die Herrschaft über ihren Gehirnbesitzer. Wenig vorteilhaft sind dabei die Kräfteverhältnisse. Wenn wir einen Vergleich finden wollen, überlegen Sie sich mal, eine Strecke von 11 km (29-mal um die Wettkampfbahn), das ist der Umfang des Unterbewussten (zum Vergleich: Der höchste Berg der Welt, der Mount Everest, ist 8.884 Meter hoch, allerdings vom Meeresspiegel betrachtet). Das Bewusste hat einen Umfang von 1,5 cm, also ca. die Größe eines Daumennagels. Die Annahme, dass unser Bewusstsein tatsächlich unser Unterbewusstsein steuern kann, erscheint in diesem Vergleich doch eher fragwürdig oder bedarf besonderer Maßnahmen. Bei diesen Kräfteverhältnissen würde Goliath zwar mit beiden Beinen auf der Erde stehen, aber mit dem Mond noch Basketballspielen können.

Eine Krise kennzeichnet generell den Höhe- oder Wendepunkt einer gefährlichen Konfliktentwicklung in einem natürlichen oder sozialen System. Dieser Punkt folgt auf eine anhaltende und problematische Funktionsstörung über einen bestimmten Zeitraum, wobei die damit verbundene Entscheidungssituation die Möglichkeit zur Konfliktlösung oder -verschärfung bietet. Die Feststellung, dass es sich um einen Wendepunkt handelt, erfolgt häufig erst nach Bewältigung oder Beendigung der Krise. Sollte die Entwicklung dauerhaft negativ verlaufen, spricht man von einer Katastrophe.

Wann und ob Sie eine Krise haben, entscheiden Sie letztlich selbst. Das Beruhigende daran, Sie entscheiden auch, wann Sie ein Überlebender sind. Apropos Entscheidungen, kennen Sie schon die Geschichte von der Ratte mit dem Orgasmusknopf. Und eine Frage vorweg, warum eigentlich immer die armen Ratten?

Lebewesen	Genetische Übereinstimmung mit dem Menschen
Schimpanse	98,5
Maus/Ratte	90
Schwein	90
Katze	90
Hund	84
Fadenwurm	75
Zebrafisch	50
Pferd	50
Banane	50

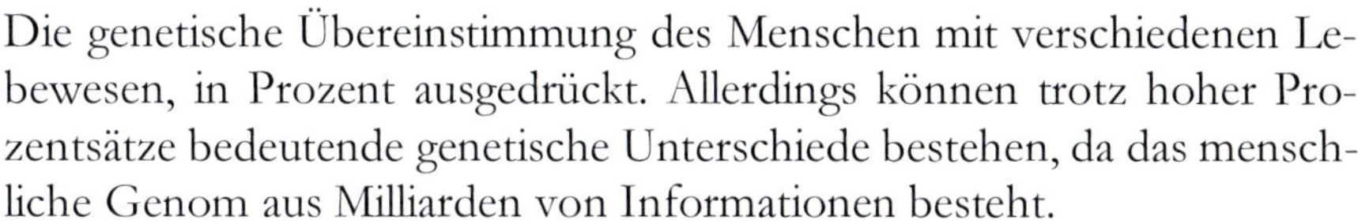

Die genetische Übereinstimmung des Menschen mit verschiedenen Lebewesen, in Prozent ausgedrückt. Allerdings können trotz hoher Prozentsätze bedeutende genetische Unterschiede bestehen, da das menschliche Genom aus Milliarden von Informationen besteht.

Die Prozente könnten zwar den Spruch „Du bist ganz schön Banane“ erklären, aber kaum die Verhaltensgemeinsamkeiten mit den Ratten. An der genetischen Übereinstimmung liegt es wohl eher nicht, eher an den sozialen Ähnlichkeiten.

Die Ratte als Psychologe

In den schillernden Hallen der Psychologie werden nicht nur menschliche Gemüter erforscht, sondern auch kleine pelzige Gesellen – die Ratten. Warum, fragen Sie? Nun, es scheint, die Nager haben eine besonders gute Ader für das Verhalten von Menschen, und das nicht nur, weil sie manchmal in U-Bahnhöfen auftauchen.

Schauen wir uns das Rudelverhalten von Ratten an – eine theatralische Vorstellung, die erstaunliche Parallelen zu unserer eigenen Spezies aufweist. Diese geschwänzten Soziologen leben nämlich nicht als Einzelkämpfer, sondern in geselligen Gruppen. Ein bisschen wie wir Menschen in unseren sozialen Netzwerken, nur ohne Selfies und Filter. Hier gibt es Hierarchien, Intrigen, manchmal sogar Drama – eine wahre Rattensaga.

Die klugen Forscher setzen die kleinen Nager in speziellen Rattenstädten, auch als Skinner-Boxen bekannt, auf das Parkett der Psychologie. Dort können die Ratten munter Hebel drücken, Knöpfe betätigen und an bunten Rädchen drehen, als ob sie gerade eine VIP-Party betreten hätten.

Die erstaunliche Ähnlichkeit des Rattenrudels zu menschlichen sozialen Strukturen ermöglicht es den Wissenschaftlern, tiefe Einblicke in die menschliche Psyche zu erlangen. Wenn eine Ratte also vor dem Hebel steht und darüber nachdenkt, wie sie ihre nächsten gesellschaftlichen Schritte plant, können wir uns nicht zurückhalten, Parallelen zu unseren eigenen Überlegungen zu ziehen.

Die Rattenversuche dienen als Leuchtfeuer im Dunkeln der menschlichen Psyche. Sie werfen ein Licht auf soziale Interaktionen, Gruppenverhalten und vielleicht sogar auf das Geheimnis, warum wir manchmal so handeln, wie wir es nun mal tun. Also, wenn Sie das nächste Mal eine Ratte sehen, die im Labor clever ihre Gedanken sortiert, denken Sie daran – vielleicht ist sie der unbezweifelbare Sherlock Holmes der Psychologie, der heimlich die Rätsel unserer eigenen sozialen Abenteuer entschlüsselt. Vielleicht aber auch Basil, der große Mäusedetektiv?

Die Ratte mit dem Orgasmusknopf

Willkommen zu einer kleinen Anekdote aus den schrägen Annalen der Wissenschaft, in der eine Ratte, ein Stromknopf und die Suche nach dem Orgasmuszentrum für ein kurioses Kapitel sorgten.

Alles begann in den 50er-Jahren, als die US-Forscher James Olds und Peter Milner vom California Institute of Technology sich in die Welt der Labornager wagten. Ihr Ziel bestand darin, herauszufinden, wie Tiere neue Tricks lernen könnten. Dabei stolperten sie buchstäblich über eine Entdeckung, die so verrückt war, dass selbst die Fernsehserie „The Big Bang Theory" sie als Witz in Ihre Sendung einbaute.

Die beiden Wissenschaftler pflanzten einer Ratte eine Elektrode ins Gehirn, die bei Bedarf einen kleinen Stromschlag auslöste. Ursprünglich wollten sie nur die Lernprozesse der Nager erforschen, doch das Schicksal hatte andere Pläne. Durch eine unpräzise Platzierung in das falsche Hirnareal trafen sie auf das, was sie für das Orgasmuszentrum hielten.

Die Ratte wurde zur Wiederholungstäterin – immer wieder kehrte sie an den Ort zurück, an dem der himmlische Stimulus sie erreichte. Sie schien auf weitere "elektrisierende" Erlebnisse zu hoffen. Richtig gelesen, die Ratte war süchtig nach Stromschlägen.

Um ihre bahnbrechende Entdeckung zu untermauern, setzten Olds und Milner die Nager in eine Art leeren Käfig, die sogenannte Skinner-Box. Darin befand sich ein Hebel, den die Ratten nach Belieben betätigen konnten. Und was taten die kleinen Nager? Sie versetzten sich durch Drücken des Hebels selbst in einen kleinen Stromrausch.

Nach ein paar Minuten stimulierte das Tier das eigene Gehirn regelmäßig alle fünf Sekunden. Die Ratten empfanden die elektrische Selbststimulation als so angenehm, dass sie sogar Futter und Wasser links liegen ließen. Manche brachen vor Erschöpfung zusammen, weil sie lieber den Glückshebel drückten, als ihre lebensnotwendigen Bedürfnisse zu befriedigen.

Das Experiment bewies, dass die Ratten das Belohnungszentrum ihres Gehirns entdeckt hatten – allerdings auf eine eher, nun ja, unkonventionelle Weise. Eine Geschichte, die zeigt, dass selbst in den seriösen Gefilden der Wissenschaft manchmal ein schelmisches Lächeln nicht fehl am Platz ist.

Forscher machten sich also auf die abenteuerliche Reise, das Belohnungssystem in unserem Gehirn zu kartografieren. Sie entwarfen eine detaillierte Landkarte, die uns Einblicke in die geheimen Pfade des „mesocortikolimbischen dopaminergen Belohnungssystems“ gewährt. Klingt nach einer komplizierten Oper, ist aber im Grunde ein ziemlich faszinierender Schaltkreis.

Da draußen gibt es einen Auslöser, sei es der verführerische Duft einer köstlichen Schokotorte oder der Anblick eines kunstvoll gemixten Cocktails. Dieser Trigger setzt das limbische System in Gang, das wiederum einen inneren Drang erzeugt. Unsere Großhirnrinde übersetzt das Ganze in bewusstes Verlangen und sagt unserem Körper: "Hey, los, still dieses Verlangen!"

Sobald der erste Bissen genossen wird und der Magen sich füllt, übernehmen das Tegmentum und die Substantia nigra im ventralen Teil des Mittelhirns das Ruder. Die Neuronen tanzen zum Striatum und zum limbischen System, besonders zum Nucleus accumbens, wo das Glücksgefühl geboren wird, und zur Amygdala, die für Erregung und affektive Empfindungen zuständig ist. Hier wird also Dopamin in Hülle und Fülle ausgeschüttet, wie Konfetti bei einer siegreichen Parade.

Aber das ist noch nicht alles. Dopamin geht weiter auf Reisen, erreicht den Hippocampus und schließlich die Großhirnrinde. Der Hippocampus, dieser schlaue Kerl, kümmert sich um Gedächtnis und Lernen. Das erklärt, warum ein Kleinkind, das einmal die verlockende Welt der Schokolade entdeckt hat, immer wieder danach verlangt. Bitteres oder Saures wird hingegen aus dem Gedächtnis gestrichen.

Dopamin: Der launische Dirigent unseres Verlangens

Das launische Dopamin – ein Begleiter, der uns auf eine emotionale Achterbahn mitnimmt. Forscher vermuten, dass das Belohnungszentrum wohl zu den lernfähigsten Arealen in unserem Denkversum gehört. Hier scheint eine einfache Gleichung zu herrschen: Dopamin und Vorfreude sind direkt mit Belohnung und Erwartung verknüpft. Doch wehe, das Erwartete bleibt aus – schon wird nur noch spärlich Dopamin ausgeschüttet, die Vorfreude verfliegt, und damit auch das Verlangen oder die

Motivation. Was können wir daraus ableiten? Wird die Belohnung zu oft verwehrt oder die Erwartungen enttäuscht, verschwindet die Lust im Nu. Fatale Konsequenzen für unser tägliches Leben.

Ein paar Beispiele, bitte: Ich stürze mich ins Sportabenteuer und sehe nicht sofort aus wie ein Supermodel. Ich verzichte auf Snacks und sehe keine sichtbare Gewichtsabnahme. Ich schaffe im Job und ernte keine Lobeshymnen. Ich bin freundlich zu anderen und ernte Undankbarkeit. Ich plane ein Date, und niemand taucht auf. Alles endet irgendwie gleich: Etwas klappt nicht, das Gehirn schaltet um, kein Verlangen, kein Bock, und so weiter. Unser Gehirn braucht Feedback. Die Kunst des Menschseins bedeutet auch, unser Gehirn zu trainieren. Gönnen Sie sich Belohnungen und lassen Sie diese keinesfalls aus. Sie können sich auch auf den guten „Stoff" trainieren.

Das Konzept Rückmeldung an das Gehirn wurde in Rattenversuchen bestätigt – Ratten haben gelernt, bestimmte Zellen durch Belohnung anzusteuern (sie brauchten dafür lediglich 10 Tage – bis ein paar Stunden). Belohnungssysteme schlagen die Brücke zwischen Lernen und Effekthascherei.

Theoretisch wäre es möglich sich selbst auf Glück zu konditionieren, einfach bei jeder gewollten Erwartung (auch jedem gewünschten Gefühl), gibt es einen Keks oder etwas anderes, was Sie mögen. Gehen wir mal davon aus, dass sich hier keine Gewichtsprobleme ergeben, könnte es funktionieren.

Wenn es so einfach ist, warum gewinnen dann gefühlt Angst und Sorge so oft?

Dazu drei Antworten: Selbstrechtfertigung, Nutzen und der schon bekannte Sicherheitsjunkie.

Selbstrechtfertigung

In der menschlichen Psychologie betritt die Selbstrechtfertigung die Bühne wie ein arroganter Monarch, der ohne Widerspruch regieren will. Das "Selbst", dieses Ego in seiner reinsten Form, erhebt sich triumphierend und verlangt nach Bewunderung, nach Anerkennung. Es ist der

Herrscher über unsere inneren Winkel, ein Diktator des eigenen Narrativs.

Doch das Selbst ist anspruchsvoll und anfällig für Risse. Sobald es bedroht erscheint, ruft es nach seiner treuen Dienerin, der "Rechtfertigung". Ein Ritter in glänzender Rüstung, bereit, die Ehre des Selbst zu verteidigen. Psychologisch betrachtet ist die Selbstrechtfertigung ein Überlebensinstinkt, ein reflexartiger Versuch, das Selbstbild zu bewahren, um jeden Preis.

Wenn das Selbst von Selbstzweifeln oder äußeren Angriffen bedroht wird, springt die Rechtfertigung in die Arena wie ein Gladiator, der keine Niederlage duldet. Sie webt ein Netz aus rationalen Fäden, spinnt Geschichten, die das Selbst in einem strahlenden Licht erscheinen lassen. Die Wahrheit wird verbogen, verzerrt, um den Glanz des Selbst zu bewahren.

Das Streben nach Selbstrechtfertigung dient dem Schutz unseres fragilen Egos. Es ist ein Verteidigungsmechanismus, der die Wunden der Unsicherheit kitten soll. Doch in diesem Tanz der Selbsttäuschung vergessen wir oft, dass wahre Stärke in der Fähigkeit liegt, Fehler zuzugeben und sich weiterzuentwickeln, statt in einem Schloss der Selbstrechtfertigung gefangen zu sein. In der Psychologie mag die Selbstrechtfertigung als tapferer Ritter erscheinen, aber am Ende des Tages könnte sie sich als Schachfigur entpuppen, die das Selbst vor der eigentlichen Größe des Wachstums schützt.

Selbstrechtfertigung ist oft Meister der Tarnung, ein Illusionist, der uns glauben lässt, wir verteidigen lediglich die Wahrheit, während wir uns in subtiler Selbsttäuschung verlieren. Schon mal gedacht?

- **Die Schuldabweisung:** „Ich habe meine Arbeit nicht rechtzeitig erledigt, aber das lag nicht an mir. Mein Chef hat zu viele Aufgaben zugewiesen." Die Selbstrechtfertigung tarnt sich als externe Schuld, um die eigene Verantwortung zu umgehen.

- **Die Relativierung:** „Ja, ich habe das Versprechen gebrochen, aber jeder macht das ab und zu. Es ist nicht so schlimm." Das Fehlverhalten relativiert, um es in der Masse der vermeintlichen Alltäglichkeiten zu verstecken.
- **Die Opferrolle:** „Ich habe gelogen, aber das Leben hat mich so hart behandelt. Man muss sich eben selbst schützen." Die Selbstrechtfertigung verkleidet sich als Verteidigung gegen vermeintliche Ungerechtigkeiten, um das eigene Fehlverhalten zu kaschieren.
- **Die Wissensverschleierung:** „Ich wusste nicht, dass das verboten ist. Es stand nirgendwo geschrieben." Unwissenheit, um sich der Konsequenzen zu entziehen.
- **Die Vergleichsfalle:** „Andere machen das doch auch. Warum sollte ich das nicht dürfen?" In diesem Fall versucht die Selbstrechtfertigung, das eigene Fehlverhalten durch den Vergleich mit anderen zu rechtfertigen.
- **Die Zukunftsillusion:** "Ja, ich habe heute geschwänzt, aber morgen fange ich wirklich an zu lernen." Ein Versprechen für die Zukunft, um die gegenwärtige Verantwortung zu entwerten.
- **Die "Ich bin eben so"-Ausrede:** "Ich bin nun mal impulsiv. Das ist meine Persönlichkeit." Die Verschleierung als feste Charaktereigenschaft, um das eigene Verhalten zu legitimieren.

Urteilen wir nicht zu hart, manchmal sind die Umstände wirklich misslich. Aber nur manchmal. Der Selbstrechtfertigung eilt das Nutzenprinzip zur Hilfe.

Nutzenprinzip: Das Psychospiel des Eigennutzes

In der Psychologie verfolgen wir oft den Gedanken, dass jede unserer Handlungen, so irrational sie auch erscheinen mag, einen Nutzen für uns selbst haben könnte. Dies bedeutet nicht zwangsläufig, dass wir uns selbst die Schuld zuschreiben sollen; es geht vielmehr darum, die versteckten Vorteile hinter unseren Handlungen zu verstehen.

Beginnen wir mit einem alltäglichen Beispiel: Aufschieben von Aufgaben. Warum machen wir das? Weil der kurzfristige Genuss einer Netflix-Serie den unmittelbaren Schmerz der aufgeschobenen Arbeit überwiegt. Das Nutzenprinzip flüstert uns zu: "Der augenblickliche Genuss wiegt mehr als mögliche zukünftige Unannehmlichkeiten."

Doch hier ist Vorsicht geboten. Der Grat zwischen einem gesunden Maß an Eigennutz und Red Flags, die auf übermäßigen Eigennutz hinweist, ist oft schmal. Das Streben nach kurzfristigem Vergnügen kann uns leicht zu Gefangenen unserer eigenen Gelüste machen, während langfristige Ziele in den Hintergrund treten.

Das Nutzenprinzip tritt auch dann auf den Plan, wenn es um das Verhalten anderer Menschen geht. Manchmal akzeptieren wir Fehlverhalten, nicht weil es uns gefällt, sondern weil es uns einen Nutzen verschafft – sei es, um weiterhin geliebt zu werden oder um Konflikte zu vermeiden.

Die Frage „Warum habe ich das getan?" wird von diesem Prinzip umspielt. Unser Handeln zu verstehen erfordert nicht nur Selbstreflexion, sondern auch das Bewusstsein für die versteckten Vorteile, die wir uns selbst zuschreiben. Doch Vorsicht: Die Selbsttäuschung lauert hinter dem Schleier des augenscheinlichen Nutzens.

Das Nutzenprinzip ist kein Freibrief für rücksichtsloses Verhalten, sondern eine Einladung zur ehrlichen Auseinandersetzung mit den Motiven hinter unseren Handlungen. Die Akzeptanz des eigenen Handelns und das kritische Hinterfragen des vermeintlichen Nutzens sind Schlüssel zu einem ausgewogenen Verständnis des Psychospiels des Eigennutzes.

Warum handeln wir so oft gegen uns?

Vom Überlebenswalzer zum Mut-Rumba

In den dunklen Ecken unserer Psyche tanzen oft die Schatten der Angst vor Ablehnung. Diese Angst, tief verwurzelt in unseren Urinstinkten, ist der Rhythmus, zu dem viele unserer Überlebensregeln ihre Choreografie entwickeln.

In der Kindheit lernen wir die ersten Schritte dieses Walzers. "Tu, was andere von dir erwarten.", lautet die unausgesprochene Regel. Das Ziel: Akzeptanz. Die Angst vor Ablehnung wird so zum unsichtbaren Dirigenten unseres Verhaltens, während wir versuchen, in den sozialen Tanz zu passen.

Über die Jahre werden diese Dynamiken komplexer. Die Überlebensregeln werden subtiler, die Schritte filigraner. „Vermeide Konflikte um jeden Preis.", flüstert die Angst vor Ablehnung uns ins Ohr. Wir neigen dazu, unser wahres Selbst zu verbergen, nur um die Harmonie auf der Tanzfläche des Lebens zu bewahren.

Doch manchmal erkennen wir die Einseitigkeit. Die Melodie der Angst übertönt unsere authentische Stimme. Hier kommt das Nutzenprinzip ins Spiel. Wenn die erlernten Überlebensregeln uns nicht mehr dienen, wird es Zeit für einen Tanzstilwechsel.

Schnellpflaster:

Machen Sie bewusst das Gegenteil der erlernten Regel. Anstatt Konflikte zu vermeiden, treten Sie ihnen mit einem höflichen Lächeln entgegen. Die Angst vor Ablehnung mag protestieren, aber das Nutzenprinzip flüstert uns zu: "Es liegt Nutzen darin, authentisch zu sein."

Natürlich bedeutet das nicht, jede soziale Konvention über Bord zu werfen. Ethik und Respekt sind nach wie vor die Grundregeln. Die Zeit für eine neue Choreografie, ein Mut-Rumba, bei der wir uns erlauben, unser wahres Selbst zu zeigen.

Der Mensch ist von Natur aus ein soziales Wesen, und Gemeinschaften entstehen aus der Authentizität ihrer Mitglieder. Die Angst vor Ablehnung wird wohl immer da sein, aber wir können lernen, mit dieser zu tanzen, anstatt willenlos geführt zu werden. Im Mut-Rumba finden wir Freiheit und die Kraft, unsere eigene Melodie zu spielen.

Das epische Duell in unserem Schädel: Dopamin vs. Sicherheitsjunkie

Tief in den neuralen Arenen unseres Gehirns spielt sich ein episches Duell ab, bei dem die Giganten unserer Psyche um die Vorherrschaft kämpfen. Auf der einen Seite haben wir Dopamin, den strahlenden Helden des Glücks, und auf der anderen Seite den Sicherheitsjunkie, den Schutzpatron der Vorsicht.

Wenn Konditionierung so mühelos ist, warum ist dann nicht jeder von uns ein wandelndes Glückspaket? Die Antwort: Dopamin wird vom Gehirn unter Aufsicht gestellt.

Der Sicherheitsjunkie ist der Wächter der Vorsicht, der Vermeidung von Gefahr und unerwünschten Überraschungen. Für ihn ist jeder Glücksmoment ein potenzielles Risiko. "Zu viel Glück könnte gefährlich sein.", warnt er, während Dopamin versucht, eine lustige Party zu feiern.

Das Duell wird intensiv, wenn wir vor der Wahl stehen uns in die glitzernde Welt des Dopamins zu stürzen oder sicher in den Armen des Sicherheitsjunkies zu verharren. Warum konzentrieren wir uns oft auf die Schattenseiten des Lebens, anstatt die Sonnenseiten zu genießen? Hier tritt der Sicherheitsjunkie als Meister der Risikoaversion auf.

Es ist ein Tanz zwischen zwei Extremen. Dopamin will uns ins Unbekannte ziehen, der Sicherheitsjunkie klammert sich an das Bekannte. Das Resultat? Ein zermürbendes Patt, das uns in einer paradoxen Zwickmühle gefangen hält.

Vielleicht liegt die Antwort auf die Frage nach dem Befinden darin, dass wir uns im ständigen Zwiespalt zwischen Risiko und Belohnung befinden. Unser Sicherheitsjunkie, ein Meister der Selbsttäuschung, überzeugt uns, dass die Vermeidung von Schmerz wichtiger ist als die Suche nach Freude.

In diesem epischen Duell unserer Psyche bleibt uns die Aufgabe, die Balance zu finden. Dopamin und der Sicherheitsjunkie können Sie nicht abschalten. Es liegt an uns, sie als Co-Regenten in unserem Schädel zu akzeptieren und zu lernen, dass zu viel Vorsicht genauso lähmend sein kann wie zu viel Risiko. Nur so können wir das volle Spektrum des Lebens erfahren, ohne vom Duell der Titanen in unseren Köpfen überwältigt zu werden.

Zurück zu den Ratten: Aus den Rattenversuchen ergeben sich aber noch ein paar weitere Rückschlüsse für das Ende unseres Bescheißerle-Lebens:

Stress

Selbstwirksamkeit, oder das Fehlen davon, können erhebliche Stressoren sein. Die Tierfreunde mögen verzeihen, Spitzer erklärte mit einem Rattenexperiment, die Funktionen unseres Gehirns. Eine Ratte wurde in einen Käfig gesetzt, in dessen Boden eine Vorrichtung angebracht war, durch die in unregelmäßigen Abständen Strom floss sowie ein Knopf, um den Stromfluss zu behindern. Die Ratte bekam einen Schlag. Kurz vor dem Schlag ertönte ein Warnton. Die Ratte hatte also die Möglichkeit, mithilfe des Knopfes den Schlag zu verhindern, was ihr häufig gelang. Im Nebenraum wurde eine andere Ratte in die gleiche Apparatur gesetzt, allerdings ohne Knopf. Bekam Ratte 1 einen Schlag, so auch Ratte 2. Nun eine Frage: Welche Ratte hatte weniger Stress?

Die naheliegende Vermutung ist Ratte 2, richtig ist aber Ratte 1 mit Knopf. Das zufällige Hinnehmen, ohne jegliche Möglichkeit der Einflussnahme (Selbstwirksamkeit) verursacht Stress. Viel mehr, als wenn Sie sich Ihren Optionen und Handlungsmöglichkeiten bewusst sind.

Hilflosigkeit

Die Steigerung von fehlender Selbstwirksamkeit ist Hilfslosigkeit. In einem weiteren Experiment wurde eine Ratte lediglich, über einen längeren Zeitraum, in den Händen gehalten, ohne jegliche Möglichkeit sich zu befreien und zu bewegen, aber auch ohne, dass ihr irgendein Schaden zugefügt wurde. Ratten sind naturgemäß gute Schwimmer und manche Forscher vermuten sogar, dass sie eine Atombombe überleben würden, also echte Survival-Spezialisten. Nachdem Aufenthalt in den Händen des Experimentleiters wurde die Ratte zu Wasser gelassen. Nach 30 Minuten gab die Ratte die Schwimmversuche auf. Wie lange, glauben Sie, schwamm die Vergleichsgruppe? Die Vergleichsgruppe schwamm 60 Stunden.

Zum Vergleich: Die Königin des Ärmelkanals, Chloe McCardel, durchschwamm den Ärmelkanal (33 km zwischen Calais und Dover) 44-mal, letztmalig in einer Zeit von zehn Stunden.

Könnte doch erstrebenswert sein „einer Ratte mit Knopf" nachzueifern und ein Ärmelkanalschwimmer zu bleiben. Vielleicht hilft Tit for Tat?

HOW TO TFT, LIKE DYNAMITE

Tit for Tat (TFT), die Methode, um sich vor Leid zu bewahren.
Bereiten Sie sich vor auf einen Rock 'n' Roll der zwischenmenschlichen Beziehungen, begleitet von der unwiderstehlichen Melodie des „Wie Du mir, so ich Dir". Tit for Tat, ein Konzept, das nicht nur in den kalkulierten Gefilden der Spieltheorie existiert, sondern auch die Bühne unseres sozialen Lebens betritt wie ein kraftvolles TNT, das die Akkorde von AC/DC begleitet.

Von Anatol Rapoport im Jahr 1965 ins Rampenlicht geholt, ist Tit for Tat nicht nur eine schlichte Strategie des Gefangenem-Dilemmas. Es ist eine Komposition, die auf der Idee basiert, dass das Verhalten in wiederholten Interaktionen auf dem Vorherigen aufbaut – ein endloses Wechselspiel von Aktion und Reaktion.

Eine einfache Erklärung:
Das Gefangenendilemma und das Turnier der Strategien

Das Gefangenendilemma ist ein klassisches Dilemma in der Spieltheorie, bei dem zwei Verdächtige eines Verbrechens vor die Wahl gestellt werden: miteinander kooperieren und schweigen oder einander verraten. Das Dilemma liegt darin, dass die höchste Belohnung für einen Einzelnen darin besteht, den anderen zu verraten, während die Kooperation beider zu einer milderen Strafe führen würde.

Computer traten beim Gefangenendilemma gegeneinander an. Die Programme sollten über mehrere Runden hinweg miteinander interagieren und verschiedene Strategien verfolgen.

Strategien im Turnier:

- Immer Kooperieren: Kooperiert in jeder Runde.
- Immer Betrügen: Verrät in jeder Runde.
- Tit for Tat: Beginnt kooperativ und wiederholt das vorherige Verhalten des Gegners.
- Nachahmung (Imitate): Kopiert das vorherige Verhalten des Gegners.
- Zufällig (Random): Entscheidet zufällig zwischen Kooperation und Betrug.

The Winner is: TFT

Überraschenderweise erwies sich die simple Strategie „Tit for Tat" (Wie du mir, so ich dir) als äußerst erfolgreich. TFT startet kooperativ und reagiert in jeder Runde entsprechend auf das vorherige Verhalten des Gegners. Dies führte zu gegenseitiger Kooperation und wurde als eine der effektivsten Strategien im Turnier bewertet. Tit for Tat betonte die Bedeutung von Gegenseitigkeit und der Fähigkeit, angemessen auf das Verhalten anderer zu reagieren.
Fragen Sie sich vielleicht, was genau das mit Ihnen zu tun hat?

Die Kunst der Strategie im sozialen Gefangenendilemma

In unserem Leben entscheidet jeder Zug über Vertrauen, Zusammenarbeit oder den Verrat sozialer Bande. Wie im klassischen Dilemma stehen wir vor der Wahl: einander zu unterstützen oder uns gegenseitig die Beine wegzuziehen.

In der Welt der sozialen Interaktionen gibt es Strategien, die dem einfachen, aber kraftvollen "Tit for Tat" (TFT) aus der Spieltheorie ähneln.

TFT, das uns lehrt, Gleiches mit Gleichem zu vergelten und dies kann auch auf unsere zwischenmenschlichen Abenteuer übertragen werden.

Strategie 1: Immer Kooperieren - Die Liebenden
Die Liebenden starten stets mit einer positiven Einstellung. Ein Lächeln hier, ein freundliches Wort dort. Sie sind die Architekten harmonischer Beziehungen und ernten oft das, was sie säen. Manchmal kriegen Sie aber auch ganz schön rauen Gegenwind.

Strategie 2: Immer Betrügen - Die Skeptiker
Die Skeptiker gehen misstrauisch durchs Leben. Sie neigen dazu, ständig auf der Hut zu sein, als ob jeder ein potenzieller Verräter wäre. Die Ironie? Ihr Misstrauen schafft manchmal genau das, wovor sie sich ursprünglich schützen wollten.

Strategie 3: Tit for Tat (TFT) - Die Diplomaten
Die Diplomaten verstehen die Kunst des Ausgleichs. Sie starten freundlich, reagieren jedoch angemessen auf das Verhalten ihres Gegenübers. Diese Strategie schützt vor Ausnutzung und fördert gleichzeitig Kooperation.

Strategie 4: Nachahmung (Imitate) - Die Chamäleons
Die Chamäleons passen sich an, um zu überleben. Sie spiegeln das Verhalten ihres Gegenübers, manchmal ohne klare eigene Position. Flexibel, aber manchmal auf Kosten der Authentizität.

Strategie 5: Zufällig (Random) - Die Unberechenbaren
Die Unberechenbaren sind Wildcards in sozialen Situationen. Niemand weiß, was als Nächstes kommt. Ihr Verhalten ist wie eine Lotterie – manchmal angenehm, manchmal nicht.

In dieser sozialen Arena beweisen TFT-Diplomaten, dass die Kunst des Gebens und Nehmens, des Vertrauens und der Reaktion auf Gleiches, Schlüssel zu einer erfolgreichen sozialen Strategie sind. Sie schützen sich vor den Fallstricken, behalten ihre Authentizität bei und schaffen ein harmonisches Miteinander.
Ein Lob auf die Meister des sozialen TFT!

Doch was geschieht hinter den Kulissen dieses sozialen Rockkonzerts? Einige zentrale Elemente treten aus dem Schatten:

- **Gegenseitigkeit**: Hier wird der Tanz des Gebens und Nehmens im Rock 'n' Roll-Stil aufgeführt. Die Methode unterstreicht die Bedeutung von Vertrauen und Zusammenarbeit. Zeigt jemand Freundlichkeit und Kooperation, antwortet der andere in gleicher Münze – ein dynamischer Austausch, der den Rhythmus bestimmt.

- **Reziprozität**: Ein treuer Begleiter von Tit for Tat. Dieses Konzept besagt, dass Menschen dazu neigen, Verhalten zu spiegeln, das ihnen entgegengebracht wird. Freundlichkeit erzeugt Freundlichkeit, und umgekehrt, wie ein elektrisierendes Gitarrensolo.

- **Vertrauensbildung**: Durch die konsequente Anwendung dieser Methode kann ein Band des Vertrauens zwischen den Beteiligten entstehen. Kooperation und Vertrauenswürdigkeit führen zu einer positiven Dynamik in der Interaktion, vergleichbar mit einem mitreißenden Drumbeat.

Und wie schlägt sich dieses Konzept im Rhythmus des Lebens?

- **Konfliktlösung**: Tit for Tat übernimmt die Regie in der Deeskalation von Konflikten, indem er eine positive Veränderung im Verhalten der Beteiligten fördert. Durch kooperatives Handeln und positive Reaktionen wird der Teufelskreis negativer Interaktionen durchbrochen, wie ein explosiver Refrain.

- **Beziehungsgestaltung**: Die Methode dient als Bauplan für Vertrauen und gegenseitigen Respekt in zwischenmenschlichen Beziehungen. Das gezielte Reagieren auf positives Verhalten fördert den Aufbau gesunder und unterstützender Verbindungen, vergleichbar mit einem kraftvollen Bühnenauftritt.

Tit for Tat – mehr als nur ein mathematisches Konzept. Es ist der unsichtbare Regisseur, der das Gleichgewicht zwischen Geben und Nehmen aufrechterhält und dabei hilft, eine dynamische Harmonie in unserer sozialen Rock 'n' Roll-Welt zu schaffen. Ein mitreißender Song, der die Bühne unserer Interaktionen zum Beben bringt.

TFT in schwierigen sozialen Situationen

- **Die Bürointrige:**
  Ihr Kollege versucht, Ihnen die Lorbeeren für Ihre harte Arbeit zu stehlen. TFT wehrt den Angriff ab: Klare Kommunikation und das Aufzeigen Ihrer Verdienste machen ihn sprachlos.

- **Die Freundschaftsprobe:**
  Ihre Freundin vergisst zum dritten Mal, Sie zum Abendessen einzuladen. TFT setzt ein: Statt Ärger, zeigen Sie Verständnis und laden sie selbst zum Essen ein, wodurch die Harmonie wiederhergestellt wird.

- **Die toxische Beziehung:**
  Ihr Partner spielt mit Ihren Gefühlen. TFT ergreift Maßnahmen: Klare Grenzen setzen und für Selbstrespekt stehen, auch wenn es bedeutet, sich von dieser Beziehung zu distanzieren.

- **Der Nachbarschaftsstreit:**
  Ihr Nachbar beschwert sich ständig über Lärm, den Sie nicht machen. TFT kommt zum Einsatz: Ruhe bewahren und diplomatisch nach Lösungen suchen, um den Konflikt ohne unnötige Eskalation zu klären.

- **Der gemeine Kommentar:**
  Ein Kollege versucht, Sie vor anderen bloßzustellen. TFT kontert: Gelassenheit bewahren und mit einem geschickten, humorvollen Kommentar die Situation entschärfen.

- **Die ausgenutzte Hilfsbereitschaft:**
  Sie werden regelmäßig für Extrajobs eingespannt. TFT setzt Grenzen: Höflich, aber bestimmt, weigern Sie sich, ständig einzuspringen, und erklären, dass auch Sie Ihre Grenzen haben.

- **Der undankbare Chef:**
  Der Chef beansprucht die Lorbeeren für Ihr erfolgreiches Projekt. TFT hält dagegen: Diplomatisch, aber bestimmt, weisen Sie darauf hin, wer die eigentliche Arbeit geleistet hat, und fordern die Anerkennung ein.

- **Die Cyber-Belästigung:**
  Online-Angriffe hinterlassen Spuren. TFT handelt: Klare Kommunikation und das Melden von Belästigung bei den entsprechenden Plattformen sind Ihr virtuelles Schild.

- **Die manipulative Freundschaft:**
  Ein Freund versucht Sie ständig zu manipulieren. TFT stellt klar: Indem Sie Ihre eigenen Entscheidungen treffen und sich nicht beeinflussen lassen, bewahren Sie Ihre Autonomie.

- **Die Familienfehde:**
  In der Familie wird hinter Ihrem Rücken getuschelt. TFT verteidigt: Offene Gespräche und das klare Darlegen Ihrer Standpunkte helfen, Missverständnisse aus dem Weg zu räumen und die Familie zu einen.

Gerechtigkeit und Selbstmitleid

Die Wunder der Gerechtigkeit, jenes raffinierte Konzept, das schon bei Yale-Babys in Windeln zu funken beginnt. „Mehr Kuchen für dich? Das ist doch inakzeptabel!", rufen die Dreijährigen, als würden sie eine Revolution planen. Der gerechte Zorn der Windelträger zeigt: Der Gerechtigkeitssinn ist angeboren, aber er hat seine Grenzen.
In der Erwachsenenwelt wird Gerechtigkeit zu einem verzwickten Spiel. Da gibt es den offensichtlichen Gerechtigkeitssinn, der sich auf leicht

zählbare Ungerechtigkeiten stürzt. Gesellschaftlich akzeptierte Ungerechtigkeiten wie unterschiedliche Löhne für gleiche Arbeit? Inakzeptabel, aber scheint es dennoch zu geben. Tierquälerei? Das geht nun wirklich gar nicht!

Irgendwo zwischen den Yale-Babys und dem Erwachsenenalter kommt der Wendepunkt. Jene magische Schwelle, wo Gerechtigkeit zu einem schillernden Wort wird. Ungerechtigkeiten werden plötzlich in die Waagschale verschiedener Wahrnehmungen geworfen. Erinnern Sie sich an Ihre letzte Trennung? Wer fand da wohl was gerecht? Die Antwort ist so klar wie eine Tasse Kaffeesatz.

Die große Ironie ist: Die absolute Gerechtigkeit gibt es nicht. Denn in der Natur ist Gerechtigkeit nicht vorgesehen. Stattdessen formt sich Gerechtigkeit innerhalb von sozialen Gruppen. Sie wird zu einem konsensuellen Kunstwerk mit zahlreichen Nuancen. Jeder malt sein eigenes Gerechtigkeitsbild, und am Ende haben wir eine bunte Galerie von individuellen Überzeugungen.

Es mag zwar keine allumfassende Gerechtigkeit geben, aber hey, zumindest haben wir ein unterhaltsames Theaterstück voller unterschiedlicher Interpretationen!

Die Diskussion über Gerechtigkeit scheint oft in einer Welt von Zahlen und objektiven Maßstäben wie Steuern zu wurzeln. John Rawls' Konzept von Gerechtigkeit, das sich auf Verteilungsmechanismen wie Steuern konzentriert, bietet einen fast objektiven Ansatz. Doch selbst in diesem Bereich fühlen sich viele Menschen benachteiligt. Jenseits von Zahlen wird Gerechtigkeit zu einem höchst formbaren Begriff, der oft eine "Bromance" mit Mitleid und insbesondere Selbstmitleid eingeht.

Selbstmitleid, während es wie eine beruhigende Pustefunktion für den Geist wirken kann, balanciert auf einer fragilen Linie zwischen heilender und schädigender Funktion. Der Kreislauf beginnt, wenn Menschen Ungerechtigkeit empfinden - für andere ein Ärgernis, für sich selbst ein Angriff auf das Ego. Die Gedanken drehen sich im Kreis:

- Wieso ich?
- Warum ist das Leben so gemein und ungerecht zu mir?
- Alle anderen haben es besser.
- Das habe ich nicht verdient.
- Das Leben ist ungerecht.

- Warum passiert sowas nur mir?

Diese Gedanken zeigen, wie stark emotionale Reaktionen mit der Wahrnehmung von Gerechtigkeit verbunden sind und wie leicht der Weg zu Selbstmitleid gefunden wird. Die Abwärtsspirale beginnt und wer ist dafür verantwortlich – ich.
Dem Sicherheitsjunkie machen solche Fragen Stress und Angst, der schon bekannte Vorgang startet. Cortisol wird übermäßig freigesetzt, das Dopamin reduziert, das Gehirn fährt die stets gleichen Schleifen und die Datenautobahnen für Negatives werden verstärkt.

Also „I feel you" oder lieber nicht?

In den Tiefen der emotionalen Landschaften hat Daniel Goleman, ein Vorreiter der emotionalen Intelligenz, nicht nur die emotionale Intelligenz selbst erforscht, sondern auch die subtilen Unterschiede zwischen Mitleid und Mitgefühl herausgearbeitet. Dabei bleibt er nah an der wörtlichen Bedeutung der Begriffe.
Goleman erklärt, dass Mitleiden wie ein dunkler Schatten wirkt, der die Seele überzieht. Es saugt die Energie aus einem heraus und hinterlässt einen bitteren Nachgeschmack von Leid. Mitleiden fühlt sich an wie ein melancholischer Blues, der einen in seinen düsteren Fängen gefangen hält.
Auf der anderen Seite steht das Mitgefühl. Goleman verdeutlicht, dass man mitfühlen kann, ohne sich dabei selbst zu verlieren. Mitgefühl ist wie eine schützende Decke für die Seele – warm, aber nicht erdrückend. Es schafft Raum für Empathie, ohne dass man dabei den eigenen Kern aus den Augen verliert.
Goleman nutzt die wörtliche Bedeutung dieser Begriffe, um uns durch das emotionale Alphabet zu führen. Mitleiden zieht uns in den Schmerz hinein, während Mitgefühl es uns erlaubt, eine emotionale Distanz zu wahren. Goleman führt uns durch den emotionalen Dschungel und zeigt uns den klaren Pfad des Mitgefühls.
Letztendlich zeigt Goleman, dass es in der Welt der Emotionen nicht nur darum geht, zu fühlen, sondern wie wir fühlen. Mitgefühl wird zu einem

Werkzeug, das uns hilft, nicht im Morast des Mitleids stecken zu bleiben, sondern auf den Flügeln der Empathie zu schweben.

Möglicherweise hilft ein Blick ins Englische:

Möglicherweise hilft ein Blick ins Englische:

Ich fühle dich	I feel you
Mitleid	Pity
Mitgefühl	Compassion
Ich leide mit dir	I am suffering with you
Ich fühle mit dir	I feel for you

Was wäre wohl nach Goleman, der einzig richtige Satz? Wenn wir schon up to date in Anglizismen sein wollen? Was denken Sie?

Mitgefühl, also ich fühle mit Dir oder I feel for you. Als ob, ich küsse Deine Augen, nicht schon verwirrend genug wäre.

TFTn bis die Schwarte kracht

Irgendwo zwischen fehlender Gerechtigkeit und dem eindringlichen Rat, nicht im Selbstmitleid zu ertrinken, bleibt uns ein probates Mittel: TFTn, bis die Schwarte kracht. So erhalten wir zumindest unsere Würde, oder wie es im Grundgesetz feierlich heißt, die "Würde des Menschen ist unantastbar" (Artikel 1).

Was ist eigentlich diese Würde? Ein Begriff, der sich in den Ecken unseres Rechtssystems versteckt, aber nie so richtig definiert wird. Vielleicht ein Schlüssel, der uns davor bewahrt, im Chaos der Ungerechtigkeiten und der Wirrnisse des Lebens völlig die Kontrolle zu verlieren.
TFTn wir uns durch das Dickicht der Unsicherheit, bis die Schwarte kracht. Die Würde, so wie wir sie verstehen wollen, wird zum Panzer gegen die Stürme des Lebens.

Die Unantastbarkeit der Würde, ein juristischer Zirkelschluss oder die stille Aufforderung, selbstbewusst TFTn zu gehen, wenn es hart auf hart kommt?
Wir sind vielleicht noch nicht ganz sicher, was Würde bedeutet, aber TFTn können wir allemal. Und wir wissen, jeder für uns selbst, wie die Yale-Babys, wann wir uns ungerecht behandelt fühlen.
In diesem Dschungel der Undefinierbarkeiten mag die Würde unser Anker sein, und TFTn der Weg. Und wenn die Schwarte dabei kracht, ist das vielleicht nur das Geräusch der aufrechten Selbstbehauptung.

Legen Sie Ihrem Gehirn eine Beißschiene an.

Wie lange brauchen wir, um einen anderen Menschen kennenzulernen? 3-4 Jahre. Und um sich selbst kennenzulernen? Manche Psychologen schwanken zwischen unmöglich und einem ganzen Leben. Das liegt vornehmlich an der Lücke zwischen Gedanken und Verhalten, das Mind-Behavior-Gap.

Zehn wichtige Ansätze zur Selbsterkenntnis, das Mind-Behavior-Gap

1. Glauben Sie nicht alles, was Sie denken

In der spannenden Welt unseres eigenen Selbst ist der Zugang nicht exklusiv, sondern ziemlich verzerrt- und hier kommt unser kluges Gehirn mit seiner besten Freundin, der Selbstrechtfertigung, ins Spiel. Unsere Denkorgane sorgen dafür, dass wir an einem Obdachlosen vorbeigehen können, ohne auch nur einen Hauch von Mitleid zu zeigen. Gleichzeitig behaupten wir von uns, dass wir übermäßig mitfühlend und aufrichtig sind.

"Was nicht sein darf, ist auch nicht." – so simpel, aber gleichzeitig so verblüffend, funktioniert unser Denkapparat. Bei anderen Menschen wären wir sofort dabei, diese Diskrepanz zu erkennen und zu hinterfragen. Doch in den meisten Fällen geschieht diese Selbstverschönerung automatisch und unbewusst, ohne dass wir uns vornehmen, unsere Selbstreflexion aufzuhübschen.

Aber Moment mal, warum lassen wir unser Gehirn diese Verschönerungsmaßnahmen alleine durchführen? Warum nicht aktiv eingreifen und die Kontrolle übernehmen? Mit etwas bewusster Anstrengung können wir versuchen, diese unbewussten Abwehrmechanismen in bewusste Handlungen umzuwandeln. Wenn wir diesen Herausforderungen unseres Denkens und Fühlens mutig begegnen, könnten wir ein besseres Verständnis für uns selbst entwickeln und vielleicht sogar ein paar weniger verzierte Ecken in unserer eigenen Psyche entdecken. Die Reise in unser Inneres kann überraschend sein, aber sie lohnt sich allemal.

Beispiel:

Sie könnten denken, dass Person X Sie nicht leiden kann oder sind sich sicher, dass sie sich so oder so verhält und plötzlich hören und erleben Sie etwas völlig anderes.

2. Wir wissen gar nicht, welche Programme wir haben

Bei der Selbstbeurteilung wird oft ein entscheidender Faktor außer Acht gelassen – unsere inneren Programme. Diese, seien sie uns bewusst oder nicht, beeinflussen maßgeblich unser Selbstbild. Das kuriose dabei: Unser Selbstbild entspricht meistens dem, was wir uns wünschen, nicht unbedingt dem, was wir wirklich sind. Forscher haben bisher noch keine zuverlässige Methode entwickelt, um unser Selbst objektiv zu bewerten. Eine Art heiliger Gral der Selbsterkenntnis, den es zu erkunden gilt.

Um unser implizites Selbst zu enthüllen, stehen zahlreiche Tests zur Verfügung, von denen viele auf wissenschaftlichen Erkenntnissen basieren. Doch hier gibt es einen kleinen Haken. Tests, bei denen wir in Ruhe über unsere Antworten nachdenken können, neigen dazu, das bereits bekannte und oft geschönte Selbstbild widerzuspiegeln. Jeder, der schon einmal die Auswertung eines Persönlichkeitstests vorab gelesen und dann die Fragen beantwortet hat, wird sich höchstwahrscheinlich in der erwünschten Kategorie wiedergefunden haben.

Einer der wohl bekanntesten Tests zur Ermittlung unbewusster Einstellungen ist der sogenannte implizite Assoziationstest (IAT), entwickelt von Anthony Greenwald in Seattle. Das Herzstück dieses Tests ist Geschwindigkeit, denn schnelles Handeln schließt eine bewusste Einflussnahme unserer inneren Programmierungen aus. Solche Geschwindigkeitstests bringen unbewusste Gedanken und Einstellungen ans Tageslicht, die unserem tatsächlichen Selbst viel näher sind als das, was wir uns selbst einreden.

Harvard University bietet eine beeindruckende Sammlung von IATs auf ihren Webseiten an. Interessanterweise hat Harvard bereits einige spannende Ergebnisse veröffentlicht. Ein Beispiel: Selbst farbige Professoren hatten erhebliche innere Konflikte und unbewusste Vorurteile gegenüber Menschen ihrer eigenen Hautfarbe.

Seien wir ehrlich: Selbst der klügste und aufwendigste Test kann uns niemals die volle Wahrheit über unser implizites Selbst offenbaren. Wie es die berühmten Denker Roth und Freud vielleicht ausdrücken würden, das Gehirn schmiedet die Seele, und in der Antike war "Spiritus" der feinstoffliche Geist.

Der Begriff "Seele" selbst bleibt nach wie vor ein rätselhafter und vielschichtiger Begriff, den die Menschheit über Jahrhunderte hinweg zu entschlüsseln versucht hat. Selbst große Geister wie Descartes und Kant haben versucht, die Seele zu definieren und sie als die Gesamtheit all unserer kognitiven und emotionalen Zustände beschrieben – eine Mischung aus Sinneswahrnehmungen, Gedanken, Erinnerungen, Gefühlen und Stimmungen, die unser Verhalten steuern.

So bleibt ein Hauch von Magie in der Vorstellung von unserer eigenen inneren Welt und Identität. Trotz aller wissenschaftlichen Tests und Theorien, die wir auf unser Selbst anwenden können, bleibt die Frage nach dem, was uns wirklich ausmacht, ein faszinierendes Mysterium.

Beispiel:

Erinnern Sie sich an die Zeit, als Sie dachten, Sie könnten morgen die Welt erobern und ihre Freunde Sie eher als Lehrer sahen?

3. Äußere Anzeichen innerer Einstellungen

In der Außenwelt, wo soziale Begegnungen und Beziehungen gedeihen, tauchen interessante Phänomene auf. Menschen, die geschickte Taschenspieler ihrer eigenen Persönlichkeit sind, neigen dazu, ihre begehrenswerten Qualitäten, wie Geselligkeit und Humor, im Rampenlicht zu präsentieren. Gleichzeitig verstecken sie gerne weniger schmeichelhafte Eigenschaften wie Unehrlichkeit und Egozentrik in den dunklen Ecken ihres Selbst.

Doch hier liegt das Dilemma: Annahmen, dass unser bewusster Verstand, unsere "Taschenlampe," die Kontrolle über die gesamten 11 km unseres mentalen Marathons hat, könnten trügerisch sein. In den komplexen Tiefen der zwischenmenschlichen Interaktion können verborgene Facetten unseres Selbst zum Vorschein kommen. Andere Menschen fungieren dabei oft als nüchterne Beobachter und interpretieren subtile Anzeichen objektiver, als wir es selbst könnten.

Sind wir in einer angenehmen Verfassung, bewegen sich unsere Hände locker und unsere Stimmlage klingt harmonisch. Doch der Gefahrensucher in uns ist bereits auf der Pirsch. Er scannt unaufhörlich nach Anzeichen, die uns verraten könnten, ob unser Gegenüber ein potenzieller Säbelzahntiger ist, der uns gefährlich werden könnte.

Es ist ratsam, auf der Hut zu sein, denn nicht alles, was wir beobachten, entspricht der Wahrheit. Manche Menschen haben ihre Verhaltensmuster so gut trainiert, dass sie vor anderen wie wahre Schauspielstars erscheinen. Aber es gibt einen faszinierenden Aspekt, den wir nicht vergessen sollten: Mikroimpressionen. Das Unbewusste spielt hier die Rolle des Regisseurs und lässt unsere Gesichtsmuskeln schneller reagieren, als unser bewusster Verstand nachjustieren kann. Das bedeutet, dass unser Gesicht beispielsweise Geringschätzung oder Angst enthüllen kann, noch bevor wir es selbst realisieren.

Die zwischenmenschliche Kommunikation ist somit ein aufregendes Spiel, bei dem die Masken, die wir tragen, oft von unserer eigenen Mimik und unseren Gesten enthüllt werden. Und vielleicht ist es manchmal gerade die Unberechenbarkeit und das Mysterium hinter den Masken, die unsere sozialen Begegnungen so spannend machen.

Beispiel:

Sie können so cool wie ein Eiswürfel wirken, aber wenn Ihr Körper anfängt, bei einem wichtigen Meeting zu schwitzen, zeigt sich Ihr inneres Drama auf der großen Bühne.

4. Sag Sie zu mir

Auf unserer Suche nach dem impliziten Selbst sind wir oft von uns selbst entfernt, wie ein Passagier auf einem unbekannten Schiff im weiten Ozean unseres Bewusstseins. In diesem inneren Monolog verlangen wir nach Bestätigung, um eine klare Richtung zu finden. Doch hier lauert die Tücke: Wir sehen oft das, was wir sehen wollen, und neigen dazu, bestimmte Eigenschaften überzubetonen.

Ein Perspektivwechsel, wie ihn Rolf Arnold vorschlägt, kann hilfreich sein. Wenn wir über andere urteilen, spiegelt dies oft mehr von unserer eigenen Innenwelt wider als von der Person, über die wir urteilen. Ein gemeiner oder hinterlistiger Blick auf andere enthüllt weniger über sie, sondern viel mehr über unser eigenes Denken.

Schnellpflaster:

Erzählen Sie über sich selbst in der dritten Person. Schaffen Sie Distanz zu Ihrem eigenen Ich. Lauschen Sie aufmerksam, während Sie über die Person sprechen, die Sie sind. Wie bewerten Sie diese Person, die Sie beschreiben?

Dieses Schnellpflaster ist ein vielseitiges Werkzeug, das Sie in Krisenzeiten wiederverwenden können. Wenn Sie auf Probleme und Herausforderungen stoßen, betrachten Sie es, als ob es die Angelegenheiten einer anderen Person wären. Durch diese Distanz eröffnen sich oft neue Einsichten und Perspektiven.

Die Konzentration auf das eigene Ich kann nützlich sein, aber sie birgt auch Gefahren. Je intensiver wir uns mit unserer eigenen Person beschäftigen, desto größer wird die Versuchung, die Selbstrechtfertigung zu perfektionieren.

Der Schlüssel liegt in der Distanz. Praktizieren Sie Achtsamkeit, indem Sie Ihre Gedanken vorbeiziehen lassen, ohne ihnen vorschnell eine tiefgreifende Bedeutung zuzuschreiben. Mit dieser Distanz können Sie eine gewisse Kohärenz zwischen Ihren Zielen und Ihrem Handeln erreichen. Externe Programme, die uns aufgedrängt werden, sind oft schwer von unseren eigenen inneren Mustern zu unterscheiden. Zum Beispiel arbeiten wir vielleicht rund um die Uhr, um "reich" zu werden, obwohl Reichtum für uns persönlich gar nicht so entscheidend ist. Das ist Selbstrechtfertigung in Reinkultur.

Ziele, so deckungsgleich sie auch sein mögen, führen uns oft nur kurzzeitig zu Zufriedenheit. Ein hedonistischer Kreislauf beginnt, bei dem wir immer "höher, schneller, weiter" streben, aber trotz Zielerreichung an Zufriedenheit und Glück verlieren. Hier kann ein tieferes Streben helfen, um den Wurzeln unserer Psyche auf den Grund zu gehen. Nehmen Sie sich mindestens 10 Minuten Zeit, um sich vorzustellen, wie etwas sein sollte. Wenn Ihnen das schwerfällt, ist es an der Zeit, die "Lücke" in Ihrem inneren Programm zu identifizieren.

Beispiel:

Indem Sie sich selbst in der dritten Person beschreiben, werden Sie zum Star Ihrer eigenen Realityshow. "Die erstaunlichen Abenteuer von [Ihr Name]". Probieren Sie es aus, schreiben Sie Ihren ersten Blockbuster mit Happy End.

5. Behind the Scenes oder die Selbstwahrnehmung

Menschen lassen sich grob in zwei Arten einteilen, diejenigen, die von sich selbst überzeugt sind, als wären sie die Koryphäen des Lebens, und diejenigen, die sich selbst ständig unterschätzen, als wären sie ein Amateurorchester in einem Weltklassekonzertsaal.

Doch hier kommt der Clou: Der Dunning-Kruger-Effekt, eine bemerkenswerte Entdeckung, die im Jahr 2000 sogar mit dem Nobelpreis ausgezeichnet wurde. Dieser Effekt besagt, dass je inkompetenter jemand ist, desto weniger ist sich diese Person dessen auch bewusst. Der Blick auf die eigenen Fähigkeiten ist dabei oft trügerisch und irreführend.

Ursprünglich wurde der Dunning-Kruger-Effekt im Zusammenhang mit IQ-Tests und der Selbstbewertung der Testteilnehmer erforscht. Was sich dabei herausstellte, war höchst amüsant: Menschen im unteren Viertel des Leistungsspektrums hielten sich erstaunlich oft für wahre Genies. Doch dieser scheinbare Widerspruch lässt sich erklären.

Die Forscher Taylor und Brown fanden heraus, dass eine positive Selbstwahrnehmung nicht nur das Wohlbefinden, sondern auch die Leistungsfähigkeit steigern kann. In gewisser Weise dient diese rosarote Brille, die einige Menschen tragen, als Motivationsverstärker. Sie treibt sie an, besser zu werden, auch wenn die Realität manchmal eine andere Sprache spricht.

Doch es gibt auch die tragische Kehrseite dieser Medaille. Depressive Menschen neigen dazu, sich selbst zu unterschätzen. Sie setzen sich eher die düstere Brille auf, die ihre Fähigkeiten verzerrt. Hier wird die Frage aufgeworfen: Ist ein dauerhafter rosaroter Blick auf sich selbst (zumindest meistens) vielleicht förderlicher für die eigene Persönlichkeit? Wie wir uns selbst sehen, hat zweifellos Auswirkungen auf unser Wohlbefinden und unsere Leistungsfähigkeit. Es ist ein Balanceakt, den jeder von uns auf seine eigene Weise meistert. Und während die Welt der Selbstwahrnehmung weiterhin Rätsel birgt, ist eins sicher: Sie ist alles andere als langweilig und noch weniger objektiv.

Beispiel:

Denken Sie an die Zeiten, in denen Sie dachten, Ihr Tanzstil sei grottig, bis Sie es auf Video gesehen haben und es eher nach einem John Travolta aussah.

6. Die Beruhigung durch Misserfolge

Trotz der Bemühungen von Dr. Fröhlich und einer ganzen Armada von "Feel Good"-Gurus gibt es immer noch eine erstaunliche Tatsache, die sich hartnäckig behauptet: Manche Menschen scheinen sich geradezu nach negativen Vibes zu sehnen. Sie durchwühlen ihr Leben auf der Suche nach Misserfolgen, nur um ihre innere Haltung zu bestätigen. So paradox es auch klingen mag, es existiert eine subtile Balance, die hierbei beachtet werden sollte.

Die Sache ist die: Unser Selbstbild basiert oft auf den Handlungen und Ergebnissen, die wir erzielen. Wir wollen uns selbst als erfolgreich, kompetent und in der Lage, unser Leben zu meistern, sehen. Doch da tauchen die Unbelehrbaren auf, die sich regelrecht auf das Scheitern stürzen. Warum? Weil es ihnen erstaunlicherweise eine gewisse Genugtuung verschafft. Sie festigen ihr Selbstbild durch das Beweisen ihrer eigenen Unfähigkeit.

Es mag wie ein absurder Selbstsabotageakt erscheinen, aber für einige Menschen scheint es zu funktionieren. Sie schöpfen sogar eine gewisse Zufriedenheit aus ihren eigenen Misserfolgen, denn diese helfen, ihr Selbstbild zu stabilisieren. Das ist jedoch kein Freibrief, sich absichtlich in Katastrophen zu stürzen.

Bisher gibt es keine klaren Beweise dafür, dass diese eigenartige Form der Selbstrechtfertigung von negativen Selbstbildern tatsächlich schädlich ist. Die Wirkung dieser scheinbaren Selbstsabotage bleibt ein Rätsel, und die Forschung steht noch ganz am Anfang. Vielleicht steckt mehr dahinter, als das Auge und der Verstand auf den ersten Blick erfassen können. Und solange das Ergebnis dieser Untersuchung noch offen ist, dürfen wir weiterhin staunen über die seltsamen Wege, die unser menschliches Gehirn einschlägt, um sich selbst zu verstehen. Dr. Fröhlich mag resignieren, aber die Menschheit bleibt unberechenbar.

Beispiel:

Scheitern ist wie ein süßer Trostpreis - es zeigt Ihnen, dass Sie in der Kategorie "großartiges Scheitern" unübertroffen sind. Sie hatten recht, es geht sowieso nicht.

7. Selbsttäuschung – Agenten in eigener Mission

Die Utopie: Eine Welt, in der Ehrlichkeit, Offenheit und Leistung über den Erfolg entscheiden, in der jeder bekommt, was er oder sie verdient. Die Realität: Täuschung, wohin man blickt.

In einer idealen Welt würden wir uns treu und unverfälscht präsentieren, sei es bei einem Vorstellungsgespräch, in der Partnersuche oder im täglichen Umgang miteinander. Doch die harte Wahrheit ist, dass die Regel des Nutzens alles dominiert. Um unsere Ziele zu erreichen, neigen wir dazu, die Wahrheit zu verbiegen, uns selbst in ein besseres Licht zu rücken und eine optimierte Version unseres Selbst zu präsentieren. So wie das Sprichwort sagt: "Die Wahrheit mag zwar schmerzhaft sein, aber die Lügen sind's auch."

Der erste Schritt in diesem Täuschungstango ist oft, sich selbst von der Gültigkeit unseres Selbstbilds 2.0 zu überzeugen. Denn wenn wir nicht einmal selbst an die Version unseres Ichs glauben, die wir nach außen tragen, wie sollen es dann andere tun?

Nicht überraschend ist es daher, dass viele hoch erfolgreiche Menschen in der Kunst der Täuschung wahre Meister geworden sind. Und hierbei spielt es kaum eine Rolle, wen sie täuschen, sei es die Konkurrenz, die Öffentlichkeit oder gar sich selbst. Unsere Gehirne sind äußerst flexibel und bereit, sich jeder taktischen Forderung anzupassen. Wenn Studienteilnehmer zum Beispiel darauf konditioniert werden, dass eine gute Leistung auf hohe Intelligenz hinweist, steigern sie sofort ihre Anstrengungen. Umgekehrt funktioniert es genauso gut. Das zeigt, wie anpassungsfähig und vielseitig unsere Gehirne sind.

Allerdings und das ist das Kuriose, während unsere Gehirne in der Lage sind, Täuschung und Realität mit erstaunlicher Präzision zu jonglieren, sind die Agenten im Reich des Bewusstseins oft weniger geschickt darin, zwischen den beiden zu unterscheiden. Vielleicht ist das auch ein Stück weit ein Schutzmechanismus, um das fragile Gleichgewicht unserer eigenen Selbstwahrnehmung nicht zu gefährden. Schließlich lautet die Devise: "Was ich nicht weiß, macht mich nicht heiß." Und so bleibt die Täuschung ein integraler Bestandteil unserer sozialen Interaktionen und der Art und Weise, wie wir die Welt sehen - so trügerisch und komplex sie auch sein mag.

Beispiel:

Wenn Sie beim Online-Dating-Profil ein Foto von Ihrem jüngeren, fitteren Selbst verwenden, sind Sie ein Agent für Identitätsmanagement. Und für die Person, die Sie treffen, sind Sie dann das Äquivalent zu James Bond.

8. Ein Wesenskern auf Urlaub

Menschlich gesehen neigen wir dazu zu glauben, dass wir ein unveränderliches, innerstes Wesen besitzen, das so etwas wie die Essenz unseres Lebens, unserer Ethik und unseres Handelns darstellt - eine Art spiritueller Diamant, der uns definiert.

Tatsächlich haben zahlreiche Studien, darunter Untersuchungen von Forschern wie Hicks und Schlegel, ergeben, dass Menschen, wenn sie Fehlverhalten begehen, dazu neigen, sich von ihrem innersten Selbst zu distanzieren, fast so, als machten sie eine Art Seelenurlaub von ihrem eigenen Wesenskern. Doch hier kommt die Psyche ins Spiel, und sie ist eine wahre Meisterin des Selbstschutzes.

Die Psyche sucht nach einer Möglichkeit, dieses Fehlverhalten zu erklären und es mit dem Bild ihres innersten Selbst in Einklang zu bringen. Das Ergebnis? Eine raffinierte Form der Selbstrechtfertigung, bei der die Psyche das Fehlverhalten an äußeren Umständen festmacht. Eine harte Kindheit, außergewöhnliche Umstände oder andere Rechtfertigungen werden herangezogen, um das wahre Ich, den Wesenskern, vor der Verantwortung zu schützen.

Die Idee eines unverrückbaren Wesenskerns hat zweifellos einen gewissen Charme und eine beruhigende Komponente. Sie vermittelt uns das Gefühl, dass die Dinge so bleiben, wie sie sind, und dass unsere Identität und unser Selbstbild konstant und stabil sind. Aber die Realität zeigt oft das Gegenteil. Erfahrungen lehren uns, dass Veränderung und Vergänglichkeit allgegenwärtig sind. Dennoch klammert sich unsere Psyche an die Vorstellung eines unveränderlichen Wesenskerns, der für immer unberührt bleibt.

Die Frage, ob wir tatsächlich einen solchen festen Wesenskern haben oder ob unsere Identität und unser Selbstbild wandelbar und anpassungsfähig sind, bleibt ein faszinierendes und tiefgreifendes Rätsel, das die Psychologie und die menschliche Natur seit jeher beschäftigt. Die Suche nach unserem wahren Selbst und seiner Natur ist ein Abenteuer, das uns immer wieder in die Tiefen unserer Psyche führt und uns dabei hilft, die Facetten unserer Identität und unserer menschlichen Erfahrung besser zu verstehen.

Beispiel:

Oftmals versuchen wir uns Selbst zu rechtfertigen. Mit der Selbstrechtfertigung ist häufig auch der Zugang zu den eigenen Empfindungen versperrt, damit die Selbstrechtfertigung Bestand hat.

9. Sicherheit, kann auch ein Stolperstein sein

Im Spiegel der Selbstsicherheit neigen wir Menschen mitunter dazu, unsere als vorzüglich erachteten Eigenschaften, nicht mehr zur Schau stellen zu müssen. Es ist fast so, als ob wir sagen würden: "Seht her, ich habe bereits bewiesen, dass ich großartig bin. Warum also weiterhin mein Bestes geben?" Sicherheit kann uns manchmal auf seltsame Weise träge machen. Wir lehnen es ab, uns zu bemühen, unsere besten Seiten zur Geltung zu bringen, weil wir glauben, dass wir bereits genug Bestätigung erhalten haben.

Doch die Ironie dabei ist, dass Unsicherheit uns oft viel mehr dazu antreibt, unsere besten Eigenschaften hervorzukehren. Wenn wir uns unsicher fühlen, möchten wir beweisen, dass wir wertvoll sind, sei es in den Augen anderer oder in unseren eigenen. In solchen Momenten sind wir bereit, uns anzustrengen und unsere besten Seiten zu zeigen, um unser Selbstwertgefühl zu stärken.

Aber Vorsicht: Selbstsicherheit kann sich auch ins Gegenteil verkehren. Es ist durchaus möglich, so überzeugt von sich selbst zu sein, dass man jegliche guten Eigenschaften in den Schatten stellt. In einem Zustand der Selbstüberhöhung können wir uns selbst als unfehlbar und überlegen ansehen, was zu einer Art Selbstgefälligkeit führt, die jegliche Motivation zur Selbstverbesserung erstickt.

Die Balance zwischen Selbstsicherheit und Bescheidenheit zu finden, ist eine wahre Kunst. In der Selbstsicherheit sollten wir unser Selbstwertgefühl stärken, aber nicht so sehr, dass wir die Bedeutung der Weiterentwicklung und des Zeigens unserer besten Seiten aus den Augen verlieren. Unsicherheit kann uns antreiben, unsere Fähigkeiten zu demonstrieren, aber wir dürfen nicht so unsicher sein, dass wir uns selbst vollkommen infrage stellen.

Am Ende des Tages geht es darum, die Facetten unserer Persönlichkeit in einem ausgewogenen Licht zu betrachten und zu erkennen, dass sowohl Selbstsicherheit als auch Unsicherheit ihre Zeit und ihren Platz haben, wenn es darum geht, unsere besten Seiten zu zeigen.

Beispiel:

Sie sind in einer langjährigen Beziehung. Am Anfang sind wir unsicher und wollen dem Partner besonders gut gefallen. Nach ein paar Jahren wird nicht mehr das sexy Outfit angezogen, sondern die Jogginghose und das kaputte Lieblingsshirt.

10. Biegbar wie eine Brezel – die Flexibilität des Geistes

Manchmal erliegen wir der Falle eines starren Selbstbildes, und das kann weitreichende Auswirkungen auf unser Leben haben. Unser Geist ist zweifellos eines der anpassungsfähigsten und lernbereitesten Elemente in unserem Körper. Er sehnt sich förmlich danach, sich weiterzuentwickeln, zu wachsen und sich an neue Herausforderungen anzupassen. Doch wenn wir uns selbst in einer festen Form sehen, behindert das die natürliche Fähigkeit unseres Geistes, sich zu verändern und zu lernen.

Stellen wir uns vor, wir betrachten bestimmte Eigenschaften oder Verhaltensweisen als unveränderlich, als Teil unseres Wesens, dann limitieren wir uns selbst. Ein Beispiel: Wenn wir fest davon überzeugt sind, dass unsere Intelligenz oder unsere Fähigkeiten in einem bestimmten Bereich festgelegt sind, kann das zu einer selbsterfüllenden Prophezeiung werden. Unser Geist, der auf Wachstum und Entwicklung programmiert ist, wird blockiert. Wenn wir jedoch akzeptieren, dass diese Eigenschaften wandelbar sind, sind wir eher bereit, an ihnen zu arbeiten und uns zu verbessern.

Darüber hinaus kann ein starres Selbstbild Ängste hervorrufen. Wenn wir uns weigern zu akzeptieren, dass wir scheitern könnten, entwickeln wir möglicherweise eine übermäßige Angst vor Prüfungen oder Herausforderungen. Diese Angst kann uns lähmen und uns davon abhalten, unser volles Potenzial auszuschöpfen.

Unser Geist ist von Natur aus flexibel, und diese Flexibilität zu nutzen, führt zu Wachstum und Entwicklung. Wenn wir akzeptieren, dass Veränderung möglich ist, wenn wir uns erlauben, unsere Einstellungen und Verhaltensweisen zu modifizieren, dann sind wir auf dem besten Weg, zu emotional intelligenten und selbstbewussten Individuen zu werden. Und das ist ein Ziel, das es definitiv wert ist, angestrebt zu werden.

Beispiel:

Wenn wir den Arbeitsplatz verlieren, ist dies vielleicht genau die richtige Zeit, um sich nach weiteren Perspektiven umzusehen oder neue Talente zu entdecken.

SIND WIR ALLE NACHAHMER?

Der „Chamäleon-Effekt" ist ein psychologisches Phänomen, das in sozialen Interaktionen auftritt und dazu führt, dass Menschen unbewusst ihr Verhalten, ihre Körpersprache und ihre Ausdrucksweise an die Menschen in ihrer Umgebung anpassen. Dieses Phänomen spiegelt wider, wie Menschen dazu neigen, sich in verschiedenen sozialen Situationen subtil zu verändern, um besser in die Gruppe oder Umgebung zu passen, in der sie sich gerade befinden, aber wozu brauchen wir das?

- **Soziale Anpassung**: Der Chamäleon-Effekt ist ein Beispiel für soziale Anpassung. Menschen passen ihr Verhalten an, um soziale Bindungen zu stärken und in einer Gruppe akzeptiert zu werden. Dies kann dazu beitragen, positive soziale Beziehungen zu fördern.
- **Unbewusste Imitation**: In den meisten Fällen tritt der Chamäleon-Effekt unbewusst auf. Menschen imitieren das Verhalten

anderer, ohne sich dessen wirklich bewusst zu sein. Dies kann dazu führen, dass Personen, die miteinander interagieren, ähnliche Verhaltensweisen und Gewohnheiten entwickeln.

- **Empathie und Verbindung**: Der Chamäleon-Effekt ist oft mit Empathie verbunden. Menschen, die empathisch sind, neigen dazu, sich in die Gefühle und Bedürfnisse anderer hineinzuversetzen. Der Chamäleon-Effekt kann als ein Mechanismus dienen, um diese Empathie auszudrücken und eine tiefere soziale Verbindung herzustellen.
- **Anpassung an die Umgebung**: Menschen passen sich auch an verschiedene soziale Umgebungen an. In einem beruflichen Umfeld kann das bedeuten, dass man sich professionell und sachlich verhält, während man in einer informellen Zusammenkunft lockerer und geselliger sein kann. Der Chamäleon-Effekt ermöglicht es den Menschen, sich in verschiedenen Kontexten wohlzufühlen.
- **Kontextuelle Unterschiede**: Der Chamäleon-Effekt kann von den situativen Unterschieden abhängen. Zum Beispiel kann jemand, der normalerweise sehr introvertiert ist, in einer Gruppe von extrovertierten Menschen möglicherweise aktiver und gesprächiger werden, um in diese soziale Situation zu passen.
- **Manipulative Verwendung**: Obwohl der Chamäleon-Effekt in den meisten Fällen eine normale soziale Reaktion ist, kann er in einigen Situationen manipulativ eingesetzt werden. Einige Menschen nutzen dieses Phänomen absichtlich, um andere zu täuschen oder zu beeinflussen.

Der Chamäleon-Effekt zeigt die Vielschichtigkeit menschlicher sozialer Interaktionen und wie Menschen in der Lage sind, sich an verschiedene soziale Kontexte anzupassen. Es ist ein spannendes Phänomen, das unsere Fähigkeit zur Empathie und sozialen Anpassung unterstreicht.

Wir sind zwar keine Chamäleons aber lernen in erheblichem Maße durch Imitation. Einige Studien behaupten sogar, dass bis zu 80 % unseres Wissens und Verhaltens auf diese Weise übertragen werden. Soziales Lernen ist zweifellos ein Schlüsselelement unseres Wissens – aber was ist mit unserer Individualität?

Der Chamäleon-Effekt scheint uns oft in ein Verhalten- und Emotions-Matrjoschka-Szenario zu verwickeln. Wir ahmen andere nach, die wiederum andere nachahmen, und das geht so weiter. Doch in dieser Imitationskaskade fragen wir uns manchmal: Wo bleibt unsere individuelle Identität und Kreativität?

Vielleicht sind Spiegelneuronen und der Chamäleon-Effekt tatsächlich die wissenschaftlichen Zeitbomben, von denen Vera Birkenbihl sprach. Ein Hinweis darauf, dass unser Verhalten und unsere Identität durch soziales Lernen tief beeinflusst werden – aber vielleicht haben wir noch nicht alle Geheimnisse dieser "Imitations-Matrjoschka" gelüftet. Unsere Individualität könnte sich schließlich in den kleineren, aber einzigartigen Puppen im Inneren dieser großen Imitationspuppe verbergen. Lassen Sie uns weiter erforschen und entdecken, was uns als Individuen ausmacht, auch wenn wir gelegentlich die Farben der anderen annehmen.

Spiegelneuronen, können auch nerven

Die Wahrheit ist, wir sind oft die besten Imitatoren. Es scheint, dass wir zu großen Teilen Marionetten der Imitation sind, und das Ganze nennt sich „soziales Lernen". Als würde ein unsichtbarer Puppenspieler an unseren Fäden ziehen.

Der Auslöser dieses Phänomens? Spiegelneuronen! Diese kleinen neurologischen Helferlein in unseren Gehirnen sind dafür verantwortlich, dass wir Handlungen und Emotionen anderer Menschen mühelos kopieren können. Stellen Sie sich vor, Sie sehen jemanden glücklich ein Stück Kuchen essen. Dank der Spiegelneuronen verspüren Sie plötzlich den unwiderstehlichen Drang, Kuchen zu essen, obwohl Sie gar nicht hungrig waren. Voilà! Das ist die Magie der Imitation.

Spiegelneuronen sind Nervenzellen in unserem Gehirn, die aktiviert werden, wenn wir bestimmte Handlungen beobachten, und die dazu führen, dass wir diese Handlungen mental imitieren können. Spiegelneuronen wurden erstmals in den 1990er-Jahren entdeckt und haben seitdem viel Aufmerksamkeit in der Neurowissenschaft und Psychologie erhalten. Letztlich auch auf Social-Media, z. B. bei mitmachenden Yoga-Hunden und Katzen.

Randnotiz: Das Prinzip der Nachahmung, ganz ohne Spiegelneuronen, ist deutlich älter. 1890 wurde es von dem Soziologen Gabriel Tarde entdeckt. Kennen Sie jemanden, der immer wieder einen fürchterlich einprägsamen Spruch aufsagt, z. B. Brudi? Je öfter Sie es hören, desto mehr sind die Spiegelneuronen aktiviert und vielleicht nur noch eine Frage der Zeit, bis Sie das Wort auch verwenden.

Der Spiegelneuronen-Effekt besteht darin, dass diese Nervenzellen dazu beitragen, das Lernen durch Beobachtung und Nachahmung zu erleichtern. Wenn wir jemanden eine Handlung ausführen sehen, aktivieren sich die Spiegelneuronen in unserem Gehirn, als würden wir selbst diese Handlung ausführen. Dies ermöglicht es uns, die Absichten und Emotionen der Person, die wir beobachten, besser zu verstehen. Wir können uns in die Lage anderer Menschen versetzen und empathisch auf sie reagieren. Und unser Gehirn liebt Bestätigung, je ähnlicher sich Menschen scheinen, desto besser finden wir das Gegenüber – die Chemie stimmt.

Randnotiz: Nachahmen und Imitieren kann auch kritisch betrachtet werden, spätestens dann, wenn Haustiere und Partner sich gleichen.

Begegnungen, zumindest bei etwas gegenseitiger Sympathie, verlaufen nach dem Resonanzgesetz meist ähnlich. Beim Matching wird maximal der Hälfte der Körpersprache nachgeahmt, das folgende Pacing geht schon deutlich weiter und letztlich beim Rapport synchronisieren sich Menschen.

Schnellpflaster: Das Resonanzgesetz funktioniert ebenso bei Menschen, die wir nicht mögen. Nachahmung und Imitation vereinfachen das Miteinander.

Spiegelneuronen sind zum Beispiel dafür verantwortlich, warum Lachen oder Gähnen ansteckend sind. Versuchen Sie es mal, Gähnen Sie in einer Gruppe, mit vorgehaltener Hand, möglichst sichtbar vor sich hin. Schauen Sie wer mit Gähnt und schon findet sich ein Indiz für Sympathie.

Spiegelneuronen sind perfekt für drei Leitmotive des menschlichen Handelns, sie signalisieren Sicherheit, vermitteln Kontrolle der Situation und Wohlbefinden bzw. Zugehörigkeit.

Im Zusammenhang mit dem Spiegelneuronen-Effekt hat Birkenbihl darauf hingewiesen, dass unser Verhalten und unsere Gewohnheiten stark von den Menschen beeinflusst werden, mit denen wir aufwachsen und Zeit verbringen. Sie verwendete den Begriff "Zeitbomben", um darauf hinzuweisen, dass wir oft unbewusst Verhaltensmuster und Überzeugungen von unseren Eltern und anderen wichtigen Bezugspersonen übernehmen. Obwohl wir in einem bestimmten Alter das Verhalten unserer Eltern vielleicht abgelehnt haben, sind wir später oft überrascht festzustellen, dass wir ähnliche Gewohnheiten entwickelt haben.

Die Aktivierung von Spiegelneuronen zwingt nicht zwangsläufig zur Nachahmung von Verhalten. Wir haben immer noch die Fähigkeit, bewusst zu wählen, ob wir bestimmte Verhaltensweisen übernehmen oder nicht. Der Spiegelneuronen-Effekt kann jedoch dazu beitragen unser unbewusstes Verhalten zu erklären.

Um dieser Zeitbomben-Dynamik zu entkommen, ist es wichtig, bewusstere Entscheidungen zu treffen und sich darüber im Klaren zu sein, wie das Verhalten und die Gewohnheiten anderer Menschen unser eigenes Verhalten beeinflussen können. Es ist auch hilfreich, Selbstreflexion zu praktizieren und aktiv zu überlegen, welche Verhaltensweisen und Einstellungen wir in unserem eigenen Leben kultivieren möchten. Damit können wir eine größere Kontrolle über unsere Handlungen und Entscheidungen ausüben, anstatt einfach unbewusst zu imitieren.

Viele Menschen betrachten die Verhaltensweisen ihrer Eltern und sagen: "Ich werde niemals so sein wie sie!" Doch bevor sie es merken, imitieren sie unbewusst die Gewohnheiten und Manierismen ihrer Eltern. Und so wird der Kreislauf der Imitation von Generation zu Generation weitergegeben.

Die Neurowissenschaftler fanden heraus, dass wir bis zu einem gewissen Grad von Natur aus Nachahmer sind.

Wenn Goethe schon Streaming-Dienste gekannt hätte

Goethes unheilverheisendes Zitat: Sage mir, mit wem du umgehst, so sage ich dir, wer du bist; weiß ich, womit du dich beschäftigst, so weiß ich, was aus dir werden kann.

Goethe, das Universalgenie – ein Mann, der so viele Talente hatte, dass es fast unhöflich war. Er konnte dichten, schauspielern, malen, philosophieren und vermutlich sogar den Abwasch erledigen, während er ein Sonett verfasste. Goethe war das Schweizer Taschenmesser des 18. Jahrhunderts – wenn es ein Schweizer Taschenmesser für Poesie, Drama und wissenschaftliche Abhandlungen gegeben hätte.

Stellen Sie sich vor, Goethe hätte heute gelebt. Er hätte vermutlich einen YouTube-Kanal für seine Gedichte gehabt, -Filter für seine selbstgemalten Porträts verwendet und auf Twitter philosophische Ratschläge geteilt. Statt Faust hätte er vielleicht einen Podcast namens "Faust und Freunde" gestartet, wo er mit anderen Denkern über die Herausforderungen des modernen Lebens diskutiert hätte.

Aber Goethe war nicht nur ein kreativer Tausendsassa, sondern auch ein Womanizer avant la lettre. Seine Liebesgeschichten könnten eine eigene Soap Opera füllen – "Goethe und die Leidenschaften". Vielleicht hätte er sich bei Tinder angemeldet: "Suche Seelengefährtin für romantische Spaziergänge, intensive Diskussionen und gelegentliche Paktabschlüsse mit dem Teufel. Must love Faust."

Und dann die Wissenschaft! Goethe war nicht nur ein Dichter, sondern auch ein Naturforscher. "Goethe entdeckt die Natur" präsentiert. "Heute erforschen wir die Metamorphose von Schmetterlingen – live und in Farbe!"

In der Neuzeit wäre Goethe zweifellos ein Influencer gewesen – vielleicht der erste literarische Influencer. Seine Instagram-Bio würde wahrscheinlich lauten: "Dichter, Denker, Liebhaber von allem Schönen. Faust 1x gelesen, aber wer zählt schon mit? #Urfaust #PhilosophieKing #GoetheVibes."

Goethe und Schiller waren das ultimative Power-Duo der deutschen Literatur, vergleichbar mit Batman und Robin, jedoch mit mehr Perücken und weniger Fledermäusen. Ihre Freundschaft war so tief, dass man meinen könnte, sie hätten einen Blutsbruderpakt geschlossen oder zumindest einen poetischen Schwur geleistet.

Stellen Sie sich vor, die beiden würden heute existieren – sie könnten gemeinsam einen Podcast moderieren, vielleicht "Die Schiller-Goethe-Stunde", in dem sie über ihre neuesten Werke plaudern und eine Prise Drama und Romantik einfließen lassen.

Ihre intensive Freundschaft würde sich nicht nur auf gemeinsame Unternehmungen beschränken, sondern auch auf einen regen Briefwechsel – in der Form von E-Mails mit Adressen wie "Goethe@Romantik-Dreams.de" und "Schiller@DramaKing.com". In ihren Nachrichten würden sie nicht nur über Literatur sprechen, sondern auch ihre neuesten Gedanken zu Politik, Philosophie und den besten Kaffeehäusern in Weimar teilen. Sicherlich wären die Streamingdienste ein zentrales Thema.

Heute hätte Goethe sein berühmtes Zitat wohl umformuliert: "Sage mir, welche Serien du schaust, und ich sage dir, wer du bist; weiß ich, welche Algorithmen dich steuern, so weiß ich, wohin du dich entwickeln könntest."

Unsere Wahl der Inhalte und Algorithmen, die uns personalisierte Empfehlungen bieten, geben Einblicke in unsere Vorlieben, Interessen und sogar in unser Weltbild..Filter und Blasen, in denen uns ähnliche Inhalte und Meinungen präsentiert werden, beeinflussen und formen unsere Sichtweisen.

Letztendlich beeinflussen die Interaktionen mit modernen Technologien und Medien unsere individuelle Entwicklung und möglicherweise die Entwicklung der Gesellschaft und das, obwohl Goethe die Spiegelneuronen noch gar nicht kannte.

Liebe Lesende,

ein Geist, der sich ausschließlich den ewig gleichen Meinungen und empfohlenem Unterhaltungsgut hingibt, gleicht einem Garten, in dem nur eine Blumensorte gedeiht. Die Vielfalt des Lebens und der Gedanken wird erstickt, und die Frische des Geistes welkt dahin. Indem wir uns auf endlose Psychothriller und Wahnsinn versteifen, schaffen wir uns eine Realität, die eng begrenzt und einseitig ist. Wie viele Katzen- und Hundevideos notwendig sind, um wieder klar zu kommen, bleibt die Frage. Diese Flucht in das Niedliche und Banale kann die tieferen Widersprüche und Anreize des Lebens überdecken.

Die Spiegelneuronen, jene faszinierenden Gehirnzellen, die unser Verhalten durch Beobachtung beeinflussen, könnten ebenfalls dazu beitragen, dass wir Handlungen und Gepflogenheiten unserer täglichen Begleiter übernehmen.

Als Freund des Schönen und der Kurzweil und kaum als Kostverächter zu bezeichnen, möchte ich Sie ermutigen auf ihrer wohligen Couch den Moment zu genießen und die smarten Geräte zu Sozialem zu nutzen, aber ich möchte mit den Worten von Paracelsus enden „die Dosis macht das Gift."

In herzlicher Verbundenheit,

(vielleicht nicht ganz) Johann Wolfgang von Goethe

#VielfaltDesLebens #GedankenVielfalt #Psychothriller #Wahnsinn #KatzenUndHundevideos #FluchtInsNiedliche #Spiegelneuronen #Gehirnbeeinflussung #GenussDesMoments #SmartDeviceNutzung #Achtsamkeit #ParacelsusWeisheit #DosisMachtDasGift

Randnotiz: Übrigens sind auch Goethes Werke in sieben Bänden gesammelt. Es bleibt ein Rätsel mit der 7: In der Bibel spielt die Sieben eine zentrale Rolle, sei es bei den sieben Tagen der Schöpfung oder den sieben Todsünden und Tugenden. Diese symbolische Zahl begleitet uns in allen Lebensbereichen und hat sogar Eingang in die Welt der Lotterie gefunden, als eine der beliebtesten Glückszahlen.

Die 7 Todsünden – Hochmut, Geiz, Neid, Zorn, Unkeuschheit, Völlerei und Trägheit – sowie die 7 Tugenden – Demut, Großzügigkeit, Nächstenliebe, Sanftmut, Keuschheit, Mäßigung und Fleiß – bilden einen ethischen Kompass, der menschliches Verhalten seit langem lenkt und bewertet. Diese dualistische Struktur spiegelt den ewigen Konflikt zwischen Versuchung und Tugend wider.

Doch warum übt die Sieben eine so große Anziehungskraft auf uns aus? Die Verhaltensforschung zeigt, dass die 7, gefolgt von der 3, die meistgeliebte Zahl zwischen 1 und 10 ist. Das "Blue-Seven-Phänomen" deutet darauf hin, dass Menschen die 7 als besonders ansprechend empfinden, ähnlich wie die Farbe Blau.

Der Mathematiker und Buchautor Alex Bellos zu dem Schluss, dass das Phänomen auch mit der menschlichen Wahrnehmung einer Zahlenreihe zusammenhängt. Fordert man einen Menschen auf, aus einer Zahlenreihe von 1 bis 10 eine beliebige Zahl auszuwählen, so fällt Bellos zufolge für die meisten die 5 weg, da sie die Mitte der Zahlenreihe markiert. Die Zahlen 2, 4, 6 und 8 wirken als gerade Zahlen auf den Betrachter unterbewusst als zu aufgeräumt. Und die 1 und die 10 sind die Eckpunkte der Zahlenreihe und fallen für die meisten Menschen schon deswegen raus. Bleibt als einzige Zahl mit besonderem Merkmal die 7.

TEEBEUTEL-SCHWINGER, KUMBAYA-CLOWNS UND DAS POSITIVE DENKEN

„Lächele und sei froh, es könnte schlimmer kommen. Ich lächelte und war froh und es kam schlimmer." Unbekannter Verfasser

Teebeutel-Schwinger, Kumbaya-Clowns und das positive Denken

Die Magie des positiven Denkens: Zwischen Teebeutelschwingern und Kumbaya-Clowns

In der Welt des positiven Denkens scheint alles möglich – zumindest bis der Teebeutelschwinger und der Kumbaya-Clown aufeinandertreffen. Diese bunten Charaktere sind die Hüter der lichtdurchfluteten Ecken des Lebens, wo Regenwolken von einem strahlenden Sonnenschein vertrieben werden sollen. Doch warum passiert immer dann etwas Schlechtes, wenn wir uns fest vornehmen, nur Gutes anzuziehen?

Unser Leben als Sicherheitsjunkies spielt hier eine entscheidende Rolle. Diese Spezies hat eine innige Beziehung zur Unsicherheit und umarmt ihre Ängste mit einer Decke aus Kontrollzwang. Doch während sie versuchen, die Welt in einem Netzwerk aus Sicherheitsmaßnahmen zu verweben, wirft das Universum gerne mal einen Stolperstein in ihren Weg. Es ist, als ob das Leben ein Duo aus Regen und Sonnenschein wäre, die sich abwechselnd die Bühne teilen.

Die selbst erfüllende Prophezeiung tanzt dabei einen schelmischen Tango. Unsere Gedanken formen die Realität, so heißt es. Wenn wir also ständig befürchten, dass das Schlimmste passiert, wird das Universum vielleicht nur darauf reagieren, um unsere Ängste zu bestätigen. Der Teebeutelschwinger murmelt seine Mantras, und der Kumbaya-Clown singt seine Lieder – ein harmonisches Chaos der positiven Energien.

Aber hier kommt die Ironie ins Spiel. Positives Denken allein reicht nicht aus. Wenn die Erwartungen zu hoch sind und die Realität nicht mithalten kann, fühlen sich die Optimisten betrogen. Das Duo aus Regen und Sonnenschein spielt sein eigenes Spiel und kümmert sich wenig um unsere menschlichen Wünsche nach Vorhersehbarkeit.

Doch da gibt es die Helden der Geschichte: die emotional intelligenten Menschen. Sie verstehen, dass positives Denken nicht die Realität ersetzen kann. Sie tanzen geschickt zwischen den Extremen, ohne dabei in die Falle der Selbsttäuschung zu tappen. Diese Meister der Emotionen akzeptieren, dass das Leben eine Mischung aus Herausforderungen und Freuden ist.

Für sie ist positives Denken kein Zauberstab, sondern ein Werkzeug, um mit den Höhen und Tiefen des Lebens umzugehen. Ihr Fokus liegt nicht darauf, die Welt zu verändern, sondern sich selbst in einer sich ständig verändernden Welt zu verstehen.

Am Ende des Tages ist die wahre Magie nicht nur im positiven Denken zu finden, sondern in der Fähigkeit, das Leben in all seinen Facetten zu akzeptieren.

Positives Denken: Die Kunst der Bewusstseinslenkung

In der schillernden Welt der Psyche gibt es eine Taktik, die wie ein verbaler Zauberspruch wirkt: positives Denken. Es ist nicht nur eine Lebenseinstellung, sondern auch eine regelrechte Kunstform der Gedankenakrobatik. Aber wie jonglieren wir geschickt mit den mentalen Kegeln des Optimismus?

Die bewusste Lenkung des Bewusstseins beginnt mit dem Erkennen und Entlarven der negativen Gedanken, die wie ungebetene Gäste in unserem Kopf herumschleichen. "Hallo, du selbstzweifelnder Kritiker!", ruft man dann aus und weist ihn elegant zur Tür. Dieser erste Schritt gleicht dem Auftritt eines mentalen Türstehers.

Schnellpflaster: Rufen Sie laut und deutlich Stopp zu Ihren Gedanken. Aber vielleicht sollten Sie sich dazu an einen einsamen Ort zurückziehen.

Anschließend kommt die große Show des positiven Denkens. Es geht nicht darum, sich vorzumachen, dass Regentage in Wirklichkeit Sonnenschein sind, sondern vielmehr darum, die Fähigkeit zu entwickeln, auch in den grauen Momenten einen bunten Regenbogen zu sehen. „Ja, mein Auto hat eine Panne, aber hey, ich kann jetzt einen entspannten Spaziergang machen – Fitness für die Seele!"

Positives Denken ist jedoch nicht bloß eine rosarote Brille, die die Realität verdunkelt. Es ist eher wie eine mental ausgeklügelte Farbpalette, auf der wir die negativen Grautöne in lebendige Nuancen verwandelt. Statt sich in den Strudel des „Was wäre wenn" zu stürzen, konzentrieren wir uns auf das "Was kann ich jetzt tun".

Es gibt auch einen besonderen Trick namens „Vorfreude-Booster". Schütteln Sie den skeptischen Zyniker ab und begrüßen den begeisterten Vorfreude-Kapitän. Auch wenn das große Ereignis erst in der Zukunft liegt, können wir bereits jetzt die positiven Vibes spüren. Es ist wie eine kleine Party im Kopf, bei der wir uns selbst feiern, bevor überhaupt etwas passiert ist.

Positives Denken ist also nicht nur eine Sammlung von glitzernden Slogans. Es ist eine raffinierte Choreografie der Gedanken, die dazu führt, dass unser Bewusstsein elegant über den schmalen Grat zwischen Realität und Optimismus balanciert. Wenn das Leben eine Bühne ist, dann ist positives Denken die beeindruckende Hauptattraktion, bei der die Gedanken die spektakulären Artisten sind, die durch die Luft wirbeln und das Publikum in Staunen versetzen.

Selbsterfüllende Prophezeiung und Murphys Gesetz: Das Duo der Lebenskomödie

In der verrückten Zirkusvorstellung des Lebens gibt es zwei Künstler, die sich besonders hervortun: die selbsterfüllende Prophezeiung und Murphys Gesetz. Ein heiteres Duo, das uns ständig in einen chaotischen Tanz zwischen Erwartung und Chaos verwickelt.

Die selbsterfüllende Prophezeiung betritt die Bühne mit einem Hauch von Vorsehung. Ihr Zaubertrick besteht darin, dass das, was wir fest glauben, oft zur wundersamen Wirklichkeit wird. Ein einfaches Beispiel: Wenn man bereits am Morgen beschließt, dass es ein schrecklicher Tag wird, neigt das Universum dazu, bei dieser düsteren Vorhersage mitzuspielen. Das Resultat? Der Tag wird tatsächlich ein etwas zäher Marathon durch Pannen und Missgeschicke.

Und dann haben wir Murphys Gesetz – der ungebremste Spaßvogel der Realität. Sein Credo lautet: „Alles, was schiefgehen kann, wird auch schiefgehen." Dieser Schelm sorgt dafür, dass der Toast immer auf die falsche Seite fällt und der Kugelschreiber stets dann versagt, wenn man ihn am dringendsten braucht.

Nun stellen Sie sich vor, diese beiden Charaktere führen ein hinreißendes Duett auf der Bühne des Lebens auf. Die selbsterfüllende Prophezeiung flüstert uns ins Ohr, dass der Tag heute einfach grandios wird – und prompt, wie auf magische Weise, beginnen sich die Dinge in unsere Richtung zu neigen. Doch da kommt Murphys Gesetz um die Ecke und zwinkert uns zu: „Aber vergiss nicht, ich bin immer noch hier!"

Die Tücken des Lebens sind oft das Ergebnis dieses Comedy-Duos, das die Kulissen der Realität geschickt manipuliert. Wir glauben fest an einen positiven Ausgang, und die Welt tanzt mit uns im Gleichklang. Doch in dem Moment, in dem wir uns zu sicher fühlen, setzt Murphys Gesetz ein, um uns zu zeigen, dass das Leben manchmal eben ein wildes, ungezähmtes Spektakel ist.

Die Moral der Geschichte? Vielleicht sollten wir lernen, die Rolle dieser beiden Unterhalter zu schätzen und ihre Auftritte mit einem Lächeln zu quittieren. Denn in diesem komischen Theaterstück namens Leben sind sie die unverzichtbaren Clowns, die die Vorstellung so einzigartig und unvorhersehbar machen.

Randnotiz: Murphy`s Law (es geht schief, was schief gehen kann) macht für viele Menschen den Eindruck Lebensmaxime. Die Klassiker:

„Ein Toast fällt immer auf die gebutterte Seite.“

„Die Schlange an der Supermarktkasse, in der du stehst, wird die langsamste sein.“

„Das, was du suchst, findest du immer an dem Platz, an dem du zuletzt nachschaust.“

„Jedes fertige Computerprogramm, das läuft, ist veraltet.“

„Wenn man ohne Regenschirm ausgeht, wird es anfangen zu regnen.“

Experiment: Wenn das so stimmt, könnten Sie mit einem Buttertoast und einer Katze ein beeindruckendes Experiment starten. Katzen fallen bekanntlich immer auf die Füße. Würden Sie einer Katze, also einen gebutterten Toast auf den Rücken binden und die Katze zum Sprung auffordern, müsste sich ein Katzen-Toast-Perpetum entwickeln. Weder Katze noch Toast kämen jemals auf dem Boden an.

Resonanzgesetz – unbestätigt, aber interessant

Der Begriff „soziale Resonanz" wird oft in der Psychologie und Neurowissenschaft verwendet, um die Wechselwirkungen zwischen Individuen in sozialen Situationen zu beschreiben. Hier ein paar Gedanken:

- **Emotionale Ansteckung:** Menschen neigen dazu, die Emotionen anderer zu spiegeln und zu übernehmen. Wenn eine Person Freude, Trauer oder Angst ausdrückt, können andere in ihrer Umgebung ähnliche Emotionen erleben. Dieser Prozess wird als emotionale Ansteckung bezeichnet und zeigt, wie Emotionen sozial zwischen Individuen resonieren können.
- **Empathie und Theory of Mind:** Die Fähigkeit zur Empathie und zur "Theory of Mind", also das Verständnis der Gedanken und Gefühle anderer, spielt eine entscheidende Rolle in der sozialen Resonanz. Menschen können sich in die Lage anderer versetzen und ihre Perspektiven verstehen, was wiederum die soziale Interaktion beeinflusst.
- **Soziale Kohärenz:** Das Konzept der sozialen Kohärenz bezieht sich darauf, wie gut Menschen in der Lage sind, soziale Signale zu verstehen und angemessen darauf zu reagieren. Eine hohe soziale Kohärenz könnte als Indikator für eine effektive soziale Resonanz betrachtet werden.

Die Resonanz des Lebens: Wenn Gott lacht, schmiedet der Mensch Pläne

Bei der Resonanz schwingt das Schicksal im Rhythmus unserer Gedanken mit. Ein Gedanke, so sagt man, kann wie ein Bumerang zurückkommen, sei es in Form von triumphierendem Jubel oder bedrohlichem Unheil. Die Kunst besteht darin, diese unsichtbaren Schwingungen in beide Richtungen zu akzeptieren.

Es gibt eine merkwürdige Gewissheit in der Vorstellung, dass das Leben rückwärts verläuft, bis wir eine Situation gemeistert haben. Keine Heldentaten sind hier gemeint, sondern das kunstvolle Akzeptieren. Aber Vorsicht, denn Akzeptieren ist nicht gleichbedeutend mit Loslassen oder bloßem Hinnehmen. Nein, es ist ein subtiler Tanz zwischen der Anerkennung dessen, was ist, und dem kreativen Versuch, das Ereignis zu verhindern.

Wenn wir uns vor etwas fürchten, scheint das Universum zu lauschen. Es lauscht nicht nur, es antwortet. Fast so, als würde es sagen: "Ah, du fürchtest dich davor? Lass uns sehen, wie du damit umgehst!" Und schon sind wir in einem Tanz mit der Resonanz, einem Duell zwischen unseren Ängsten und dem, was das Leben uns zuspielt.

Aber hier liegt die Schönheit – die Resonanz funktioniert auch in positiver Richtung. Wenn wir Liebe senden, kommt Liebe zurück. Wenn wir Freude aussenden, findet sie den Weg zu uns zurück. Ein göttliches Pingpongspiel von Energien, bei dem wir manchmal vergessen, welche Bälle wir selbst ins Spiel gebracht haben.

In dieser kosmischen Partie ist die größte Herausforderung, beide Seiten der Resonanz zu akzeptieren. Es ist leicht, die positiven Schwingungen zu umarmen, wenn sie unsere Erwartungen erfüllen. Aber was ist mit den dunkleren Tönen, die uns auf unerwartete Weise erreichen? Hier zeigt sich die wahre Kunst der Akzeptanz.

Und immer, wenn wir denken, dass Gott, das Universum oder welchen Namen Sie auch immer wählen, unsere Pläne durchkreuzt, gibt es einen schelmischen Unterton des Lachens. Gott lacht, heißt es, wenn der Mensch einen Plan macht. Es ist keine Boshaftigkeit, sondern die Anerkennung der Unvorhersehbarkeit des Lebens.

Letztendlich bleibt die Resonanz des Lebens ein geheimnisvoller Tanz, bei dem wir nie genau wissen, welche Melodie als nächstes erklingen wird.

Wo ist ein Wunder, wenn wir es brauchen?

Innerhalb von psychologischen Verheißungen und Selbsthilfezauberei kursieren unzählige Helfer, die behaupten, mit einem Schlag können Sie Ihr Leben umkrempeln – ein paar inspirierende Sätze, ein paar Minuten Training, eine Pille oder sogar magische Ernährungszusätze sollen angeblich Wunder wirken. Doch die Realität ist härter, komplexer und unerbittlich ehrlich.

Die Wahrheit, die manch einem wie eine kalte Dusche erscheinen mag, lautet: Es gibt keine Wunder. Menschen ändern sich nicht über Nacht durch ein paar wohlklingende Phrasen oder ein kurzweiliges tschakka. Veränderung ist ein Arbeitsprozess, eher ein lebenslanger Marathon als ein Sprint.

Auf dem Weg der Selbstoptimierung gibt es dennoch gewisse Konstanten. Unser Gehirn, getrieben von der Aussicht auf Belohnung, kann uns dazu motivieren, dranzubleiben. Wunder gibt es leider wenige, die Versprechungen helfen meist nur den Werbetreibenden.

Warum gibt es dennoch so viele Erfolgsstorys?

Die Antwort, so simpel wie ernüchternd und geliefert von Gerhard Roth: Jedes Bündnis, jede Vereinbarung schafft eine vorübergehende positive Veränderung. Anfangs mag tatsächlich eine Verbesserung eintreten, befeuert durch die Erwartungen an positive Veränderungen. Gemäß Roths Studien verpufft dieser Effekt in der Regel nach sechs Monaten. Dann betritt der Drehtüreffekt die Bühne – alles beginnt von vorne. Warum? Weil die scheinbare Veränderung nie eine echte Veränderung war, sondern lediglich ein kurzer Push (wie Koffein oder Traubenzucker).

Birkenbihl bot eine simple Methode an, um die eigenen Programme herauszufinden. Notieren Sie, wie oft Sie am Tag „man“ sagen. Man macht dies oder jenes nicht. Prüfen Sie dann, ob Sie einfach ungern das Wort ich verwenden oder vielleicht Glaubenssätze und Programme anderer übernommen haben.

Und jetzt? Nun, das Gehirn gehört Ihnen – und niemand anderem. Prüfen und ändern Sie Ihre inneren Programme. Veränderung ist mit Arbeit verbunden. Doch es ist Arbeit, die sich lohnt, wenn sie auf ehrlicher Selbstreflexion basiert und nicht auf den flüchtigen Versprechen von kurzlebigen Wundern.

SURVIVAL OF THE FITTEST

Darwin war der Vorsichtige unter den Wissenschaftlern. Schilderungen zufolge soll er über 20 Jahre an seinen Theorien gezweifelt haben. Just nach der Veröffentlichung seines Buches „Die Entstehung der Arten“, hagelte es massive Kritik. Eigentlich schuf Herbert Spencer den Begriff Survival of the fittest. Darwin hat diesen erst aufgrund der Kritik an seinem Begriffsverständnis ab der fünften Auflage übernommen.

Der Satz wird bis heute noch sehr unterschiedlich verstanden. Spencer meinte damit das Überleben der physisch Fittesten, also sozusagen die Schildkröte in der Muckibude. Darwin verstand darunter das Überleben der anpassungsfähigsten Schildkröte, nicht zuletzt, weil sie sich durch die Anpassung vermehren konnte.

Wer hat recht?

Beide, auch wenn die Krise vielleicht nicht den Höhepunkt Ihrer Attraktivität und Paarungswilligkeit widerspiegelt und die Lust auf „Mens sana in corpore sano“(ein gesunder Geist in einem gesunden Körper) sich eher in „corpore in crepito“ (Körper in Sahne) wandelt.

Darwin postuliert, dass Lebewesen sich einer Gegebenheit entweder anpassen können oder langfristig vergehen, die totale Ordnung zerstört letztlich sich selbst. „Survival oft he fittest“ gibt Hinweise darauf, wie mit den äußeren Umständen umzugehen ist, nämlich flexibel. Das starre Festhalten lässt das Lebewesen nicht zukunftsfähig sein oder bleiben. Die äußeren Umstände werden schlussendlich gewinnen. Übertragen auf die Psychologie könnte dies darauf hinweisen, mit Krisen flexibel umzugehen und Entscheidungen der Anpassung zu treffen. Was nicht heißt, sich allem unterzuordnen, sondern eine Art des Umgangs zu finden, der sowohl der Selbstkontrolle, Selbstwirksamkeit und Persönlichkeit dienlich ist. Kritiker könnten jetzt einwenden, dass der Mensch sich wahrscheinlich nicht vergleichbar mit einer Schildkröte oder dem optimalen Finkenschnabel ist. Zurecht, der Mensch ist deutlich flexibler und reicher an Möglichkeiten.

Randnotiz: Selbstwirksamkeit

Das Gefühl von Mitgestaltung gibt das Gefühl von Kontrolle und beruhigt das Gehirn.

Beispiel: Ikea-Effekt – Menschen sind bereit 63% mehr zu zahlen, für Dinge, die sie selbst zusammenbauen müssen/dürfen.

In welcher Verbindung standen denn nun Harry, Harriet und Darwin? Lange hat sich eine Geschichte gehalten, dass die Schildkröte Harriet (* ca. 1830 auf den Galápagos-Inseln, Ecuador; † 23. Juni 2006 im Australia Zoo, Queensland, Australien), von Darwin höchstpersönlich von den Galapagosinseln nach England mitgenommen wurde. Bis 1960 hatte ebenso noch niemand bemerkt, dass der ursprüngliche Harry, seit 130 Jahren ein Weibchen war. Kurzerhand wurde aus Harry Harriet. Mittlerweile ist allerdings zweifelsfrei genetisch bewiesen, dass Harriet, keine Reisebegleitung von Darwin sein konnte, da sich ihre Geburt zwar auf den Galapagosinseln ereignete, aber auf einer, die Darwin niemals besucht hatte.

Spencer würde die Hände über dem Kopf zusammenschlagen, wenn er sehen könnte, wie Krisen auf die Physis einwirken. Zwei ungünstige Umstände treffen bei Krisen zusammen, einerseits will der sympathische (Unsympathikus) die Reserven des Körpers nicht durch Sport oder andere Anstrengungen schwächen und andererseits mangelt es dem Gehirn an Belohnung. In der Konsequenz führt das oft zu Starre und Sofaextremliegering und andererseits zum Belohnungsersatz durch Essen. Das Belohnungszentrum verlangt nach Stimmungsaufhellern, bevorzugt Chips und Schokolade. Freude und Belohnung teilen sich das gleiche Hirnareal. Kurzfristig kann das Stimulieren mit Schokolade und Chips tatsächlich sehr tröstlich sein, langfristig nimmt die Belohnung ab und vielleicht der Körperumfang zu.

Physisch fit ist vielleicht etwas zu dogmatisch, aber möglichst gesund zu sein, könnte besonders im Hinblick auf die (Un)Holy Seven von Franz Alexander (Psychoanalytiker) einen Versuch wert sein. Vereinfacht gesagt, bedeutet gestresst zu sein, auch häufig anfällig für psychosomatische Krankheiten zu sein. Alexander (1950) fasste die sieben Hauptkrankheiten in Verbindung mit psychosomatische Erkrankungen zusammen:

- Magengeschwüre und Magenbeschwerden
- Asthma
- Arthritis
- Neurodermitis und Schuppenflechte (alles mit der Haut)
- Bluthochdruck
- Schilddrüsenüberfunktion
- Darmerkrankungen

Heilig ist an diesen sieben Plagen nichts. Alexander hatte die Idee, jede dieser sieben Krankheiten mit einer spezifischen Persönlichkeitsstruktur verbinden zu können. Heute wurden die heiligen sieben in funktionelle Störungen umbenannt und die Migräne noch zusätzlich ergänzt. Eine treffendere Bezeichnung für diese doch recht unheiligen Gesellen.

Alexander berücksichtigte in seinen Überlegungen zunächst nur das konkrete Miteinander, von den aktuellen gesellschaftlichen Umbrüchen und der Digitalisierung wusste er noch nichts.

Gesellschaftliche Umbrüche destabilisieren die Strukturen weiter, während die Automatisierung unaufhaltsam voranschreitet.

Ein neues Zeitalter bricht an, oder wir sind mittendrin. Eine Komplexitätsgesellschaft entsteht. Überall gibt es noch nie Dagewesenes, Unerwartetes und Unberechenbares. Daraus entstehen allerorts Herausforderungen oder Probleme. „Kein Prozess ist für sich genommen wirklich neu. Neu sind jedoch die Tiefe und das Tempo der Veränderungen." Laut Lexikon ist ein Problem „etwas, das zur Lösung" vorgelegt wird. Schlicht weg ergeben sich Probleme daraus, dass das was erwartet war nicht eintrifft. Fast schon fanatisch nach der Landebahn suchend, schunkelt sich der mündige Bürger zur und-dann-Glückseligkeit. Mantragemäß murmelnd: Irgendwann wird alles wieder gut sein, die Experten werden schon recht haben.

Am Beispiel der Landung auf dem Hudson River zeigt sich, dass Menschen mit Unerwarteten in der Regel besser umgehen können als ganze Systeme mit festen Regeln und Normen. Natürlich kann dies auch als Glückstreffer oder Zufall bezeichnet werden, immerhin liegt es nahe, da dieser „Glückstreffer" ganze Systeme in Frage stellt. Laut Wolf Lotter verliert wer klammert. „Loslassen ist nicht das Ende, sondern der Anfang von allem."

Dem entgegen steht eine expansive Denkweise der Globalisierung. Wenn Großartiges passiert, muss gleich etwas noch größeres Folgen, ansonsten geht es „gefühlt" bergab. Nach Erfolgen sollen (meist in beeindruckende Zielsysteme gemeißelt) weitere Erfolge generiert werden.

Diese expansive Denkweise sowie die daraus resultierenden Optimierungsversuche, stehen in direktem Kontext zur Gesellschaft.

In Zeiten des Wandels ist oft Chaos die Methode oder zumindest stetige Anpassung. Diese Anpassung entsteht in Systemen in erster Linie durch Kommunikation (die den jeweiligen Regeln im Kontext zu folgen hat). Veränderungen in Zeiten des Wandels, daraus ergibt sich die offensichtliche Frage: Wie viel Veränderung ist managebar? Ganz intuitiv wird Chaos eher mit Sicherheit und Routinen begegnet, Loslassen und Veränderungen bergen vielleicht sogar Gefahren. „Der Zeitgeist ist auf der Seite der Klammeräffchen, die nach einer merkwürdigen Logik leben: Sie mögen zwar das, was ist, nicht so gern – aber sie haben noch viel mehr Angst vor dem, was kommen könnte." Paul Watzlawick (1988) brachte es auf den Punkt, wen man vom Gleichen noch mehr macht, wird man auch vom Gleichen noch mehr finden. Vergangenheit hat oft etwas Magisches, mystifiziertes, Retro und rückwärtsgewandte Handlungen, finden sich in allen Bereichen. Solches Verhalten wird häufig mit blindem Aktionismus verschleiert, heftiges Treten auf der Stelle oder alten Wein in neuen Schläuchen. Den Gedanken von Blaise Pascal aus der Aufklärung folgend, „das ganze Unglück der Menschen rührt allein daher, dass sie nicht ruhig in einem Zimmer zu bleiben vermögen."

Aber Pascals Gedanken können auch anders ausgelegt werden, der Mensch muss lernen sich zunächst selbst zu genügen und dann weiter eigenverantwortliche Entscheidungen treffen. Die Voraussetzungen dafür benennt er mit der Befreiung von Rollen und Klischees, Gruppendruck und Sachzwängen. Damit geht eine Forderung einher, um dem Wandel standzuhalten bzw. ihn zu gestalten, diese Kriterien zunächst im Innenverhältnis (Mensch und Organisation) zu bearbeiten und bestenfalls zu implementieren, sich selbst zu finden.

Diese Selbstfindung dient keineswegs einem Selbstzweck, sondern der Selbstoptimierung. Pascal erwähnt dabei explizit den Beruf. Für ihn die Selbstoptimierung, damit man selbst und andere Menschen mit mir als Individuum es einfacher haben und letztlich in Wechselwirkung mit der Organisation.

Die Stellung des Berufs findet sich einerseits in der idealisierten Form der Berufung (völlige Identifikation und Ausfüllung) sowie der Lebenszeitstrukturierung durch die meisten Arbeitsverhältnisse. Diese Stellung zeigt sich spätestens beim Verlust dieses sicheren Konstruktes (z. B. durch Arbeitslosigkeit oder Rente).

Die allgegenwärtige Digitalisierung destabilisiert dieses Konstrukt weiter, die Automatisierung schreitet voran. Yuval Noah Harari (2016) entwirft ein mögliches fast grenzenloses Szenario der Digitalisierung, mit der Entstehung des Homo Deus, im dritten Jahrhundert der Menschheitsgeschichte.

Eines der vorherrschenden Ziele der Automatisierung ist monotone, schwere Arbeiten, die aus Routine bestehen abzuschaffen bzw. durch Maschinen verrichten zu lassen. Ziel funktionierender Organisationen ist die Austauschbarkeit ihrer Mitarbeiter, also die Fähigkeit Teile des Ganzen jederzeit ersetzen zu können. Mit Eintreten dieser Vision könnte der Glaube „jeder Mensch sei ein einzigartiges wertvolles Individuum, dessen freie Entscheidungen die letztgültige Quelle von Autorität darstellen“ obsolet werden. Daraus formuliert er weitere Entwicklungen, von denen zwei hier vorgestellt werden:

1) Die Menschen werden ihren wirtschaftlichen und militärischen Nutzen verlieren, weshalb das ökonomische und das politische System ihnen nicht mehr viel Wert beimessen werden.

2) Das System wird die Menschen weiterhin als Kollektiv wertschätzen, nicht aber als einzigartige Individuen.

Auch wenn es unklar ist, ob und in welchem Zeitfenster ein solches Szenario eintreten könnte, gibt es aktuelle Hinweise, dass sich ein Wandel der Arbeitswelt vollzieht. Andrea Nahles beschreibt ihr persönliches Fazit aus der digitalen Transformation, die Chancen der Digitalisierung zu nutzen, Aushandlungsprozesse anzustoßen, als Basis das Mitbestimmungsmodell, dabei aber „… die Sorgen um Arbeitsplatz- und Qualifikationsverlust, Arbeitsverdichtung und Entgrenzung genauso ernst zu nehmen wie die Kluft zwischen Menschen, die Freiheit und Flexibilität als Verheißung sehen und solchen, die vor allem Stabilität und Sicherheit wünschen. Zugleich müssen wir zeigen, wo die Chancen liegen, und dass wir es in der Hand haben, in welche Richtung sich die Dinge entwickeln.“

Zum Beispiel Simon und Kahnemann bieten Möglichkeiten an diesem Wandel zu begegnen bzw. ihn zu gestalten.

Nach Fritz B. Simon muss sich der Mensch zunächst einmal mit dem Tun identifizieren (damit meint er etwas gerne haben), als wichtigen Operanten dafür bezeichnet er Entschlossenheit. Hinzu kommt die Entscheidungsfreiheit und letztlich passende Herausforderungen sowie das Fehlen von Routinen. Das Befolgen dieser Alternativen erscheint zunächst kontrafaktisch zu den Gesetzen und Grundsätzen der Arbeitsmarktpolitik.

Bei Daniel Kahnemann (Kognitionspsychologe) „Schnelles denken, langsames Denken“, finden sich ebenfalls passende Parameter. „System 1, das schnelle Denken, ist ein Automat, der „schnell, weitgehend mühelos und ohne willentliche Steuerung arbeitet. System 2 lenkt die Aufmerksamkeit auf die anstrengenden mentalen Aktivitäten, die auf sie angewiesen sind.“ Viele Operanten von System 2 gehen häufig mit subjektivem Erleben von Handlungsmacht, Entscheidungsfreiheit und Konzentration einher. Demzufolge ist gerade in Zeiten der Veränderung System 1 die Basis und System 2 die Fähigkeiten zur Veränderung. „Wo alle Aggregate brennen, hat die alte Norm ihr Recht verloren. Der Mensch übernimmt."

System 1 ist notwendig, Routinen sparen Zeit und Kraft. Die „Gefahr" liegt aber in der Gewöhnung an System 1 und all dessen Vorzügen, sowie einer damit einhergehenden Erwartungshaltung. Kahnemann sieht in der Vorherrschaft von System 1 „…eine Maschine für voreilige Schlussfolgerungen. Für Vorurteile. Die sind nahezu eine Garantie dafür, dass man etwas Entscheidendes übersieht."

Wissen gilt demnach als etwas Gesichertes und Reproduzierbares. „Wo Hierarchien, Anpassung und Mitmachen eine größere Rolle spielen als Selberdenken, ist es mit der Überraschungsfähigkeit nicht weit her. … Wissen gilt den meisten immer noch als etwas Gesichertes, also vorhandenes, reproduzierbares Wissen. … Sie werden zu Regeln, Gesetzen, Normen."

Den Gedanken von Harari, Kahnemann und anderen folgend ist die Welt im Wandel, einem Wandel zweiter Ordnung dem sog. Change. Für einen Change reichen die tradierten Formen der Evolution nicht aus, es gilt neue Denkansätze und Lösungsmöglichkeiten für die Systemanpassung zu finden.

Ein solches Loslassen geht häufig mit Verlustangst einher. Als Schlüssel zur Systemanpassung sehen Nassim Nicholas Taleb (Der Schwarze Schwan) und Peter Drucker die Ambiguitätstoleranz (Fähigkeit zweideutig zu denken, mehr als eine Wahrheit auszuhalten). Die Ambiguitätstoleranz erschließt Komplexität, Vielfalt und Alternativen. Laut Birger Priddat braucht das Management keine Tools für Unerwartetes, sondern „Awareness, also Aufmerksamkeit und Offenheit".

Damit einher geht eine Aufforderung, die alten (vielleicht auch gut funktionierenden) Strukturen zu öffnen bzw. zu überdenken und sich auf neue Wagnisse einzulassen. Damit ist keinerseits das komplette Überwerfen tradierter Strukturen gemeint, sondern die Kontinuität im Wandel und die Aufmerksamkeit für den Prozess.

Friedrich Prassl prägte den Begriff des „Kadavergehorsams". „Gehorsam nicht mit Bedingungslosigkeit. Selbstverantwortung gehöre zur Arbeit und Lebenseinstellung, wer das nicht verstanden habe, hat auch nicht verstanden, dass Menschen ohnehin für sich selbst entscheiden."

Laut Sprenger (Radikal Führen) ist das Wichtigste nicht an starren Regeln festzuhalten, sondern Vertrauen. Eine gemeinsame positive Zukunftsvision (bestenfalls von Institution, Mitarbeitern und Kunden und Menschen), steht für „ein Versprechen gegenseitigem Respekt und wechselseitiger Loyalität."

Vertrauen ist die Krux, wieviel Vertrauen kann sich die Menschheit in Krisen rühmen? Ein Wandel vollzieht sich nach Sprenger bestenfalls mit Vertrauen und einer gemeinsamen Zukunftsvision, im Kontext mit Kahnemann Operanten für eine Veränderung von System 2: subjektives Erleben von Handlungsmacht, Entscheidungsfreiheit und Konzentration.

Eine Optimierung ist Arbeit, bedeutet aber weitergehend sich auszusuchen, was man tut und letztlich, wer man ist. Für alle Beteiligten, innerhalb der gesetzlichen Korridore.

Randnotiz: Yuval Noah Harari entwirft ein Szenario der Digitalisierung, das die Entstehung des Homo Deus im dritten Jahrhundert der Menschheitsgeschichte vorsieht. Eine der Hauptziele der Automatisierung ist es, monotone, schwere Arbeiten, die aus Routine bestehen, zu eliminieren oder von Maschinen erledigen zu lassen. Hört sich doch gar nicht schlecht an, oder?

Mit dem Eintreten dieser Vision könnte der Glaube, dass jeder Mensch ein einzigartiges, wertvolles Individuum ist, dessen freie Entscheidungen die letztgültige Quelle von Autorität darstellen, obsolet werden.

Autoren wie Simon und Kahnemann bieten mögliche Ansätze, um diesen Wandel zu bewältigen oder aktiv zu gestalten. Fritz B. Simon argumentiert, dass sich der Mensch zunächst mit dem Tun identifizieren muss, was Entschlossenheit erfordert. Entscheidungsfreiheit, passende Herausforderungen und das Fehlen von Routinen sind dabei ebenfalls entscheidende Faktoren.

Daniel Kahnemann, ein Kognitionspsychologe, teilt ähnliche Gedanken in seinem Werk "Schnelles Denken, langsames Denken". Sein Konzept von System 1 (schnelles Denken) als Automat und System 2 (langsames Denken) als aufmerksamkeitslenkender Prozess, der anstrengende mentale Aktivitäten erfordert, hebt die Bedeutung von System 2-Fähigkeiten in Zeiten des Wandels hervor. In diesen Zeiten gehen viele System-2-Operanten häufig mit dem subjektiven Erleben von Handlungsmacht, Entscheidungsfreiheit und Konzentration einher. Viel einfacher, weniger Routine, mehr Nachdenken und Handeln.

Ein solches Loslassen geht oft mit Verlustangst einher. Nassim Nicholas Taleb und Peter Drucker betrachten die Ambiguitätstoleranz (die Fähigkeit, Zweideutigkeiten zu akzeptieren) als Schlüssel zur Systemanpassung. Ambiguitätstoleranz ermöglicht es, Komplexität, Vielfalt und Alternativen zu erkennen. Birger Priddat betont, dass das Management keine Tools für Unerwartetes benötigt, sondern "Awareness", also Aufmerksamkeit und Offenheit.

Dies erfordert eine Aufforderung, die alten Strukturen zu öffnen oder zu überdenken und sich auf neue Wagnisse einzulassen. Wie nun? Ihr Wandelmotivationsschreiben.

Betreff: Ein Brief an den Wandel: Chancen ergreifen und Neues gestalten

Liebe Freunde des Wandels,

ich hoffe, dieser Brief erreicht Sie in bester Verfassung und voller positiver Energie. In Zeiten des Wandels, wo sich Chaos als die Methode oder zumindest als stetige Anpassung manifestiert, stecken unzählige Chancen und Möglichkeiten. Ich schreibe Ihnen, um euch zu ermutigen, die kommenden Veränderungen mit offenen Armen zu empfangen und gemeinsam den Wandel zu gestalten.

Veränderungen mögen anfangs beängstigend erscheinen, doch sie sind auch die Quelle für Innovation, Wachstum und individuelle Entwicklung. Unsere Fähigkeit zur Anpassung, zur Kommunikation und zur kontinuierlichen Selbstoptimierung sind die Werkzeuge, die uns helfen können, das Beste aus diesen Wandlungsprozessen zu machen.

Inspiriert von großen Denkern wie Blaise Pascal, der uns dazu aufruft, in uns selbst zu finden, und von visionären Autoren wie Yuval Noah Harari, der uns auf eine Reise in die Zukunft mitnimmt, wollen wir den Wandel nicht als Bedrohung, sondern als Chance betrachten. Jeder von uns spielt eine entscheidende Rolle dabei, wie wir in dieser neuen Ära agieren und gedeihen werden.

Der Gedanke, dass jede Veränderung auch eine Möglichkeit zur Selbstfindung und Selbstoptimierung bietet, ist ein leitender Stern in diesen ungewissen Zeiten. In unseren Berufen, in unseren persönlichen Lebensbereichen und in der Art und Weise, wie wir uns als einzigartige Individuen im Wandel positionieren, haben wir die Chance, uns selbst neu zu definieren und unser Potenzial voll auszuschöpfen.

Wir können Veränderungen nicht nur als notwendige Anpassungen, sondern als einen kollektiven Weg hin zu mehr Respekt, Vertrauen und Loyalität sehen. Lassen Sie uns gemeinsam in die Verantwortung treten, Veränderungen nicht nur zu akzeptieren, sondern aktiv zu gestalten.

In diesem Prozess spielen nicht nur starre Regeln, sondern vor allem Vertrauen eine entscheidende Rolle. Wir sollten uns darauf konzentrieren, Vertrauen aufzubauen und gemeinsam an einer Zukunft zu arbeiten, die von gegenseitigem Respekt und wechselseitiger Loyalität geprägt ist.

Möge Wie geht Mensch uns dazu ermutigen, die Chancen zu ergreifen, die in Veränderungen liegen, und gemeinsam eine positive Zukunft zu gestalten.

Mit Zuversicht und Vorfreude auf das, was vor uns liegt.

Herzlichst,

Ihr manchmal Hormosapiens

Exformation oder das was Sie aus den Überlebenstipps machen

Spitzer vergleicht die Vorsagbarkeit der Vermittlung von Informationen und Wissen mit der Vorhersage, was passiert, wenn man einen Hund tritt. Auch diesen Vergleich mögen die Tierfreunde verzeihen. Tor Nørretranders beschreibt den Wert einer Information durch die Exformation, also das, was ausgelassen wird und in unser eigenes Wissensnetz eingehangen werden kann.

Erinnernd an Komplexitäts- und Chaosforschung ist eine vollständige, haarkleine Information die totale Ordnung, der Tod und zu wenig Inhalt, das totale Chaos, die Überforderung. Die Umsetzung liegt in der Mitte zwischen diesen beiden Extremen, der Komplexität.

Erinnernd an Komplexitäts- und Chaosforschung ist eine vollständige, haarkleine Information die totale Ordnung, der Tod und zu wenig Inhalt, das totale Chaos, die Überforderung. Die Umsetzung liegt in der Mitte zwischen diesen beiden Extremen, der Komplexität.

Das Wissensnetz basiert auf der Vorstellung, dass unser Gehirn wie ein Netzwerk von Informationen funktioniert. Neue Informationen werden nicht einfach passiv aufgenommen, sondern aktiv mit bereits vorhandenem Wissen verknüpft oder sie fallen einfach durch. Birkenbihl verwendet den Begriff "Eingangstore" für die verschiedenen Punkte, an denen Informationen in unser Gehirn gelangen können. Wie funktioniert das:

- **Eingangstore:** Neue Informationen haben verschiedene Eingangstore, durch die sie in unser Gehirn gelangen können. Dazu gehören Hören, Sehen, Lesen und Erfahren. Jeder Mensch hat bestimmte Präferenzen für diese Eingangstore, was erklärt, warum manche Menschen besser durch Hören lernen, während andere visuelle Informationen bevorzugen.
- **Speicherung und Verknüpfung:** Einmal im Gehirn angekommen, werden neue Informationen aktiv mit vorhandenem Wissen

verknüpft. Diese Verknüpfungen sind entscheidend für das Verständnis und die Erinnerung von Inhalten. Je stärker die Verknüpfungen sind, desto besser kann das Wissen abgerufen werden.

- **Gefahren und Hürden:** Birkenbihl betont auch, dass nicht alle Informationen den Weg durch die Eingangstore nehmen oder effektiv verknüpft werden. Informationen können durch "Fehlinformationen" oder mangelnde Aufmerksamkeit verloren gehen. Auch emotionale oder stressige Zustände können den Informationsfluss beeinträchtigen.

Lernen könnte Spaß machen

Lernen ist ein faszinierender Prozess, der die Ironie des Schulwissens offenbart. Langfristiges Lernen basiert vor allem auf Interesse; Uninteressantes fällt durch das Netz, Unser Gehirn eine Art mentalen Regenschirm, der Uninteressantes abperlen lässt, ohne dass eine spezielle Imprägnierung nötig wäre. Sicherlich gibt es Wissen, das wir beispielsweise für Prüfungen pauken, jedoch verblasst dieses kurz nach den Prüfungen oft wieder. Lernen funktioniert am besten durch zwei Wundermittel: Interesse und Konditionierung.

Interesse ist der Schlüssel, denn niemand muss uns erklären, wie wir im Netz ein Schnäppchen finden, welche App wir nutzen sollten oder was gemeint ist, wenn das Schnittchen von nebenan uns anlächelt und zum Essen einlädt. Geschichten, Klatsch, Lebenspraxis – alles, was Emotionen weckt und Neugierde hervorruft, ist wirkungsvoll.

Die zweite Wunderwaffe ist Konditionierung. Stellen Sie sich vor, Sie belohnen sich jedes Mal, wenn Sie etwas verstehen, sei es mit einem Leckerli, einem Lieblingsvideo oder einer Beifall-App. Natürlich sind Sie kein Hund, aber Veränderung kann genauso viel Spaß machen wie einem Labrador das Essen. Und es wird noch besser: Das Wissensnetz ist bereit zu expandieren. Je mehr Sie wissen, desto dichter wird die Datenautobahn, und immer weniger Wissen fällt durch.

Das vielleicht Beste: Lernen im Schlaf funktioniert. Ihr Gehirn hat zwei Festplatten, die jeden Prozessor und Laptop in den Schatten stellen.

Tagsüber machen wir viele verschiedene Erfahrungen, die in der Nacht sortiert werden. Unwichtiges wird gelöscht, der Rest bekommt einen Platz zugewiesen. Dabei macht es einen Unterschied, ob wir Wissen erwerben oder Jonglieren lernen. Unser Gehirn hat zwei verschiedene „Festplatten": das prozedurale Gedächtnis, das Bewegungen speichert, und das deklarative Gedächtnis, das für Daten und Fakten zuständig ist. Das deklarative Gedächtnis teilt sich in zwei Abteilungen: das semantische Gedächtnis für Allgemeinwissen und das episodische Gedächtnis für persönliche Erlebnisse. Das Konzept des Schlaf-Lernens zeigt besonders beeindruckende Ergebnisse bei motorischen Fähigkeiten. Das Gehirn zieht diese Bewegungsabläufe während der REM-Schlafphase hervor und speichert sie im prozeduralen Gedächtnis im Kleinhirn. Dadurch sind komplexe Bewegungen am nächsten Tag besser abrufbar. Was hat Lernen mit Exformation zu tun, Alles. Was wir lernen und was in unserem Wissensnetz hängt, bestimmt was wir aus dem Weggelassenen machen. Bei Filmen und Serien nennt sich das Cliffhanger.

Das Weggelassene zum Selber ausdenken

In der Theorie von Tor Nørretranders erhält Information ihren Wert durch das Ausgelassene, die sogenannte Exformation. Unser Unterbewusstsein bewertet und präsentiert das Ergebnis dem Bewusstsein. Doch wie wirkt sich die Informationsflut, geprägt von täglichen Wendungen und der ständigen Fokussierung auf das Unvorstellbare und Bedrohliche, auf unser Bewusstsein aus?

Ein Beispiel: Die Nudel von Loriot

Inmitten der Absurdität von Loriots Sketch "Die Nudel", entfaltet sich eine Szene, die nicht nur durch komische Verwicklungen, sondern auch durch ihre Exformation beeindruckt.

Die Hauptfiguren, dargestellt von Loriot selbst und Evelyn Hamann, befinden sich in einem Restaurant. Der Herr mittleren Alters, unwissend über eine kleine Nudel in seinem Gesicht, versucht, seiner jüngeren Tischpartnerin eine Liebeserklärung zu machen. Die Nudel, fast wie ein stummer Akteur, wird zum Mittelpunkt der Aufmerksamkeit und untergräbt die ernsten Worte des Verliebten.

Die Nudel wird zu einer Form von Exformation – sie ist mehr als nur ein Teigprodukt im Gesicht. Sie ist ein stummer Zeuge der Komik des Lebens, ein Symbol für das Unerwartete und das Weggelassene.

Was Loriot nicht weiß, welche Gedanken Evelyn Hamann hegt und ihm verschweigt, sowie die Reaktionen der Anwesenden, fügen dieser Szene eine zusätzliche Dimension hinzu. Die Unsicherheit über das Unausgesprochene, die unterdrückten Reaktionen der Zeugen – all dies verleiht der Szene eine tiefe Komplexität. Die Information ist Loriot hat eine Nudel im Gesicht, welche Gedanken machen sich wohl alle anderen?

Was könnten die Anwesenden für Exformationen bilden?

- **Verwirrung:**

  Einige könnten verwirrt sein, warum jemand plötzlich versucht, eine ernsthafte Liebeserklärung zu machen, während eine Nudel im Gesicht klebt. Die Unstimmigkeit zwischen der Situation und den Erwartungen an ein romantisches Abendessen könnte für Verwirrung sorgen.

- **Verlegenheit:**

  Andere könnten sich unwohl fühlen, da sie Zeuge einer vermeintlich persönlichen und peinlichen Situation werden. Sie könnten sich unsicher fühlen, ob sie die Szene ignorieren sollen oder wie sie darauf reagieren sollen.

- **Unterdrücktes Lachen:**

  Manche könnten versuchen, ihr Lachen zu unterdrücken, da die absurde Situation komisch wirkt. In einem echten Restaurant könnte es jedoch als unhöflich empfunden werden, laut zu lachen.

- **Gespräche unter den Tischen:**

  Es könnte zu leisen Gesprächen zwischen den Paaren und Gruppen kommen, wenn die Anwesenden versuchen, die Situation zu verstehen. Die Menschen könnten spekulieren, was gerade passiert, und ihre Vermutungen miteinander teilen.

- **Betroffenheit:**

  Vielleicht hat jemand Mitleid mit dem Nudelliebhaber, der die Liebeserklärung macht, und sich fragen, wie es zu dieser unangenehmen Situation gekommen ist. Sie könnten versuchen, die Augen abzuwenden, um den Beteiligten etwas Privatsphäre zu gewähren.

- **Ärger oder Irritation:**

  Einige Gäste könnten irritiert oder genervt sein, dass ihre Abendruhe durch eine scheinbar absurde und unangemessene Szene gestört wird. Sie könnten sich über den Störfaktor ärgern.

- **Gefühl von Unbehagen:**

  Allgemein könnte sich ein Gefühl von Unbehagen und Spannung im Raum ausbreiten, da die Menschen versuchen, die Situation zu verarbeiten und zu entscheiden, wie sie darauf reagieren sollen.

- **Evelyn:**

  Was soll Sie bloß von dem Mann halten, der mit einer Nudel im Gesicht, bewegende Liebeserklärungen von sich gibt. Sie ist wahrscheinlich irgendwo zwischen Fremdschämen und Mitleid. Jedenfalls wenig amourös.

Und alles hätte so einfach bereinigt werden können, hätte ihm doch einfach mal jemand gesagt, dass er eine Nudel im Gesicht hat. Letztlich wird die Liebeserklärung zum unfreiwilligen Emotions-Cliffhanger.

Der Cliffhanger-Zauber: Zwischen Nervenkitzel und Exformation

Ein gutes Filmerlebnis ist wie eine Achterbahnfahrt für die Gefühle – die Freude, die Trauer, die Spannung. Doch nichts treibt die Spannung so auf die Spitze wie der klassische Cliffhanger, dieser fiese kleine Trick, der uns am Rande des Filmsitzes zurücklässt und nach mehr dürsten lässt. Lassen Sie uns in die Welt der berühmten Cliffhanger eintauchen und darüber nachdenken, was uns die Exformation, das Ungesagte, in diesen Momenten verrät.

"Inception" (2010): Die Drehende

Ein Kreisel, der sich dreht und dann - der Bildschirm schwarz. Hat Cobb in der Realität oder im Traum seinen finalen Tanz vollführt? Christopher Nolan lässt uns mit dieser visuellen Exformation zurück. Die Unsicherheit über die Realität zieht uns tiefer in die Wirren der Filmwelt.

"The Empire Strikes Back" (1980): Vaterschaftsgeheimnis

"Luke, ich bin dein Vater." Das wohl bekannteste Vaterschaftsgeheimnis der Filmgeschichte. George Lucas entfacht mit dieser Enthüllung eine Lawine an Spekulationen und offenen Fragen. Die Exformation hier liegt in den nicht ausgesprochenen Konsequenzen dieser Beziehung.

"The Dark Knight" (2008): Two-Face's Münzwurf

Batman entscheidet sich, die Schuld für Two-Face' Verbrechen auf sich zu nehmen. Doch der Münzwurf von Two-Face, der das Schicksal entscheidet, wird abrupt unterbrochen. Die Exformation steckt im Ungewissen, welches Schicksal der Münzwurf für Batman bereithält.

"The Sopranos" (2007): Das abrupte Ende

Die berühmte Serie endet mit einem abrupten Schwarz. Ist Tony Soprano tot? Das offene Ende ist eine meisterhafte Exformation. David Chase gibt uns nicht die Gewissheit, die wir vielleicht erwartet haben.

"Avengers: Infinity War" (2018): Das Fingerschnippen

Thanos schnippt mit den Fingern, und viele unserer liebsten Helden sind verschwunden. Der Cliffhanger liegt in der Unsicherheit über das Schicksal derjenigen, die dem Fingerschnippen zum Opfer fielen. Die Exformation? Wer wird gerettet, und wer wird verloren gehen?

Cliffhanger sind das Salz in der Filmsuppe, und die Exformation ist das Geheimnis, das unsere Vorstellungskraft beflügelt. Die Magie liegt nicht nur im Gesagten, sondern auch im Unausgesprochenen. Möge der Cliffhanger-Zauber ewig dauern und uns nach mehr dürsten lassen! So reizvoll dieses Stilmittel für Filme sein kann, so unerwünscht kann es im täglichen Leben und unserer Kommunikation die Petersilie verhageln.

Das Kommunikationsquadrat im Alltag – Ein Drama in vier Akten

Von Cliffhängern und Exformationen ist die alltägliche Kommunikation überfüllt und schon sind wir beim Kommunikationsmodell. Werfen wir einen Blick auf das Kommunikationsquadrat von Schulz von Thun, wo jede Äußerung ein Drama in vier Akten werden könnte. Lassen Sie uns die Bühne betreten und das schillernde Spiel der Kommunikation erleben!

Die Sachebene:

Ein morgendliches "Wie war dein Wochenende?" wird zur Auftaktsequenz. Hier geht es um Fakten, um die trockene Sachebene. Menschen erzählen von ihrem Ausflug, einem Serien—Marathon oder ähnlichem. Bleibt etwas ungesagt? Welche Information schwingt zwischen den Zeilen?

Die Selbstoffenbarung:

Mitten im Bürogespräch fällt der Satz: "Ich habe letzte Nacht von Sex geträumt." Auf der Selbstoffenbarungsebene werden hier Trauminhalte mitgeteilt. Welche Persönlichkeitsecke versteckt sich in diesem Einblick?

Die Beziehungsebene:

"Wieso machst du das immer so?" – ein vermeintlich simpler Satz, der die Beziehungsebene erbeben lässt. Die Dynamik zwischen Sender und Empfänger. Welche Geschichte, welches vergangene Kapitel beeinflusst diese Worte? Die Exformation der gemeinsamen Historie wirkt wie ein unsichtbarer Regisseur.

Die Appell-Ebene:

Ein unscheinbares "Kannst du bitte den Müll rausbringen?" wird zum dramatischen Höhepunkt. Auf der Appell-Ebene steckt der Handlungsaufruf. Doch welche unterschwellige Bitte, welcher verborgene Wunsch fließt in diese scheinbar einfache Bitte ein? Die Exformation des ungesprochenen Verlangens webt ein unsichtbares Netz.

In diesem Kommunikationsdrama agieren wir täglich. Jeder Dialog, jede Äußerung, jedes Schweigen entfaltet eine reiche Handlung, bei der die unsichtbare Regie der Exformation den Ton angibt. Und Paul Watzlawick nimmt die letzte Hoffnung, auch keine Reaktion ist eine Kommunikation. Schon mal Stille Post betrieben, wie oft spielt unsere Wahrnehmung einen Streich.

Wahrnehmung

Warum mögen wir Rezepte? Weil sie den Weg dahin, die gemachten Erfahrungen und eventuellen Fehlschläge auslassen, uns eine Zusammenstellung präsentieren, die ein leckeres Mahl verspricht und Raum lässt, eigene Anregungen einzubringen. Ein perfektes Beispiel für Exformation.

Ähnlich könnte es Ihnen mit Wie geht Mensch gehen. Sie entscheiden, wie Sie diese Inhalte wahrnehmen und noch viel wichtiger, was Sie daraus machen. Zunächst ei paar Fakten zur Wahrnehmung:

Die menschliche Wahrnehmung ist die Fähigkeit des Gehirns, Reize aus der Umwelt durch Sinnesorgane wie Augen, Ohren, Nase, Haut und Geschmack aufzunehmen, zu verarbeiten und zu interpretieren. Dieser Prozess berücksichtigt sowohl die physischen Eigenschaften der Reize als auch kognitive Prozesse wie Erwartungen, Aufmerksamkeit und Erinnerungen. Daher ist Wahrnehmung ein subjektiver und aktiver Vorgang, der stark von der individuellen Perspektive und Erfahrung beeinflusst wird.

Die Augen gelten oft als Spiegel der Seele. Emotionen, Wahrnehmungen und Erfahrungen beeinflussen das Assoziieren, und die Interpretation optischen Täuschungen kann viel über unsere Psyche verraten. Diesen Gedanken teilten auch renommierte Psychologen wie C. G. Jung, Sigmund Freud und andere.

Der Prozess der Wahrnehmung beginnt damit, dass Reize aus der Umwelt von Sinnesorganen wie den Augen, Ohren, der Nase, der Zunge und der Haut aufgenommen werden. Diese Reize werden über sensorische

Nervenbahnen an das Gehirn weitergeleitet, wo sie verarbeitet und interpretiert werden. Dabei spielen bereits vorhandenes Wissen, Erfahrungen und Erwartungen eine bedeutende Rolle in der Art und Weise, wie wir die Welt um uns herum wahrnehmen.

Der Ablauf der Wahrnehmung ist simpel und erfolgt in mehreren Stufen. Die Verarbeitung der Reize im Gehirn durchläuft zunächst die Ebene der Sinnesorgane, wo die Informationen weitergeleitet werden. In einem nächsten Schritt werden sie im Gehirn zu Mustern und Objekten zusammengesetzt und mit bereits vorhandenen Informationen abgeglichen. Dabei werden auch Kontextbedingungen berücksichtigt, wie beispielsweise Hintergrundgeräusche oder Beleuchtung.

Schließlich erfolgt die Interpretation der wahrgenommenen Informationen. Persönliche Erfahrungen und Erwartungen spielen hierbei eine entscheidende Rolle, da sie unsere Wahrnehmung beeinflussen und unsere Interpretationen formen.

Auch wenn wir alle das gleiche Schauspiel vorgesetzt bekommen, nimmt jeder von uns etwas anderes wahr. Wahrnehmung ist individuell und strotz vor Assoziationen und Verknüpfungen, für unser Gehirn gibt es keine Cliffhanger, es wird alles vollendet. Nicht immer in der positivsten Weise.

Warum mögen wir Rezepte? Weil sie den Weg dahin, die gemachten Erfahrungen und eventuellen Fehlschläge auslassen, uns eine Zusammenstellung präsentieren, mit der ein leckeres Mahl wahrscheinlicher wird und Raum lassen, eigene Anregungen einzubringen. Ein perfektes Beispiel für Exformation.

Birkenbihl beschreibt an ihrem Klassikerbeispiel im Restaurant die menschliche Neigung zur Assoziation, also Verknüpfung und Vollendung von Inhalten: Der Kellner kommt an den Tisch und fragt Schwein, Sie sagen, das bin ich.“ Sollten Sie keine Assoziation haben, also noch nie in einem Restaurant gewesen sein, könnte Schwein eher mit einer Beleidung assoziiert werden.

Recht ähnlich ist die Geschichte des teuersten Handtuchs der Welt, zu einer Zeit in Europa, in der es noch Grenzen und unterschiedliche Währungen gab. Beim Kauf eines Handtuchs in Italien unterlief jemanden

eine folgenschwere Assoziation: Der Preis des Handtuchs belief sich auf ca. 6.000 Italienische Lira, umgerechnet ca. 6 DM. Bei der Kartenzahlung nahm die Käuferin an, dass dort auch Lira stand, und stimmte mit der PIN-Eingabe zu. Die Überraschung zu diesem vermeintlichen Schnäppchen kam prompt mit der Kreditkartenabrechnung. Diese betrug 6.000 DM. Die Kontrolle der Quittung bestätigte dies.
Tief in den Verästelungen unseres Gehirns, wo Neuronen miteinander kommunizieren wie geschäftige Kollegen in einem Großraumbüro, entfaltet sich ein Schauspiel – die selektive Wahrnehmung. Es ist, als ob unser Gehirn in einem überfüllten Büro steht und entscheiden muss, welchen Informationen es die volle Aufmerksamkeit schenkt und welche unbeachtet bleiben.

Mensch nimmt wahr, was er wahrnehmen will!

Die Hauptakteure dieses neurobiologischen Dramas sind die Aufmerksamkeitszentren, die wie strenge Bürovorsteher agieren. Diese Zentren, auch als "Filter-Frontalcortex" bekannt, treffen rasche Entscheidungen darüber, welchen Informationen Zugang zum Arbeitsplatz gewährt wird und welche draußen bleiben müssen. Ein komplexer Prozess, der auf vergangenen Erfahrungen, emotionalen Zuständen und aktuellen Zielen beruht.

Stellen Sie sich vor, Sie betreten dieses neuronale Büro, und plötzlich leuchtet ein Signal auf – das ist die Information, die Ihre Aufmerksamkeit auf sich zieht. Diese Information wird von spezialisierten Neuronen erfasst, den "Spotlight-Synapsen," die sicherstellen, dass die ausgewählte Information im Fokus steht.

Nicht alle Informationen haben das Glück, im Mittelpunkt zu stehen. Es gibt viele Ablenkungen und Konkurrenz – andere Informationen, die versuchen, die Aufmerksamkeit zu beanspruchen. Der "Filter Frontalcortex" ist der Ordner des Gehirns. Dieser Teil des Gehirns hilft dabei, unwichtige Informationen zu unterdrücken und den Fokus auf das Wesentliche zu richten.

Die Vorstellung wäre nicht vollständig ohne die "Dopamin-Übermittler." Diese chemischen Botenstoffe spielen eine entscheidende Rolle, wenn besonders interessante Informationen auftauchen. Sie verstärken die Verbindungen zwischen den beteiligten Neuronen, sodass ähnliche Informationen in der Zukunft bevorzugt werden.

Und so arbeiten die Neuronen und Synapsen in perfekter Harmonie zusammen, während unser Gehirn entscheidet, welchen Informationen es die Hauptrolle zuspricht und welche im Hintergrund verbleiben. Die selektive Wahrnehmung, ein beeindruckendes Schauspiel unseres neurobiologischen Ensembles!

Das menschliche Gehirn wird täglich von einer beeindruckenden Anzahl von Eindrücken überflutet. Es wird geschätzt, dass unser Gehirn etwa 11 Millionen Bits an Informationen pro Sekunde verarbeiten kann. Das bedeutet, dass wir ständig eine immense Menge an sensorischen Daten aus unserer Umgebung aufnehmen, sei es durch Sehen, Hören, Riechen, Schmecken oder Fühlen.

Die Herausforderung besteht darin, dass unsere bewusste Wahrnehmung viel begrenzter ist. Forschungen deuten darauf hin, dass wir uns nur auf etwa 50 Bits pro Sekunde konzentrieren können. Dieser enorme Unterschied zwischen der Menge an verfügbarer Information und dem, was wir tatsächlich verarbeiten können, bestätigt das Selektion und Filter schon irgendwie Sinn machen.

Randnotiz: 11 Millionen Bits sind ungefähr 200.000 Wörter, also ca. ein Buch mit 500 Seiten. Wäre es nicht schön, wenn wir so schnell lesen könnten? Konzentrieren können wir uns auf 50 Bits in der Sekunde, also ein Wort.

Selektion und Filterung sind entscheidend, um eine effiziente Verarbeitung von Informationen zu ermöglichen und gleichzeitig unsere kognitiven Ressourcen zu schonen. Das Gehirn verwendet verschiedene Mechanismen, um dies zu erreichen:

- **Aufmerksamkeitsmechanismen:** Das Gehirn lenkt die Aufmerksamkeit auf bestimmte Reize, die als relevant erachtet werden. Dies geschieht oft aufgrund von persönlichen Interessen, Zielen oder emotionaler Bedeutsamkeit.

- **Vorwissen und Erfahrung:** Frühere Erfahrungen und vorhandenes Wissen beeinflussen, welche Informationen als wichtig erachtet werden. Das Gehirn neigt dazu, sich auf bekannte Muster und relevante Informationen zu konzentrieren.
- **Emotionale Bewertung:** Emotionen spielen eine große Rolle bei der Auswahl von Informationen. Emotionale Reize haben oft Priorität, da sie aufgrund ihrer möglichen Bedeutung für das Überleben besonders relevant sind.

Selektion und Filterung sind überlebenswichtig, da sie es dem Gehirn ermöglichen, sich auf diejenigen Informationen zu konzentrieren, die für das unmittelbare Überleben und die Bewältigung der Umgebung am wichtigsten sind. Ohne diese Mechanismen würden wir von der Informationsflut überwältigt werden und es wäre schwer, effektiv auf die Umwelt zu reagieren. Sie können aber auch in die Irre führen, kennen Sie König Krösus?

"Die Saga von König Krösus von Lydien, dem Meister der selektiven Wahrnehmung...

Krösus, in einem Anflug von grenzenloser Begeisterung, beschloss, das Orakel von Delphi zu befragen: 'Soll ich gegen die Perser in den Krieg ziehen?' Das Orakel antwortete mit mysteriöser Weisheit: 'Wenn du das tust, wirst du ein mächtiges Reich zerstören.'

Beflügelt von grandiosen Visionen, interpretierte er dies natürlich als ein klares Go für den Krieg und vor allem als Triumphgarantie. Ein Sieg, der das feindliche Reich in die Knie zwingen würde! Voller Übermut stürzte sich Krösus in die Schlacht, fest davon überzeugt, als strahlender Sieger hervorzugehen.

Warum? Weil er selektiv zuhörte. Alles, was nach Triumph roch, wurde aufgesogen. Doch was von Zerstörung und Untergang flüsterte, insbesondere wer, blieb ungehört, wenn nicht sogar bewusst ignoriert. Und so besiegelte Krösus mit seiner glorreichen Schlacht nicht nur seinen eigenen Untergang, sondern auch das Schicksal seines geliebten Reiches Lydien. Hätte er einfach gefragt, welches Reich das Orakel meinte, dann hätte es weniger Exformation gegeben.

Im Wachzustand arbeitet das Gehirn unermüdlich daran, ein Viertel seiner Kapazität darauf zu verwenden, Signale zu filtern. Eine lebensrettende Fähigkeit.

Das Gehirn liebt es, Stereotypen, Muster und Cluster zu bilden. In der Realität gerne genommen, etwas passiert einmal und ist für immer so, alle Menschen sind … und die Vorurteilstür der Stereotype geht auf, alle Blondinen sind. So wird die Welt einfacher, aber auch weniger bunt. Mithilfe der Auswahl wird der Mensch vor dem Wahnsinn bewahrt, der entstehen würde, wenn er sich von der Flut an Eindrücken überwältigen ließe. Interessanterweise ist selektive Wahrnehmung nicht nur auf das Visuelle beschränkt, sondern erstreckt sich auch auf kognitive Bereiche.

Die Filter sind häufig beratungsressistent, fragen Sie mal einen Therapeuten. Oftmals ist das Warum kaum noch erklärbar, aber die Verteidigung stark. Ganz unten in der Überzeugungsmauer verankert, bricht schnell der lebenslange Starrsinn aus.

Vorhandene Überzeugungen und Urteile werden bestätigt, und Rückschlüsse werden nicht mehr hinterfragt. Das Gehirn wird zum Meister der Stereotypenbildung. Erlebnisse, Erfahrungen oder Erkenntnisse, die nicht in unsere Stereotypen passen, werden so lange interpretiert oder bekämpft, bis sie keine Störung mehr darstellen: Was nicht passt, wird eben passend gemacht.

Die meisten Stereotypen sind übrigens völlig unempfänglich für Gegenbeispiele. Wir suchen so lange nach Rat, bis wir eine Meinung hören, die zu unseren bestehenden Vorstellungen passt. Ein Paradebeispiel für die Tücken der selektiven Wahrnehmung.

Selbstversuch macht klug

Geben Sie im Netz mal auf die Suche nach dem Selective Attention Test oder für Fortgeschritten die Monkey Business Illusion. Wie haben Sie abgeschnitten?

Randnotiz: Der selektive Attention-Test ist wohl das bekannteste Experiment von Simons. Daniel Simons, ein renommierter Psychologie-Professor am Beckman-Institut der Universität von Illinois, hat sich über viele Jahre hinweg intensiv mit dem Phänomen der selektiven Wahrnehmung beschäftigt. In seinen Forschungen betrachtet Simons diese als einen der gravierendsten menschlichen Defekte.

Die selektive Wahrnehmung einfach auszuschalten, erweist sich laut Simons nicht als Lösung. Neueste Studien des Psychologen haben ergeben, dass Personen, die das Unerwartete erwarten, oft Wichtigeres übersehen. Besonders bekannt ist ein legendäres Video, in dem Simons zusammen mit seinem Kollegen Christopher Chabris, einem Psychologie-Professor am Union College in New York, bereits im Jahr 1999 Experimente zu diesem Thema durchführte.

Fast genauso bekannt ist Richard Wisemans Experiment mit der Zeitung. Die Probanden wurden gebeten eine Zeitung durchzulesen und die Bilder zu zählen. Auf Seite zwei findet sich eine fette Überschrift: „Sie können aufhören zu zählen – in dieser Zeitung sind 43 Fotos abgebildet".

Ein zweiter Versuch in der Mitte:

„Hören Sie auf zu zählen. Sagen Sie dem Testleiter, dass Sie dies gelesen haben, dann gewinnen Sie 100 englische Pfund."
Fast alle Testpersonen überlasen die beiden Überschriften.

Menschen sehen den Wald vor lauter Bäumen nicht, zumindest laut dem Sprichwort von Wieland. Mensch verliert sich in Kleinigkeiten und Einzelheiten und das flankiert von blinden Flecken und Johari-Fenster.

Blinde Flecken, auch als "Blind Spot" oder "Unconscious Bias" bekannt, sind Phänomene in der menschlichen Wahrnehmung und Informationsverarbeitung, bei denen Individuen bestimmte Informationen oder Aspekte ihrer Umgebung unbewusst ignorieren oder verzerrt wahrnehmen. Dieses Konzept wird in verschiedenen wissenschaftlichen Disziplinen erforscht, darunter Psychologie, Neurowissenschaften und Sozialwissenschaften.

- **Visueller Blind Spot:** Der visuelle Blind Spot bezieht sich auf eine physiologische Besonderheit des menschlichen Auges. An jeder Netzhaut befindet sich eine Stelle, an der der Sehnerv den Augapfel verlässt. An dieser Stelle gibt es keine lichtempfindlichen Zellen, was zu einem "Loch" im Sehbereich führt. Das Gehirn füllt diesen Bereich jedoch automatisch mit Informationen aus der umliegenden Umgebung auf, sodass wir normalerweise keine Lücke in unserem Sichtfeld bemerken.
- **Kognitive blinde Flecken:** Kognitive blinde Flecken beziehen sich auf unbewusste Denkmuster und Vorurteile, die unser Urteilsvermögen und unsere Entscheidungsfindung beeinflussen können. Diese können auf persönlichen Erfahrungen, kulturellen Einflüssen oder sozialen Normen basieren. Menschen neigen dazu, Informationen zu bevorzugen, die ihre bestehenden Überzeugungen bestätigen, und ignorieren oder verzerrt wahrzunehmen, was diesen widerspricht.
- **Neurologische Grundlagen:** Neurowissenschaftliche Untersuchungen haben gezeigt, dass verschiedene Bereiche im Gehirn an der Entstehung blinder Flecken beteiligt sind. Die Amygdala, zum Beispiel, spielt eine Rolle bei der Verarbeitung emotionaler Reize und kann unsere Wahrnehmung beeinflussen. Darüber hinaus können kognitive Verzerrungen in der Informationsverarbeitung dazu führen, dass bestimmte Reize bevorzugt oder vernachlässigt werden.
- **Sozialpsychologie:** In der Sozialpsychologie wird der Begriff "Unconscious Bias" verwendet, um auf voreingenommene Einstellungen hinzuweisen, die automatisch und unbewusst auftreten. Diese Vorurteile können auf Rasse, Geschlecht, Alter oder anderen Merkmalen basieren und dazu führen, dass Menschen Informationen selektiv wahrnehmen oder interpretieren.

Auch wenn es langsam an die drei Affen erinnert, wir haben noch mehr um unsere Wahrnehmung auszutricksen – das Joahri-Fenster. Blinde Flecken gibt es beim Joahri-Fenster noch als kostenloses Geschenk.

Nicht ganz Joko und Klaas, sondern Joe und Harry, entdeckten das Johari-Fenster. Das ist ein Modell, das in der Psychologie und Kommunikationstheorie verwendet wird, um die Selbst- und Fremdwahrnehmung sowie den Informationsaustausch zwischen Personen zu illustrieren. Es wurde von Joseph Luft und Harry Ingham entwickelt und nach ihren Vornamen benannt (Joe + Harry = Johari). Wissenschaftlich betrachtet bietet das Johari-Fenster einen Rahmen für die Untersuchung von Selbstoffenbarung, Feedback, Vertrauen und zwischenmenschlichen Beziehungen.

Das Johari-Fenster setzt sich aus vier Quadranten zusammen:

1. **Öffentliche Arena (Open Area):**
   - In diesem Quadranten befinden sich Informationen, die sowohl der Einzelne als auch andere über ihn wissen. Es umfasst beispielsweise berufliche Qualifikationen, Hobbys und bestimmte Persönlichkeitsmerkmale, die offen kommuniziert wurden.
   - **Wissenschaftlicher Hintergrund:** Der Austausch von Informationen in der öffentlichen Arena trägt zur Bildung des sozialen Selbst bei, das durch die Interaktion mit anderen geformt wird. Sozialpsychologisch betrachtet ermöglicht diese gegenseitige Offenlegung die Entwicklung von sozialen Normen und Erwartungen.
2. **Blinder Fleck (Blind Area):**
   - Hier tummeln sich Informationen über den Einzelnen, die den anderen bekannt sind, er selbst jedoch nicht erkennt oder anerkennt. Das können unbewusste Verhaltensmuster oder blinde Flecken in der Selbstwahrnehmung sein.

- **Wissenschaftlicher Hintergrund:** Der blinde Fleck kann auf kognitive Verzerrungen und unbewusste Voreingenommenheit hinweisen. Psychologisch betrachtet können Menschen dazu neigen, bestimmte Aspekte ihres eigenen Verhaltens zu übersehen oder zu rationalisieren, während sie von anderen leichter wahrgenommen werden.

3. **Verborgene Arena (Hidden Area):**

    - Informationen über den Einzelnen, die er kennt, aber anderen gegenüber nicht offenbart hat. Dies können persönliche Gedanken, Gefühle oder private Erfahrungen sein.

    - **Wissenschaftlicher Hintergrund:** In der versteckten Arena spielen persönliche Privatsphäre, emotionale Intelligenz und individuelle Identität eine wichtige Rolle. Die Entscheidung, welche Informationen geteilt oder zurückgehalten werden, hängt von Faktoren wie Vertrauen, sozialer Akzeptanz und Selbstschutz ab.

4. **Unbekanntes (Unknown Area):**

    - Dieser Quadrant enthält Informationen, die weder der Einzelne noch andere über ihn wissen. Es repräsentiert unentdeckte Potenziale, ungeklärte Fähigkeiten oder Aspekte der Persönlichkeit, die noch nicht ans Licht gekommen sind.

    - **Wissenschaftlicher Hintergrund:** Der unbekannte Bereich kann als Raum für persönliches und zwischenmenschliches Wachstum betrachtet werden. Psychologisch gesehen können neue Erfahrungen, Selbsterforschung und externe Einflüsse dazu beitragen, bisher unbekannte Facetten der Persönlichkeit zu entdecken.

Mantra: Glauben Sie nicht alles, was Sie denken.

Schnellpflaster:

Entwirren Sie die Spinnweben der Exformation:

- **"Wahrhaftigkeit walten lassen: Facing the Mirror"**
  Beginnen Sie Ihren Tag mit einem ehrlichen Blick auf sich selbst und setzen Sie sich mit Ihrem Spiegelbild auseinander.
- **"Feedback als Kompass nutzen: Tell Me Something Good"**

  Ermutigen Sie Ihr Umfeld, Ihnen konstruktives Feedback zu geben, und nutzen Sie es als Orientierung für persönliches Wachstum.
- **"Authentizität als Stärke zeigen: True Colors"**

  Zeigen Sie Ihre wahre Persönlichkeit und erkennen Sie die Schönheit Ihrer Individualität an.
- **"Lernchance nutzen: I Will Survive"**

  Betrachten Sie Schwierigkeiten als Gelegenheiten, Widerstandsfähigkeit zu entwickeln und gestärkt daraus hervorzugehen.
- **"Adieu zu Selbstsabotage sagen: Don't Stop Believin'"**

  Brechen Sie den Zyklus der Selbstsabotage und glauben Sie an sich selbst.
- **"Klarheit in der Wahrnehmung schaffen: Eye of the Tiger"**

  Fokussieren Sie sich auf klare Ziele und behalten Sie einen entschlossenen Blick auf den Weg vor Ihnen.
- **"Selbstakzeptanz zelebrieren: Happy"**

  Feiern Sie Ihre Fortschritte und schätzen Sie die positiven Aspekte Ihrer Persönlichkeit.
- **"Perfektionsdruck entschärfen: Let It Go"**

  Lassen Sie den Druck los, perfekt zu sein, und akzeptieren Sie, dass Fehler menschlich sind.

- **"Fehler als Lernchancen nutzen: Learn to Fly"**

  Sehen Sie Fehler als Möglichkeiten zum Wachsen und Lernen, statt als Scheitern.

- **"Zielsetzung mit kleinen Schritten: Another One Bites the Dust"**

  Setzen Sie klare, erreichbare Ziele und freuen Sie sich über jeden erreichten Meilenstein.

Als ob Wahrnehmung nicht schon facettenreich genug wäre, gehören ebenso die Medien zu unseren Wahrnehmungspotpourri.

Datenflut – wir informieren uns doof – Massenhysterie

Was würden Thatcher, Genscher und Gorbatschow zu meiner Situation sagen? Wie setzen Putin und Erdogan ihre Methoden in turbulenten Zeiten um? Unterscheiden sich die Ansätze von Trump und Biden im Krisenmanagement? Die Meritokratie (Herrschaft von Eliten) scheint inmitten des Chaos den Höhepunkt ihrer Entscheidungsfreiheit erreicht zu haben. Eine gewagte Frage drängt sich auf: Ist es schlimmer, in einer Diktatur Regeln zu erlassen oder in einer Demokratie keine Verantwortung zu übernehmen?

Barack Obama betont nach wie vor, dass Entscheidungen und Diskussionen stets auf Fakten basieren müssen. Sein Bekenntnis zu aufklärerischen Werten wie Fakten, Vernunft und Logik wird begleitet von einer Warnung vor den größten Gefahren für die Demokratie: dem Moment, "wenn kein Konsens mehr über grundlegende Fakten existiert." Wie würde er wohl in Ihrer Lage entscheiden? Nach eigenen Angaben hat er nach seiner Amtszeit erst einmal ausgiebig ausgeschlafen – zusammen mit Michelle.

Im Wandel erscheint der Konsens über grundlegende Fakten als Herkulesaufgabe, die sich als Sisyphos-Aufgabe entpuppt. Ähnlich wie Sisyphos, der mit seiner abweichenden Meinung die Götter erzürnte und fortan einen schweren Felsbrocken einen Berg hinaufrollen musste, nur um kurz vor dem Ziel wieder zurückzufallen. Angesichts der Flut an Informationen in schwierigen Zeiten könnte selbst Herkules den Informationsbrocken wohl nicht als 13. Heldentat wählen, sondern vielleicht den Weg des Influencers einschlagen.

Der gegenwärtige Umgang mit Fakten erinnert gelegentlich an die Marktschreier vergangener Tage. Die Rolle des neumodernen Influencers kommt nicht nur der Politik zu. Ein Quartett betritt die Bühne.

Das Quartett-Influencer wird nicht von einem Meinungsmacher repräsentiert, sondern die Digitalisierung, Presse und Medien (auf der Jagd nach Marktanteilen) sowie der Populismus fungieren als Brenngläser.

Was genau ist eigentlich Digitalisierung? Der Berater "Niemand" von Peter Arbeitsloser aus Qualityland würde wohl behaupten, dass nun endlich Google die Welt regiert. In dieser Informationsgesellschaft, die derart überinformiert ist, dass dem analogen Individuum ein leichter bis mittelschwerer Tinnitus bleibt, tendiert der Homo Dataus entweder dazu, selbst zum Experten und Pressesprecher der Information zu werden, oder er wählt die völlige Desensibilisierung, begleitet von einem latenten Gefühl der Überforderung und umfassender Ungläubigkeit. Dies kann mitunter dazu führen, dass selbst echte Warnungen in den Tiefen des Informationsweltalls verschwinden.

Randnotiz: Unser Geist ist geneigt, eine Kakistokratie zu formen, eine Herrschaft des Schlechten, die sich ständig auf bad News konzentriert. Der Sicherheitsjunkie ist zufrieden und wird wohl nie wieder arbeitslos.

Medien haben laut Staatsvertrag einen Bildungs- und Informationsauftrag, den sie ungeachtet von Einschaltquoten zu erfüllen haben. Dabei sind Informationen und Meinungen zu unterscheiden und Meinungspluralität sowohl zu ermöglichen, als auch zu beschützen.

Werden die Medien ihrer Aufgabe gerecht? Schon 2007 fand Emnid heraus, dass 100% der Zuschauer, gewisse Begriffe der Tagesschau nicht mehr kennen bzw. verstehen. Aber ist dass ein Grund, dass die Medien auf der Jagd nach Quoten sowohl das Niveau eines Kinderbildbuches als erstrebenswert ansehen und einer Massenkonditionierung auf Unglück, Leid und Angst vorbildlich umsetzen?

Kritiker könnten einwenden, dass Internetmedien und Social Media mit so gearteten Angeboten punkten, dass sie sich dem Wettbewerb stellen und möglichst gewinnen müssen. Hört sich nach Roadrunner (dem Wegekuckuck) und Coyote (immer hungrig und vom Pech verfolgt) an. Der Roadrunner legt dem Coyoten ein „Ei“ in den Weg, dass dieser gierig verschlingt, im Ergebnis bekommt niemand was wer will – „miep, miep.“

Populismus gedeiht am Besten, wenn Stress, Angst und Unverständnis, eine Gesellschaft auf Empfangsbereitschaft steht. Die dunkelste Seite der Mediokratie, offenbart sich in Hilflosigkeit, Demütigung, Kontrollverlust und Angst. In diesen Zeiten wird das diffuse Bedürfnis nach Zugehörigkeit, oft mit großen Worten aufgefangen. Das Echo der Hilflosen, findet seinen Klang in zugewandter Rhetorik, wieder getreu dem Motto „Endlich spricht es mal jemand aus, der spricht mir aus der Seele“.

Es erscheint nur folgerichtig dem Rattenfänger zu folgen und die Melodie zu wiederholen. Dann hat die liebe Seele erstmal Ruh. Dem Rattenfänger folgten Mäuse und Ratten, er ertränkte sie im Fluss. Die eben noch ängstliche Bevölkerung wandelte sich in omnipotente Vertragsbrüchige und verweigerte seinen Lohn. Die Zeche bezahlten die Kinder und Jugendlichen der Omnipotenz, bei seiner Wiederkehr.

Die Welt ist nicht auf diese geballte kaputte Platte vorbereitet. Ähnlich einer Spielshow „1, 2 oder 3 Du musst Dich entscheiden drei Felder sind frei. Plopp! Plopp, das heißt Stopp, nur noch einen Hopp, dann bleibt es dabei. Ob du wirklich richtig stehst, siehst du wenn das Licht angeht.“ Getrieben von Informationen, hoppeln die Einzelnen, von einem Feld zum anderen, aber das Licht geht nicht an. Ermattet von Dauer und Informationsgau, bleiben die Menschen auf ihrem Feld stehen und bilden unterschiedlich frustrierte Gruppen – gesellschaftliche Spaltung.

„Der Weg zur Hölle ist mit guten Vorsätzen gepflastert.“ Warum funktioniert das Quartett? Das Gehirn ist an Glück nicht interessiert, als Lebensversicherung liegt der Fokus auf Gefahren. Gute Nachrichten sind uninteressant, schlechte Nachrichten eventuell lebensrettend. Die Bewertung der Informationen in diesem Konglomerat, zeichnet die stressige Situation aus.

Zu jeder Zeit galt es über die Menschheitsgeschichte hinweg Verantwortung zu übernehmen. Verantwortung für andere, Verantwortung für Handlungen und Verantwortung für das Selbst und letztlich für alle die, die sich selbst weniger helfen können. Die Menschheit ist satt, „All you can erwarten." In einer Linie, sitzt die vermeintliche Krone der Schöpfung, digitalisiert und Daten basiert, wider dem gesunden Menschenverstand die Show watchend.

Seit etlichen Jahren liegt der Fokus der Nachrichten unweigerlich auf den Katastrophen dieser Welt. Sollte die Auflage einmal zu niedrig sein, werden kurzerhand neue Katastrophen beschworen oder Ereignisse statistisch überdramatisiert. Die Presse und Medien scheinen ihrer Verantwortung zu entziehen, Aufklärung zu betreiben und den Rezipienten eine faktenbasierte Entscheidungsgrundlage zu bieten.

Dieses Problem wird durch die Geschwindigkeit noch verschärft. Während der Mensch in der Lage war, lineare Veränderungen zu bewältigen, muss er nun ein multiples Chaos- und Risikoszenario in der digitalen Ära bewerten – und das bei einer fragilen Informationsbasis. Diese Informationsbasis erscheint so mangelhaft, dass selbst Experten oft nur auf bescheidenem Grund agieren.

Die Angst regiert, und selbst als wir noch in Sicherheit waren, basierten viele Entscheidungen auf dem unzureichenden Wissen der Entscheidungsträger. Dies war zwar verkraftbar, da es nicht so weitreichend in unsere Lebensbereiche eingriff. Angst ist jedoch der schlechteste Berater; das Gehirn schaltet in den Reptilienmodus um und konzentriert sich vorrangig auf die Suche nach Gefahr.

Für dieses Szenario haben wir keine Blaupause. Zu Beginn von Krisen fangen Hilfsbereitschaft und Gemeinschaftssinn vieles auf. Im Alltag der Krise jedoch, mit der Lizenz, zuerst an sich selbst zu denken und dann anderen zu helfen, gerät der zweite Teil dieser Gleichung oft in Vergessenheit.

Wie finden wir in einer digitalisierten, technokratischen und meritokratischen Welt den gesunden Menschenverstand wieder und vollziehen einen Neustart der Menschlichkeit? Wie beruhigen wir unser Gehirn, um vom Homo Sapiens zurück zum verstehenden Menschen zu gelangen? Mitten in einer Welt voller Einzelinteressen, wie viele Splittergruppen und Foren brauchen wir, bis wir die kritische Masse erreichen?

In erster Linie sind wir Menschen – unabhängig von Geschlecht, Hautfarbe oder sonstigen Unterschieden und gedachten Normen, die es eigentlich nie gab.

Ein gutes Beispiel für gesellschaftliche Normen, ist die Antwort auf die Frage was ist hygienischer Küssen oder Händeschütteln? Küssen. Dennoch bleibt die gesellschaftliche Norm das Händeschütteln. Küssen und Händeschütteln bleiben beide Formen der Zuneigung von Menschen. Das bringt uns zur Frage: Wie wird der Begriff "Mensch" definiert? Nach der biologischen Definition gehören wir zur Gattung Homo und somit zu den Menschenaffen. Diese Definition steht wohl im Widerspruch zur Selbstwahrnehmung als "Krone der Schöpfung". Evolutionär betrachtet haben wir alle Wurzeln in Afrika, der Geburts- und Verbreitungsstätte des Homo Sapiens. Die größte Errungenschaft des Homo Sapiens gegenüber dem Homo Neandertal ist ein größeres Gehirn, das zum verstehenden Denken befähigt. Die Frage an den modernen Homo Sapiens lautet daher: Wie würden Sie entscheiden?

Wie z. B. Kelly und Birkenbihl schon festgestellt haben, lässt sich eine solche Überflutung ausschließlich mit wenigen Anweisungen meistern. Je komplizierter und umfänglicher die Anweisungen sind, desto höher ist die Wahrscheinlichkeit das Problem nicht bewältigen zu können.

Schnellpflaster:

- **To much information:** Die Informationsflut kann überwältigend sein. Vertrauen Sie nur auf Informationen aus zuverlässigen Quellen und meiden Sie solche, die Angst und Panik schüren.
- **Nachrichtenpause: Begrenzung der "schlechten" Nachrichten** Setzen Sie ein Tageslimit für die Nutzung von Medien, insbesondere für negative Nachrichten. Konzentrieren Sie sich stattdessen auf praktische Angelegenheiten und Ihr tägliches Leben.
- **Selbstfürsorge: Auf sich selbst achten** Vermeiden Sie, dass Angst und Panik Ihre Gedanken dominieren. Pflegen Sie Ihre Alltagsroutinen, essen Sie gesund, sorgen Sie für ausreichend Schlaf und integrieren Sie positive Aktivitäten in Ihren Tag, wie zum Beispiel Spaziergänge, Meditation oder Sport.
- **Kontakt halten: Soziale Verbindungen pflegen** Der Austausch mit Freunden und Familie reduziert Stress und sorgt für Beruhigung. Teilen Sie Ihre Gefühle und Probleme, denn sozialer Kontakt gibt Sicherheit und Unterstützung.
- **Hoffnung und Positivität fördern** Lenken Sie Ihre Aufmerksamkeit bewusst auf positive Aspekte. Entwickeln Sie Hoffnung, indem Sie einen Plan erstellen, was Sie zeitnah erleben möchten.
- **Akzeptanz der eigenen Gefühle** Akzeptieren Sie, dass es normal ist, Ängste, Stress, Hilflosigkeit oder Traurigkeit zu empfinden. Sprechen Sie über Ihre Gefühle und nehmen Sie diese an.
- **Vorbild für Ihr soziales Umfeld sein** Teilen Sie Ihre Gedanken über die Situation mit Kindern, Familie und Freunden. Zeigen Sie Zuneigung, Aufmerksamkeit und Unterstützung. Seien Sie ein positives Beispiel im Umgang mit Stress, damit andere von Ihnen lernen können.

Die Regel für Bars und Zusammenkünfte – reden Sie möglichst wenig über Politik und Religion.

PEOPLE PLEASER (KONFLIKTVERMEIDUNG)

Könige der Exformation, bis zur endgültigen Selbstaufgabe. Informationen, Exformationen und Wahrnehmung, stehen in direkter Nachbarschaft zum Konflikt.

Zwischen Menschenfreund und Selbstverrat: Das Dilemma des "People Pleasing"

Im alltäglichen soziale Miteinanders finden wir uns oft in einem heiklen Spannungsfeld wieder. Ein Spannungsfeld, das von der Versuchung geprägt ist, das zu sagen und zu tun, was andere von uns erwarten. Warum? Um Konflikte zu vermeiden, nicht anzuecken oder schlichtweg weiter unsere Brötchen zu verdienen. Dieses Dilemma führt dazu, dass das Leben sich um sich selbst zu drehen scheint, und niemand sagt, was eigentlich gesagt werden müsste.

Die Verlockung, den Erwartungen anderer zu entsprechen, ist allgegenwärtig. Menschen neigen dazu, das zu sagen, was andere hören wollen, um zunächst einmal für Zufriedenheit zu sorgen. Doch hier liegt der Clou: In "Wie geht Mensch" wird nicht einfach das geschrieben, was jeder hören möchte. Stattdessen das, was vielleicht nicht gehört werden will, um dann Dinge zu tun, die wirklich wichtig sind.

Das Phänomen des "People Pleasing", sei es in eigener oder fremder Sache, mag zwar kurzfristig einen gewissen Komfort bieten. Es scheint, als könnten wir Konflikten und Unannehmlichkeiten für immer aus dem Weg gehen. Langfristig birgt diese Strategie jedoch ein hohes Potential für Unzufriedenheit. Warum? Weil wahre Veränderung oft außerhalb des Gewohnten liegt.

Vielleicht ist genau das der Grund, warum Sie dieses Buch lesen. Die Suche nach Veränderung, nach einem Weg aus dem alltäglichen Dilemma des "Wasch mich, aber mach nicht nass." In einer Welt, in der das "People Pleasing" die Oberhand gewinnt, wird die Authentizität untergraben, und wir riskieren, uns selbst zu verraten.

Zufriedenheit und echte Veränderung entstehen durch Ehrlichkeit, auch wenn sie unbequem ist. People Pleasing kann auf lange Sicht einen hohen

Preis haben. Machen Sie sich bereit, aus der Komfortzone des Gefallens auszubrechen und die Herausforderungen der Authentizität anzunehmen – denn wahres Glück liegt vielleicht gerade außerhalb des Erwarteten.

Die Kunst, kein "People Pleaser" zu sein oder diesen Zustand zu überwinden, erfordert eine bewusste Veränderung des Verhaltens und Denkens, TFT hilft dabei. Ein wichtiger Schritt besteht darin, klare Grenzen zu setzen und diese nicht nur für sich selbst, sondern auch für andere deutlich zu kommunizieren. Diese Entscheidung, bewusst zu wählen, welche Verhaltensweisen akzeptabel sind und welche nicht, stärkt nicht nur das Selbstbewusstsein, sondern schafft auch die Grundlage für authentische Beziehungen.

Das Erlernen des angemessenen "Nein"-Sagens ist ein weiterer bedeutender Schritt. Es erfordert die Fähigkeit, sich zu weigern, Dinge zu tun, die man nicht will oder kann, ohne dabei ein schlechtes Gewissen zu entwickeln. Prioritäten zu setzen ist ebenso wichtig, um die eigenen Bedürfnisse und Überzeugungen zu respektieren und zu schützen.

Die bewusste Selbstwahrnehmung spielt dabei eine Schlüsselrolle. Durch die Anerkennung von Stärken und Schwächen wird das Selbstbewusstsein gefestigt, und es entsteht eine Grundlage für die Erkundung eigener Bedürfnisse. Die Praxis der Selbstfürsorge, indem man Zeit für sich selbst einplant und auf die eigenen Bedürfnisse achtet, fördert zusätzlich das innere Gleichgewicht.

Was wollen Sie? Das Vermeiden von Aktivitäten oder Verpflichtungen, die nicht den eigenen Zielen entsprechen, fördert ein authentisches und erfülltes Leben. Und ja, wirkliche Freunde können damit leben.

Schließlich ist Mitgefühl gegenüber anderen wichtig, jedoch darf dabei nicht vergessen werden, dass die eigene Selbstachtung und Selbstschutz genauso bedeutend sind. Die Entscheidung, kein "People Pleaser" zu sein, ist ein schrittweiser Prozess, der Zeit, Geduld und Kontinuität erfordert. Es ist ein Weg zu einem authentischen und erfüllten Leben, das außerhalb der Erwartungen und Anforderungen anderer liegt.

Eine kleine Aufgabe: Suchen Sie sich eine Herausforderung aus und stellen Sie sich die Frage: Was müsste ich tun, damit alles noch Schlimmer wird? Notieren Sie mal drei bis fünf Antworten.

Prüfen Sie nun, ob es Ähnlichkeiten mit Ihrem Verhalten gibt.

AVANTI-DELITTANTI – LIEBE DAS PLATEAU

„Liebe ist Arbeit, Arbeit, Arbeit!" predigt Hape Kerkeling als niederländische Paarberaterin Evje van Dampen. Seinem Gehirn eine Beißschiene anzulegen ist Arbeit, Arbeit, Arbeit. Überlebenstipps funktionieren, sie funktionieren besonders dann, wenn wir Wege finden, mit denen unsere Systemmanager die Oberhand behalten.

Bei annähernd jeder Veränderung, Krise oder ungewohnten Situationen, übernehmen die alten Gehirnteile die Regie. Biologisch sinnvoll, aber beim Survivaln lästig und hinderlich. Längst überwunden gehoffte Muster rücken das Verhalten zurück in die alten Denkrillen. Ausgetretene Wege gehen sich leichter und erfordern weniger Denkleistung. Das chillige Gehirn geht den einfachen Weg.

Wie viel ist eigentlich von Ihrem Blatt Papier übrig?

Das Reptiliengehirn in Schach zu halten, kann über zwei Wege funktionieren: Hormonelle Gegensteuerung und automatisierte Programme.

Nach Roth besitzt unser Gehirn eine spezielle Eigenschaft: Es kann nicht Neues erlernen, obwohl es als Höchstleistungsrechner für das Lernen konzipiert ist. Es kann jedoch Vorhandenes deutlich vertiefen, also sozusagen Überlernen. Für den Gehirnbesitzer bedeutet das, einmal Erlerntes sitzt, und zwar tief. Dabei gibt es eine Hitliste. Verhalten, Programme und Reaktionsmuster gelten als Highroller, sie werden geschützt und sind auch nach Jahrzehnten noch abrufbar, im Bereich des Reptiliengehirns sogar für immer und teilweise auch reflexartig. Eine mögliche Erklärung, warum manche Menschen im Alter sich kaum den Weg zurück zum eigenen Zimmer merken können, aber reflexartig bösartig reagieren können.

Automatisierte Programme und Ihre Lernchance

Der Lernprozess, insbesondere auf dem Weg zur Meisterschaft, folgt oft einem charakteristischen Muster, das George Leonard in seinem Konzept "Der Weg zur Meisterschaft" eingehend beschrieben hat. Dieser Weg ist geprägt von verschiedenen Phasen, wobei eine entscheidende Rolle dem Plateau zukommt.

Der Lernprozess, auf dem Weg zur Meisterschaft, ist eine längere Reise, die oft von einem entscheidenden Phänomen begleitet wird – dem Plateau. Dieser Abschnitt markiert einen Wendepunkt im Lernen, der häufig von Frustration begleitet ist, aber auch eine entscheidende Rolle bei der Vertiefung und Festigung von Fähigkeiten spielt.

Wenn wir eine neue Fähigkeit erlernen, durchläuft unser Gehirn einen komplexen Prozess. Zu Beginn explodiert die Leistung, wie bei einem Raketenschub in den Weltraum. Doch dann tritt das Plateau ein. Dieser scheinbare Stillstand ist jedoch nicht das Ende des Lernens, sondern eher ein Zwischenstopp auf dem Weg zur Meisterschaft.

Während des Plateaus ist der Körper damit beschäftigt, neue Nervenbahnen zu bilden. Dieser Prozess benötigt Zeit und ist vergleichbar mit dem Aufbau einer hochmodernen Datenautobahn im Gehirn. Jede Technik, jede Bewegung, jedes erlernte Detail ist wie ein Datenpaket, das auf dieser Autobahn transportiert wird. Das Plateau ist die Zeit, in der diese Autobahn konstruiert und optimiert wird. Der Dilettant hat keine Lust mehr und wechselt das Hobby, hat aber zumeist große Heldengeschichten bezüglich des Erlernten im Gepäck.

Das Gehirn steckt während des Plateaus in einem unsichtbaren Umbauprozess, aber nur wenn wir nicht aufhören. Die scheinbare Stagnation ist nicht das Versagen des Lernenden, sondern ein Zeichen dafür, dass der Körper intensiv an der Optimierung der neuronalen Verbindungen arbeitet.

In der Philosophie von George Leonard, dem "Lieben des Plateaus", steckt die Anerkennung, dass das Plateau ein integraler Bestandteil des Weges zur Meisterschaft ist. Es ist die Zeit, in der das Gelernte auf tieferer Ebene integriert wird, und die Grundlage für weiteres Wachstum gelegt wird. Durch das Verstehen dieses Prozesses können Lernende nicht nur durch das Plateau navigieren, sondern es als entscheidenden Teil ihrer Reise schätzen und nutzen.

Auch wenn anders schöner wäre, ein paar Fakten zum gehirngerechten Lernen:

Die Kunst des Lernens: Ein Blick auf Wiederholungen und tiefe Verbeugungen

In der Welt des Lernens scheint die Zahl 500 (plus minus ein paar Cheats) einen entscheidenden Wendepunkt zu markieren. Es ist der Moment, in dem Gelerntes nicht mehr nur oberflächlich an der Gehirnoberfläche schwimmt, sondern bewusst wahrgenommen und abgerufen wird. Aber auch der Punkt an dem das Gefühl lauert zu wissen, dass wir im großen und ganzen, eigentlich nichts wissen und nichts können. Basalkerne, Cortex und Thalamus arbeiten im Tandem, um diesen Schatz an Information zu heben.

Doch es hört hier nicht auf. Der Countdown zur Automatisierung einer Bewegung beginnt bei **2000 Wiederholungen**. Hier setzen sich die Rädchen in Bewegung, und eine Handlung wird so in Fleisch und Blut übergehen, dass wir kaum mehr darüber nachdenken müssen. Die Kunst des Lernens wandelt sich in die Kunst des Automatismus. Und das gilt leider auch für soziale Veränderungen.

In der Welt der spirituellen Praktiken stoßen wir auf eine beeindruckende Zahl von Wiederholungen – 108 Niederwerfungen (zuweilen auch Niederwertungen genannt). Diese grundlegenden Verbeugungen im Buddhismus sind nicht nur körperliche Übungen, sondern auch Rituale der Demut und des Respekts.

Doch die Zahlenspiele hören hier nicht auf. Tibetische Tantriker (hat nichts mit Sex zu tun) gehen einen Schritt weiter mit den 100.000-fachen Niederwerfungen. Ein Marathon der Demut, der uns daran erinnert, dass wahre Meisterschaft nicht nur im Körper, sondern auch im Geist erreicht wird.

Für tibetische Pilger wird der Weg der Niederwerfung zu einem epischen Unterfangen. Die Umrundung des Berges Kailash, 52 Kilometer purer

Hingabe, erfordert etwa vier Wochen. Pilger setzen ihre Reise fort, von einer gesteckten Niederwerfung zur nächsten. Man kann sich vorstellen, wie sie den Weg von ihrem Wohnort bis nach Lhasa niederwerfen, manchmal über eine beeindruckende Entfernung von 2000 Kilometern. Ein Prozess, der nicht in Wochen oder Monaten gemessen wird, sondern bis zu zwei Jahre dauern kann. Was sind im Vergleich schon 100 Tage.

Schnellpflaster

Statt das Plateau als Hindernis zu betrachten, könnten Sie es als eine Gelegenheit zur Konsolidierung, zur Neuausrichtung und letztendlich zur Eroberung des Gipfels sehen.

Warum sollten Sie das Plateau lieben? Nun, abgesehen von der offensichtlichen Selbstrechtfertigung hat das Gehirn einen cleveren Trick – die Begründung. Der Kortex, das Herrschaftszentrum des Gehirns, ist besonders zufrieden, wenn er das magische Wort "weil" hört. Zahlreiche Studien haben bewiesen, dass eine einfache Begründung, selbst wenn sie wenig schlüssig ist, das Gehirn beruhigt und zufriedenstellt.

Studie gefällig: Kopiererschlange. Die Wissenschaftler schufen eine endlose Schlange am Kopierer der Uni. Der Proband erhielt den Auftrag, so weit wie möglich nach vorne zu kommen. Im ersten Versuch wagte er es wortlos, sich einfach weiter vorne einzureihen, was zu Rebellion und Beschimpfungen führte. Der zweite Versuch, mit der einfachen Frage "Darf ich vor?", war ebenso suboptimal, aber der Ärger hielt sich in Grenzen. Der dritte Versuch mit einer ausführlichen Begründung war erfolgreicher. The Winner is: Der Proband sagte kurz und prägnant: "Darf ich bitte vor, weil ich kopieren muss." Das Gehirn war zufrieden, der Erfolg groß. Die Forscher konnten es kaum glauben, da es in der Natur der Kopiererschlange lag, dass jeder kopieren musste.

Das Fazit dieser kuriosen Versuche: Unser Gehirn ist glücklich, wenn es eine einfache, wenn auch wenig umfängliche, aber plausible Begründung erhält. Warum also lieben Sie das Plateau? Weil es so ist, weil Sie vielleicht morgen schon meisterlich sind, weil es Spaß macht, weil Sie Veränderung wollen – suchen Sie sich etwas aus und teilen Sie es laut Ihrem Gehirn mit. Und schon wird aus der Liebe zum Plateau eine Art Mantra, mit dem Sie den Gipfel mit einem Lächeln erklimmen lässt.

Outtakes

Outtake 1:

Hinterfragen Sie Selbstrechtfertigungen, fördern Sie flexible Denkmuster und stärken Sie Ihr Bewusstsein für eine flexiblere Denkhaltung.

Outtake 2:

Trainieren Sie Ihr soziales Überlebensgeschick mit der „Tit-for-Tat" (TFT)-Strategie, um in zwischenmenschlichen Beziehungen dynamische Harmonie zu schaffen.

Outtake 3:

Erkunden Sie Ihre Psyche durch bewusste Selbstreflexion und das Hinterfragen automatischer Denkmuster für ein ehrlicheres Selbstverständnis.

Outtake 4:

Die Psyche jongliert mit Teebeutelschwingern, Kumbaya-Clowns und positivem Denken. Emotionale Intelligenz zeigt sich in der Fähigkeit, realistische Ziele zu setzen.

Outtake 5:

„Survival of the fittest" bedeutet Anpassungsfähigkeit in Krisen und Wandel. Der "Ikea-Effekt" zeigt, dass Menschen mehr für selbstgestaltete Dinge zahlen.

Outtake 6:

Exformation, das Ausgelassene, bestimmt den Wert von Informationen. Loriots „Nudel"-Sketch zeigt, dass Unerwartetes Szenen komplex und interessant macht.

Outtake 7:

Lernprozesse beinhalten ein Plateau, auf dem das Gehirn neue Nervenbahnen bildet. Nach rund 500 Wiederholungen wird Gelerntes bewusst wahrgenommen. Daher: Schätzen Sie das Plateau und erläutern Sie Ihrem Gehirn den Grund!

LEVEL 5 – MASTER - ÜBERLEBENS-PERSÖNLICHKEIT

Der Meisterlevel geht mit Meisterschaft einher, ganz wie Sie es vielleicht von Ausbildungen, Kampfsport oder Spielen kennen. Meister sind diejenigen, die sich nicht so leicht beirren lassen, die auch auf außergewöhnliche Umstände eine Antwort haben und letztlich diejenigen, die mit spielerischer Leichtigkeit etwas umsetzen können, wofür Anfänger Stunden, Tage oder Wochen brauchen. Sie stehen nun genau an dieser Schwelle, das bedeutet aber auch, dass das fragile Pflänzchen Veränderung - also Sie - auf die Welt, Gegner, Freunde und allerlei Äußeres trifft.

Lassen Sie es mich einfach beschreiben: Ein Phänomen, das von Selbstverteidigungskursen wohl bekannt ist. Die Teilnehmenden erlernen die Techniken, fühlen sich sicher und gehen mit stolz geschwellter Brust nach Hause. Der erste, den sie finden, fordern sie auf: "Schlag mich." Nach kurzer Verwunderung kommt das Gegenüber der Bitte nach, und Ruckzuck hat der Neuselbstverteidiger eine Sitzen. Jetzt ist es definitiv bewiesen: Selbstverteidigung funktioniert nicht. Was würden wohl Chuck Norris und Bruce Lee dazu sagen? Warum ist das so? Weil die 100 Tage noch lange nicht vorbei sind. Veränderung braucht Übung, Übung braucht Bestätigung, und Bestätigung führt zur Meisterschaft. Übrigens auch Misserfolge, aber in einem erträglichen Verhältnis.

Und nun stehen wir da, und alle bekannten Menscheleien treffen auf Sie, das zarte veränderte Pflänzchen. Die Verwicklungen Ihres bisherigen Lebens laufen zu großer Form auf und versuchen, Veränderungen zu verhindern. Wenn Sie mit sich selbst und Ihrer Entwicklung dennoch voranschreiten, prima. Aber da lauert noch Stufe 2: Freunde, Bekannte und Arbeitskollegen, die mögen auch keine Veränderung, weder bei sich noch bei anderen. Und schon gibt es Sanktionen, Ausschluss und zielstrebige Erziehungsmaßnahmen. Sollten Sie auch hier noch widerstehen, bravo Fast geschafft.

Dann trifft das Pflänzlein auf einen Wintereinbruch, das undefinierbare „Normal“ in der Gesellschaft. Gesellschaften mögen keine Abweichler, wir sitzen alle in einem Boot. Was ist schon normal? Das weiß wohl keiner. Auch die Statistik tut sich hiermit schwer. Aber im Mittel und in Summe passt es. Damit Sie nicht in Ihr eigenes knallrotes Gummiboot steigen, wird Abweichung und auch Veränderung geahndet. Das erinnert etwas an eine mexikanische Krabbenart, die Mexican Crab. Wenn Sie mal in die Verlegenheit kommen, diese köstlichen Krabben zu kochen, werden Sie eine Besonderheit bemerken: Sie können die Krabben ohne Deckel kochen. Sollte eine fast entkommen sein, ziehen die anderen sie wieder ins kochende Wasser. Getreu dem Motto: Du stirbst mit uns!

Damit Ihnen das alles nicht passiert oder Sie Mittel und Wege haben, um doch aus dem Kochtopf zu kommen, wird das letzte Kapitel Sie mit allerlei Hilfsmitteln für Ihr knallrotes Gummiboot ausstatten und sich den Meisterlevel redlich verdienen.

Aufwärmen Master

Wir sitzen alle in einem Boot, aber ich hab ein Knallrotes Gummiboot

wenn unser neues Ich auf andere Menschen und gesellschaftliche Notwendigkeiten trifft

In diesem Sinne: Herzlich willkommen zum Masterlevel, wo Sie nun die Herausforderung annehmen dürfen, das Gelernte zu festigen, bevor Sie auf echte Gegner, Verunsicherungen und die komplexe Gesellschaft treffen - die ganze Welt und Sie selbst. Eine Idee, die vielleicht etwas Orientierungslosigkeit hervorruft: Was verbindet uns, was trennt uns, wohin führt die Reise, welches Ziel streben wir an, und was ist überhaupt der Sinn oder das Sinnvolle? Wir sitzen doch all in einem Boot oder schippere nur ich mit Jonny im knallroten Gummiboot? Und nicht zuletzt - wohin mit meinem „kleinen" Menschenleben?

Gerald Hüther würde vielleicht sagen, dass wir an Lieblosigkeit sterben könnten, wenn der gemeinsame Nenner weiterhin im Verborgenen bleibt. Die Forschung zu Chaos und Komplexität könnte vermuten lassen, dass wir uns auf dem Weg zum Höhepunkt des Chaos befinden und letztendlich in der vollkommenen Auflösung enden. Und obendrein kontert die Gesellschaft kontert mit traditionellen Mitteln, die technokratisch und nonchalant auf Herausforderungen oder Gummibootler reagieren, wobei gewählte Vertreter als Megaphon fungieren, um die Abweichler einzufangen. Es geht um Ihr Leben, also Schilde hoch, bevor Sie auf die Meritokratie (Experten) treffen.

„The Merit" - der Verdienst. Was würde wohl Google dazu sagen? "Das Verdienst wird einer Person zugebilligt, deren Taten oder Wirken über ihre Pflichten hinaus einen besonderen Wert in moralischer Hinsicht zugemessen wird, insbesondere, wenn sie ohne Rücksicht auf die Folgen für das persönliche Schicksal in redlicher Absicht erbracht worden sind."

Ein Schelm, wer Arges dabei denkt. Die Gesellschaft hat noch nie auf Abweichung gestanden. Computer denied access. Und es geht weiter, der Computer denied knowledge. Ein derart wenig redlicher Umgang öffnet und schließt gleichzeitig alle Türen behauptet dabei, von nichts zu wissen.

Gegen Experten, die sich ohne Rücksicht auf persönliches Schicksal in redlicher Absicht engagieren, hätte wohl auch das größte Moralapostel nichts einzuwenden. Allein der gesunde Menschenverstand rebelliert dennoch gegen diese hochtrabende Wortleere. Wer bestimmt denn nun was gesellschaftlich on Vogue ist? Das bleibt wohl eine der vielen Rätsel in diesem komplexen Labyrinth des Wandels.

Das zarte Pflänzchen der Veränderung: Zu Risiken und Nebenwirkungen fragen Sie bitte... wen? Vielleicht einen Experten, wie es traditionell üblich ist. Sobald die Medizin eingenommen ist, liegt die Verantwortung für individuelle Risiken und Konsequenzen beim Einzelnen. Getrieben von wiederholten Glaubenssätzen wie "Du bekommst, was du verdienst. Zufall ist eine Illusion. Go for it. We can..." wird dem Individuum klar die Verantwortung für sich selbst sowie die Folgen von Erfolgen und Misserfolgen auferlegt. Fast in einem säkular bekannten Schuld- und Sühne-Bann, wird das Nichterreichen einer Norm mit Versagen etikettiert. Schämen sollten Sie sich, werden Sie wieder normal.

Wo bleibt der Exorzist, wenn die Welt ihn braucht?

Nicht Normale sollten sich schämen. Es stellt sich die Frage: Wer sollte sich schämen – die Verkäufer oder die Käufer, solcher Glaubenssätze? Auch wenn es höchstwahrscheinlich ein Kuckuckszitat ist, das Loriot zugeschrieben wird, bleibt es passend: "In Krisenzeiten suchen Intelligente nach Lösungen, Idioten suchen nach Schuldigen."

Die Schuldzuweisungen wollen dennoch oft nicht enden, als würde reales Leben im Star-Trek-Universum stattfinden.

Beam me up – Scotty. Das gesellschaftliche Boot, verbannt alle Abweichler bestenfalls in ein knallrotes Gummiboot, mit Johnny als Steuermann. Rechnen Sie bei Wandel mit Gegenwind, das zeigt Sie sind auf dem richtigen Weg. Und auch wenn der Durchschnitt gegen Sie steht, Sie entscheiden, wie es Ihnen geht.

Beam Me Up – arithmetisches Mittel, es geht doch allen gut. Zugegeben vielleicht eine Milchmädchenrechnung, wer sagt denn, was gut ist? Eine Tendenz könnte aber auch der Milchmensch vermuten – Havarie, eine Betriebsstörung. Der Kapitän des Gummiboots schalmeit

„Auch noch bei Windstärke Drei; Brausen die Stürme und plätschert der Regen; Ruft Jonny im Gummiboot verwegen "Ahoi!"

Immerhin ist Johnny im Gummiboot nicht allein, zusammen mit Wencke, schippern sie dem Sonnenuntergang entgegen.

Mensch und die Welt im Wandelmenü

In Zeiten des Wandels und angesichts äußerer Einflüsse steht oft Chaos im Fokus und das bedeutet, stetige Anpassung. Diese Anpassung entwickelt sich in Systemen in erster Linie durch Kommunikation. Dabei ist es nebensächlich, ob Sie mit sich oder anderen kommunizieren. A sagt dies, B reagiert und so weiter.

Die offensichtliche Frage, die sich in Veränderungsphasen stellt, lautet: Wie viel Veränderung ist beherrschbar? In der Regel begegnen wir intuitiv dem Chaos eher mit Sicherheit und Routinen, da das Loslassen und Veränderungen möglicherweise Gefahren bergen. Die große Kunst, ein Teil Routine, ein Teil Sicherheit und ein Teil Chaos, ansonsten bleibt wohl vieles beim Alten. Paul Watzlawick würde wohl sagen, wenn Sie vom Gleichen noch mehr machen, werden Sie wohl auch vom Gleichen noch mehr finden.

Schützen Sie Ihre Veränderung zunächst durch Verborgenheit, wandeln Sie lustvoll vor sich und wählen Sie bewusst aus, wo Ihr Experimentierraum ist. Behalten Sie Sicherheit und Routinen bei, wo es für Sie dienlich ist. Experimentieren Sie, wo es möglich ist. Sicherheit ist das Standbein, experimentieren das Spielbein.

Mantra: So viel Sicherheit wie nötig, so viel Experiment wie möglich.

Die Idee, Veränderungen zunächst durch Verborgenheit zu schützen, ist vielleicht befremdlich, Sie sind ein neuer Mensch und wollen es auch zeigen, aber manchmal ist es vorteilhaft, seine Pläne und Entwicklungen nicht sofort öffentlich preiszugeben. Können Sie sich an den Jungselbstverteidiger erinnern? Auswählen ermöglicht es, in einem geschützten Raum zu wachsen, ohne sich den möglichen Einflüssen und Urteilen anderer auszusetzen. Das lustvolle Wandeln beschreibt die Freude und den persönlichen Aspekt der Veränderung, bevor sie von anderen wahrgenommen wird.

Turbulente Zeiten sind Chancen, gehen allerdings mit Unsicherheiten einher. Vergangenheit hat dann oft eine magische und mystifizierte Anziehungskraft, und rückwärtsgewandte Handlungen sind durchaus attraktiv.

Schnellpflaster:

Sagen Sie Stopp zu diesem Verführer und halten es mit Honecker: Vorwärts immer, Rückwärts nimmer.

Rückwärtiges Verhalten wird häufig durch blinden Aktionismus verschleiert, der einem heftigen Treten auf der Stelle oder der Präsentation alter Ideen in neuem Gewand ähnelt. Nach Blaise Pascal liegt das Unglück der Menschen darin, dass sie nicht ruhig in einem Zimmer bleiben können. Dieser Gedanke kann auch anders interpretiert werden: Der Mensch könnte lernen, sich zunächst selbst zu genügen und dann eigenverantwortliche Entscheidungen zu treffen.

Schnellpflaster:

Abwarten als Kunstform.

Die Selbstfindung, so Pascal, dient keinem Selbstzweck, sondern der Selbstoptimierung. Diese Selbstoptimierung, zielt darauf ab, dass Menschen sich selbst finden, um in Wechselwirkung mit sich und anderen leichter zu agieren.

Dachschaden.tv – Alle Irre ausser mir

In einer Welt, in der alle harmoniebedürftig und lösungsorientiert sind, funktionieren Überlebenstipps. Obacht! Hinter dem Spiegel lauert eine dunkle Seite, eine Welt jenseits der Vernunft, wo der Säbelzahntiger seine Klauen wetzt und darauf wartet, zuzuschlagen.

Selbst der achtsamste Mensch kann nicht vor dem unvorhersehbaren Säbelzahntiger sicher sein. Dieser T-Rex der Emotionen kann im Kostüm eines höflichen Kollegen oder eines charmanten Liebhabers daherkommen, aber nur mit dem klaren Ziel, zu zerstören. Die letzte Stufe der Konfliktlösung ist sein Credo – Zerstörung.

Da stehen Sie nun, das zarte veränderte Pflänzchen, und plötzlich bricht der Dachschaden.tv-Sturm los. Die ersten vier Level waren ein Spaziergang im Park im Vergleich zu diesem Chaos. Die Sicherheitswarnungen leuchten in Alarmrot, und der Sicherheitsjunkie in Ihnen hat plötzlich recht.

Es ist Jurassic Park der Emotionen, und der Säbelzahntiger ist nicht mehr zu übersehen. Egal, ob er als freundliches Tokepi, besorgter Arbeitskollege oder die Liebe Ihres Lebens daherkommt – ein Säbelzahntiger bleibt ein Säbelzahntiger.

Die Kunst besteht darin, zwischen den ersten vier Leveln und der Alarmstufe Rot zu unterscheiden. Das zarte Pflänzchen trifft auf den Endgegner, und das Drama beginnt. Die Frage ist nicht mehr "Wie geht Mensch?" sondern "Wie überlebt Mensch den Säbelzahntiger?" Das ist eine Krise, richten Sie sich auf das Menü und 3-5 Jahre ein, plus/minus ihrer gemeinsamen Abhängigkeiten.

Dachschaden.tv zeigt, wo Konflikte nicht nur passieren, sondern zelebriert werden! Ein Programm vom Experten für zwischenmenschliche Kollisionen, Dr. Glasel.

Ebene 1: Win-Win – Der Konflikt, der nach Spaß aussieht! Hier beginnt die Reise, wenn Konflikte noch wie ein Spiel aussehen, bei dem alle gewinnen können. Es ist die heile Welt der harmonischen Auseinandersetzung, wo Meinungsverschiedenheiten noch als Möglichkeit zur Bereicherung betrachtet werden. Doch seien Sie gewarnt, die Säbelzahntiger pirschen bereits im Hintergrund.

Ebene 2: Win-Lose – Jeder gegen Jeden! Jetzt wird's ernst. Auf dieser Ebene geht es darum, wer gewinnt und wer verliert. Es ist die Stufe, auf der die Konflikte an Schärfe gewinnen und die Säbelzahntiger sich bereit machen, ihre Krallen auszufahren. Es gibt immer noch einen Gewinner – oder eben einen, der weniger verloren hat.

Ebene 3: Lose-Lose – Das Endspiel, denn ich habe immer recht! Looser League des Konflikts – der Punkt, an dem es keine Gewinner mehr gibt. Es ist die ultimative Eskalationsstufe, das endgültige Dachschaden-Programm. Hier dreht sich alles darum, dreimal mehr Recht zu haben als Ihr Gegner. Wer braucht schon Kompromisse, wenn man stattdessen behaupten kann, dass die Sonne um einen selbst kreist?

Beim Dachschaden.tv befinden wir uns unwiderruflich mindestens auf Ebene 2. Jemand wird verlieren und das nicht im Sinn von Saint Christopherus, zünd bitte ein anderes Haus an, sondern jemand wird verlieren oder beide. Und jetzt kommen alle bekannten aus Level 3 und 4 auf den Prüfstand.

Nur zur Erinnerung:

- Akzeptieren Sie das Unvermeidliche, einer oder beide werden verlieren. Und versuchen Sie es zu verhindern.
- Nicht hudeln, raus aus dem Orkan.
- Gerechtigkeit gibt es nicht, also könnten auch Sie verlieren, auch wenn Sie hundertprozentig im Recht sind.
- Haben Sie noch Salzklumpen in der Hand? Lassen Sie los, seien Sie kein Affe in der Falle, werden Sie lieber zu einer Ratte mit Knopf.
- Selbstrechtfertigung funktioniert nicht mehr, die Realität bestimmt das Gegenüber mit.
- Das wird für immer so bleiben oder womit haben ich das verdient? Legen Sie ihrem Gehirn eine Beißschiene an.
- Tuen Sie was nötig ist, ohne Entschuldigungen – Kumbaya-Clowns und Teebeutelschwinger kennen Ihre Herausforderungen nicht.
- Seien Sie ein wacher Homo Puppy, reiten Sie keine toten Pferde und werden Sie zum Gemeinsam-Rider.
- Konzentrieren Sie sich auf den Fixstern und exformieren keine Dinge, die nicht da sind und bilden schon gar keine Reihen.
- People Pleaser gehen in die Kniee, bewusste und gesteuerte Konfliktannahme.
- Lieben Sie das Plateau, die Hauptdarsteller im Dachschaden.tv ziehen dehnen alles bis zum Ultimo aus.

Ein Leitfaden zum zwischenmenschlichen Chaos

Willkommen zu Dachschaden.tv, dem ultimativen Ratgeber für alle, die der Meinung sind, dass sie die einzigen Normalen in einer Welt voller Verrückter sind. Denn wer braucht schon gesunden Menschenverstand, wenn man auch ein explosives Gemisch aus Wahnvorstellungen und absurden Ratschlägen haben kann?

Die Sendung beginnt mit dem freundlichen Hinweis, dass alle Tipps für ein harmonisches Miteinander gedacht sind – außer natürlich für diejenigen, die sich entschieden haben, als menschliche Abrissbirne durchs Leben zu gehen. Denn seien wir mal ehrlich, wer will schon eine langweilige, funktionierende Gesellschaft?

In der ersten Episode erfahren wir, wie man höflich darauf hinweist, dass alle anderen um einen herum den Verstand verloren haben. Schließlich ist es wichtig, dass einer selbst die einzige Bastion der Vernunft in einem Ozean des Wahnsinns ist. Die Devise lautet: „Glaubt mir, ich bin der Normalste hier!"

Im Abschnitt über zwischenmenschliche Beziehungen lernen wir, wie man seine Mitmenschen subtil darauf hinweist, dass ihre Meinungen nichtig sind, weil man selbst natürlich den vollen Durchblick hat. Schließlich gibt es nichts Besseres, als Freunde und Familie zu belehren, wie wenig sie eigentlich von der Welt verstehen.

Die Rubrik "Konfliktlösung à la Dachschaden" zeigt uns, wie man mit einer gekonnten Mischung aus Ignoranz und Selbstgerechtigkeit jeden Disput eskalieren lassen kann. Denn warum Kompromisse eingehen, wenn man auch einfach den Finger in die Wunde legen kann?

Abgerundet wird das Ganze durch ein Experteninterview mit Dr. Wirrkopf, der uns erklärt, wie man gezielt Misstrauen säht und jegliche Form von Zusammenarbeit im Keim erstickt. Denn wer braucht schon Teamarbeit, wenn man auch die Freuden der Einzelgängerei genießen kann?

Dachschaden.tv ist ein wahrer Schatzkasten für alle, die der Meinung sind, dass die Welt sich um sie dreht. Denn wer will schon Normalität, wenn man auch den Nervenkitzel des Chaos haben kann? Viel Spaß beim Absurden – äh, ich meine Natürlichen! Auch der Dachschaden.tv verläuft in 7 Phasen, aber ohne Happy End.

Die 7 Phasen des Dachschaden.tv: Eine Reise durch den Abgrund der Apokalypse:

1. **Die Charmeoffensive:** In dieser Phase werden wir von der scheinbaren Harmlosigkeit von Dachschaden.tv eingelullt. Die charmanten Moderatoren strahlen wie die Sonne, während sie uns in ihre bunte Welt des Wahnsinns entführen. Die süße Verführung beginnt.

2. **Die Illusion der Normalität:** Wenn das Gegenüber in den Bann gezogen ist, präsentiert uns Dachschaden.tv eine künstlich geschaffene Normalität. Hier wird uns vorgegaukelt, dass diese verrückte Welt eigentlich ganz normal ist. Die ersten Risse in der Realität beginnen sich zu zeigen, aber wir sind zu sehr gefesselt, um es zu bemerken.

3. **Die Manipulation der Realität:** Dachschaden.tv entfaltet sein wahres Potenzial, indem es die Realität nach eigenem Gutdünken umschreibt. Im Verlauf der Gehirnwäsche überzeugt es uns davon, dass das Unfassbare normal ist. Die Selbstzerstörung wird als höchstes Gut gepriesen, während wir gebannt zuschauen.

4. **Die Isolationstechnik:** Hier beginnt Dachschaden.tv geschickt, uns von der Außenwelt zu isolieren. Wie ein Dompteur beansprucht es unsere Aufmerksamkeit und verleitet uns dazu, die Vernunft und Rationalität außer Acht zu lassen. Wir werden zu Anhängern einer fragwürdigen Realität.

5. **Die Emotionalisierung der Zerstörung:** Jetzt erreicht Dachschaden.tv den Höhepunkt der emotionalen Achterbahnfahrt. Uns wird vorgeführt, wie faszinierend und unterhaltsam die Zerstörung sein kann. Wie ein Puppenspieler manipuliert es unsere Emotionen, um uns gefangen zu halten.

6. **Die Entzauberung der Vernunft:** In dieser Phase werden rationale Gedanken und gesunder Menschenverstand entscheidend entzaubert. Dachschaden.tv leitet uns durch einen Irrgarten von Wirrungen, wo Vernunft und Logik verschwinden, und wir beginnen, die irrsinnige Logik zu akzeptieren.

7. **Der Abstieg in den Wahnsinn:** Schließlich erreichen wir den Punkt des totalen Wahnsinns. Dachschaden.tv führt uns an den Rand des geistigen Abgrunds, und die Linie zwischen Normalität und Absurdität verschwimmt. Wir sind nun gefangen im Bann des totalen Dachschaden.

Für die Ungläubigen, Säbelzahntiger gibt es. Ein Beispiel: Der glorreiche Aufstieg des Narzissmus: Das neue Normal im Zeitalter des Selbstverliebtseins.

Das Jahr 2022, das Jahr, in dem Narzissmus offiziell vom International Classification of Diseases and Related Health Problems (ICD) als gesellschaftlich anerkanntes Verhaltensmuster erklärt wurde. Endlich können wir aufatmen und uns stolz auf die Schultern klopfen – Narzissmus ist nicht länger eine Erkrankung, sondern das neue Normal!

Wie war noch mal pathologische Krankheitsbild? Die narzisstische Persönlichkeitsstörung (NPS) ist gekennzeichnet durch einen Mangel an Empathie, eine Überbewertung der eigenen Fähigkeiten und ein starkes Verlangen nach Anerkennung.

Betroffene neigen dazu, sich intensiv darum zu bemühen, andere zu beeindrucken und Bewunderung zu gewinnen, zeigen jedoch wenig Einfühlungsvermögen und geben nur begrenzt emotionale Wärme zurück. Anpassungsschwierigkeiten an die Lebensumstände sowie Schwierigkeiten bei der autonomen Regulierung des Selbstwertgefühls sind charakteristisch.

Der übermäßige Geltungsdrang kann sowohl selbstsicher als auch schüchtern verborgen auftreten. Pathologischer Narzissmus kann sich durch Prahlen, Hochstapelei, unersättliche Ansprüche und emotionalen Missbrauch gegenüber anderen äußern. In einigen Fällen schwankt das Selbstwertgefühl zwischen Grandiosität und schamvoller Zerknirschung, begleitet von innerer Wut, die bei geringem Anlass explodieren kann, insbesondere bei Kritik oder empfundener Kränkung. Und das ist nun so Sitte?

In dieser Ära des Selbstoptimierungswahns und der sozialen Medien, wo das eigene Spiegelbild wichtiger ist als je zuvor, hat der Narzissmus seinen wohlverdienten Platz in der gesellschaftlichen Hierarchie gefunden. Hier sind einige Gründe, warum Narzissmus das neue Normal ist:

Die Ära der Likes und Follower: In der Vergangenheit suchten Menschen Anerkennung und Bestätigung von Freunden und Familie. Heute messen wir unseren Wert in Likes und Followern. Je mehr, desto besser – schließlich bestätigt uns die virtuelle Welt in unserer Wichtigkeit.

"Ich, ich, ich" statt Gemeinschaftssinn: Gemeinschaftssinn war gestern. Heute dreht sich alles um das eigene Ich. Warum sollte man sich für andere interessieren, wenn man stattdessen seinen eigenen Glanz polieren kann? Narzissmus lehrt uns, dass Selbstfokussierung der Schlüssel zum Erfolg ist.

Die Kunst des Eigenlobs: Früher galt Bescheidenheit als Tugend. Jetzt lernen wir, wie man seine eigenen Erfolge laut und stolz verkündet. Denn wenn du es nicht selbst machst, wer wird es dann für dich tun?

Ist es wirklich normal narzisstisch zu sein? Wie konnte das geschehen? Die faszinierende Evolution der Gesellschafts-Meme: Vom Aushang bis zum viralen Wahnsinn

In einer Welt, in der Katzenbilder genauso wichtig sind wie politische Diskussionen, erleben wir den Siegeszug der Gesellschafts-Meme. Aber wie haben sie es geschafft, vom guten alten Aushangbrett zu den Höhen der sozialen Medien aufzusteigen?

Es begann mit einem einfachen Zettel an einem Aushangbrett: "Verloren: Einzahnige goldene Hamsterdame namens Sir Knabbersalot. Falls gefunden, bitte an die Brieftaube mit dem Monokel binden und Richtung Osten fliegen lassen." Ein harmloser Aufruf, der darauf hoffte, dass die lokale Gemeinschaft zusammenkommt. Wie naiv!

Flurfunk entwickelte sich bald zum Vogelgezwitscher, als Menschen anfingen, ihre kleinen Entdeckungen mit Nachbarn zu teilen. "Hast du Sir Knabbersalot gesehen? Er trägt ein Monokel!" Die Neuigkeit breitete sich aus wie ein Lauffeuer, und die lokale Gemeinschaft begann, sich mit Bildern von Monokel tragenden Hamstern zu überschwemmen. Ein Vorläufer der Meme-Kultur, wenn Sie so wollen. Meme sind abrufbare Informationsmuster, daraus ist der wohl bekanntere Begriff Memes abgeleitet.

Dann kamen die sozialen Medien ins Spiel Plötzlich konnten nicht nur die Freunde vor Ort, sondern die gesamte Welt an einem kollektiven Hamster-Wahnsinn teilnehmen. Die Neurobiologie der Menschen wurde von süßen, hamsterartigen Glückshormonen überflutet, während die Meme sich wie eine Pandemie verbreiteten. Ein Monokel tragender Hamster war nicht mehr nur ein Verloren-Poster; er wurde zum Symbol der globalen Unterhaltung.

Der Punkt wo Meme nicht nur für Lacher sorgen, sondern auch zu Glaubenssätzen werden können. Eine simple Botschaft, vielleicht ein Hamster mit einem Monokel, kann tiefe Überzeugungen auslösen. Menschen beginnen zu glauben, dass Hamster die wahren Meister des Universums sind, und dass Monokel die ultimative Form der Weisheit darstellen. Die Neurobiologie spielt verrückt, und plötzlich sind Glaubenssätze nicht mehr zu stoppen.

Die Wissenschaft hinter dieser Entwicklung zeigt, dass die Freisetzung von Dopamin, dem Glückshormon, beim Betrachten von Memen dazu beitragen kann, positive Assoziationen und eine Art Belohnungssystem zu schaffen. Auf neurobiologischer Ebene stärken diese positiven Verstärkungen die neuronalen Verbindungen, die mit den Inhalten der Memes verbunden sind. Wenn Memes zu Glaubenssätzen werden, sind tiefer liegende Strukturen des Gehirns, wie der Hippocampus und der präfrontale Cortex, involviert. Die Übernahme von Memen als Glaubenssätze kann daher als eine Art kognitiver Evolution betrachtet werden, die die Struktur unseres Denkens und unserer Überzeugungen beeinflusst.

In einer Welt, in der ein kleines Bild einen viralen Tsunami auslösen kann, sollten wir uns vielleicht fragen, ob unsere Gehirne für Meme gemacht sind oder ob Meme unsere Gehirne gemacht haben. Egal wie, Sir Knabbersalot würde sicherlich stolz darauf sein, dass sein Monokel ein

Symbol für so viel mehr geworden ist als nur einen verlorenen Hamster. Und schon ist die Welt voller Säbelzahntiger.

Wir befinden uns in einer Ära, in der Selbstbezogenheit als Normalität gilt, aber wir uns entschieden haben, einen anderen Weg zu gehen. In einer Zeit, in der jeder sein eigener Lebensinfluencer sein könnte, aber wir lieber die Gemeinschaft und gegenseitige Rücksichtnahme fördern. Denn inmitten dieser verwirrenden Flut möchten wir nicht fragen, wie alle anderen so irre sein können, sondern vielmehr, wie wir gemeinsam zu einem Ort der Vernunft werden können.

Die Welt gehört uns allen, und wir glauben, dass Anpassung nicht Dummheit ist, sondern eine Stärke, die Vielfalt schafft.

Aber könnte es sein, dass die Idee der Selbstreflexion und Bewusstseinslenkung tatsächlich einen wertvollen Kern enthält? Vielleicht ist es an der Zeit, unser eigenes Denken zu hinterfragen und eine positive Veränderung in unserer Einstellung gegenüber anderen zu bewirken.

"Strategien gegen den Endgegner – Dachschaden.tv". Wir drehen den Spieß'um, um nicht nur eine Veränderung in unserem eigenen Verhalten zu bewirken, sondern auch als Vorbild für positives Verhalten zu dienen. Wir wollen nicht Arschg… herausfordern, sondern auch eine Gemeinschaft des Respekts und der Empathie schaffen – eine Welt, die nicht von Selbstbezogenheit, sondern von Zusammenhalt geprägt ist.

Wenn wir uns mit dem Endgegner auseinandersetzen, wird uns bewusst, dass es nicht nur darum geht, uns selbst zu verändern, sondern auch darum, eine Bastion des Rückgrats und des Leuchtfeuers gegenüber zerstörerischem Verhalten zu werden. In dieser Welt beyond der Vernunft werden wir zu den Pionieren, die den Sturm der Säbelzahntiger nicht nur überleben, sondern aktiv positive Veränderungen anzugehen. Wem gehört der Gehirn – Ich! Die ultimative Abwehr: Nur heut, Käfer-Ex und anderen Helfen.

NUR HEUTE – LEBEN WIE DIE ANONYMEN ALKOHOLIKER

Erinnern Sie sich noch an die Frage: Wie viel Menschen sterben weltweit jährlich an Alkohol? Es sind mehr als drei Millionen. Da verdient doch eines der erfolgreichsten Verhinderungsprogramme, einen näheren Blick.

Das Leben nach dem Motto der Anonymen Alkoholiker (AA) – ein wahrlich interessantes Experiment in Sachen Bewusstseinslenkung. Die Idee? Lebe nur für den heutigen Tag, und sei deiner Sucht nicht ausgeliefert. Aber Moment mal, gilt das nicht auch für uns alle? Schauen wir uns dieses ungewöhnliche Mantra genauer an.

Psychologische Theorien, die unsere Aufmerksamkeit lenken, sagen uns, dass das Hier und Jetzt der Schlüssel zu einem erfüllten Leben ist. Doch oft finden wir uns dabei, in der Vergangenheit zu verharren oder uns um die Zukunft zu sorgen. Die Anonymen Alkoholiker geben uns eine einfache, aber mächtige Lektion: Konzentriere dich auf den heutigen Tag.

Es ist erstaunlich, wie viel wir aus diesem scheinbar einfachen Ansatz lernen können. Unser Verstand neigt dazu, unsere Gedanken über gestrige Fehler und morgige Sorgen schweifen zu lassen. Doch die Anonymen Alkoholiker sagen uns: Halt! Hör auf, die Vergangenheit zu bedauern und die Zukunft zu fürchten. Lebe den heutigen Tag bewusst.

Die Idee, sich auf den gegenwärtigen Moment zu konzentrieren, mag banal erscheinen, aber sie ist ein mächtiges Werkzeug. Sie befreit uns von der Last der Vergangenheit und der Sorge um die Zukunft. Und das gilt nicht nur für spezifische Gruppen wie Alkoholiker, sondern für uns alle.

Nun, das mag sich alles sehr ernsthaft anhören, aber es gibt auch einen humorvollen Aspekt an dieser Idee. Wenn wir das Leben mit dem Fokus auf den gegenwärtigen Moment betrachten, können wir uns vorstellen, wie absurd es wäre, sich über vergangene Fehler den Kopf zu zerbrechen, wenn wir nicht in einem speziellen Dilemma stecken. Wir könnten uns vorstellen, wie merkwürdig es wäre, sich Sorgen über Dinge in der fernen Zukunft zu machen, wenn wir gegenwärtig zufrieden sind.

Letztendlich zeigt uns die Lebensweise der Anonymen Alkoholiker, dass wir unser Bewusstsein auf den gegenwärtigen Moment lenken sollten. Es ist der einzige Moment, den wir wirklich beeinflussen können. Und wer weiß, vielleicht werden wir feststellen, dass es eine ziemlich erfrischende Art ist, das Leben zu genießen – ohne den Nebel der Vergangenheit oder die Wolken der Zukunft. Prost auf den heutigen Tag!

Können Sie sich noch an den Sicherheitsjunkie erinnern, unser Gehirn bildet liebend gerne aus allem Muster. Getreu dem Motto: Einmal ist ein Ereignis, zweimal ist ein Zufall, dreimal ist ein Beweis oder ein Muster. Unser Gehirn mit der Live-Schalte: Heute gleich für immer. Kann sein, muss aber nicht. Die große Herausforderung ist, diesen Mechanismus zu blockieren.

Ihre Mantras: NUR HEUTE

- Heute nehme ich das Glück beim Wort und sage: "Hey, Glück, ich fordere dich heraus!" Es ist Zeit, das Leben mit einem Lächeln anzugehen und zu erkennen, dass Glück eine Sache der Einstellung ist. Keine Zitate von alten Präsidenten können mein Glück stoppen!

- Heute sage ich „Ja!" zu den Wirren des Alltags. Ob die Familie, die Arbeit oder die Freizeit - ich nehme das, was das Leben mir vorsetzt, mit einem Augenzwinkern. Schließlich sind Überraschungen doch das Salz in der Suppe des Lebens!

- Heute bekommt mein Körper die volle Aufmerksamkeit, oder zumindest einen Großteil davon. Ich bewege mich, pflege mich und versorge mich mit gutem Essen. Mein Körper ist schließlich der treue Begleiter auf dieser abenteuerlichen Reise des Lebens.

- Heute sehnt sich mein Geist nach Training, und ich kann nicht widerstehen, ihm diese Freude zu bereiten. Anstatt geistig auf der Couch zu faulenzen, mache ich mich auf, Neues zu lernen und Denksportaufgaben zu meistern. Faulheit hat heute frei:

- Heute führe ich meine Seele zu einem Spaziergang aus. Ich übe mich in Freundlichkeit, helfe anderen, ohne auf Dankbarkeit zu pochen, und stelle mich zwei ungeliebten Aufgaben. Das hält meine Seele in Topform, wie ein Marathonläufer für die Seele!

- Heute ist mein Ziel, ein Strahlen auf die Gesichter anderer zu zaubern. Ich ziehe meine schönsten Klamotten an, spreche mit einem Hauch von Höflichkeit und lobe, als gäbe es kein Morgen. Kritik hat heute frei, und meckern ist sowieso aus der Mode gekommen!

- Heute ist mein Tag, und ich lasse mich nicht von morgen oder gestern stressen. Ich konzentriere mich auf die nächsten zwölf Stunden und lache den Gedanken aus, die das Leben komplizierter machen wollen:

- Heute habe ich eine Geheimwaffe, meinen klaren Zeitplan. Selbst wenn ich ihn nicht perfekt einhalte, schützt er mich vor der Plage der Hektik und der Unsicherheit. Und wer hat Zeit für Stress? Nicht ich!

- Heute gönne ich mir eine ruhige halbe Stunde, um zu entspannen. Dabei denke ich auch an die Dinge, die größer sind als ich selbst. Ein bisschen spirituelle Erfrischung tut schließlich immer gut.

- Heute jage ich die Angst zum Teufel! Vor allem fürchte ich mich nicht davor, glücklich zu sein, Freude zu empfinden und zu glauben, dass die Liebe, die ich gebe, zu mir zurückströmt.

Die AA sind in allen Studien eine Erfolgsgeschichte und das gänzlich ohne Therapeuten und starre Hierarchien. Wie kann das sein?

Die Geschichte beginnt mit dem Motto: Ändern kannst Du es nur allein, aber allein wird sich nichts ändern. Die Anonymen Alkoholiker (AA) sind eine weltweite Gemeinschaft von Menschen, die sich der Genesung von Alkoholismus verschrieben haben. Die AA wurden 1935 von Bill Wilson und Dr. Bob Smith in Akron, Ohio, gegründet. Beide Männer hatten eigene Erfahrungen mit Alkoholismus und suchten nach einer Möglichkeit, nüchtern zu bleiben und anderen Alkoholikern zu helfen.

Die Grundlage der AA ist das 12-Schritte-Programm, das von Bill Wilson entwickelt wurde. Dieses Programm bietet eine spirituelle und praktische Herangehensweise an die Genesung von Alkoholismus und basiert auf den Erfahrungen der Gründungsmitglieder. Die Schritte umfassen die Anerkennung der eigenen Machtlosigkeit über den Alkohol, die Suche nach spiritueller Erleuchtung und die Selbstlosigkeit, anderen Alkoholikern zu helfen.

Die AA sind für ihre Anonymität und ihre offenen Meetings bekannt. Die Mitglieder treffen sich regelmäßig in Gruppen, um ihre Erfahrungen, Stärken und Hoffnungen zu teilen. Es ist ein wichtiger Teil des AA-Programms, sich in einer unterstützenden Umgebung zu treffen, um nüchtern zu bleiben und sich gegenseitig zu helfen.

Die AA haben keine formelle Führung oder Mitgliedschaftslisten. Sie sind eine Gemeinschaft von Gleichgesinnten, die sich auf den Prinzipien der Genesung und der Selbsthilfe stützen. Das AA-Programm hat Tausenden von Menschen geholfen, nüchtern zu bleiben und ein erfülltes Leben ohne Alkohol zu führen.

Selbsthilfegruppen und Genesungsgemeinschaften verwenden oft die 12-Schritte-Struktur, um Menschen bei verschiedenen Suchterkrankungen oder anderen Herausforderungen zu helfen, unabhängig davon, ob es sich um Alkohol handelt oder nicht. Hier ist eine moderne Version der 12 Schritte, ohne die Worte "Alkohol" und "Gott":

1. Wir erkannten, dass unser Leben außer Kontrolle geraten war und dass Veränderung notwendig war.
2. Wir kamen zu dem Schluss, dass wir Hilfe und Unterstützung brauchten, um uns selbst zu verändern.

3. Wir gaben unsere Vorurteile gegenüber Veränderung auf und öffneten uns für neue Wege des Denkens und Handelns.
4. Wir nahmen uns Zeit, um unsere eigenen Stärken und Schwächen zu reflektieren und unsere Verhaltensmuster zu verstehen.
5. Wir teilten unsere Erkenntnisse mit vertrauenswürdigen Menschen und erhielten Unterstützung und Feedback.
6. Wir waren bereit, unsere negativen Verhaltensweisen zu überdenken und aufzugeben.
7. Wir setzten uns aktiv für positive Veränderungen in unserem Leben ein.
8. Wir machten eine Liste der Personen, die wir verletzt hatten, und waren bereit, unsere Beziehungen zu ihnen zu reparieren, soweit es möglich war.
9. Wir entschuldigten uns bei denen, die wir verletzt hatten, sofern dies ohne Schaden für sie oder andere möglich war.
10. Wir führten eine fortlaufende Selbstreflexion durch und gingen Veränderungen aktiv an, wenn dies erforderlich war.
11. Wir praktizierten Achtsamkeit und Meditation, um unser geistiges und emotionales Wohlbefinden zu fördern.
12. Wir versuchten, unsere Erkenntnisse und unsere Erfahrung mit anderen zu teilen und ihnen in ihrem eigenen Veränderungsprozess zu helfen.

Diese modernisierte Version der 12 Schritte kann auf viele verschiedene Lebenssituationen und Herausforderungen angewendet werden und fördert persönliches Wachstum, Selbstveränderung und Genesung. Versuchen Sie es selbst und schreiben Sie Ihre emotionale Bucketlist, ein paar Beispiele:

- **Radikale Ehrlichkeit:** Mit mindestens einem Menschen Klartext sprechen.
- **Nein-Sager:** Üben Sie bewusst, "Nein" zu sagen, um gesunde Grenzen zu setzen und sich von der Angst, andere zu enttäuschen, zu befreien.
- **LOL**: Befreien Sie sich von Hemmungen und lachen Sie aus vollem Herzen. Teilen Sie die Freude des Moments mit anderen.
- **Blamieren und Spaß**: Ist der Ruf mal ruiniert, lebt es sich gänzlich ungeniert.
- **Call:** Schon lange nicht mehr gehört, rufen Sie einfach an und schwelgen in Erinnerungen.
- **Überraschung:** Schenken Sie einem geliebten Menschen eine unerwartete Freude und teilen Sie die Glücksmomente.
- **Peinliche Geschichte:** Erzählen Sie eine Geschichte, die Sie niemanden erzählen würden.
- **Versöhnung oder Abschied**: Klären Sie Konflikte durch offene Gespräche oder verabschieden Sie sich innerlich von einem Menschen.
- **Tell me More:** Hören Sie zu, fordern Sie den anderen auf zu erzählen und hören Sie wirklich zu.
- **Ich will nur Tanzen:** Einfach mal lostanzen.
- **No Fear:** Machen Sie etwas, vor dem Sie wirklich Angst haben.
- **Kompliment-Day**: Heben Sie die Stimmung Ihrer Mitmenschen, indem Sie einen Tag lang bewusst ehrliche und herzliche Komplimente verteilen.

Wie leben Sie so, wollen Sie verschüttete Milch zurückholen oder sich über ungelegte Eier Gedanken machen?

Ein bekanntes Experiment, um Darzustellen, dass manche Dinge nicht mehr veränderbar sind, ist das Verschütten von Milch in den Ausguss und die Teilnehmenden zu fragen, ob und wie Sie dies nun ändern wollen. Simpel, aber plastisch. Auch wenn es zu ungelegten Eiern, liegt in der Natur der Zukunft, kein Beispiel gibt, symbolisiert beides, zwei bekannte Grundgedanken, an Vergangenem hängen oder sich auf Morgen konzentrieren.

Verschüttete Milch und ungelegte Eier – zwei metaphorische Elemente, die uns zeigen, wie wir mit der Unabänderlichkeit der Vergangenheit und der nicht greifbaren Zukunft umgehen, bzw. die Wahrnehmung lenken.

Verschüttete Milch: Das Kunst des Loslassens: Verschüttete Milch repräsentiert jene Momente, in denen wir uns eingestehen müssen, dass gewisse Dinge nicht mehr verändert werden können. Es ist das Loslassen von Vergangenem, ein Akt der Akzeptanz für das, was bereits passiert ist. Wie die aus der Hand gleitende Milch können manche Dinge nicht zurückgeholt werden. Es ist die Kunst des Loslassens, die uns erinnert, dass wahre Freiheit in der Annahme liegt.

Ungelegte Eier: Fokussieren auf das Hier und Jetzt: Die Symbolik der ungelegten Eier erinnert uns daran, dass Menschen oft dazu neigen, ihre Gedanken auf das zu konzentrieren, was sein könnte, anstatt auf das Heute. Die ungelegten Eier sind noch nicht mal der Henne bekannt, dennoch konzentrieren wir uns auf deren Potenzial. Was morgen ist, wissen Sie es?

Lassen Sie sich nicht von Käfern besiegen – Wibbergibber

Die Welt gehört nicht nur dem Homo Puppy, sondern auch denjenigen, die sich von den kleinen Käfern des Lebens nicht besiegen lassen. Unser Gehirn sieht sich einer besonderen Herausforderung gegenüber - der Nadelstichmethode. Dale Carnegie rät dazu, sich nicht von den kleinen Käfern des Lebens unterkriegen zu lassen. Doch was, wenn diese Käfer nicht einfach nur an uns nagen, sondern ihre Stiche so subtil sind, dass sie uns langsam, aber stetig in den Wahnsinn treiben?

Die Nadelstichmethode, ein perfider Akt der mentalen Quälerei, hat wenig mit akuten Notfällen zu tun. Es sind mehr die tropfenden Wasserfoltermethoden, die unser Gehirn besiegen, begleitet von langwierigen Prozesse, konstantem Dauerfeuer und scheinbar unlösbare Situationen. Eine Herausforderung ohne klare Lösung kann für den Sicherheitsjunkie zur wahren Katastrophe werden. Auf der verzweifelten Suche nach Kohärenz und einer Lösung verabschiedet sich das Gehirn allmählich in Richtung Chaos.

Die Gedanken kreiseln wie die berüchtigten Käfer an einer alten Eiche und verurteilen sich selbst zum Verlust der Lebensfreude. Ein Teufelskreis beginnt, begleitet von den modernen sieben Plagen: Stress, Überforderung, Selbstzweifel, Angst, Schlaflosigkeit, Burnout und die ständige Angst vor dem Unbekannten.

Charles Darwin hat diese ständigen Stiche als "Wibbergibber" bezeichnet, jene kleinen Käfer, die hartnäckig an einer großen Eiche nagen, bis sie schließlich fällt. In unserer modernen Welt sind es nicht nur die physischen Herausforderungen, sondern auch die mentalen Wibbergibber, die uns langsam, aber sicher aushöhlen. Daher lautet die Devise: Lassen Sie sich nicht von den kleinen Käfern des Lebens besiegen, seien Sie stark gegenüber der Nadelstichmethode und behalten Sie stets einen klaren Kopf – auch wenn es manchmal schwierig erscheint, den Überblick zu behalten. Denn am Ende sind es nicht die einzelnen Stiche, sondern die Kraft des eigenen Geistes, die über den Sieg oder die Niederlage entscheidet.

Zu Ihrem Käfer-Ex-Kit gehören die zwei Seiten der Hoffnung, Relativeren und Wahrscheinlichkeiten, die Kutsche mit den Pferden Wille und Tat, rigerose Unachtsamkeit und der Point of (no)return.

„Es ist hoffnungslos, aber nicht ernst."

Die Rolle der Hoffnung inmitten der Nadelstichmethode ist zweifellos ambivalent und präsentiert sich als ein zweischneidiges Schwert. Einerseits ist Hoffnung wie ein Lebenselixier, das notwendig ist, um die Kraft zu schöpfen, die für das Überleben in dieser von kleinen Stichen geprägten Welt unerlässlich ist. Sie ist der Anker, der es uns ermöglicht, trotz der fortwährenden Herausforderungen und wiederholten Nadelstiche nicht den Glauben an ein besseres Morgen zu verlieren. Neuronal gehört Hoffnung zum Motivationskreislauf des Gehirns. Die Hoffnung auf Belohnung (Besserung) schüttet Opioide aus.

Die positive Seite der Hoffnung gibt uns die Energie, uns aufzurappeln, wenn wir von den kleinen Käfern des Lebens gebissen werden. Sie ist die treibende Kraft, die uns dazu bringt, nach Lösungen zu suchen und uns gegen die alltäglichen Quälereien zu behaupten. Diese Form der Hoffnung ist ein vitaler Bestandteil unseres Überlebensinstinkts, der uns ermutigt, trotz der beständigen Nadelstiche nicht aufzugeben.

Auf der anderen Seite ist Hoffnung auch Teil der Affenfalle, in der unser Geist gefangen sein kann. Sie kann zu einer Falle werden, wenn sie uns dazu verleitet, unrealistischen Erwartungen und unerreichbaren Zielen nachzujagen. Die negative Seite der Hoffnung tritt zutage, wenn wir uns in einem endlosen Kreislauf von Enttäuschungen befinden und dennoch hartnäckig an unrealistischen Vorstellungen festhalten. Hier wird Hoffnung zu einer Bürde, die uns davon abhält, die Realität anzuerkennen und angemessen auf die Herausforderungen zu reagieren.

Bei der Nadelstichmethode lernen wir, die Hoffnung in ihrer positiven Form als Kraftquelle zu nutzen, die uns vorantreibt, ohne in die Falle der unrealistischen Erwartungen zu tappen. Ein ausgewogenes Verständnis von Hoffnung ermöglicht es Wibbergibber zu überstehen, ohne uns von ihren Stichen dauerhaft entmutigen zu lassen.

Bei Gerhard Roth, wird deutlich, dass Hoffnung nicht nur eine abstrakte Emotion ist, sondern tief in unseren neurobiologischen Prozessen verwurzelt. Im Hirnstamm werden spezifische Zentren aktiviert, die bei Erwartungen und intensiven Vorstellungen körpereigene Drogen, wie Opioide, ausschütten und so Wohlgefühl erzeugen. Diese neurobiologische Grundlage zeigt, dass Hoffnung nicht nur ein psychologisches Konzept ist, sondern auf einer tiefen Ebene in unserem Gehirn verankert ist.

Hoffnung ist individuell geprägt von den eigenen Erfahrungen, erlebtem Schicksal bis hin zu traumatischen Erfahrungen. Hoffnungserlebnisse werden vom Gehirn genau geprüft, und die Art, wie damit umgegangen wird, hängt stark von der Persönlichkeit ab. Realistische Erwartungen und die Akzeptanz, dass nicht jede Hoffnung zu 100 Prozent erfüllt wird, spielen eine entscheidende Rolle für ein gesundes Hoffnungserleben.

Randnotiz: Gute Vorsätze sind gesellschaftlich geprägte Verhaltensweisen. Konditionierte Hoffnung wie gute Vorsätze sind zeitlich gebunden, wie der Weihnachtszeit und dem Jahresende, und entspringen gesellschaftlichen Ritualen. Die Vorstellung, dass man nur zu diesen festgelegten Zeiten hoffen sollte, ist zwar physikalisch und psychologisch unsinnig, jedoch ein tief verankertes gesellschaftliches Verhalten.

Schnellpflaster:

Schützen Sie sich vor übertriebenen Hoffnungen und entwickeln realistische Erwartungen. Es ist wichtig, sich Ziele zu setzen, aber dabei zu wissen, dass nicht jede Hoffnung zu 100 Prozent erfüllt wird. Menschen, die das Scheitern einkalkulieren, sind oft am glücklichsten. Unrealistische Erwartungen können nicht nur zu Enttäuschungen, sondern sogar zu Erschöpfung und Burnout führen. Daher ist es entscheidend, eine ausgewogene Perspektive auf die eigene Hoffnung zu bewahren.

Mantra frei nach Dante Alighieri: Drum lasset alle Hoffnung fahren und seid unerhört optimistisch.

Relativieren und Wahrscheinlichkeiten

Der Großmeister der Wahrscheinlichkeiten, Nicolas Taleb, zeigt eine Reihe an Fehleinschätzungen von schwarzen Schwänen aufgrund von Wahrscheinlichkeiten. Dieses Denken in Wahrscheinlichkeiten heißt Proofiness, dabei werden Wahrscheinlichkeiten errechnet. Passiert etwas z. B. „nur" in 50% der Fälle, kann etwas als harmlos gelten, dabei ist zu bedenken, dass es in 50% der Fälle passiert.

Ein paar Beispiele:

- „Die Chance, dass ich angegriffen werde, beträgt 1:1 000 000. Aber die Chance für einen Lottogewinn dagegen 1: 15 537 537 3. Dennoch spielen wir Lotto und ab und an gewinnt jemand.

- Othello-Fehler – Die Annahme, dass allen Aussagen gelogen wird, beeinträchtigt die objektive Wahrnehmung.

- Von 7,5 Milliarden Menschen gelten etwa 1% als Psychopathen, also 750 Millionen Menschen.

- Die mystische Suche nach Doppelgängern und die Realität, die Wahrscheinlichkeit einen Doppelgänger mit vier gleichen Gesichtsmerkmalen zu finden, liegt bei 1 zu 1 Million, bei acht gleichen Gesichtsmerkmalen 1 zu einer Milliarde.
- Oxytocin fördert Vertrauen und Bindung, bleibt jedoch nur etwa 8 Wochen bei neuen Bindungen bestehen.

- Nach 8 Wochen Therapie besteht ein Rückfallrisiko bei Therapien von etwa 85/90%.

- Durch das therapeutische Bündnis wird in 30-70% der Fälle die positive Wirkung von Oxytocin erzielt. Der Rest hängt von der Qualität des Therapeuten ab.

- Skepsis gegenüber Statistiken: 72 Prozent der Menschen hegen Zweifel an zufällig ausgewählten Statistiken.

- Vorsätze und Umsetzung: Trotz guter Vorsätze für den nächsten Tag setzen 86 Prozent ihre Pläne nicht in die Tat um.

- TV als Wissensquelle: 53 Prozent der High-School-Absolventen und 27 Prozent der College-Absolventen beziehen den Großteil ihres Wissens aus dem Fernsehen.

- Ausgefallene Jungennamen: Jungen mit unkonventionellen Vornamen haben häufiger mentale Probleme als ihre konventionell benannten Altersgenossen, während Mädchen von diesem Trend weniger betroffen sind.

- Risiko von Flugzeugabstürzen: Die Wahrscheinlichkeit, von einem abstürzenden Flugzeug getroffen zu werden, liegt bei 1 zu 25 Millionen. Die Wahrscheinlichkeit, dass es heute passiert, beträgt 1 zu 7 Billionen.

- Risiko für Linkshänder: Über 2500 Linkshänder sterben jährlich durch die Verwendung von Produkten, die eigentlich für Rechtshänder konzipiert sind.

Soduken – Sie sich frei

In der faszinierenden Welt der Neurowissenschaften können wir einen Blick darauf werfen, wie das Bewusstsein für Wahrscheinlichkeiten das Gehirn auf neurobiologischer Ebene beeinflusst und beruhigt. Wenn wir uns vor Augen führen, dass Wahrscheinlichkeiten nicht nur abstrakte Konzepte sind, sondern tatsächlich unser Gehirn aktivieren, eröffnet sich ein spannendes Verständnis für die Prozesse hinter unserer Wahrnehmung von Unsicherheit.

Der präfrontale Kortex, jene Gehirnregion, die für komplexe kognitive Funktionen und die Bewertung von Situationen zuständig ist, spielt eine entscheidende Rolle. Das Verarbeiten von Wahrscheinlichkeiten aktiviert diesen Bereich, was zu einer verbesserten Kontrolle über unsere Reaktionen auf Unsicherheiten führen kann. Ein bewusstes Eindringen in die

Welt der Wahrscheinlichkeiten scheint somit die kognitive Kontrolle zu fördern.

Das Belohnungssystem, das eng mit der Freisetzung von Dopamin verknüpft ist, wird ebenfalls beeinflusst. Positive Erwartungen und das Verstehen von Wahrscheinlichkeiten können die Produktion von Dopamin anregen, was zu einem Gefühl der Freude und Belohnung führt. Das Gehirn scheint also darauf zu reagieren, wenn wir uns bewusst machen, dass positive Ergebnisse möglich und sogar wahrscheinlich sind.

Die Amygdala, jene Region, die für die Verarbeitung von Emotionen wie Angst verantwortlich ist, wird durch das Verständnis von Wahrscheinlichkeiten gedämpft. Dies trägt dazu bei, emotionale Reaktionen auf unsichere Situationen zu mildern und eine realistischere Einschätzung von Bedrohungen zu ermöglichen.

In Bezug auf die Stressreaktion des Körpers spielt Cortisol eine zentrale Rolle. Das Bewusstsein für Wahrscheinlichkeiten kann die Freisetzung von Stresshormonen regulieren und zu einer abgeschwächten physiologischen Stressantwort führen. Dies wiederum fördert das allgemeine Gefühl der Beruhigung.

Ein harmonisches Zusammenspiel zwischen dem präfrontalen Kortex und limbischen Strukturen, insbesondere der Amygdala, ist entscheidend für die emotionale Regulation. Das Verständnis von Wahrscheinlichkeiten fördert dieses Gleichgewicht, ermöglicht eine realistische und angepasste Reaktion auf Unsicherheiten und stützt somit die emotionale Gesundheit.

Es gibt schwarze Schwäne, zweifellos, aber sind sehr unwahrscheinlich. Wahrscheinlichkeiten sind eine Möglichkeit um verschiedene neurobiologische Mechanismen zu aktivieren, beruhigt sich.

Schnellpflaster

Sie ärgern sich oder haben Angst? Schauen Sie auf die Uhr, nennen Sie die Uhrzeit und sagen, okay jetzt ist es 09:45, ich ärgere mich um 15:45. Verschieben Sie den Ärger exakt und laut um 6 Stunden. Fällt die Verschiebung in Ihre Schlafenszeit, rechnen Sie bis zum nächsten Morgen. Das System beruhigt sich.

Kutsche – Wille und Tat

Die Wibbergibber haben oft leichtes Spiel, weil unser Gehirn ein Differenzierungsproblem mit Worten und Taten hat. Dabei gilt es zwei Seiten zu betrachten, Ich und die anderen.

Wille und Tat sind komplexe neurobiologische Prozesse, die eng miteinander verbunden sind und von verschiedenen Gehirnregionen gesteuert werden. Vornehmlich sind die kortikalen und subkortikalen Strukturen des Gehirns beteiligt.

Der Wille bezieht sich auf den bewussten Entschluss oder die Absicht, eine Handlung auszuführen. Im Gehirn ist der präfrontale Cortex, besonders der dorsolaterale präfrontale Cortex, entscheidend für die willentliche Kontrolle von Handlungen. Hier werden Absichten gebildet, und es werden kognitive Prozesse initiiert, die für die Umsetzung von Absichten in Handlungen notwendig sind. Neurotransmitter wie Dopamin und Noradrenalin spielen eine Rolle bei der Motivation und Umsetzung des Willens.

Die Ausführung einer Handlung, also die Tat, involviert eine komplexe Abfolge von neurobiologischen Ereignissen. Der prämotorische Cortex und der supplementary motor area (SMA) sind entscheidend für die Planung und Ausführung von Bewegungen. Das cerebellum koordiniert die Bewegungen und trägt zur Feinabstimmung bei. Motorische Neuronen im Rückenmark und im motorischen Cortex senden Signale an die Muskulatur, um die gewünschte Handlung zu vollziehen.

Die Verbindung zwischen Wille und Tat erfolgt über die Kommunikation zwischen verschiedenen Gehirnregionen. Der präfrontale Cortex spielt eine Rolle bei der Überwachung und Kontrolle von Handlungen während ihrer Ausführung. Ein Gleichgewicht zwischen hemmenden und aktivierenden Signalen ist entscheidend, um sicherzustellen, dass die Handlung gemäß dem Willen ausgeführt wird.

Neurotransmitter wie Serotonin und GABA sind ebenfalls an der Regulation von Hemmungs- und Aktivierungssignalen beteiligt. Zudem können Belohnungszentren im Gehirn, wie der Nucleus accumbens, die Ausführung von Handlungen verstärken und somit den Willen positiv beeinflussen.

Randnotiz: Was ist GABA? GABA steht für Gamma-Aminobuttersäure, eine Neurotransmitterverbindung im zentralen Nervensystem von Säugetieren, einschließlich des Menschen. Neurotransmitter sind chemische Botenstoffe, die Signale zwischen Nervenzellen übertragen. GABA ist bekannt für seine inhibitorische (hemmende) Wirkung im Gehirn.

Die Hauptfunktion von GABA besteht darin, die neuronale Aktivität zu hemmen oder zu dämpfen. Wenn GABA an spezifische Rezeptoren an den Oberflächen von Nervenzellen, den sogenannten GABA-Rezeptoren, bindet, wird die Wahrscheinlichkeit, dass die Zelle ein Aktionspotential erzeugt (eine elektrische Erregung weiterleitet), reduziert. Dies führt zu einer beruhigenden oder entspannenden Wirkung.

GABA spielt eine Schlüsselrolle in verschiedenen neurologischen Prozessen, einschließlich der Regulation von Angst, Stress und Schlaf. Substanzen, die auf den GABA-System wirken, werden daher oft in der Behandlung von Erkrankungen wie Angstzuständen und Schlafstörungen eingesetzt. GABAergische Medikamente, wie Benzodiazepine, verstärken die Wirkung von GABA und haben eine beruhigende oder sedierende Wirkung.

„Der Geist ist willig, das Fleisch ist schwach." Soll schon Jesus zu seinen Jüngern gesagt haben. Das Pferd "Wille" schnaubt voller Enthusiasmus, während die Kutsche von "Ich werde" und "Ich werde erreichen" Plakaten geschmückt ist. Die Fahrt beginnt begleitet von der Melodie optimistischer Gedanken und dem Klappern der Absichtsbekundungen. Die

Kutsche kriegt Schlagseite, das Pferde Tat bewegt sich einfach gar nicht oder läuft in eine gänzlich andere Richtung. Wie kann das sein?

Belohnungssystem und Dopamin: Der Wille, eine Handlung auszuführen, ist oft mit dem Belohnungssystem des Gehirns verbunden, das auf Dopamin reagiert. Wenn wir uns vorstellen, etwas zu tun oder unsere Ziele zu erreichen, kann dies zu einem Anstieg des Dopamins führen und ein angenehmes Gefühl auslösen. Dieser Anreiz kann muss jedoch nicht ausreichen, um die Umsetzung des Willens in die Tat zu gewährleisten. Manchmal reicht der kleine Dopaminkick bei der Vorstellung etwas zu tun schon für völlige Zufriedenheit aus.

Wie sehr wollen Sie etwas?

Frontallappen und Selbstkontrolle: Der präfrontale Cortex, insbesondere der dorsolaterale Bereich, spielt eine entscheidende Rolle bei der Selbstkontrolle und der Umsetzung von Absichten in Handlungen. Wenn dieser Bereich nicht ausreichend aktiviert oder gestärkt ist, kann es zu Schwierigkeiten bei der Selbstregulierung und Handlungsdurchführung kommen. Einfach übersetzt, vielleicht ist es schön über etwas zu fantasieren, aber der Wille ist überhaupt nicht da.

Schöne Fantasie, aber doch nicht so reizvoll.

Motivation und Emotionen: Emotionen können die Handlungsbereitschaft beeinflussen. Wenn der emotionale Zustand nicht unterstützend ist oder mit negativen Emotionen verbunden ist, kann dies die Umsetzung des Willens beeinträchtigen.

Vielleicht mal etwas ohne Lust angehen, könnte die Stimmung danach verbessern.

Gewohnheiten und neuronale Plastizität: Das Gehirn hat die Tendenz, sich an wiederholte Handlungen zu gewöhnen. Wenn der Wille nicht in Handlungen umgesetzt wird, können sich neuronale Muster bilden, die das Verhalten weiter beeinflussen. Wenn bestimmte Verhaltensweisen nicht aktiv ausgeführt werden, können diese Muster schwächer werden.

Wiederholung und Routine, damit die Datenautobahnen gut trainiert sind und bleiben.

Selbstwirksamkeit und Überzeugungen: Die Überzeugung, dass man in der Lage ist, eine bestimmte Handlung erfolgreich auszuführen (Selbstwirksamkeit), spielt ebenfalls eine Rolle. Wenn jemand geringe Selbstwirksamkeit in Bezug auf eine bestimmte Handlung hat, besteht möglicherweise weniger Motivation, diese umzusetzen.

„Das habe ich noch nie vorher versucht, also bin ich völlig sicher, dass ich es schaffe." Pippi Langstrumpf

Der Talmud bietet vielleicht noch eine umfassendere Zusammenfassung. „Achte auf Deine Gedanken, denn sie werden zu Worten. Achte auf Deine Worte, denn sie werden zu Taten. Achte auf Deine Taten, denn sie werden zu Gewohnheiten. Achte auf Deine Gewohnheiten, denn sie werden zu Deinem Charakter. Achte auf Deinen Charakter, denn er wird Dein Schicksal."

Andere

Als hätten wir nicht schon genug mit unserer Kutsche zu tun. Am Wegesrand, steht der Wibbergibber mit einem Schild "Worte sind Wind". Sofort wird klar, dass unser Gehirn mitunter Schwierigkeiten hat, den Unterschied zwischen dem enthusiastischen "Ich werde" und der tatsächlichen Handlung zu erfassen.

Randnotiz: Die Dopaminproduktion ist häufig völlig unbeeindruckt davon, ob Wille und Tat zusammen passen. Zunächst wird die Absichtserklärung belohnt, die Haltbarkeit von Wollenwollen und Zufriedenheit des Empfängers ist sehr individuell.

Die Reise führt über die Straße der Selbsttäuschung, wo die Räder der Kutsche im Matsch der "Ich werde dir morgen helfen!"-Erklärungen steckenbleiben. Das Gehirn kann auf Menschen, die ständig etwas sagen, aber nicht handeln, auf verschiedene Weisen reagieren, und die Auswirkungen auf den Empfänger können vielfältig sein.

Eine Überlebenspersönlichkeit sollte bevorzugt so reagieren:

Vertrauensverlust: Wenn jemand wiederholt verspricht, etwas zu tun, es jedoch nie umsetzt, kann dies zu einem Vertrauensverlust führen. Das Gehirn des Empfängers kann beginnen, die Glaubwürdigkeit dieser Person zu hinterfragen.

Frustration und Enttäuschung: Der Empfänger kann sich frustriert und enttäuscht fühlen, insbesondere wenn er wiederholt Hoffnungen auf Handlungen setzt, die dann nicht eintreten. Diese Emotionen können Stress verursachen.

Erhöhte Skepsis: Das Gehirn kann aufgrund wiederholter Diskrepanzen zwischen Worten und Taten eine erhöhte Skepsis gegenüber den Äußerungen dieser Person entwickeln. Der Empfänger könnte dazu neigen, zukünftige Versprechungen skeptischer zu betrachten.

Mögliche Fehlverkabelungen:

Emotionale Belastung: Das wiederholte Erleben von Unzuverlässigkeit kann zu emotionaler Belastung führen. Dies kann sich in Form von Angst, Unruhe oder anderen negativen Emotionen äußern.

Soziale Auswirkungen: In sozialen Interaktionen kann das Verhalten von Menschen, die nur sprechen und nicht handeln, zu sozialer Distanzierung führen. Andere könnten sich zurückziehen, um Enttäuschungen zu vermeiden oder sich mehr Mühe geben.

Anpassung des eigenen Verhaltens: Der Empfänger könnte beginnen, sich an das Verhalten der anderen Person anzupassen, indem er weniger von ihr erwartet oder weniger ernst nimmt, was sie sagt.

Kognitive Dissonanz: Das Gehirn könnte versuchen, die Diskrepanz zwischen den Erwartungen und der Realität zu minimieren, indem es möglicherweise Rationalisierungen oder Rechtfertigungen sucht. Dies könnte zu kognitiver Dissonanz führen.

Schuldverschiebung: Der Empfänger sucht die Schuld bei sich, dass das Gegenüber seine Absichten nicht in die Tat umsetzt.

Vielleicht sollten wir unsere Lebenskutsche mit einem Navigationsgerät für Realität ausstatten, um die Tücken der Wibbergibber zu überlisten. Oder noch besser – wir lassen die Pferde des Willens und der Tat im Einklang galoppieren und genießen eine entspannte Kutschfahrt durch die Straßen der Selbstverwirklichung.

Abschließend soll Mark Twain zu Wort kommen: „Taten sagen mehr als Worte, aber nicht annähernd so oft."

Konstruktivismus – Seit wann haben Sie das?

Seit wann haben Sie das? Rolf Arnold prägte diese Frage. Diese Frage öffnet die Tür zu den Grundgedanken des Konstruktivismus und führt uns durch das philosophische Terrain dieser Denkrichtung, die behauptet, dass unsere Wirklichkeit ein individuelles Konstrukt ist. Der Konstruktivismus betrachtet die Realität als das Ergebnis unserer Erfahrungen, Überzeugungen und Wahrnehmungen – eine Ansicht, die eine Reise in die Tiefen der subjektiven Realität verspricht, wo die festen Grenzen der objektiven Wahrheit aufgelöst werden.

Der Konstruktivismus ist eine Denkrichtung, die nicht nur unsere Wahrnehmung der Welt, sondern auch die neurobiologischen Grundlagen unseres Denkens in den Blick nimmt. Wie gewohnt feiert unser Gehirn seine eigene Party.

Auf neurobiologischer Ebene spielen neuronale Netzwerke eine zentrale Rolle. Diese Netzwerke formen sich durch Erfahrungen und Interaktionen mit der Umwelt. Synapsen, die Verbindungen zwischen den Nervenzellen, passen sich ständig an und verstärken oder schwächen sich je nach den Erfahrungen, die wir machen. Dieser Prozess wird als synaptische Plastizität bezeichnet und bildet die Grundlage für Lernen und Gedächtnis.

Keine Party ohne Dopamin, das Hormon verstärkt durch Belohnungen und bildet die Datenautobahnen aus.

Der präfrontale Kortex, insbesondere der ventromediale präfrontale Kortex (vmPFC), ist ein weiterer wichtiger Akteur im Konstruktivismus.

Dieser Bereich des Gehirns ist an der Verarbeitung von Emotionen und der Bewertung von Erfahrungen beteiligt. Hier werden auch soziale Informationen und persönliche Überzeugungen verarbeitet, die die Grundlage für unsere individuelle Realitätskonstruktion bilden.

"Seit wann haben Sie das?" – Diese scheinbar simple Frage ist ein Tor zu einem komplexen Netzwerk von Entscheidungen, die unser Gehirn tagtäglich trifft. "Seitdem ich beschlossen habe, mir diese Realität zu basteln" – die Antwort mag ebenso einfach erscheinen, doch hinter dieser Aussage verbirgt sich die tiefe Verantwortung, die wir für unsere eigene Realität tragen.

Das Gehirn ist kein neutraler Beobachter, sondern ein aktiver Konstrukteur unserer Wahrnehmung. "Seit wann haben Sie Wibbergibber?" – die Antwort mag lauten: "Seitdem ich entschieden habe, mich von den Käfern annagen zu lassen." Hier liegt eine mögliche bewusste Entscheidung vor, aber oft formt sich diese Realität auf einer tieferen, unbewussten Ebene.

Kognitive Dissonanz, vergleichbar mit einer offenen Tür in lauen Sommernächten und strahlender Beleuchtung im Wohnzimmer sein. Es sind nicht unbedingt die Wibbergibber, die sich einschleichen, aber es sind die nervigen Mücken der Inkongruenz zwischen Überzeugungen und Realität.

Die Verantwortung für unsere Wahrnehmung und die Entscheidungen, die wir treffen – bewusst oder im Schatten des Unterbewusstseins – prägen unsere Realität. "Seit wann haben Sie das?" ist nicht nur eine zeitliche Frage, sondern auch ein Spiegel unserer individuellen Gestaltungskraft.

Birkenbihl setzt noch einen drauf. Sie führt uns in das Konzept des "Point of (No) Return", der Stelle, an der wir uns selbst das Leben zur Hölle machen. Ein einfaches Beispiel verdeutlicht dies auf beeindruckende Weise:

Stellen Sie sich vor, Sie sind auf einem großartigen Konzert gewesen. Die Stimmung war fantastisch, doch nun, nach Konzertende, strömen Dutzende Menschen zum Taxistand. Die Schlange würde mindestens eine Stunde dauern. Sie entscheiden sich, schon mal Richtung Hotel zu gehen

– zu weit zum Laufen, aber sicherlich werden Sie unterwegs ein Taxi finden. Fröhlich marschieren Sie los, doch dann setzt Regen ein. Trotzdem rechtfertigen Sie weiterhin Ihre Entscheidung und laufen im strömenden Regen weiter. Immer weiter abseits der Menschenmassen finden Sie kein Taxi. Dennoch laufen Sie weiter, jetzt ist es sowieso egal. Doch dann der Super-GAU – Sie haben sich trotz Navigationshilfe verlaufen. Irgendwo zwischen dem Taxistand und der Einöde haben Sie den Point of Return verpasst. Sie haben Zeit und Energie investiert, aber die Erfolgsaussichten sind miserabel. Sogar das Zurücklaufen zum Taxistand wäre akzeptabel, aber nein, Investition und Selbstrechtfertigung sind bereits zu mächtig. Der Konstruktivismus schlägt zu: "Ich habe investiert, ich habe recht, nun ist es zu spät."

Zugegeben, in diesem Beispiel mag es höchstens eine lustige Anekdote werden, beginnend mit einem selbstkritischen "Was war ich blöd." Doch das gleiche Muster findet sich auch bei wirklich weitreichenden und tragischen Ereignissen. In einer Beziehung haben Sie so viel investiert, so viel bezahlt, so viele Jahre durchgehalten. Für "Wie geht Mensch" ist der Point of (No) Return nicht real, sondern lediglich konstruiert. Jederzeit haben Sie die Möglichkeit zu stoppen und die Realität zu ändern. Lassen Sie die Wibbergibber nicht mehr schlafen – stoppen Sie die Meute. Der Point of Return ist jederzeit, wenn Sie es wollen. Sie sind frei.

Aber Konstruktivismus hat auch eine bezaubernde Seite, wer macht Ihre Realität, Sie. Also können Sie den Schalter auch umlegen, jederzeit.

Schnellpflaster: Kläranlage des Geistes

Die von Vera Birkenbihl vorgeschlagene Übung, auch wenn sie angeblich auf Goethe zurückgeht, trägt den einfachen, wenn auch nicht besonders charmanten Namen "Die Kläranlage des Geistes". Die Idee ist denkbar einfach: Schreiben Sie eine Woche lang jeden Tag zur gleichen Zeit 10 Minuten lang, ohne Unterlass. Es gibt keine Unterbrechungen erlaubt. Wenn Ihnen partout nichts einfällt, dann schreiben Sie einfach: "Mir fällt gerade nichts ein."

Bereits nach wenigen dieser "Workouts" beginnt der innere Monolog zur Ruhe zu kommen. Die Gedanken klären sich, und auch wenn der Name vielleicht nicht besonders charmant ist, ist diese Methode äußerst effektiv. Sie dient nicht nur der Beruhigung des Geistes, sondern kann letztlich auch als effektiver Käfer-Ex dienen. Also, ran!

Neuere Forschungen zeigen, dass dies auch mit Sprachaufnahmen funktioniert.

Hirnareale: Dr. Taub – ein abgebundener gesunder Arm legt neue Bahnen für den zerstörten Arm

Dies kann bis zu 6 Monate dauern

In 14 Tagen eine Depression besiegen - Dr. Fröhlichs Tipps

Dale Carnigel veröffentlichte 1945 in einer Zeitung einen Wettbewerb, mit dem fast respektlosen Titel: In 14 Tagen eine Depression besiegen. Schicken Sie mir Ihre besten Geschichten. Wenn auch nicht wissenschaftlich erforscht waren die antworten eindeutig, die meisten Menschen blieben oder wurden glücklicher wenn sie anderen helfen. Kann es sein, dass die Antwort so einfach ist?

Möglich, es gibt neurowissenschaftliche Hinweise darauf, dass Hilfe und Altruismus positive Auswirkungen auf das Wohlbefinden haben können, und Serotonin spielt dabei eine zentrale Rolle.

Serotonin ist ein Neurotransmitter, der im Gehirn eine Schlüsselrolle bei der Regulation der Stimmung, des Schlafs und anderer Funktionen spielt. Es wird oft als "Glückshormon" bezeichnet. Wenn Menschen anderen helfen oder sich altruistisch verhalten, können verschiedene neurochemische Prozesse aktiviert werden, darunter die Freisetzung von Serotonin.

- **Belohnungssystem:** Altruistisches Verhalten kann das Belohnungssystem im Gehirn aktivieren, insbesondere den Nucleus accumbens. Dieser Bereich ist mit positiven Emotionen und der Verstärkung von Verhaltensweisen verbunden.
- **Serotoninfreisetzung:** Handlungen des Helfens können die Freisetzung von Serotonin im Gehirn stimulieren. Ein erhöhter Serotoninspiegel wird oft mit verbessertem Stimmungszustand und einem Gefühl des Wohlbefindens in Verbindung gebracht.
- **Reduktion von Stress:** Altruistisches Verhalten kann auch stressreduzierende Effekte haben, indem es die Freisetzung von Stresshormonen wie Cortisol verringert. Dies kann zu einem allgemeinen Gefühl der Entspannung beitragen.
- **Soziale Bindung:** Das Helfen fördert soziale Bindungen und Zusammengehörigkeitsgefühl. Dies kann wiederum die Freisetzung von Oxytocin stimulieren, einem weiteren Neurotransmitter, der positive soziale Interaktionen unterstützt.
- **Langfristige Auswirkungen:** Langfristig könnte regelmäßiges altruistisches Verhalten zu positiven strukturellen Veränderungen im Gehirn führen. Studien deuten darauf hin, dass Menschen, die regelmäßig anderen helfen, Veränderungen in Hirnregionen aufweisen können, die mit Empathie und Belohnung verbunden sind.

Secondhand-Serotonin

Für alle, die lieber ihre Base chillen und das Helfen erstmal anderen überlassen, auch Mitfreuen und Mitstolz erhöhen den Serotoninspiegel.

Serotonin for free: die Fähigkeit, gemeinsam mit anderen zu jubeln und stolz zu sein. Ein soziales Fest, das nicht nur persönliche Freude steigert, sondern auch die geheimnisvolle Chemie des Glücks beeinflusst – das alles dank Serotonin.

Sir Knabbersalot mit Monokel (wurde wieder aufgefunden) unser heutiger Held, tanzt gerade auf einer Wolke aus Serotonin. Seine Freundin

Grumpy Cat hat eine Beförderung erhalten, und anstatt sich von der Eifersucht einlullen zu lassen, entscheidet er sich für einen Serotonin-getränkten Jubel. Das Resultat? Ein gemeinsamer Anstieg der Glückskurve, der nicht nur Sir Knabbersalot, sondern auch Grumpy Cats Herz höher schlagen lässt.

Es ist wissenschaftlich erwiesen, dass Mitfeiern und Mitstolz die Serotoninproduktion ankurbeln können. Vorstellbar wie ein farbenfrohes Konfetti im Gehirn, wenn wir aufrichtige Freude für andere empfinden. Ein wahrhaftiges Spektakel sozialer Verbundenheit.

Vorsicht vor den schädlichen Doppelagenten des Glücks, den Schadenfreuden. Diese können nicht nur die Serotoninausschüttung trüben, sondern auch das zwischenmenschliche Klima vergiften. Also, wenn schon feiern, dann im Namen des Guten und Positiven!

Lassen Sie uns die "Glückskurve" gemeinsam in die Höhe schnellen sehen, wenn wir die Erfolge unserer Mitmenschen zelebrieren. Ob der Kollege ein Lob erhält oder die Schwester ein Kunstwerk erschafft – lassen Sie das Serotonin fließen und die Glückshormone ihre fröhliche Samba tanzen!

Können Sie sich noch an die Frage erinnern: Welche Sportschuhfabrik, war die einzige, die in Deutschland im und nach dem zweiten Weltkrieg noch produziert hat? Die Antwort ist Adidas.

Wohl bekannt ist, dass Adi Dassler von der Idee besessen war, für jede Sportart die passenden Schuhe zu entwickeln. Er beherrschte sein Handwerk so gut, dass Jesse Owens, ein schwarzer amerikanischer Spitzensportler, den Gründer von Adidas um ein paar passende Schuhe für den Sprint bat. Adi Dassler schickte ihm diese Schuhe. Jesse Owens holte mit ihnen vier Goldmedaillen bei den Olympischen Spielen in Berlin. Während im Zweiten Weltkrieg viele Fabriken für den Rüstungsbau umfunktioniert und nach dem Zweiten Weltkrieg geschlossen wurden, erinnerten sich die Amerikaner an das Geschenk von Adi Dassler und ließen Adidas wieder Schuhe produzieren, ohne die Fabrik zu schließen. Der Rest ist Geschichte.

Vielleicht stehen wir vor einer Revolution des kollektiven Glücks, wo jeder Tag zu einem serotoninreichen Fest wird. Feiern wir das Glück der anderen, als wäre es unser eigenes – eine mit Serotonin getränkte Party des Lebens! Das ist übrigens oft das Geheimnis von unserer Vorliebe für Kinder und Haustiere, wir machen Sie glücklich, Sie machen uns glücklich.

Radikale Unachtsamkeit

Bei lauter Selbstoptimierung und permanenter Selbstreflexion wirft Brianna Wiest einen erfrischenden Blick auf eine oft übersehene Facette des Glücks – die radikale Unachtsamkeit. Dieser Ansatz ist kein Plädoyer gegen Achtsamkeit, sondern eine Einladung sich selbst nicht stets und permanent so wichtig zu nehmen.

Unachtsamkeit ist keine Abkehr von Achtsamkeit, sondern vielmehr eine Entlastung von der obsessiven Selbstfokussierung. Statt jedes Gefühl zu analysieren und jedes Detail des eigenen Selbst zu durchleuchten, einfach mal zu sein.

In Unachtsamkeit findet sich die Freiheit, die eigene Gedankenlast nicht wie einen schweren Rucksack ständig mit sich herumzutragen. Dieser Ansatz verführt dazu, die Perspektive zu wechseln, sich aus dem Mittelpunkt des Universums zu lösen und das eigene Drama mit einem Augenzwinkern zu betrachten.

Achtsamkeit und Unachtsamkeit haben eines gemein, sie rufen dazu auf im Hier und Jetzt zu sein. Keine ständige Reflektion über vergangene Fehler, keine permanente Sorge um die Zukunft – stattdessen ein entspannter Spaziergang auf dem Drahtseil des Lebens.

Radikale Unachtsamkeit ist kein Plädoyer gegen Selbstliebe oder persönliches Wachstum. Es ist vielmehr ein erfrischendes Eintauchen in das Leben.

Unachtsamkeit lädt uns ein, uns selbst nicht als das Zentrum des Universums zu betrachten. In dieser Perspektivenverschiebung entdecken wir, dass Glück nicht nur in der ständigen Suche nach sich selbst liegt, sondern auch im freudigen Verlieren in den unendlichen Weiten des Lebens.

Machen wir den Tanz der radikalen Unachtsamkeit zu unserem eigenen Glücksritual!

Mentales Judo – das kognitive Wendemanöver

Bei Ihrem Weg auf dem Masterlevel, darf natürlich die Kampfkunst nicht fehlen, das kognitive Wendemanöver. Diese Technik, auch als mentales Judo bekannt, ermöglicht es, negative Gedanken geschickt zu überlisten und positive Perspektiven zu fördern.

Der Weg des Judo, auch als der sanfte Weg übersetzt, enthält tiefgreifende Prinzipien, die weit über die Matte hinausreichen. Die Kunst des Siegens durch Nachgeben, ein Grundprinzip des Judo, kann für Überlebenspersönlichkeiten eine kraftvolle Lehre sein. Statt sich gegenüber den Herausforderungen des Lebens zu versteifen, lernen sie, die Energie geschickt zu nutzen und umzuleiten.

Die Idee der maximalen Effizienz im Judo, bei der Technik über rohe Kraft steht, kann in das Überleben übertragen werden. Überlebenskünstler verstehen, dass der kluge Einsatz begrenzter Ressourcen oft effektiver ist als ein Kampf gegen unüberwindbare Hindernisse. Es geht darum, mit minimaler Anstrengung maximale Wirkung zu erzielen.

Gegenseitiger Nutzen und Wohlergehen, ein weiteres Judo-Prinzip, finden in der Überlebensgemeinschaft eine klare Entsprechung. Die Idee, dass das Wohlbefinden der Gemeinschaft genauso wichtig ist wie das individuelle Überleben, spiegelt sich in der Solidarität wider, die in der Überlebenskultur oft zu finden ist.

Der Budo-Weg, der Weg des Kriegers, trägt Prinzipien in sich, die das Überleben auf einer tieferen Ebene beeinflussen können. Die Betonung von Moral und Ethik erinnert Überlebenspersönlichkeiten daran, dass Integrität und Ethik entscheidend sind, wenn es darum geht, in einer extremen Umgebung zu überleben.

Selbstbeherrschung, ein weiteres Budo-Prinzip, ist von unschätzbarem Wert für Überlebenspersönlichkeiten. In den widrigen Bedingungen des

Überlebens müssen sie lernen, ihre Ängste, Impulse und Emotionen zu beherrschen, um klare und rationale Entscheidungen zu treffen.

Die Betonung der Harmonie mit der Natur im Budo findet in Überlebenssituationen eine direkte Anwendung. Überlebenspersönlichkeiten müssen lernen, im Einklang mit der Natur zu leben, um ihre Umgebung zu verstehen und zu nutzen.

Die Prinzipien des Judo und Budo sind nicht nur Kampftechniken; sie sind Leitlinien für das Leben. Für Überlebenspersönlichkeiten bieten sie eine philosophische Grundlage, die über die physischen Aspekte des Überlebens hinausgeht und eine tiefe Verbindung zwischen Charakterentwicklung und Überlebenskunst schafft.

Prinzip 1: Die Kunst der Flexibilität

Ähnlich wie ein Judo-Meister die Kraft seines Gegners gegen ihn selbst nutzt, lehrt uns das kognitive Wendemanöver, flexibel auf negative Gedanken zu reagieren. Statt sich gegen sie zu stemmen, werden sie geschickt umgeleitet und in positive Bahnen gelenkt.

Prinzip 2: Kreative Umlenkung

Ein erfahrener Kämpfer nutzt die Energie seines Gegners für seinen eigenen Vorteil. In der Welt der Gedanken bedeutet dies, kreative Umlenkungen zu finden. Wenn negative Gedanken angreifen, wird mit einem eleganten Schachzug eine positive Alternative gefunden, die die Energie des Mentalkampfes umleitet.

Prinzip 3: Die Kunst des Perspektivenwechsels

Mentales Judo ermutigt dazu, die Perspektive zu wechseln, ähnlich wie ein geschickter Akrobat die Richtung in der Luft ändert. Dieses Prinzip betont, dass die Sichtweise auf eine Situation entscheidend ist. Ein Wechsel der Perspektive kann dazu beitragen, dass selbst die herausforderndsten Gedanken in neue, konstruktive Richtungen gelenkt werden.

Prinzip 4: Gedankliche Gleichgewichtstechniken

Wie bei den physischen Kampfkünsten ist auch im mentalen Judo das Gleichgewicht entscheidend. Durch gezielte Gedankentechniken wird das mentale Gleichgewicht gehalten. Diese Techniken können von Achtsamkeit bis zu positiven Affirmationen reichen, um sicherzustellen, dass die mentale Balance nicht verloren geht.

Prinzip 5: Fließende Anpassung

Der Schlüssel zum Erfolg im mentalen Kung-Fu liegt in der fließenden Anpassung. Gedanken sind nicht statisch, und die Fähigkeit, sich kontinuierlich anzupassen, ermöglicht ein reaktionsschnelles Navigieren durch mentale Herausforderungen.

Die Welt des kognitiven Wendemanövers zeigt uns, dass die Kraft des Geistes oft in der geschickten Handhabung von Gedanken liegt. Indem wir die Prinzipien des mentalen Judo verstehen und auf kognitive Wendemanöver übertragen, können wir einen eleganten Tanz mit unseren Gedanken tanzen und dabei die Kontrolle über unser mentales Wohlbefinden behalten.

Schnellpflaster:

Achtsame Atmung: In der Hitze des Gefechts hilft bewusstes Atmen, den Fokus zu bewahren. Ein paar tiefe Atemzüge können Wunder wirken, um die mentale Klarheit zu bewahren.

Perspektivwechsel: Betrachten Sie die Situation aus verschiedenen Blickwinkeln. Versuchen Sie, sich in die Lage anderer zu versetzen, um ein umfassenderes Bild zu erhalten. Dies ermöglicht oft einen klugen strategischen Zug.

Flexibles Denken: Seien Sie bereit, Ihre Strategie anzupassen. Flexibilität im Denken ermöglicht es, sich schnell an neue Gegebenheiten anzupassen und Lösungen zu finden.

Akzeptanz und Loslassen: Identifizieren Sie, was außerhalb Ihrer Kontrolle liegt, und lernen Sie, es zu akzeptieren. Das Loslassen von Dingen, die nicht beeinflusst werden können, schafft Raum für Fokus und Handlungsfähigkeit.

Kommunikation: Klare und respektvolle Kommunikation ist entscheidend. Sprechen Sie Ihre Bedürfnisse aus, hören Sie aktiv zu und suchen Sie nach gemeinsamen Lösungen. Eine gute Kommunikation kann oft Konflikte entschärfen.

Selbstbeherrschung: Üben Sie Selbstkontrolle, besonders wenn die Emotionen hochkochen. Entscheiden Sie bewusst, wie Sie reagieren möchten, anstatt sich von impulsiven Reaktionen leiten zu lassen.

Gemeinschaftsdenken: Erkennen Sie die Stärke der Gemeinschaft an. Zusammenarbeit und Unterstützung können eine unschätzbare Ressource in stressigen Zeiten sein. Teilen Sie Lasten und suchen Sie gemeinsam nach Lösungen.

Kreative Lösungen finden: Denken Sie außerhalb der gewohnten Bahnen und suchen Sie nach kreativen Lösungen. Manchmal liegt die Antwort in unerwarteten Orten.

Ressourcenmanagement: Seien Sie klug im Umgang mit Ihren begrenzten Ressourcen. Setzen Sie Prioritäten und verwenden Sie Ihre Energie für die wichtigsten Herausforderungen.

Reflexion: Nehmen Sie sich Zeit für Selbstreflexion. Lernen Sie aus vergangenen Erfahrungen, um Ihre mentale Widerstandsfähigkeit zu stärken und in Zukunft noch geschickter zu agieren.

Randnotiz: Erinnern Sie die Tipps an etwas? Vielleicht TFT 2.0.

Anstellte von Outtakes folgt ein vorerst letzter Brief: Sie sind soweit!

Betreff: Ein Brief an Sie, die Überlebenskünstler

Liebe Überlebenskünstler,

sein Sie stolz auf sich, ich bin es. Sie haben durchgehalten! Meinen herzlichen Glückwunsch.

Ich hoffe, diese Zeilen erreichen Sie in einem Moment der Ruhe und inneren Gelassenheit. Es ist mir ein Anliegen, Ihnen, den Helden Ihrer eigenen Geschichten, Anerkennung und Respekt zu zollen. Sie sind die Kämpfer, die mutig jeden Tag wieder aufstehen, die den Strömungen standgehalten und sich von den Wibbergibbern nicht unterkriegen lassen.

Dieses Leben ist voller Herausforderungen und ständiger Veränderungen, Sie sind die wahren Überlebenden. Dr. Fröhlichs Tipps gegen Depression mögen Ihnen wie ein wertvoller Kompass erscheinen, und es ist vollkommen in Ordnung, sich daran festzuhalten. Es zeugt von Stärke, Hilfe anzunehmen, und Sie haben das Recht dazu.

"Nur heute" – zwei Worte, die eine enorme Bedeutung tragen. Nur heute haben Sie die Möglichkeit, die Lasten der Vergangenheit für einen Moment beiseitezuschieben. Nur heute können Sie sich erlauben, das Leben in seiner vollen Pracht zu genießen, die Sonne auf der Haut zu spüren und vielleicht sogar über den Wibbergibber des Alltags zu schmunzeln.

Gemeinsam können wir heute einen Pakt schließen. Lassen Sie uns die Bürden der Vergangenheit loslassen und die Ängste vor der Zukunft für einen Moment beiseiteschieben. Nur heute wollen wir uns erlauben, im Hier und Jetzt zu leben, die kleinen Freuden zu feiern und die Wunder des Lebens zu erkennen. Vielleicht sogar anderen Freude zu bereiten.

Wenn der Alltag wieder anklopft, denken Sie daran, dass Humor ist, wenn Sie trotzdem lachen. Lachen und Lächeln können wie Balsam für die Seele wirken, ein Schutzschild gegen den Wibbergibber, der manchmal versucht, die Sonne zu verdunkeln.

Sie sind stark, mutig und einzigartig. Sie haben das Recht auf Glück, Liebe und Lebensfreude. Erlauben Sie sich, nur heute, das Leben in seiner vollen Pracht zu erleben. Tanzen Sie mit dem Leben, nehmen Sie Dr.

Fröhlichs Tipps mit einem Augenzwinkern an, und gestatten Sie sich, ein Künstler des Lebens zu sein.

Möge Ihr Weg durch die Höhen und Tiefen des Lebens von Farben, Liedern und Tanz geprägt sein. Sie haben nur ein Leben, genießen Sie es.

Mit einem Lächeln, einem Augenzwinkern und tiefer Dankbarkeit

Ihre Daniela Voigt

Test Überlebenspersönlichkeit

Wissen Sie wer Sie sind?

Für ganz Mutige: Fordern Sie zwei möglichst unterschiedliche Freunde auf, Sie in die Kreise einzuordnen und mitteln mutig das Ergebnis.

Bambi	Mr. / Mrs. Perfect	Friedvoller Krieger	Gutmensch Gandhi	Charmanzia Berseker
Überwiegend **A**	Überwiegend **A bis B**	Überwiegend **C**	Überwiegend **A bis D**	Überwiegend **A bis B**
Viel Dunkelblau	Viel Braun	Grün und Pink	Viel Pink	Viel Rot

Für die Eiligen oder lieber Digitalen: Sie können auch einen Big-Five Test der Persönlichkeitsstruktur im Netz erledigen. Eine kurze Übertragungshilfe:

Die Big Five Persönlichkeitsmerkmale sind Offenheit, Gewissenhaftigkeit, Extraversion (Außengewandtheit), Verträglichkeit und emotionale Stabilität (auch als Neurotizismus bekannt). Zuordnung der Charaktereigenschaften der genannten Personen zu diesen Merkmalen:

- Bambi = Verträglichkeit
- Mr/Mrs. Perfekt = Gewissenhaftigkeit
- Friedvoller Krieger = Verträglichkeit
- Gutmensch Gandhi = Offenheit
- Charmanzia Berserker = Extraversion

So oder so, wir sind wohl alle eine gute Mischung, aber zur Orientierung sind die Zuordnungen hilfreich.

How to – Bedienungsanleitung Survival

Welcome to Neuro – oder wir haben doch alle einen kleinen Knall

Die Neurosenstruktur nach Henning Schultz-Henke eröffnet einen Einblick in die komplexen Gefüge der menschlichen Psyche. In einem metaphorischen Tanz der Synapsen, wo elektrische Impulse und chemische Reaktionen die Hauptakteure sind, entfaltet sich ein beeindruckendes Schauspiel der mentalen Verbindungen.

Schultz-Henkes Theorie ermöglicht eine tiefgehende Betrachtung der inneren Strukturen, die unser Bewusstsein formen. Als eine Art Landkarte der Seele hilft sie, den psychischen Dschungel zu durchdringen und die vielschichtigen Beziehungen zwischen Vergangenheit, Gegenwart und Zukunft zu verstehen.

Die Neurosendisposition nach Henning Schultz-Henke bildet einen bedeutenden Bestandteil einer psychoanalytischen Theorie. Dieser Ansatz ermöglicht eine differenzierte Betrachtung der individuellen Anfälligkeiten und Neigungen einer Person gegenüber Strukturen.

Schultz-Henke beschreibt, dass die Neurosendisposition eine tiefgreifende Prägung darstellt. Dabei spielen die Beziehungsmuster zu den primären Bezugspersonen, eine entscheidende Rolle. Im Leben bilden sich Tendenzen und Abwehrmechanismen heraus, die einen lebenslangen Einfluss auf die psychische Struktur ausüben.

Die individuelle Neurosendisposition wird dabei als ein einzigartiger Fingerabdruck der Psyche betrachtet. Sie bestimmt, wie eine Person mit Belastungen, Unsicherheiten und zwischenmenschlichen Beziehungen umgeht. Zentrale Elemente dieser Disposition sind die Art der Bindung, das Ausmaß an Autonomie, sowie die Bewältigung von Konflikten und Ängsten.

Schultz-Henke unterscheidet verschiedene Formen. Diese Kategorien ermöglichen eine präzise Charakterisierung individueller Prädispositionen und dienen als Grundlage für lebenspraktische Ansätze.

Ein zentraler Aspekt der Neurosendisposition ist die Betrachtung von Abwehrmechanismen. Diese dienen dazu, unangenehme Gefühle, Konflikte oder traumatische Erfahrungen zu verdrängen oder zu bewältigen. Dazu gehören z. B. Mechanismen wie Verleugnung, Regression oder Projektion.

In der Praxis eröffnet die Neurosendisposition nach Schultz-Henke einen Zugang zu den tiefen Schichten des Seins. Die Identifikation der individuellen Disposition ermöglicht eine gezielte und auf das Individuum zugeschnittene Intervention. Mithilfe dieses Vorgehens können Veränderungen in der Selbstwahrnehmung, im Umgang mit Emotionen und in den zwischenmenschlichen Beziehungen angestrebt werden, letztlich der Weg zur Überlebenspersönlichkeit.

Schultz-Henkes Ansatz hört sich nicht schön an, offenbart sich aber als ein Labyrinth der Individualität. Jeder von uns trägt ein einzigartiges mentales Mosaik, geformt durch die Erfahrungen und Prägungen des Lebens. In diesem komplexen Puzzle erkennen wir nicht nur unsere Vielschichtigkeit, sondern auch die Einzigartigkeit und den Humor, der in der Verschiedenheit unserer mentalen Landschaften liegt. Vielleicht sollten wir unsere Neurosen mit einem liebevollen Augenzwinkern betrachten, als Teil eines reichen inneren Kosmos, der darauf wartet, erforscht und verstanden zu werden.

Es ist an der Zeit, dass wir uns auf die Schulter klopfen und anerkennen, dass wir großartig sind, genauso, wie wir sind. Wir haben alle unsere Ecken und Kanten, aber das macht nichts.

Die allgemeinen Tipps, die da draußen herumfliegen, sind vielleicht nicht der Schlüssel, der in Ihr persönliches Schloss passt. Denn seien wir ehrlich, wer würde schon erwarten, dass Bambi die Methoden eines Berserkers nicht nur ablehnt, sondern sie vielleicht nicht einmal erträgt?

Diese „One-Size-Fits-All"-Tipps, die behaupten, für alle 8 Milliarden Menschen gleichermaßen zu gelten, sind eher wie ein Schuh, der drückt – er passt einfach nicht. Die Geheimwaffe liegt darin zu erkennen, dass Sie nicht blindlings jedem Ratschlag folgen müssen. Sie haben Ihr eigenes Arsenal an Strategien, das zu Ihrem einzigartigen Selbst passt.

Schauen Sie sich um: Bambi mag den sanften Tanz durch den Wald, während der Berserker lieber Bäume aus dem Weg räumt. Und das ist völlig in Ordnung!

Jeder von Ihnen hat seine eigene Geheimwaffe, um das Leben zu meistern. Die Kunst besteht darin, herauszufinden, wer Sie sein könnten, und dann die Tipps auszuwählen, die wirklich zu Ihnen passen. Das ist der Schlüssel zur Überlebenspersönlichkeit!

Es gibt keine Kategorie, die besser ist als die andere. Das Leben wird erst dann so richtig bunt, wenn Bambi im Wald herumhüpft, der Berserker Bäume schubst, der Krieger seine Schlachten schlägt und der Gutmensch nach Liebe strebt. Jeder hat seinen eigenen Tanz, und das ist gut so! Ihre Methoden müssen zu Ihnen passen und sich nicht zwanghaft auf alle übertragen lassen.

Lassen Sie uns die Tanzfläche betreten, Ihre Einzigartigkeit feiern und uns gegenseitig ermutigen, die besten Versionen von uns selbst zu sein. Egal, ob Sie perfektionistisch sind, gerne meditieren oder einfach nur das Leben mit einem Lächeln nehmen – Sie sind alle Helden Ihrer eigenen Geschichten. Machen Sie weiter so, und vergessen Sie nicht: Das Leben ist ein bunter, verrückter Tanz, und Sie sind die Stars der Show!

Bambi (Abhängige oder dependente Neurosendisposition)

Das bezaubernde Bambi zeigt eine herausragende Fähigkeit zur Bindung und Hingabe, die auf seinen positiven Eigenschaften wie naivem Vertrauen, Zutrauen, Glaube, Hoffnung, Geduld und Gehorsam beruht. Er präsentiert sich als äußerst nachgiebig und versöhnlich, und sein Herz hofft auf eine kontinuierliche, liebevolle Unterstützung und Fürsorge. Obwohl er wenig Vertrauen in die eigenen Fähigkeiten hat, zeugt seine inaktive Erwartungshaltung von einem tiefen Verlangen nach Verbindung und Schutz, begleitet von einer sanften Angst vor dem Alleinsein und der Verlassenheit.

Bambi erlebt schon früh eine Fülle an liebevoller Zuwendung und Aufmerksamkeit, was zur Bildung eines primären (naiven) Urvertrauens führt. Obwohl die Elternteile ihre fürsorglichen Handlungen fortsetzen, was für Bambi durchaus förderlich ist, entwickelt sich etwas weniger Autonomie. Es kann zu einem ängstlichen Miteinander kommen. Diese liebevolle, jedoch abhängige Struktur, könnte zu Bambis Schutzbedürfnissen beitragen.

Psychodynamik

Die innenpsychische Darstellung positiver Beziehungen zu anderen Menschen ist bei Bambi ausgeprägt, und es besteht eine tiefe Verbindung zu Erziehungspartnern mit anhaltenden Wünschen nach einer vielleicht symbiotischen Fusion. Es zeigt sich eine besondere Sensibilität gegenüber negativen Emotionen, während Bambi sich in liebevoller Unterwerfung übt und auf Trotzreaktionen sowie Autonomie verzichtet. Die Entwicklung von kritischen und abgrenzenden Ich-Funktionen gestaltet sich zwar herausfordernd, aber Bambi bewältigt dies auf seine einzigartige Weise.

Merkmale

Bambi zeigt eine ausgeprägte Verbundenheit und pflegt positive soziale Beziehungen, nimmt gerne Rat an und schätzt unterstützende Führung. Eigene Schritte sind nicht so Bambis Ding.

Agenda

Strebt nach einer harmonischen Beziehung, die an die Fürsorglichkeit erinnert. Akzeptiert gerne Anleitung und Unterstützung, um ein Gefühl von Geborgenheit und Stabilität zu erhalten. Gibt Verantwortung gerne ab.

Mechanismen

Verleugnung von eigenen Bedürfnissen und negativen Gefühlen, verarbeitet Wut konstruktiv, fördert positive und respektvolle Ausdrucksformen.

Hidden Agenda

Sich selbst klein machen, aber starke Menschen bewundernd. Stets der leise Unterton, wenn ich nicht tue, was andere von mir wollen, werde ich verlassen.

Anfällig für

Verlustängste, gleichzeitig offen für Menschen, die die Führung übernehmen.

Mantras für Bambi:

1. *In der Sanftmut meiner Seele finde ich Frieden. Ich bin sicher.*
2. *In den kleinen eigenen Schritten erkenne ich meine Stärke. Ich gehöre mir selbst, auch wenn ich die Führung gerne teile.*
3. *In bin gerne geborgen. Ich bin bereit, die Verantwortung zu teilen.*

Exklusiver Verhaltenstipp für Bambi:

Die Kraft der Selbstachtung

Erinnern Sie sich daran, dass jede kleine Entscheidung, die Sie selbst treffen, ein Schritt zu Ihrer eigenen Stärke ist. Ihre Meinung ist wichtig, und Sie dürfen sie frei äußern. Führen Sie sich selbst in die Autonomie und lassen Sie Ihre Einzigartigkeit erstrahlen.

5-Minutes – Daily Workout

A - Authentisch bleiben: Bleiben Sie authentisch und zeigen Sie Ihre wahre Persönlichkeit. Authentizität fördert echte Verbindungen.

B - Blick für die Natur: Entwickeln Sie einen Blick für die Schönheit der Natur und teilen Sie diese Begeisterung mit anderen.

C - Charme mit Sanftheit: Setzen Sie Ihren Charme mit Sanftheit ein, um positive Beziehungen zu gestalten.

D - Das Gute im Anderen sehen: Versuchen Sie, das Gute im Anderen zu sehen, und fördern Sie positive Gedanken.

E - Empathie entwickeln: Entwickeln Sie Empathie für die Gefühle anderer. Zeigen Sie Mitgefühl und Verständnis.

F - Freundschaften schätzen: Schätzen Sie Freundschaften und investieren Sie Zeit in Beziehungen, die Ihnen wichtig sind.

G - Geduld bewahren: Bewahren Sie Geduld, besonders in herausfordernden Situationen. Gute Dinge brauchen Zeit.

H - Harmonie suchen: Streben Sie nach Harmonie in Beziehungen und versuchen Sie, Konflikte friedvoll zu lösen.

I - Individualität akzeptieren: Akzeptieren Sie die Individualität anderer Menschen und schätzen Sie die Vielfalt.

J - Ja zu neuen Erfahrungen: Sagen Sie Ja zu neuen Erfahrungen und öffnen Sie sich für Abenteuer.

K - Kinderherz bewahren: Bewahren Sie sich ein Stück Kinderherz und lassen Sie Freude und Neugierde in Ihr Leben.

L - Liebe großzügig verteilen: Verteilen Sie Liebe großzügig an Ihre Mitmenschen. Liebe kennt keine Grenzen.

M - Mit offenen Augen durchs Leben gehen: Gehen Sie mit offenen Augen durchs Leben und entdecken Sie die Schönheit in kleinen Momenten.

N - Natürlichkeit schätzen: Schätzen Sie Natürlichkeit und Authentizität bei sich selbst und anderen.

O - Offenheit für Veränderungen: Seien Sie offen für Veränderungen und sehen Sie darin Chancen für persönliches Wachstum.

P - Positives Denken pflegen: Pflegen Sie positives Denken und lenken Sie Ihre Aufmerksamkeit auf das Gute im Leben.

Q - Qualität über Quantität: Betonen Sie Qualität über Quantität in Beziehungen. Tiefe Verbindungen sind wertvoll.

R - Respekt zeigen: Zeigen Sie Respekt gegenüber anderen Menschen und deren Meinungen.

S - Selbstfürsorge nicht vergessen: Denken Sie an Selbstfürsorge und gönnen Sie sich die nötige Ruhe und Erholung.

T - Toleranz üben: Üben Sie Toleranz gegenüber unterschiedlichen Ansichten und Lebensstilen.

U - Unvoreingenommenheit bewahren: Bewahren Sie Unvoreingenommenheit und begegnen Sie neuen Menschen ohne Vorurteile.

V - Vertrauen aufbauen: Bauen Sie Vertrauen in Beziehungen auf und seien Sie eine verlässliche Person.

W - Wertschätzung zeigen: Zeigen Sie Wertschätzung für die kleinen Dinge im Leben und danken Sie für Freundlichkeiten.

X - X-faktor der Flexibilität: Setzen Sie auf den "X-faktor" der Flexibilität, um sich gut auf verschiedene Situationen einzustellen.

Y - YOLO-Mentalität bewahren: Bewahren Sie die "You Only Live Once" (YOLO)-Mentalität und schätzen Sie das Leben in vollen Zügen.

Z - Zeit für Achtsamkeit nehmen: Nehmen Sie sich Zeit für Achtsamkeit, um im gegenwärtigen Moment zu leben und die Schönheit des Lebens zu erkennen.

Mr/Ms. Perfekt (Zwanghafte (anankastische) Neurosendisposition)

Ausgeprägte Vorliebe für Normen und Regeln sowie strukturiertes Denken/Genauigkeit, Streben nach Perfektion, Sparsamkeit, Hygiene, Disziplin, Höflichkeit, Fleiß. Respektvolle Autoritätsakzeptanz und Prinzipientreue.

Stetiger Drang die Dinge richtig zu machen, und äußerst vorsichtige Herangehensweise zur Vermeidung von Fehlern. Ausgewogenes Wechselspiel zwischen Kooperation und Widerstand gegenüber Autoritäten. Tendenz zur verantwortungsbewussten Kontrolle und konstruktiven Rückmeldung. Wahrung der Ordnung und Rituale, die Sicherheit bieten. Anhaltende Ausrichtung an realistischem Denken.

Psychodynamik

Der äußere Zwang wird zum inneren Zwang. Das Fundament zur Entwicklung dieser Struktur entsteht frühzeitig. Beim Erlernen neuer motorischer Fähigkeiten, lässt sich dieser Mensch durch übermäßige Verbote, Gebote und moralisierende Ermahnungen hemmen. Mr/Ms Perfekt fordern von sich übermäßige Kontrolle und Selbstbeherrschung. Eine natürliche Skepsis gegenüber Spontaneität, Autonomie und Überraschungen.

Merkmale

Mr/Mrs. Perfekt sind streng zu sich und anderen, Normen und Regeln gilt es einzuhalten.

Agenda

Strebt nach umfassender Kontrolle, erst bei völliger gefühlter Kontrolle gibt der Geist Ruhe.

Mechanismen

Impulskontrolle steht im Vordergrund, um das Über-Ich zu besänftigen.

Hidden Agenda

Es darf zu keiner Zeit einen Kontrollverlust geben. Kontrollverlust ist gleich Hilflosigkeit und Schwäche.

Anfällig für

Unsicherheiten und Unplanparkeiten aller Art.

Mantras für Mr/Mrs Perfekt:

1. *Präzision ist meine Stärke, nicht mein Zwang.*
2. *Fehler sind Meilensteine des Fortschritts, keine Stolpersteine.*
3. *In der Flexibilität finde ich meine wahre Stärke.*

Exklusiver Verhaltenstipp für Mr/Mrs Perfekt:

Die Kunst der Gelassenheit: *Erlauben Sie sich, nicht alles kontrollieren zu müssen. Akzeptieren Sie, dass Perfektion in der Unvollkommenheit liegt. Gönnen Sie sich Momente der Spontaneität und entdecken Sie, dass wahre Stärke auch in der Flexibilität liegt.*

5-Minutes – Daily Workout

A - Authentizität schätzen: Schätzen Sie Authentizität bei sich selbst und anderen. Erlauben Sie sich, auch Ihre menschlichen Seiten zu zeigen.

B - Bescheidenheit kultivieren: Kultivieren Sie Bescheidenheit und erkennen Sie an, dass Perfektion nicht erreichbar ist. Fehler gehören zum Menschsein.

C - Charme mit Leichtigkeit: Setzen Sie Ihren Charme mit Leichtigkeit ein, ohne Druck auf Perfektion. Zeigen Sie, dass Sie auch Spaß am Leben haben können.

D - Diplomatie in Konflikten: Üben Sie Diplomatie in Konflikten und suchen Sie nach Lösungen, ohne den Anspruch auf Perfektion aufrechtzuerhalten.

E - Emotionale Offenheit: Erlauben Sie sich emotionale Offenheit, um tiefere Verbindungen zu schaffen. Perfektion erfordert keine emotionale Distanz.

F - Flexibilität in Planung: Seien Sie flexibel in Ihrer Planung. Perfektion entsteht oft in der Anpassung an unvorhergesehene Umstände.

G - Gelassenheit pflegen: Pflegen Sie Gelassenheit, auch wenn die Dinge nicht perfekt laufen. Akzeptieren Sie, dass Kontrolle begrenzt ist.

H - Herzliche Menschlichkeit: Zeigen Sie herzliche Menschlichkeit, indem Sie sich um andere kümmern. Perfektion bedeutet nicht, ohne Gefühl zu handeln.

I - Individualität feiern: Feiern Sie Ihre Individualität und die der anderen. Perfektion ist in Vielfalt und Einzigartigkeit zu finden.

J - Jeder Tag ist eine Lernchance: Erkennen Sie an, dass jeder Tag eine Lernchance ist. Perfektion entsteht durch kontinuierliches persönliches Wachstum.

K - Kritik als Möglichkeit zur Verbesserung: Betrachten Sie Kritik als Möglichkeit zur Verbesserung, nicht als Bedrohung für Ihre Perfektion.

L - Liebevoller Umgang mit sich selbst: Gehen Sie liebevoll mit sich selbst um. Perfektionismus kann zu hohem Selbstanspruch führen, der nicht immer realistisch ist.

M - Menschliche Verbindungen priorisieren: Priorisieren Sie menschliche Verbindungen über den Drang zur Perfektion. Beziehungen basieren auf Authentizität.

N - Nachsicht gegenüber Fehlern: Üben Sie Nachsicht gegenüber Fehlern, bei sich selbst und anderen. Perfektionismus kann zu Selbstkritik führen.

O - Offenheit für neue Erfahrungen: Seien Sie offen für neue Erfahrungen und akzeptieren Sie, dass nicht alles vorhersehbar ist. Perfektion erfordert keine ständige Kontrolle.

P - Perfektion als Prozess sehen: Sehen Sie Perfektion als einen fortwährenden Prozess, nicht als endgültiges Ziel.

Q - Qualität über Quantität: Betonen Sie Qualität über Quantität. Perfektion liegt oft in der Sorgfalt und Aufmerksamkeit zum Detail.

R - Respektvoller Umgang mit anderen: Zeigen Sie einen respektvollen Umgang mit anderen, unabhängig von deren Perfektion oder Unvollkommenheit.

S - Selbstreflexion pflegen: Pflegen Sie Selbstreflexion, um sich bewusst zu sein, dass Perfektion nicht realistisch ist. Lernen Sie aus Ihren Erfahrungen.

T - Toleranz gegenüber Unvollkommenheit: Üben Sie Toleranz gegenüber Unvollkommenheit, bei sich selbst und anderen. Perfektion kann belastend sein.

U - Umgang mit Stress: Entwickeln Sie gesunde Strategien im Umgang mit Stress. Perfektionismus kann zu übermäßigem Druck führen.

V - Vertrauen in den Prozess: Vertrauen Sie dem Prozess des Lebens, auch wenn er nicht perfekt ist. Perfektion ist oft eine subjektive Wahrnehmung.

W - Wertschätzung für kleine Erfolge: Wertschätzen Sie kleine Erfolge und Meilensteine. Perfektionismus kann den Blick für das Erreichte trüben.

X - X-faktor der Großzügigkeit: Setzen Sie auf den "X-faktor" der Großzügigkeit im Umgang mit sich selbst und anderen.

Y - YOLO-Mentalität: Übernehmen Sie die "You Only Live Once" (YOLO)-Mentalität. Perfektion sollte nicht das Leben dominieren.

Z - Zeit für Entspannung einplanen: Planen Sie Zeit für Entspannung und Muse ein.

Folger Friedvoller Krieger (Pseudounabhängige Neurosendisposition)

Der friedvolle Krieger zeigt eine ausgeprägte Autonomie, Autarkie und Entschlossenheit sowie Durchsetzungsvermögen. Diese Menschen lieben es eigenständige Entscheidungen zu treffen und Aufgaben alleine zu bewältigen. Hilfe wird nur ungern angenommen, die Bereitschaft für Anlehnung und Bindung ist ebenso gering. Bloß keine Abhängigkeiten!

Meist haben die friedvollen Krieger schon früh mit Verlusten zu kämpfen. Irgendwie scheinen für die Außenwelt stets die Bedürfnisse anderer wichtiger zu sein. Die Krieger wurden schon für zur Selbstständigkeit erzogen und meist für Eigenständigkeit belohnt.

Psychodynamik

Da nur selten auf ihre Bedürfnisse Rücksicht genommen wurde, ziehen sie die Eigenständigkeit vor. Die Autonomieentwicklung erfolgt beschleunigt und intensiviert. Um sich den Frust zu ersparen, wird meist versucht jegliche Abhängigkeiten zu vermeiden.

Merkmale

Autonomie und eigenständige Entscheidungen sind das Ding des friedvollen Kriegers.

Agenda

Ich brauche niemanden. Kümmere Dich um mich, aber lass es mich nicht spüren.

Mechanismen

Abhängigkeiten meidet der friedvolle Krieger, wie der Teufel das Weihwasser.

Hidden Agenda

Trotz des Bedürfnisses nach Nähe und Geborgenheit, wird oftmals darauf verzichtet, um sich nicht schwach zu zeigen/fühlen.

Anfällig für

Herabsetzung, Bedürftigkeit und Angst vor Abhängigkeiten.

Mantras für den Friedvollen Krieger:

1. In meiner Eigenständigkeit finde ich Kraft, nicht Isolation.
2. Unabhängigkeit bedeutet nicht Einsamkeit, sondern die Freiheit, authentisch zu sein.
3. Ich bin stark in meiner Autarkie und offen für die Stärke der Gemeinschaft.

Exklusiver Verhaltenstipp für Friedvolle Krieger:

Die Balance der Nähe: Erlauben Sie sich, Hilfe und Unterstützung anzunehmen, ohne Ihre Unabhängigkeit zu verlieren. Teilen Sie Ihre Stärken und Schwächen, um authentische Verbindungen zu schaffen. Wahre Stärke liegt nicht nur in der Selbstständigkeit, sondern auch in der Fähigkeit, sich mit anderen zu verbinden und Gemeinschaft zu erfahren.

5-Minutes – Daily Workout

A - Aufmerksamkeit pflegen: Pflegen Sie eine bewusste Aufmerksamkeit im Hier und Jetzt, um eine tiefere Verbindung zu anderen aufzubauen.

B - Bedingungslose Akzeptanz üben: Üben Sie bedingungslose Akzeptanz, um Menschen um Sie herum mit all ihren Stärken und Schwächen anzunehmen.

C - Courageous Communication fördern: Fördern Sie mutige Kommunikation, indem Sie offen und respektvoll Ihre Gedanken und Gefühle mitteilen.

D - Dankbarkeit kultivieren: Kultivieren Sie Dankbarkeit für die Menschen in Ihrem Leben und für positive Erfahrungen, die Sie teilen können.

E - Empathie vertiefen: Vertiefen Sie Ihre Empathie, indem Sie sich in die Gefühle und Perspektiven anderer einfühlen können.

F - Friedvolle Konfliktlösung anstreben: Streben Sie eine friedvolle Konfliktlösung an, indem Sie nach Wegen suchen, Missverständnisse zu klären und Harmonie zu fördern.

G - Gemeinschaft stärken: Stärken Sie die Gemeinschaft, indem Sie einen Raum für Zusammenarbeit, Unterstützung und Verständnis schaffen.

H - Herzöffnung praktizieren: Praktizieren Sie die Öffnung Ihres Herzens für Liebe und Mitgefühl, um tiefe Verbindungen mit anderen zu erleben.

I - Innere Ruhe bewahren: Bewahren Sie innere Ruhe, um auch in herausfordernden Situationen einen klaren Geist und Gelassenheit zu bewahren.

J - Jeder Moment ist ein Geschenk: Erkennen Sie an, dass jeder Moment ein Geschenk ist, und schätzen Sie die kostbaren Augenblicke im Zusammensein mit anderen.

K - Kooperation statt Wettbewerb: Setzen Sie auf Kooperation statt Wettbewerb, um gemeinsam positive Veränderungen zu bewirken.

L - Liebe als Leitprinzip: Lassen Sie Liebe als Ihr Leitprinzip dienen, um Mitgefühl und Güte in all Ihren Beziehungen zu zeigen.

M - Meditation und Mindfulness: Integrieren Sie Meditation und Achtsamkeit in Ihren Alltag, um eine tiefere Verbindung mit sich selbst und anderen zu schaffen.

N - Nächstenliebe in Aktion: Setzen Sie Nächstenliebe in Aktion um, indem Sie für das Wohl anderer handeln und Gutes in die Welt bringen.

O - Offenheit für verschiedene Perspektiven: Seien Sie offen für verschiedene Perspektiven und Meinungen, um ein Klima des Verständnisses und der Toleranz zu fördern.

P - Praktische Hilfe anbieten: Bieten Sie praktische Hilfe an, wenn nötig, um für andere da zu sein und Unterstützung zu zeigen.

Q - Qualitätszeit schenken: Schenken Sie den Menschen um Sie herum qualitativ hochwertige Zeit, um tiefe Beziehungen zu pflegen.

R - Resilienz stärken: Stärken Sie Ihre Resilienz, um mit Herausforderungen umzugehen und gestärkt aus schwierigen Situationen hervorzugehen.

S - Selbsterkenntnis suchen: Suchen Sie nach Selbsterkenntnis, um Ihre eigenen Motivationen, Stärken und Schwächen besser zu verstehen.

T - Teamgeist fördern: Fördern Sie Teamgeist und Zusammenarbeit, um gemeinsam größere Ziele zu erreichen.

U - Unvoreingenommenheit praktizieren: Praktizieren Sie Unvoreingenommenheit und Urteilsvermögen, um eine Atmosphäre des Vertrauens zu schaffen.

V - Verantwortung für Handlungen übernehmen: Übernehmen Sie Verantwortung für Ihre Handlungen und die Auswirkungen auf andere, um Integrität zu zeigen.

W - Weisheit der Stille verstehen: Verstehen Sie die Weisheit der Stille und erkennen Sie, wann es angebracht ist, zuzuhören und zu reflektieren.

X - X-factor der Freundlichkeit: Setzen Sie auf den "X-factor" der Freundlichkeit, indem Sie kleine Akte der Freundlichkeit in den Alltag integrieren.

Y - Yin und Yang des Gleichgewichts: Finden Sie das Gleichgewicht zwischen Geben und Nehmen, um harmonische Beziehungen zu fördern.

Z - Zen: Jede Begegnung ist wertvoll, jeder Mensch könnte ein Lehrmeister sein.

Gutmensch Gandhi (altruistisch-depressive Neurosendisposition)

Gutmensch Gandhi zeigt eine ausgeprägte emotionale Sensibilität und passt sich im Allgemeinen flexibel an soziale Normen an. Er übernimmt frühzeitig Verantwortung und Aufgaben, ist unkompliziert, pflegeleicht und rücksichtsvoll. Dies resultiert aus einem starken Bedürfnis nach Anerkennung und Liebe.

In stressigen Situationen oder bei mangelnder Bestätigung von außen neigt der Gandhi dazu, sich zurückzuziehen und kann schlechter Stimmung sein, oft lässt sein Interesse nach. In solchen Phasen wirkt er leicht erschöpft, antriebslos und leidet unter verschiedenen Belastungen.

Psychodynamik

Der Gutmensch hat schon früh etwas nicht bekommen und damit lief es für ihn nicht so wie gewünscht. Gandhi musste sich oft anpassen und seine Bedürfnisse zurücknehmen. Möglicherweise strotzt er vor Fähigkeiten wie Geduld, Höflichkeit, Gehorsam, Altruismus, Fleiß und Leistung. Irgendwie bleibt das Gefühl mehr Anerkennung für gutes Benehmen zu bekommen als für die eigene Person.

Merkmale

Autonomie und eigenständige Entscheidungen sind das Ding des Gutmenschen Gandhi.

Agenda

Wie kann ich Ihnen behilflich sein? Angepasstes und sehr angenehmes Verhalten.

Mechanismen

Verleugnung der eigenen Bedürfnisse, Anpassung an die Außenwelt.

Hidden Agenda

Der Gandhi träumt von bedingungsloser Liebe, von seinem idealen Gegenüber.

Anfällig für

Drohender Verlust von Anerkennung. Verlustängste. Neigt zu Idealisierung des Gegenübers.

Mantras für Gutmensch Gandhi:

1. In meiner Anpassungsfähigkeit finde ich Stärke, nicht Selbstaufgabe.
2. Mein Wert ist nicht nur in meinem Tun, sondern auch in meiner bloßen Existenz.
3. Selbstliebe ist kein Egoismus, sondern die Basis für bedingungslose Liebe.

Exklusiver Verhaltenstipp für Gutmensch Gandhi

Die Selbstliebe-Meditation: Nehmen Sie sich bewusst Zeit für sich selbst, um zu reflektieren und sich auf Ihre eigenen Bedürfnisse zu konzentrieren. Visualisieren Sie Liebe und Anerkennung für Ihr authentisches Selbst. Erlauben Sie sich, genauso geliebt zu werden, wie Sie es für andere empfinden. Diese regelmäßige Meditation wird nicht nur Ihr inneres Gleichgewicht stärken, sondern auch Ihre Fähigkeit zur bedingungslosen Liebe zu sich selbst und anderen vertiefen.

5-Minutes – Daily Workout

A - Achtsamkeit walten lassen: Seien Sie achtsam im Umgang mit anderen Menschen, hören Sie aufmerksam zu und nehmen Sie ihre Bedürfnisse ernst.

B - Begegnungen vertiefen: Suchen Sie nach Wegen, Begegnungen zu vertiefen, indem Sie authentisch teilnehmen und eine respektvolle Verbindung aufbauen.

C - Courageous Conversations führen: Führen Sie mutige Gespräche über wichtige Themen, die auf Respekt und Verständnis basieren, um positive Veränderungen zu fördern.

D - Dialog fördern: Setzen Sie auf den Dialog als Mittel zur Lösung von Konflikten und zur Förderung von Verständnis und Zusammenarbeit.

E - Empathie kultivieren: Kultivieren Sie Empathie, indem Sie sich in die Lage anderer versetzen und ihre Perspektiven verstehen.

F - Friedvolles Handeln: Streben Sie nach friedvollem Handeln in jeder Situation, indem Sie Gewaltlosigkeit und Harmonie priorisieren.

G - Gemeinschaft stärken: Stärken Sie die Gemeinschaft, indem Sie Zusammenarbeit und Solidarität fördern, um gemeinsame Ziele zu erreichen.

H - Hilfsbereitschaft zeigen: Zeigen Sie Hilfsbereitschaft, seien Sie für andere da und engagieren Sie sich aktiv, um positive Veränderungen in der Gemeinschaft zu bewirken.

I - Inspiriere durch Vorbild sein: Seien Sie ein inspirierendes Vorbild durch Ihre Handlungen und Werte, um andere zu ermutigen, Gutes zu tun.

J - Jugend einbinden: Integrieren Sie die Jugend, hören Sie ihre Stimmen und ermutigen Sie sie, aktiv an der Gestaltung einer besseren Zukunft teilzunehmen.

K - Konflikte konstruktiv lösen: Lernen Sie, Konflikte auf konstruktive Weise zu lösen, indem Sie auf Dialog, Verständnis und Kompromissbereitschaft setzen.

L - Liebe als Leitprinzip: Lassen Sie Liebe zu einem Leitprinzip Ihres Handelns werden, um Verbindungen zu stärken und positiven Wandel zu fördern.

M - Mitgefühl im Fokus: Setzen Sie Mitgefühl ins Zentrum Ihrer Interaktionen und begegnen Sie anderen mit einer liebevollen und verständnisvollen Haltung.

N - Nachhaltigkeit unterstützen: Unterstützen Sie nachhaltige Praktiken und Handlungen, um die Umwelt zu schützen und kommenden Generationen eine gesunde Welt zu hinterlassen.

O - Offenheit für Vielfalt: Seien Sie offen für die Vielfalt menschlicher Erfahrungen und Kulturen und respektieren Sie die Verschiedenartigkeit der Menschen um Sie herum.

P - Positivität kultivieren: Kultivieren Sie eine positive Einstellung, um auch in schwierigen Situationen Hoffnung und Lösungen zu finden.

Q - Qualitätszeit schenken: Schenken Sie den Menschen um Sie herum qualitativ hochwertige Zeit, um Beziehungen zu vertiefen und Verbundenheit zu stärken.

R - Rücksichtsvoll handeln: Handeln Sie rücksichtsvoll gegenüber anderen und streben Sie danach, positive Spuren in den Herzen der Menschen zu hinterlassen.

S - Solidarität leben: Leben Sie Solidarität, indem Sie sich für die Bedürfnisse und Rechte anderer einsetzen und gemeinsam für eine gerechtere Welt arbeiten.

T - Toleranz pflegen: Pflegen Sie Toleranz gegenüber unterschiedlichen Meinungen und Perspektiven, um ein Klima des Respekts zu fördern.

U - Unterstützung anbieten: Bieten Sie Unterstützung an, seien Sie einfühlsam und stehen Sie anderen in Zeiten der Not bei.

V - Verantwortungsbewusstsein stärken: Stärken Sie Ihr Verantwortungsbewusstsein gegenüber der Gesellschaft und der Welt, um aktiv zur positiven Veränderung beizutragen.

W - Wertschätzung zeigen: Zeigen Sie Wertschätzung für die Talente und Beiträge anderer, um ein Umfeld der Anerkennung und Inspiration zu schaffen.

X - X-faktor der Freundlichkeit: Setzen Sie auf den "X-faktor" der Freundlichkeit, indem Sie kleine, liebevolle Gesten des Wohlwollens in den Alltag integrieren.

Y - Yin und Yang des Gleichgewichts: Finden Sie das Gleichgewicht zwischen Geben und Nehmen, um nachhaltige und ausgewogene Beziehungen aufzubauen.

Z - Zukunft gestalten: Engagieren Sie sich aktiv in der Gestaltung einer besseren Zukunft, indem Sie positive Veränderungen in Ihrer Gemeinschaft vorantreiben.

Charmanczia Berserker (Histrionische oder hysterische Neurosendisposition)

Die Charmanczia ist oft hübsch und charmant und weiß das auch. Diese Eigenschaften werden auch oft erfolgreich eingesetzt. Im Inneren toben aber oftmals gewisse Selbstzweifel und ein umfassender Zweifel gegenüber der Welt. Der Traum ist der ideale Partner für immer, der mithilfe von Schönheit und Charme gebunden wird. Versuchung und Versagung liegen bei ihr sehr nah beieinander.

Psychodynamik

Oftmals hat sich diese Struktur schon früh gefestigt, da sie schon frühzeitig als Menschen, die mehr für ihr Äußeres und ihr Funktionieren als für alles andere anerkannt werden. Die Erfüllung von Wünschen kollidiert oft mit der sozialen Realität.

Merkmale

Schön, schillernd, charmant und facettenreich.

Agenda

Bewundere mich und ich lasse dich strahlen.

Mechanismen

Hemmung der Selbstreflexion. Neigung zu verdrehter Realität.

Hidden Agenda

Charmanzia Berserker fühlt sich und fühlt sich doch wieder nicht.

Anfällig für

Kränkungen und Zurücksetzungen. Anforderungen an Intimität.

Mantras für Charmanzia Berserker:

1. Meine wahre Stärke liegt nicht nur in meinem Äußeren, sondern in meiner inneren Vielfalt.
2. Selbstzweifel sind nur Schatten, die meine strahlende Persönlichkeit nicht trüben können.
3. Wahre Schönheit entsteht, wenn mein Inneres im Einklang mit meinem Äußeren strahlt.

Exklusiver Verhaltenstipp für Charmanzia Berserker

Die Selbstliebe-Realitätsprüfung: Setzen Sie sich bewusst mit Ihrem Inneren auseinander. Nehmen Sie sich Zeit für Selbstreflexion und schauen Sie ehrlich auf Ihre Gefühle und Bedürfnisse. Die Realität kann durch den Glanz des Äußeren manchmal verschleiert werden. Ein regelmäßiges Tagebuch führen oder sich mit einer vertrauten Person austauschen kann helfen, die authentische Verbindung zu Ihrem Inneren aufrechtzuerhalten. Akzeptieren Sie Ihre Einzigartigkeit und Schönheit sowohl innerlich als auch äußerlich.

5-Minutes – Daily Workout

A - Authentizität bewahren: Versuchen Sie, authentisch zu sein und echte Gefühle zuzulassen, um eine tiefere Verbindung zu anderen aufzubauen.

B - Balance finden: Streben Sie nach einer ausgewogenen Selbstwahrnehmung und suchen Sie nach einem Gleichgewicht zwischen Selbstinszenierung und authentischem Selbst.

C - Kommunikation vertiefen: Investieren Sie Zeit und Mühe, um Kommunikationsfähigkeiten zu verbessern. Bemühen Sie sich um klare, offene Gespräche, die auch persönliche Themen ansprechen.

D - Differenzierung üben: Arbeiten Sie daran, zwischen dem, was Sie wirklich sind, und Ihrer inszenierten Fassade zu unterscheiden. Dies ermöglicht eine tiefere Selbsterkenntnis.

E - Emotionen erkunden: Öffnen Sie sich für die Erforschung Ihrer eigenen Emotionen und versuchen Sie, diese bewusst zu erleben, ohne sie sofort abzuwehren.

F - Freundschaften pflegen: Konzentrieren Sie sich darauf, authentische Freundschaften zu schaffen, die auf gegenseitigem Verständnis und Wertschätzung basieren.

G - Grenzen setzen: Lernen Sie, klare Grenzen zu setzen, um sich selbst zu schützen und eine gesunde Balance zwischen Nähe und Distanz zu wahren.

H - Hinter die Fassade blicken: Ermutigen Sie andere dazu, hinter Ihre Fassade zu blicken, um die echte Person dahinter zu entdecken. Teilen Sie mehr von Ihrer wahren Persönlichkeit.

I - Intimität zulassen: Gewähren Sie sich selbst die Erlaubnis, wahre Intimität zuzulassen, sowohl emotional als auch physisch, ohne Angst vor Verletzlichkeit.

J - Jenseits der Inszenierung denken: Entwickeln Sie die Fähigkeit, über die inszenierte Rolle hinauszudenken und echte, tiefere Verbindungen mit anderen Menschen einzugehen.

K - Kompromissbereitschaft zeigen: Seien Sie offen für Kompromisse und lernen Sie, nicht immer die Kontrolle zu behalten. Das stärkt Ihre zwischenmenschlichen Beziehungen.

L - Lernbereitschaft kultivieren: Kultivieren Sie die Bereitschaft zum Lernen und zur persönlichen Weiterentwicklung, um Ihre zwischenmenschlichen Fähigkeiten kontinuierlich zu verbessern.

M - Mitfühlend sein: Entwickeln Sie Mitgefühl für sich selbst und andere. Verständnis und Mitgefühl können zu tieferen und bedeutungsvolleren Beziehungen führen.

N - Nein sagen können: Lernen Sie, "Nein" zu sagen und setzen Sie klare Grenzen, um sich selbst zu schützen und authentisch für Ihre eigenen Bedürfnisse einzutreten.

O - Offenheit fördern: Fördern Sie Offenheit und Ehrlichkeit in Ihren Beziehungen, um Vertrauen aufzubauen und eine tiefere Verbindung zu schaffen.

P - Persönliches Wachstum suchen: Engagieren Sie sich aktiv im persönlichen Wachstumsprozess, um Ihre zwischenmenschlichen Fähigkeiten zu vertiefen und Ihre wahre Identität zu entfalten.

Q - Qualitätszeit teilen: Investieren Sie Zeit in qualitativ hochwertige Interaktionen mit anderen, um Beziehungen zu vertiefen und echte Verbindungen aufzubauen.

R - Respektvoll handeln: Handeln Sie respektvoll gegenüber anderen und zeigen Sie Achtung für deren individuelle Persönlichkeiten und Bedürfnisse.

S - Selbstreflexion praktizieren: Praktizieren Sie regelmäßige Selbstreflexion, um Ihre Handlungen, Motivationen und Beziehungen besser zu verstehen.

T - Toleranz entwickeln: Entwickeln Sie Toleranz gegenüber den Unterschieden in anderen Menschen und erkennen Sie die Vielfalt menschlicher Persönlichkeiten an.

U - Unabhängigkeit fördern: Fördern Sie Ihre Unabhängigkeit, ohne dabei die Bedeutung zwischenmenschlicher Verbindungen zu vernachlässigen.

V - Vertrauen aufbauen: Bemühen Sie sich um den Aufbau von Vertrauen in Ihren Beziehungen.

W – Wut kontrollieren: Versuchen Sie ruhig zu bleiben.

X – X-Faktor: Es könnte so viel schöner mit anderen Menschen sein, wenn Sie versuchen Ihnen Raum zu geben.

Y – Ying und Yang der Gelassenheit: Wer so charmant ist, kann dies auch für gute Taten nutzen.

Z – Zauberei: Versuchen Sie Ihren Mitmenschen ein Lächeln ins Gesicht zu zaubern.

Streng vertraulich, die Belohnung

Für alle, die noch nicht genug haben, unser Gehirn, Gossip über die unzähligen Orgien unseres Denkorgans. Big Player:

Das Großhirn (Cerebrum):
Das Großhirn, die wahrhafte Diva des Gehirns, dirigiert höhere kognitive Funktionen.

- Denken
- Wahrnehmung
- Emotionen
- Motorische Steuerung
- Sprache

Das Großhirn prunkt mit zwei Hauptdarstellern, den rechten und linken Hemisphären, die durch das beeindruckende Corpus Callosum verbunden sind.

Das Kleinhirn (Cerebellum):
Das Kleinhirn, der Choreograf der Bewegungen, spielt eine Schlüsselrolle bei der Feinabstimmung motorischer Fähigkeiten.

- Gleichgewicht
- Koordination von Bewegungen
- Muskeltonus

Schäden am Kleinhirn können zu einem unsanften Tanz aus Gleichgewichtsproblemen und Koordinationsstörungen führen.

Der Hirnstamm:
Der Hirnstamm, der Regisseur der lebenswichtigen Abläufe, bildet die Brücke zwischen Gehirn und Rückenmark.

- Atmung
- Herzfrequenz

- Blutdruck
- Schlucken

Der Hirnstamm präsentiert stolz die Medulla Oblongata, die Pons und das Mesencephalon.

Das Zwischenhirn (Diencephalon):
Das Zwischenhirn, die Regulierungsbehörde für Hormone und Übermittler sensorischer Informationen.

- Thalamus: Weiterleitung sensorischer Informationen (außer dem Geruchssinn)
- Hypothalamus: Hormonregulation, Temperaturkontrolle, Hunger und Durst
- Epiphyse (Zirbeldrüse): Produktion von Melatonin, dem Dirigenten des Schlaf-Wach-Zyklus.

Das Limbische System:
Das limbische System, die emotionale Kulisse, ist mit Gefühlen, Motivation und dem Gedächtnis verflochten.

- Hippocampus: Meister der Erinnerung und des Lernens
- Amygdala: Verarbeitet Emotionen, insbesondere die heimtückische Angst
- Hypothalamus: Beeinflusst emotionales Verhalten und hormonelle Regulierung

Diese charismatischen Abschnitte spielen gemeinsam, um die atemberaubenden Funktionen des Gehirns zu ermöglichen. Unser Denkorgan ist allerdings nicht neutral, die eine oder andere Allianz ist verführerisch und macht das Leben einfacher, 7 Allianzen stellen sich vor:

Nirwana Meditation
Da betritt zunächst das **Default Mode Network (DMN)** die Szene, ein sinnliches Zusammenspiel aus dem verführerischen ventromedialen präfrontalen Cortex, dem leidenschaftlichen posterioren cingulären

Cortex und dem verlockenden inferioren parietalen Lobus. Dieses Netzwerk entfaltet seine Magie in Momenten, in denen der Geist keine klare Aufgabe hat. Es ist sozusagen das Nest für Selbstreflexion, persönlichen Sinn und sinnliche Wahrnehmung. Das Gehirn auf Autopilot mit Mission, diesen Zustand versuchen wir oft mit Meditation zu erreichen.

Relevanz pur

Im nächsten Akt treffen wir auf das **Salience Network**, ein leidenschaftliches Bündnis aus dem anterioren Insulacortex und dem anterioren cingulären Cortex. Dieses Netzwerk agiert wie ein aufmerksamer Liebhaber, der die Relevanz von internen und externen Reizen bewertet und dabei hilft, die Aufmerksamkeit auf die Höhepunkte zu lenken.

Mission Control

Dann entdecken wir das **Executive Control Network**, eine raffinierte Gruppe mit Mitgliedern wie dem dorsolateralen präfrontalen Cortex und dem sündigen posterioren parietalen Cortex. Diese kognitive Einheit übernimmt die Kontrolle über unsere sinnlichen Entscheidungen, kognitive Regulation und die reibungslose Umsetzung sinnlicher Aufgaben.

Let´s dance

Das **sensomotorische Netzwerk** erweist sich als der versierte Choreograf unserer Sinne, bestehend aus dem primären motorischen Cortex und dem somatosensorischen Cortex. Hier werden sinnliche Reize meisterhaft verarbeitet, und die Bewegung wird mit Leidenschaft gesteuert.

Gefühlsregie

Das **Limbische Netzwerk** präsentiert sich als Jahrmarkt der Gefühle, zu dem der Hippocampus, die Amygdala und der Hypothalamus gehören. Diese Meister arbeiten Hand in Hand und orchestrieren unser Erleben sowie Gedächtnisprozesse.

Fokus

Nicht zu vergessen ist das **Aufmerksamkeitsnetzwerk**, ein dynamisches Duett aus dem dorsalen frontoparietalen Netzwerk und dem ventralen Aufmerksamkeitsnetzwerk. Diese beiden sorgen dafür, dass unsere Aufmerksamkeit auf sinnliche Reize fokussiert wird.

Wer schläft nun mit wem und warum?

Evolutionsbiologie

Die Evolutionsbiologie erzählt von einer Zeit, in der Menschen ihre Partner vielleicht nach dem Prinzip "Survival of the Fittest" nach Spencer ausgewählt haben. "Hey, du kannst schnell rennen und gut jagen? Komm mit mir ins Höhlenrestaurant!" Wenn die Partnerwahl unserer Vorfahren genauso war, erklärt das vielleicht, warum einige von uns beim Anblick von Joggingschuhen Schmetterlinge im Bauch bekommen.

Anthropologie

In der Anthropologie betrachten wir, wie sich die menschliche Gesellschaft entwickelt hat. Vielleicht haben unsere Vorfahren ihre Partner ausgewählt, weil sie die besten Höhlenmaler waren oder beeindruckende Steinwerkzeuge herstellen konnten. Heutzutage wäre das Äquivalent vielleicht jemand, der großartige Memes erstellen kann – schließlich sind Humor und Kreativität auch eine Form der Überlebensfähigkeit.

Soziologie

Die Soziologie wirft einen Blick darauf, wie gesellschaftliche Normen unsere Partnerwahl beeinflussen Paare in der Antike haben sich aufgrund von Stammeszugehörigkeit oder gemeinsamen Landbesitz verbunden. Heute könnten gemeinsame Netflix-Vorlieben genauso wichtig sein wie gemeinsame Ländereien.

Gesellschaftswissenschaft

Die Gesellschaftswissenschaften könnten uns sagen, dass unsere Partnerwahl von kulturellen Einflüssen und gesellschaftlichen Erwartungen geprägt ist. Vielleicht ist es heute wichtiger, dass der Partner eine beeindruckende Instagram-Präsenz hat als eine gute Keule zu schwingen.

Mathematik

In der Mathematik könnte die Partnerwahl als komplexes Gleichungssystem betrachtet werden. Die perfekte Mischung aus Humor, Intelligenz, Attraktivität und Kompatibilität führt zu einer "Liebesgleichung", die nur wenige lösen können. Oder vielleicht ist es einfach eine Frage der Wahrscheinlichkeitsrechnung, dass zwei Menschen zufällig auf denselben Coffee-Shop stoßen.

Neurobiologie und Gehirn
Die Neurobiologie und das Gehirn könnten die Partnerwahl als Zusammenspiel von chemischen Reaktionen und neuronaler Verdrahtung erklären. Wenn das Gehirn sagt "Dopamin, mach mal los!", sind wir vielleicht bereit, unser Herz zu öffnen – auch wenn der Verstand flüstert "Das geht schief!".

Wenn es so einfach ist, warum entscheiden wir uns so oft falsch?

Evolutionsbiologie
Die Evolutionsbiologie mag uns hier einen Streich gespielt haben. In der Welt der Genetik suchen wir oft unbewusst nach Partnern, die uns genetisch "herausfordern". Es ist eine Art genetische Abenteuerlust – unser genetischer Code möchte gerne neue Kombinationen ausprobieren. Leider landen wir manchmal in Beziehungen, die mehr nach "Genetik-Sudoku" als nach genetischem Abenteuer klingen.

Anthropologie
In der Welt der Anthropologie könnten wir uns vielleicht für die falschen Partner entscheiden, weil wir uns in einer kulturellen Identitätskrise befinden. In einer globalisierten Welt haben wir Zugang zu so vielen unterschiedlichen kulturellen Einflüssen, dass die Auswahl manchmal überwältigend wird. Wir probieren verschiedene Beziehungsmuster aus, um herauszufinden, welche kulturelle "Kleidung" am besten zu uns passt.

Soziologie
Soziologisch betrachtet neigen wir dazu, uns mit den "falschen" Partnern zu verbinden, weil wir oft gesellschaftlichen Erwartungen unterliegen. Die Vorstellung von Status, Vermögen und sozialem Ansehen beeinflusst, wen wir als geeigneten Partner betrachten. Das kann zu Beziehungen führen, die mehr von äußeren Faktoren als von echter Kompatibilität geprägt sind.

Gesellschaftswissenschaft

Die Gesellschaftswissenschaften weisen darauf hin, dass unsere Auswahl der falschen Partner oft auf sozialen Mustern und normativen Erwartungen basiert. Unsere Vorstellung von romantischer Liebe wird oft von Filmen, Büchern und sozialen Medien beeinflusst, was dazu führen kann, dass wir uns für Partner entscheiden, die eher den kulturellen Idealen als unseren persönlichen Bedürfnissen entsprechen.

Mathematik

In der Welt der Mathematik könnte es sein, dass wir in einer Art "Optimierungsfalle" gefangen sind. Manchmal versteifen wir uns zu sehr darauf, den "perfekten" Partner zu finden und vergessen dabei, dass Liebe nicht immer einer mathematischen Gleichung folgt. Die Suche nach dem idealen Partner kann dazu führen, dass wir bestimmte Qualitäten überbewerten und andere übersehen.

Neurobiologie und Gehirn

In der Neurobiologie spiegelt sich unsere Neigung, sich für die falschen Partner zu entscheiden, oft in den neurochemischen Prozessen wider. Das Belohnungssystem im Gehirn, insbesondere der Dopaminhaushalt, spielt eine entscheidende Rolle. Wir werden von der anfänglichen Verliebtheit und den damit verbundenen Dopamin-Ausschüttungen im Gehirn mitgerissen. Leider können diese neurochemischen Höhenflüge zu einer Art "Liebesblindheit" führen, wodurch wir manchmal rote Flaggen übersehen.

Das Gehirn ist auch anfällig für Gewohnheiten, und unsere neuronale Verdrahtung kann uns in bekannte Muster führen, auch wenn sie nicht unbedingt gesund sind. Das Streben nach Vertrautheit und Sicherheit kann dazu führen, dass wir uns wiederholt in ähnlichen Beziehungsdynamiken befinden, selbst wenn sie suboptimal sind.

Gleichzeitig kann das limbische System, das für Emotionen verantwortlich ist, uns zu impulsiven Entscheidungen drängen, bevor der präfrontale Cortex, der für rationale Überlegungen zuständig ist, eingreifen kann. Dieser "Kampf" zwischen Emotion und Vernunft im Gehirn kann zu Entscheidungen führen, die im Nachhinein betrachtet als "falsch" erscheinen.

Und nu?
Warum wir uns manchmal für die falschen Partner entscheiden, bleibt wohl eine komplexe Mischung aus Biologie, Kultur, Gesellschaft und persönlicher Entwicklung. In jedem Fall scheint die Liebe ein faszinierendes Rätsel zu sein, das mehrere Disziplinen herausfordert.

Eine kleine Checkliste:

Evolutionsbiologie:
- Teilen Sie langfristige Ziele und Werte, die auf evolutionären Vorteilen basieren könnten?
- Achten Sie auf Anzeichen von genetischer Vielfalt und genetischer Fitness bei einem potenziellen Partner?

Anthropologie:
- Passen Ihre kulturellen Hintergründe gut zusammen?
- Wie beeinflussen kulturelle Unterschiede Ihre Beziehung?

Soziologie:
- Wie integriert sich Ihre Beziehung in soziale Kreise?
- Entsprechen Ihre Partnerschaftsdynamiken den sozialen Normen?

Gesellschaftswissenschaft:
- Wählen Sie Ihren Partner aufgrund authentischer Verbindungen oder aufgrund äußerer Erwartungen?
- Beachten Sie gesellschaftliche Einflüsse bei Ihrer Entscheidung?

Mathematik:
- Identifizieren Sie die wichtigsten Eigenschaften, die Sie in einer Beziehung suchen?
- Haben Sie Gewichtungen für unterschiedliche Aspekte Ihrer Beziehung festgelegt?

Neurobiologie und Gehirn:
- Fühlen Sie sich auf emotionaler Ebene mit Ihrem Partner verbunden?

- Vertrauen Sie Ihrem Bauchgefühl in Bezug auf die Partnerschaft?

Diese Checkliste bietet klare Fragen aus verschiedenen Disziplinen, um Ihnen bei einer informierten Entscheidung über Ihre Partnerwahl zu helfen.

Randnotiz: Noch viel einfacher, sagen Sie zu Bitten des Gegenübers einfach testweise ernstgemeint „nein“, die Reaktion spricht oft Bände.

ABC der Gelassenheit – Überlebenskit für Alle!

Die ABCs der Gelassenheit: Ein Überlebenskit für turbulente Gefühlslandschaften
Dieser Leitfaden ist keineswegs ein Ersatz für professionelle Beratung, sondern eher eine Art emotionales Navi durch den Dschungel des Lebens.

A-wie "Ärgerfreie Zone"

Wenn die Welt um Sie herum zu brodeln beginnt, denken Sie an das A. Einatmen, ausatmen, Ärger ziehen lassen. Werden Sie trotzdem ärgerlich, hilft ein Blick in den Ärgertagebuch-Koffer. Darin sind Antworten auf die nervigsten Fragen des Lebens – nicht aufgeschrieben, sondern einfach weggelegt.

B wie "Bewegung"

Fühlen Sie sich wie eine tickende Zeitbombe? Denken Sie an B. Boxen ist keine Option – es verschlimmert nur. Stattdessen: Bewegung. Laufen, tanzen, Hula-Hoop – Hauptsache, Sie kommen aus der Puste. Ändern Sie die Perspektive, und der Ärger wird zur Nebensache.

C wie "Ciao, Ärger!"

Ärger hat einen kurzen Atem. C wie „Ciao, negative Gedanken“. Sagen Sie laut und deutlich "Ciao" zu den negativen

Gedanken und führen einen Gedankenstopp herbei. Je öfter Sie es sagen, desto kürzer wird der Gedankenfaden zum Ärger.

D wie "Drehe den Regler runter"

Denken Sie an D wie Regler. Sie sind der DJ Ihrer Emotionen. Drehen Sie den Regler nach links, und das Gefühl wird leiser. Visualisieren Sie es – der Regler wird so klein, dass er fast verloren geht. Drücken Sie den "Stop"-Knopf, wenn der Song nicht mehr gefällt.

E wie "Entspannung"

Entspannung ist der Schlüssel. Wenn die Nerven blank liegen, denken Sie an E. E wie „Entspannt Wegatmen". Langsam und tief. Oder denken Sie an eine entspannende Umgebung, visualisieren Sie einen sonnigen Strand. Lassen Sie die Wogen des Ärgers einfach wegtreiben.

F wie "Freude-Flashback"

F wie Freude. Erinnern Sie sich an das ABC der Glücksmomente in Ihrem Leben. Visualisieren Sie sie, fühlen Sie sie. Ein Freude-Flashback lässt den Ärger verblassen wie eine alte Schwarzweiß-Aufnahme.

G wie "Gefühle in den Tresor"

Manchmal brauchen Gefühle einen sicheren Ort. Denken Sie an G wie Gefühle in den Tresor packen. Schließen Sie ihn ab. Wenn Gedanken herausdrängen, versuchen Sie es erneut. Jeder Schließvorgang stärkt Ihre Kontrolle.

H wie "Humor-Helfer"

Humor ist der Superheld in dieser Geschichte. Wenn die Welt zu ernst wird, denken Sie an H. Stellen Sie sich vor, wie die Situation als Komödie auf der Leinwand läuft. Plötzlich ist alles weniger tragisch.

I wie "Ich – der Projektmanager"

Sie sind das Hauptprojekt. I wie Ich. Seien Sie Ihr eigener Projektmanager. Setzen Sie Prioritäten. Beginnen Sie mit kleinen Veränderungen. Ein Tag nach dem anderen. I wie Ich lenke mein Leben.

J wie "Joggen durch das ABC"

Joggen Sie durch das ABC. Denken Sie an jeden Buchstaben als eine Landmarke zu mehr Gelassenheit. Laufen Sie mental durch die ABC-Übungen. Joggen Sie, um den Kopf freizubekommen und den Ärger wegzuspülen.

K wie "Kino im Kopf"

Denken Sie an K wie Kino. Betrachten Sie die Situation als Film. Kommentieren Sie die Handlung humorvoll. Eine Komödie, kein Drama. Die lustige Perspektive wird den Ärger zur Nebensache machen.

L wie "Lächeln als Schutzschild"

Das Lächeln ist ein mächtiges Schutzschild. L wie Lächeln. Wenn der Ärger anklopft, lächeln Sie zurück. Der Ärger wird sich wundern, warum er eingeladen wurde.

M wie "Magische Fernbedienung"

Sie sind der Regisseur Ihres Lebensfilms. M wie Magische Fernbedienung. Schalten Sie den Ärger einfach aus. Visualisieren Sie die Szene anders. Sie bestimmen das Drehbuch.

N wie "Notfallkoffer"

Bei einem Notfall sollten Sie an N denken. Packen Sie Ihren Notfallkoffer und notieren Sie, was Ihnen hilft: Musik, Düfte, Sport, positive Gedanken. Ein Koffer voller Lebensretter. Und nein, Sie müssen nicht nachschauen, es reicht zu wissen, dass er da ist.

O wie "Ohrenschützer gegen Negativität"

Nicht jeder Kommentar verdient Gehör. O wie Ohrenschützer. Wenn Negativität zu laut wird, setzen Sie sie auf. Blockieren Sie den Lärm, damit nur Positives durchdringt.

P wie "Positivitäts-Playlist"

Musik ist Balsam für die Seele. P wie Positivitäts-Playlist. Erstellen Sie eine Liste mit Liedern, die Ihnen ein Lächeln ins Gesicht zaubern. Drücken Sie auf Play, wenn der Ärger an die Tür klopft.

Q wie "Quelle der Gelassenheit"

Denken Sie an Q. Finden Sie Ihre Quelle der Gelassenheit. Das kann ein ruhiger Ort, ein Buch oder ein Lächeln sein. Stärken Sie Ihre emotionale Wasserversorgung.

R wie "Rollenwechsel"

Rollenwechsel wie ein Schauspieler auf der Bühne. R wie Rätseln. Was denkt die andere Person? Welche Motive hat sie? War das Absicht? Eine neue Perspektive wirkt oft Wunder.

S wie "Schlagfertigkeitstraining"

S wie Schlagfertigkeitstraining. Denken Sie an Schlagfertigkeit als Werkzeugkasten. Übungen machen den Meister. Je öfter Sie trainieren, desto leichter wird es, unerwünschte Kommentare zu parieren.

T wie "Tresor der Selbstkontrolle"

Denken Sie an T. Tresor der Selbstkontrolle. Verschließen Sie den Tresor. Ein Gedanke, ein Schloss. Übung macht den Meister. Halten Sie den Schlüssel fest in der Hand.

U wie "Über-den-Wolken-Gedanken"

Manchmal braucht es einen Perspektivenwechsel. U wie Über-den-Wolken-Gedanken. Erheben Sie sich über den Ärger und betrachten Sie ihn von oben. Wie klein wird er aus dieser Höhe?

V wie "Visualisierung"

Visualisieren Sie Ihre Erfolge. V wie Visualisierung. Sehen Sie sich selbst, wie Sie Herausforderungen meisterhaft bewältigen. Das Gehirn kennt keinen Unterschied zwischen Vorstellung und Realität.

W wie "Wolken-Atmen"

Denken Sie an W. Wolken-Atmen. Atmen Sie den Ärger aus wie eine dunkle Wolke. Sehen Sie, wie sie davonschwebt. Mit jedem Atemzug wird der Himmel klarer.

X wie "X-Faktor der Selbstliebe"

Jeder braucht einen X-Faktor. X wie X-Faktor der Selbstliebe. Lieben Sie sich selbst wie einen Superstar. Sie verdienen Applaus für jeden Schritt, den Sie machen.

Y wie "Yoga der Emotionen"

Emotionales Yoga. Y wie Yoga der Emotionen. Dehnen und strecken Sie Ihre Gefühle. Finden Sie die Balance zwischen Spannung und Entspannung. Emotionale Flexibilität macht stark.

Z wie "Zukunft im Blick"

Denken Sie an Z. Zukunft im Blick. Ärger von heute ist morgen nur noch Geschichte. Z wie Ziel. Setzen Sie sich kleine Ziele. Jeden Tag ein Schritt weiter weg vom Ärger, ein Schritt näher zur Gelassenheit.

Das Gefühls ABC ist Ihr Leitfaden durch emotionale Turbulenzen. Denken Sie daran, es gibt immer einen Buchstaben, der Ihnen den Weg weist. Sie sind der Meister Ihrer Emotionen!

I'AM A SURVIBILITER... ODER BALD

Mit diesen Werkzeugen im Gepäck, können wir die bekannten Punkte aus dem Katastrophenablauf für Ihre Rüstung umwandeln. Zunächst die Frage: Was machen emotional intelligente Menschen anders? Was denken Sie? Neumodisch finden sich zahlreiche Elemente der Resilienz mit einer Prise emotionaler Intelligenz in den Antworten.

Regel 1 – Denken Sie an Ihre Lieben

Denken Sie an wichtige Bezugspersonen, um den Gefühlen von Orientierungs- und Hoffnungslosigkeit entgegenzuwirken: Das Bewusstsein darüber, dass Menschen, die in schwierigen Momenten an ihre Lieben denken, oft ein höheres Überlebenspotential haben, kann die Hoffnungslosigkeit verringern und die Motivation zur Bewältigung stärken. Diese Regel erinnert uns an die Bedeutung von Resilienz, der Fähigkeit, sich nach Rückschlägen zu erholen und gestärkt hervorzugehen, aber auch aktuelle Situationen zu bewältigen. Indem wir an wichtige Bezugspersonen denken, pflegen wir unsere emotionalen Bindungen und schaffen ein Netzwerk der Unterstützung. Dies stärkt unsere Widerstandsfähigkeit und ermöglicht es uns, den Stürmen des Lebens mit erhobenem Haupt zu begegnen.

Regel 2 – Seien Sie freundlich, aber wehren Sie sich sofort

Seien Sie freundlich, heißt die Devise, doch wehren Sie sich ohne Zögern. Ein Ratschlag, der oft überlebenswichtig ist, denn die Bedeutung dieses Mantras erstreckt sich über eine gefährliche Realität.

Bedenken Sie, dass Übergrifflichkeiten wie ein giftiges Unkraut in einem vernachlässigten Garten gedeihen. Wenn man ihnen nicht sofort Einhalt gebietet, gewinnen sie an Stärke und verbreiten sich wie ein Lauffeuer. Aggressoren sind wie hungrige Raubtiere, die die Schwächen des Opfers erspähen. Sie bilden eine unselige Parade und wagen sich immer weiter vor, wenn keine Gegenwehr erfolgt.

Der Grund, warum Übergrifflichkeiten schnell zu einer verhängnisvollen Ausgangslage führen, liegt in der Natur des Machtungleichgewichts. Aggressoren sind wie Wölfe im Schafspelz, die Schwäche wittern und ihre Angriffe perfektionieren. Sie testen die Grenzen und wenn diese nicht verteidigt werden, gehen sie noch weiter.

Also, seien Sie freundlich, doch wehren Sie sich unverzüglich. Dies ist der Schutzschild gegen die Ausbreitung von Aggression und die Garantie, dass Sie nicht länger wehrlos sind, sondern der souveräne Herr Ihrer eigenen Geschichte sind. In der Welt der Dominanz und des Glücks kann es keine Toleranz für diejenigen geben, die Schwäche ausnutzen. Mit dieser Haltung werden Sie zur uneinnehmbaren Festung, die die Angriffe der Aggressoren zurückschlägt und ihre dunklen Pläne durchkreuzt.

Regel 3 - Übergeordnete Muster finden um einen inneren Zusammenhang der Faktoren herzustellen:

In dieser Regel steckt die Essenz der emotionalen Intelligenz. Es geht darum, die Beziehungen zwischen unseren eigenen Emotionen und den Handlungen anderer zu verstehen. Dies ermöglicht uns, übergeordnete Muster in sozialen Situationen zu erkennen und einen inneren Zusammenhang herzustellen. Eine hohe emotionale Intelligenz stärkt unsere zwischenmenschlichen Beziehungen und ermöglicht es uns, in schwierigen Situationen empathisch und klug zu handeln.

Regel 4 – Akzeptieren und finden Sie Ihre Stärken

Psychologische Prozesse und Persönlichkeitsunterschiede: Hier kommt Resilienz ins Spiel. Individuelle Unterschiede in der Wahrnehmung von Situationen, der Reaktionsbereitschaft und der Fähigkeit zur Stressbewältigung beeinflussen, wie gut wir Gefahrensituationen bewältigen. Eine resilientere Persönlichkeit kann sich schneller von Rückschlägen erholen und sich an veränderte Umstände anpassen.

NACHWORT

Gebot I: Starten Sie Ihr Abenteuer ohne ein vorgefasstes Ende im Sinn. Das Unbekannte ist der Stoff, aus dem Erkenntnis gewoben ist.

Gebot II: Suchen Sie Muster im Chaos und enthüllen Sie die unsichtbaren Verknüpfungen, die unser Universum durchziehen.

Gebot III: Stärken Sie Ihren Geist, um den dunklen Wogen der Ungewissheit standzuhalten. In der inneren Festigkeit liegt unermüdliche Stärke.

Gebot IV: Seien Sie freundlich, aber wachsam, denn die Welt ist ein vielschichtiger Ort, der seine Geheimnisse nur widerwillig offenbart.

Gebot V: Handeln Sie wie ein Meister des mentalen Judo. Wehren Sie Angriffe ab, ohne die Ruhe Ihres Inneren zu verlieren.

Die Essenz des Erfolgs:

Beste Surveyver-in wording,

Gefeliciteerd met je aanstaande promotie tot meester van de data-jungle!

In deze spannende reis genaamd leven zijn er enkele sleutelprincipes die als heldere sterren aan de hemel van overlevingsvaardigheden schitteren. Deze principes zijn je betrouwbare gidsen, en ik ben er zeker van dat je ze met glans zult beheersen.

I. Het Hart van de Hoop

II. Overkoepelende Patronen en Uniekheid

III. De Schatkist van Kennis

IV. De Wetenschap van Ontdekking

V. De Kunst van de Onthulling

oder…

Liebe/r Surveyver-in spe,

herzlichen Glückwunsch zu Ihrem bevorstehenden Aufstieg zum Meister des Dschungels der Daten!

In diesem aufregenden Abenteuer namens Leben gibt es einige Schlüsselprinzipien, die wie leuchtende Fixsterne am Himmel der Überlebensfähigkeit erstrahlen. Diese Prinzipien sind Ihre treuen Wegweiser, und ich bin sicher, dass Sie sie mit Bravour meistern werden.

I. Das Herz der Hoffnung: Wenn die Dunkelheit des Unbekannten hereinbricht, denken Sie an all jene, die Ihr Herz erfüllen. Lassen Sie diese Liebe Ihre Laterne sein, um Hoffnung zu finden und Licht in den undurchdringlichen Dschungel zu bringen.

II. Übergeordnete Muster und Einzigartigkeit: Suchen Sie nach den übergeordneten Mustern im Gewirr des Lebens. Verstehen Sie, dass wir alle einzigartig sind, mit unterschiedlichen psychologischen Prozessen und Persönlichkeitsmerkmalen. In dieser Vielfalt liegt die wahre Schönheit des Lebens.

III. Die Schatztruhe der Erkenntnis: Nach den Stürmen der Herausforderungen öffnet sich die Schatztruhe der Erkenntnis. Reflektieren Sie über Erlebtes, ziehen Sie Lehren und denken Sie darüber nach, wie Sie sich kontinuierlich verbessern können. Jede Erfahrung birgt den Schlüssel zur persönlichen Weiterentwicklung.

IV. Die Wissenschaft der Entdeckung: Seien Sie ein Entdecker im Dschungel der Daten. Die Wissenschaft der Entdeckung erfordert Neugier, die Suche nach Wahrheit und den Mut, in unbekannte Gewässer vorzudringen. Stellen Sie Fragen und öffnen Sie Türen zu neuen Horizonten.

V. Die Kunst der Enthüllung: Schließlich, wenn Sie die Wege von Intuition, Verstand und Weisheit beschreiten, werden Sie die Kunst der Enthüllung meistern. Entwirren Sie die Geheimnisse des Lebens wie ein Künstler, der ein beeindruckendes Gemälde erschafft.

Blicken Sie mit Freude und Optimismus auf Ihr bevorstehendes Abenteuer als Surveyver. Üben Sie Ihre Fähigkeiten, lernen Sie aus jedem Schritt, und vor allem, seien Sie nett zu sich selbst. Sie haben die Werkzeuge, die Sie benötigen, um dieses Leben zu meistern. Möge Ihr Weg voller aufregender Entdeckungen und erfüllter Erkenntnisse sein!

Und vergessen Sie nie, Sie haben nur das eine Leben.

Mit herzlichen Grüßen und einem Hauch von Abenteuer,

Daniela Voigt

Prof. Dr. Daniela Voigt wurde 1973 in der Nähe von Kassel geboren. Nach Ihren Studien Soziologie, Erziehungswissenschaften, Soziale Arbeit und Change, promovierte Sie zum Thema Beratung in dilemmatischen Strukturen. Mit der Leidenschaft für Menschen arbeitet Sie seit 2021 als Professorin. Sie ist Autorin, Speakerin und Expertin für agile Prozesse und Digitalisierung.

Impressum

Bibliografische Information der Deutschen Nationalbibliothek:
Die Deutsche Nationalbibliothek verzeichnet diese Publikation in der Deutschen Nationalbibliografie; detaillierte bibliografische Daten sind im Internet über http://dnb.dnb.de abrufbar.

Texte: Prof. Dr. Daniela Voigt

Umschlag: Anna Meisterernst
Lektorat: Lea Merz/wortrebellin.de
Korrektorat: Claudia Galleguillos
Buchsatz/ Layout: Antonia Schmoldt
Illustrationen: Anna Meisterernst

Verantwortlich für den Inhalt:

MoonWalker Verlag
Antonia Schmoldt
Hans-Henny-Jahnn-Weg 53
22085 Hamburg

Druck: MPC Druckerei
ISBN: 978-3-98038-299-4
1. Auflage